MEIN FREUND

CHARLIE

COLLECTION
ROLF HEYNE

JERRY EPSTEIN

MEIN FREUND

CHARLIE

Erinnerungen an Charlie Chaplin

WILHELM HEYNE VERLAG MÜNCHEN

Titel der englischen Originalausgabe: REMEMBERING CHARLIE.
The Story of a Friendship
Ins Deutsche übertragen von Annekatrin Gudat und Bettina Runge
Redaktion und fachliche Beratung: Eckhart Schmidt

FOTONACHWEIS
Die meisten Fotos von Charlie und Oona Chaplin und der Familie in der Schweiz und in London aus der Zeit zwischen 1953 und 1977 stammen von Jerry Epstein; andere von Oona Chaplin, Charlie oder Gästen. Die meisten Standfotos aus den Chaplin-Filmen wurden von der Bubbles Company zur Verfügung gestellt. Die übrigen Fotos stammen von: Grigori Alexandrov, S. 160 *oben rechts;* Marcus Blackman, S. 47 *unten rechts; Daily Express,* S. 191, S. 208; *Daily Mirror,* London, S. 10 *oben;* Loomis Dean/*Life*-Magazin, S. 41, S. 57 *unten rechts;* Yves Debrine, S. 119 *oben;* J. R. Eyerman/*Life*-Magazin, S. 68, S. 70; Raymond Heil, S. 123; Florence Homolka, S. 92 *rechts,* S. 94; Angus MacBean, S. 158; Museum of the City of New York, S. 27; National Film Archive, S. 63 *unten,* S. 85, S. 88, S. 95, S. 99, S. 131, S. 133, S. 168—9, S. 181 *rechts,* S. 185 *oben rechts,* S. 188 *unten rechts,* S. 199 *oben links, oben rechts* und *unten rechts,* S. 214, S. 217 *oben rechts,* S. 222 *oben links,* S. 224 *oben rechts;* Jerome Robinson, S. 54, S. 74; W. Eugene Smith/*Life*-Magazin, S. 83, S. 86, S. 92 *oben links,* S. 93 *rechts,* S. 100, S. 101; Wolf Suschitzky, S. 140.

Die Originalausgabe erschien 1988 im Verlag Bloomsbury Publishing Limited, London

Buchgestaltung: Simon Jennings, Alan Marshall, Laurence Bradbury und Roy Williams
Umschlaggestaltung der deutschen Ausgabe: Norbert Härtl unter Verwendung von Fotos aus dem Buch und eines Fotos von Jerry Epstein © by Carmen Platz
Satz: Schaber, Wels
Druck und Bindung: Printer Industria Gráfica s. a., Barcelona
ISBN 3-453-03227-6

Für Oona
Durch ihre Freundschaft hat sie mein Leben bereichert.

und für ihre acht Kinder
In der Hoffnung, daß sie durch dieses Buch mehr über ihren Vater erfahren.

»Wenn irgend etwas aus dem zwanzigsten Jahrhundert überleben wird, dann vermutlich Charlie Chaplin, diese Verkörperung des einsamen Mannes, der sich zur Wehr setzte und der Menschheit große Schönheit schenkte.«

Freddy Buache, Kustos des Schweizer Filmarchivs

INHALT

VORWORT

Als ich kürzlich mein Arbeitszimmer aufräumte, stieß eine Freundin von mir auf Stapel von Fotos, die ich im Laufe der Jahre von Oona und Charlie Chaplin und ihrer Familie gemacht hatte. »Diese Bilder solltest du veröffentlichen!« meinte sie aufgeregt. »Die sind ja herrlich. Sie zeigen Chaplin von einer ganz neuen Seite.« Ich hatte damals sehr viel zu tun und dachte dann nicht mehr daran.

Wenig später, während eines Besuchs bei Oona Chaplin in der Schweiz, schauten wir uns andere Familienfotos an. »Deine sind doch immer noch die besten«, sagte sie. Ich fragte sie daraufhin, ob ich sie veröffentlichen dürfe: »Ich glaube, Charlie hätte nichts dagegen gehabt.« »Nein«, gab sie mir recht. »Er liebte deine Fotos.«

Das war der erste Anstoß zu diesem Buch. Zum Glück hatte ich Oona immer die Negative überlassen und sie hatte sie ordentlich abgelegt. Hätte ich sie behalten, wären sie jetzt sicher irgendwo über zwei Kontinente verstreut oder gar verloren.

Nachdem ich nun den Entschluß gefaßt hatte, das Buch zu machen, ließ Oona die Negative entwickeln und kam mit zwei großen Koffern voller Fotos, einige tausend an der Zahl, nach London. Wir machten uns sogleich an die Arbeit und trennten die Spreu vom Weizen.

Die verstorbene Verlegerin Norah Smallwood erklärte mir, ein interessanter Text sei mindestens ebenso wichtig wie gutes Bildmaterial. Aber woraus sollte der Text bestehen? Jemand schlug mir vor, Oonas acht Kinder erzählen zu lassen, wie sie ihren Vater sahen. Ich fand die Idee hervorragend. Doch dann mußte ich feststellen, daß Kinder ihre Eltern oft gar nicht so gut kennen; sie hatten sehr wenig zu sagen. Daraufhin versuchte ich es mit einer neuen Idee und sprach mit allen möglichen Leuten, die Charlie gekannt hatten, doch ihre Ansichten waren sich alle sehr ähnlich.

Andere Freunde schlugen vor, ich sollte die Geschichte meiner Beziehung zu Charlie Chaplin niederschreiben. Ich war ganz entschieden dagegen. Ich verabscheue es, wenn Leute, die, nachdem sie mit einer bekannten Persönlichkeit zusammengearbeitet und sich mit der Familie angefreundet haben, enthüllen, was sich hinter verschlossenen Türen abgespielt hat.

Das einzig Persönliche freilich, das ich über Oona und Charlie enthüllen konnte, war ihre große Liebe zueinander. Ich machte aus einer Mücke einen Elefanten. Meine Begeisterung wuchs.

Doch ich hatte Hemmungen, selbst zur Feder zu greifen, und wandte mich deshalb an Geoff Brown, Filmkritiker der Londoner *Times*. Er war Feuer und Flamme.

Sechs Monate lang nahm er meine Geschichten und Anekdoten auf Band auf, dann schrieb er ein Kapitel. Es war gut, aber es klang so gar nicht nach mir, und ich kam zu der Überzeugung, das Ganze müsse in der ersten Person geschrieben werden, irgendwie persönlicher, mit meiner Stimme sozusagen.

Daraufhin meinte Geoff: »Wenn das Buch nach dir klingen soll, schreib es selbst, und ich helfe dir später bei der Bearbeitung.« Doch ich zögerte noch immer. Ich hatte ein Drehbuch mit Simon Callow fertigzustellen. Es war Oona, die mich am Ende überzeugte: »*Du* mußt es schreiben«, sagte sie. »Mit deinen Worten.« Es war, als spräche Charlie zu mir. Das brachte den Stein ins Rollen.

Ich schrieb das erste Kapitel. Dann redigierte ich, stellte um, kürzte und redigierte neu. (Ich fühlte mich wie Charlie beim Schneiden seiner Filme.) Jeder Schritt förderte neue Erinnerungen zutage. Und so ging alles wieder von vorne los.

Wenn ich völlig erschöpft war, ging Geoff meine Arbeit durch und empfahl mir, den Text zu straffen. Dann las ich seine Änderungen und Korrekturen durch und machte oft Streichungen wieder rückgängig, weil ich gerade diese Passagen für »wesentlich« hielt.

Dinge, die mich — in meiner Arbeit für Theater, Film und Fernsehen — zu weit von Charlie wegführten, habe ich weggelassen. Wo sie jedoch mit humorvollen Situationen oder Anekdoten über Errol Flynn, Eddie Constantine oder Hitchcock zum Beispiel verbunden sind, habe ich sie hin und wieder hereingenommen.

Ich habe Oona nie um nähere Auskünfte gebeten, sie wiederum hat sich nie in meine Schreibarbeit eingemischt. Sie sah den kompletten Text erst, als er druckfertig war.

Dies ist kein Versuch, Charlies Charakter zu analysieren. Wer bin ich, um mir das anzumaßen? Doch es ist hier wohl wie bei einem guten Film: Der beste Weg, einen Menschen kennenzulernen, besteht darin, ihn in bestimmte Situationen zu stellen. Und das habe ich getan: Charlie gezeigt, wie ich ihn kannte — in Aktion.

Also lassen Sie mich mit Ihnen die Nervenkitzel, Spannungen und Freuden meiner dreißig Jahre mit dem größten Genie des Films, Charles Spencer Chaplin, teilen. Und ich hoffe, Sie, der Leser, werden durch Text und Fotos Charlie Chaplin besser kennenlernen — als Schauspieler, Regisseur, Ehemann, Vater und Freund.

CHARLIE 1 UND ICH – DIE ANFÄNGE

20

CHAPLIN SENSATION

Ban on return to U.S. until court of inquiry decide

Chaplin—as millions knew him in films that made him famous.

LOCKED OUT!

CHARLIE Chaplin, now on his way to Britain in the liner Queen Elizabeth, will be held by immigration officials if he returns to America, the U.S. Attorney-General, Mr. James McGranery, announced last night.

Chaplin, Mr. McGranery added, would be held until he was brought before a court of inquiry to decide if he could re-enter the country.

Chaplin, 63, is still a British subject after living for thirty years in the U.S. He sailed from New York on Wednesday with his fourth wife, Oona O'Neill, daughter of playwright Eugene O'Neill, and their four children, to attend the London premiere of his latest film, "Limelight."

During his years in the U.S., Chaplin has had to face strong criticism because of his refusal to apply for American citizenship, and because of his alleged Left-Wing sympathies.

In 1949, a Republican senator, Harry Cain, of Washington, demanded that Chaplin should be deported.

In a statement to a Senate Judiciary committee, he accused Chaplin of coming "perilously near to treason" against the United States.

He said that the previous year Chaplin sent Pablo

Continued on Back Page

Chaplin and his wife Oona enjoy a last night out in New York before sailing for England.

Advertiser's Announcement

Oben: *Der Londoner* Daily Mirror *vom 20. September 1952. Charlies Verbannung aus Amerika macht international Schlagzeilen.*

Unten: *Als Kind lebte Charlie am Ende der Methley Street im Londoner Süden, gleich neben einem Schlachthaus und einer Pökelfabrik.*

Am 5. September 1952 trafen Oona und Charlie Chaplin die letzten Vorbereitungen, um mit ihren Kindern eine Reise anzutreten, die sich als sehr schicksalhaft erweisen sollte. In der Woche darauf sollten sie in New York an Bord der *Queen Elizabeth* gehen und zur Uraufführung von *Limelight (Rampenlicht)* nach London fahren. Wir hatten den Film soeben fertiggestellt und arbeiteten an den letzten Schnitten. Charlie war aufgeregt wie ein kleiner Schuljunge — *Limelight* sollte sein größter Triumph werden.

Abends tranken Charlie und ich Kaffee in Googie's, einem kleinen Café am Sunset Boulevard. Es war die Zeit, als er wegen »kommunistischer Sympathien« vom FBI und vom Komitee für Unamerikanische Umtriebe verfolgt wurde; außerdem warfen ihm die Hollywood-Kolumnistinnen Louella Parsons und Hedda Hopper jede nur erdenkliche Sünde unter dem Himmel vor. Charlie aber schob all diese Problem beiseite und schwärmte immer noch voller Liebe von Amerika. »In England hätte ich's nie so weit gebracht. Dies ist wirklich das Land der unbegrenzten Möglichkeiten.«

Als sie am nächsten Morgen, es war ein Samstag, den Schneideraum verließen, bestand Charlie darauf, daß Oona ihn zur Bank of America begleitete, um ihre Unterschrift für ein gemeinsames Konto zu leisten — für den Fall, daß ihm etwas zustoßen sollte. Oona weigerte sich zunächst. Gar nichts würde ihm passieren.

Zum Glück bestand er darauf. Denn neun Tage später traf an Bord der *Queen Elizabeth* ein Telegramm von General-Staatsanwalt James McGranery ein mit der Nachricht, daß Chaplin die Wiedereinreise in die Vereinigten Staaten verweigert werde. Er könne nur in die USA zurückkehren, wenn er — wie jeder gewöhnliche Neu-Einwanderer — Ellis Island durchlaufen würde (wo er sich ausführlichen Vernehmungen zu stellen gehabt hätte). Dies widerfuhr einem Mann, der wie kaum ein anderer zum Aufbau der amerikanischen Filmindustrie beigetragen hatte, einem der berühmtesten Menschen der Welt. Selbst im tiefsten Afrika waren Name und Gestalt von Charlie Chaplin bekannt.

Ich war wie vor den Kopf gestoßen, als ich die Nachricht im Radio hörte. Überall plärrte es aus dem Äther: »CHARLIE CHAPLIN DIE RÜCKKEHR IN DIE USA VERWEIGERT!« Ich wußte nicht, wie ich ihn erreichen konnte. Ich rief Arthur Krim, den Präsidenten der United Artists, in New York an, der mir versicherte, es würde sich schon wieder alles zum Guten wenden. Ich hatte damals zum Glück keine Ahnung, wie sehr die Verweigerung von Charlies »reentry permit« unser beider Leben verändern sollte.

Während der letzten fünf Jahre waren die Chaplins zu einem wesentlichen Bestandteil meines Lebens geworden. Ich leitete damals das Circle Theatre, ein progressives Arena-Theater in Los Angeles, und Chaplins Sohn Sydney war einer unserer Schauspieler. Von 1947 bis Ende 1950 inszenierte Chaplin mehrere Stücke für mich und stand mir als Berater zur Seite. Wir wurden enge Freunde. Als *Limelight* 1951 in die Produktion ging, bot er mir einen Job als sein persönlicher Assistent an.

Am Tag nach jenen schockierenden Schlagzeilen begann der *Herald Examiner,* ein Hearst-Blatt, Charlies Lebensgeschichte in Fortsetzungen abzudrucken. Und was für eine Geschichte das war — ein echtes »Vom-Tellerwäscher-zum-Millionär«-Märchen! Seine Kindheit kam der von Oliver Twist gleich. Er wuchs in den Slums Süd-Londons auf, wo er am 16. April 1889 das Licht der Welt erblickte. Beide Elternteile waren Music-Hall-Künstler: sein Vater Charles Komödiant und Sänger, seine Mutter Hannah Soubrette. Charles Sr. verließ die Familie und starb im Alter von siebenunddreißig als schwerer Alkoholiker. Zerrüttet von Elend und Unterernährung, wurde Hannah geisteskrank. Als Charlie sie in die Nervenheilanstalt brachte, warfen Nachbarkinder mit Steinen. Sie mußte in den nächsten Jahren immer wieder in solche Anstalten.

Mutterlos, wie sie nun waren, wurden der kleine Charlie und sein älterer Bruder Sydney vorübergehend in ein Armenhaus gesteckt. Am Heiligen Abend bekamen die Insassen Apfelsinen geschenkt. Charlie hatte noch nie zuvor eine Apfelsine gesehen und wußte nicht, daß es sich um etwas Eßbares handelte. Es blieb ihm für immer unvergeßlich, wie sich ihre leuchtende Farbe von den düsteren Wänden abhob.

Nach Hannahs Entlassung wohnte die Familie in diversen schäbigen Unterkünften — mal in der Nachbarschaft eines Schlachthauses, mal nahe bei einer Pökelfabrik. Doch es gab nur wenig zu essen. Sydney stand bei der Mission für Armensuppen Schlange, Charlie blieb indessen zu Hause. Notgedrungen. Die beiden Jungen besaßen zusammen nur ein Paar Schuhe.

Die Vergangenheit verfolgte Chaplin bis an sein Lebensende. Jahre später, in den Fünfzigern, als ich ihn in London traf, bat er mich, ihn in meinem Wagen zu den Stätten seiner Kindheit zu fahren. Er schien diese Reisen in die Vergangenheit zu brauchen, um seinen Geist wieder aufzufrischen. Er zeigte mir das Pub The Three

Oben: *Charlie in den 50er Jahren vor der Pownall Terrace 3, wo er einst mit seiner Mutter und seinem Bruder Sydney eine Dachkammer bewohnt hatte.*

Unten: *Das alte Lambeth Armenhaus, in dem man Charlie unterbrachte, als seine Mutter in eine Anstalt eingewiesen wurde.*

Charlie (im Kreis) als Achtjähriger an der Hanwell School (1897)

Charlie und Oona am Bankend, South East London, mit der St. Paul's Cathedral im Hintergrund (1959).

Stags in der Kennington Road, wo er seinen Vater zum letzen Mal lebend gesehen hatte. Wir fuhren schweigend an den Toren des Armenhauses von Lambeth vorbei. Wir sahen die Anstalt, in die Hannah eingewiesen worden war, hielten vor der Pownall Terrace 3, wo sie eine Dachkammer bewohnt hatten, und fuhren zu den verschiedenen Music-Halls, in denen er aufgetreten war.

Abends fuhren wir manchmal — er und Oona auf dem Rücksitz meines Hillman Minx — durch finstere, nebelige Straßen, dürftig erleuchtet von Gaslaternen und noch immer gezeichnet von tiefen Narben des Blitzkrieges. Das war »Jack-the-Ripper-Country«. Wenn wir Schritte hinter uns hörten, konnten wir uns vorstellen, wie es war, als der Ripper hier nachts umging. Einmal sprang mein Wagen nicht an, und wir atmeten erst wieder erleichtert auf, als wir das Viertel hinter uns hatten — auch Charlie!

An anderen Tagen fuhren wir nach Wapping, Stepney, Canning Town und Hackney — noch immer ärmliche Bezirke, doch jetzt mit Hochhäusern übersät. Diese abscheulichen Kästen deprimierten Charlie; für ihn waren es Gefängnisblocks, ungeeignet für normales Familienleben. Wir fuhren auch nach Southend, wo er als Kind zum erstenmal das Meer gesehen hatte. An einer Strandbude kaufte er sofort Herzmuscheln — wie er es als kleiner Junge getan hatte. Geruch und Geschmack waren ihm ebenso wichtig wie Orte.

An einem eisigen grauen Tag fuhren Oona, Charlie und ich nach Sheerness; wir setzten uns an einen einsamen dreckigen Kiesstrand, eng zusammengerückt wegen der Kälte, und aßen Berge von Cottage Cheese. Wir froren und fühlten uns miserabel, doch Charlie wollte es nicht zugeben. Aus irgendeinem Grund hatte er Sehnsucht gehabt, Sheerness wiederzusehen.

Bei manchen unserer nächtlichen Fahrten saß er nur schweigend in meinem Wagen und starrte hinaus auf die Straßen und Häuser. Dann und wann gab er mir knappe Anweisungen — »Rechts abbiegen!«, »Jetzt links«, und Gott behüte, wenn ich etwas falsch machte. Dann sagte er plötzlich: »Das ist die Wohnung, in die ich mit Sydney zog, als er von der See zurückkam.« Andere Male mußte ich den Wagen parken, und er sprang heraus, um die Leute heimlich durchs Fenster zu beobachten, wobei er sein Gesicht verhüllte; er wollte wissen, wie sie lebten. Er wurde diese Reisen in die Vergangenheit nie leid.

Als Kind hatte Charlie oft alte Sachen auftragen müssen — einmal sogar anstelle von Strümpfen ein Paar abgeschnittene rote Ballетthosen von seiner Mutter. Daraufhin wurde er von den Nachbarjungen »Sir Francis Drake« genannt. Der Charlie hingegen, den ich kannte, war stets wie aus dem Ei gepellt. In Hollywood trug er Tweedjackett und weiße Hosen. Zum Circle kam er in kremfarbenen Halbgamaschen, was selbst für damalige Zeiten sonderbar war. Er ließ sich von seinem Butler jeden Morgen zwei frische Taschentücher reichen — eines für seine Brusttasche, eines für seine Hosen. Das war für Charlie der höchste Grad an Luxus. Denn trotz seines Reichtums konnte er sich nicht daran gewöhnen, jeden Tag ein frisches Hemd anzuziehen: Er mußte es noch einen zweiten Tag tragen — ein Überbleibsel aus seiner Kindheit.

Charlie war von der Angst besessen, eines Tages geisteskrank zu werden, wie seine Mutter. Er glaubte, die Krankheit könne erblich sein. Hannahs Mutter hatte auch Jahre in einer Anstalt verbracht. Als Kind konnte er die Folgen von Armut und Alkoholismus an anderen Music-Hall-Künstlern beobachten: Er war entsetzt, als seine Mutter eine heruntergekommene Kollegin, Eva Lester, mit nach Hause brachte, sie ein Bad nehmen ließ und ihr ein paar von ihren Kleidern und einige Schillinge gab. Als er älter wurde, grübelte er häufig über die berühmten Komiker seiner Jugend nach, die ihre Tage in Armut und Verzweiflung beendeten. Dies war einer seiner Alpträume. »Was wäre aus mir geworden«, fragte er mich einmal, »wenn ich nicht nach Amerika gegangen wäre?«

Als Charlie neun war, lockten ihn die Musen. Er schloß sich den »Eight Lancashire Lads« am Theatre Royal, Manchester, an, mit denen er holzschuhtanzend durch die Lande tingelte und in einer Katz'-und-Maus-Pantomime mitwirkte. Anschließend ging er wieder zur Schule, aber es juckte ihn zu arbeiten. Also nahm er alle möglichen Jobs an: als Laufjunge, Druckereigehilfe, Glasbläser und Zeitungsverkäufer. Seinen ersten Erfolg auf der Bühne hatte er in der Rolle des Laufburschen Billy in William Gillettes Stück *Sherlock Holmes,* mit dem er fast drei Jahre auf Tournee ging, bevor es schließlich in einem Westend-Theater aufgeführt wurde. Jahre später, als er am Circle inszenierte, verblüffte er uns damit, daß er den gesamten Text auswendig wußte.

Die Karno-Truppe unterwegs nach Amerika, 1910. Charlie in der Mitte, im Rettungsring, und sein Ersatzmann Stan Laurel, links außen.

Charlies eigentlicher Durchbruch kam mit dem Engagement bei Fred Karno, dem erfolgreichsten englischen Music-Hall-Impresario, der bei seinen Kollegen nur »The Guv'nor« hieß. Sydney hatte sich schon früher der Karno-Truppe angeschlossen; zwei Jahre später, 1908, trat Charlie an den Pariser Folies Bergères in Karnos *Mumming Birds* auf. Debussy sah die Show und ließ ihn sich in seiner Loge vorstellen. »Sie haben ein angeborenes Talent für Musik und Tanz«, sagte er zu Charlie.

1910 reiste die Karno-Truppe mit der Revue *The Wow-Wows* in die Vereinigten Staaten. Charlies »Ersatzmann« und Zimmergenosse war einer der Lancashire Lads, Stanley Jefferson, der später als Stan Laurel berühmt wurde. Auf der Tournee lernte Charlie Cello spielen und begann, etwas für seine Bildung zu tun. Er war fest entschlossen, Karriere zu machen. Charlie war begeistert von Amerika, dessen Vitalität und der Großzügigkeit des Publikums. Die Kritiken über ihn waren besonders gut — *Variety* schrieb: »Chaplin wird es in Amerika schaffen.«

1951, als ich mit ihm in New York war, zeigte mir Charlie das Colonial Theater, wo sein amerikanisches Debüt stattgefunden hatte, die Restaurants und Buchläden, die er besucht hatte, und das Times Square-Viertel, wo er für drei Dollar die Woche in einer winzigen Kammer gehaust hatte. Er konnte nicht aufhören, Vergangenheit und Gegenwart zu erforschen.

Karnos Amerika-Tournee dauerte fast zwei Jahre. Besonderen Erfolg hatte Charlie in *A Night in an English Music Hall,* wo er einen Betrunkenen in einer Theaterloge spielte, der die verschiedenen Szenen kommentiert.

Als die Truppe später, im Jahre 1912, nach Amerika zurückkehrte, muß wohl Mack Sennett — stets auf der Suche nach neuen Komikern für Keystone Pictures — die Show gesehen haben. Er schickte ein Telegramm an das Theater in Philadelphia, in dem die Truppe gerade auftrat: »Gibt es in Ihrer Truppe einen *Chaffin* oder so ähnlich?« Ja, gab es — so ähnlich. Müde von den endlosen Tourneen, unterschrieb Charlie einen Jahresvertrag mit einer Gage von 150 Dollar pro Woche — das Dreifache des Gehalts, das er bei Karno bekam. Die Zeit war gekommen, etwas Neues auszuprobieren.

Doch Charlie hat seinen Mentor Fred Karno nie vergessen. Als

Charlie in San Francisco während Karnos Amerika-Tournee. Zum erstenmal stand sein Name obenan auf einem Plakat.

Einer von Charlies frühen Kurzfilmen, A Night in the Show — Eine Nacht im Varieté *(1915), der auf einer seiner Karno-Nummern basierte.*

ich später in London mit ihm arbeitete, führte er mich nach Taggs Island auf der Thames, wo Karno für Unsummen einen Vergnügungspalast, sein »Karsino«, hatte errichten lassen. Es war seit Karnos Bankrott, 1926, geschlossen und verfallen, doch Charlie war neugierig und fasziniert, dieses Gespenst aus der Vergangenheit zu sehen. »Was für ein Narr der arme Karno doch war«, sagte er. »Dieses Monster hat ihn ruiniert.« Charlie hat sich nie zu solchen Verrücktheiten hinreißen lassen.

In seinem ersten Film, *Making a Living* (1914), spielte Charlie einen Schwindler, der sich als Lord ausgibt. Doch Charlie fühlte sich in dieser Rolle nicht wohl. Er ging in den Keystone-Fundus und probierte diverse Kostüme aus: verschiedene Hosen, Hüte, Schuhe, Stöcke und Bärte. Er begann, Grimassen und Gesten vor dem Spiegel einzustudieren, und war bald ganz und gar verwandelt — mit verbeulten Hosen, kleiner Melone, riesigen Schlappschuhen und winzigem Bärtchen.

Er erfühlte die Figur sofort: ein kleiner Mann, der in einer feindlichen Welt ums Überleben kämpft, sich an Reste von menschlicher Würde klammert und angesichts des Gegners stets den Kopf oben behält. Der Tramp war geboren.

Im Jahr seiner Zusammenarbeit mit Sennett trat Charlie in 35 Filmen auf. Bis Ende 1914 war Charlie Chaplin — der Mann mit dem lustigen Bärtchen, dem noch lustigeren Watschelgang, der Melone und dem Stöckchen — für jedermann ein Begriff geworden.

Charlie liebte es, seine Chicago-Story zu erzählen. 1915 war er drauf und dran, einen Vertrag mit der Essanay Filmgesellschaft für 1250 Dollar pro Woche abzuschließen. Dazu traf er sich im Foyer des Alexandra Hotels mit seinen Geldgebern, doch die hatten kalte Füße bekommen und wollten auf einmal nicht mehr die vereinbarte Summe bezahlen. Sie erklärten, so populär sei er nun auch wieder nicht. Ohne daß sie es mitbekamen, ließ sich Charlie durch einen Pagen ausrufen. Daraufhin brach im Foyer ein Tumult aus: jeder wollte einen Blick auf Charlie Chaplin, das neue Filmidol, erhaschen. Charlie bekam sein Geld. Die Geschichte amüsierte ihn köstlich.

Ein Jahr später warb ihn Mutual ab; sie boten ihm eine Wochengage von 10000 Dollar und eine fette Prämie. Bevor er bei Mutual mit der Arbeit begann, fuhr Charlie nach New York — sein erster Besuch seit seinem frischen Ruhm. Als sein Zug den Kontinent durchquerte, ging es wie ein Lauffeuer von Stadt zu Stadt, daß Charlie Chaplin im Zug saß. Als er in Albuquerque, New Mexico, ankam, drängten Menschenmassen ans Abteil, um einen Blick auf Charlie zu werfen. Charlie mußte sich zeigen. Das geschah bei jedem Halt auf dem Weg nach Osten. Nachts standen die Leute mit Kerzen da, wild entschlossen, ihr Idol zu sehen. Als der Zug schließlich New York erreichte, mußte Charlie an der 125th Street aussteigen, um den Massen an der Grand Central Station zu entgehen.

Gegenüber: *Der Tramp ist geboren.*

Links: *Charlie im Filmstudio: Thomas Ince, Charlie, Mack Sennett und D. W. Griffith.*

Alle Schlagzeilen verkündeten: »Er ist da!« Dies war das erste Mal, sagte Charlie, daß ihm so richtig bewußt wurde, wie populär er war. Da war er siebenundzwanzig.

Bei seiner Rückkehr nach Los Angeles fand Chaplin einen Brief von Fred Karno vor. Er fragte an, ob Charlie Lust hätte, für 1000 Pfund pro Woche in einer spektakulären Revue aufzutreten, die er mit C. B. Cochran inszenieren würde. Charlie antwortete in freundlichstem Tone:

Lieber Guv'nor,

bei der Summe, die Sie da für einen Auftritt in London erwähnen, wäre mir früher wohl glatt das Herz stehengeblieben! Doch ich bin für die nächsten Jahre gebunden und sehe mich nicht in der Lage zu kommen ... Sollte ich es eines Tages doch sein, so werde ich es vor allen anderen Sie wissen lassen. Ich wünsche Ihnen viel Glück, lieber Guv'nor,

Ihr Charlie Chaplin.

Charlies Erfolg schien nicht mehr aufzuhalten. Für die Mutual drehte er einige seiner komischsten Kurzfilme, *One A.M.*, *The Pawnshop*, *Easy Street* und *The Immigrant*. Doch sein Erfolg rief auch Ressentiments hervor. Englische Zeitungen begannen ihn als Drückeberger zu attackieren, weil er im Ersten Weltkrieg nicht für sein Land gekämpft hatte. Charlie konterte mit Fakten: Er hatte durch persönliche Auftritte enorme Summen für Kriegsanleihen aufgetrieben; und er hatte sich in Amerika zur Musterung gemeldet, war aber untauglich geschrieben worden. Doch die Attacken hörten nicht auf; es wurden ihm sogar weiße Federn, Zeichen der Feigheit, zugeschickt. Das verletzte ihn zutiefst.

Als 1918 sein Mutual-Vertrag ablief, zog er in ein eigenes Atelier, Ecke Sunset Boulevard/La Brea Avenue. Es wurde im Stil eines alten englischen Dorfes errichtet, um Beschwerden von Nachbarn zu vermeiden, die befürchteten, ein Filmstudio würde dem Ansehen des Viertels schaden. Seine Filme wurden jetzt durch die First National vertrieben — darunter Klassiker wie *A Dog's Life* und *Shoulder Arms*, eine Kriegskomödie, die nur wenige Wochen vor dem Waffenstillstand in die Kinos kam.

Links: *Charlie versucht, zwei Kühe anzutreiben* (Sunnyside, *1919*).

Unten: *Charlie war der erste, der eine Komödie über den Ersten Weltkrieg machte,* Shoulder Arms — Gewehr über! *(1918). Die Soldaten nahmen den Film begeistert auf.*

Später in jenem Jahr heiratete Charlie in aller Stille Mildred Harris, eine junge Schauspielerin, die von einer ehrgeizigen Mutter schon als Kind ins Filmgeschäft getrieben worden war. Mildred hatte in D. W. Griffith's *Intolerance* und *Old Folks at Home* mit Sir Herbert Beerbohm Tree, einem von Charlies Kindheitsidolen, mitgespielt. Charlie war von ihr begeistert, doch Mildred begriff nicht, was es bedeutete, mit einem kreativen Künstler zu leben. Charlies Arbeit hatte Vorrang vor allem anderen. Außerdem bestand Mildred darauf, daß ihre Mutter zu ihnen zog — was wohl keiner Ehe zum Vorteil gereicht. Am 7. Juli 1919 gebar sie einen Sohn, Norman Spencer Chaplin, der nach drei Tagen starb. Wenige Monate später trennte sich das Paar, was großen Wirbel in der Presse verursachte.

Trotz seiner privaten Schwierigkeiten drehte Charlie in dieser Zeit seinen bis dahin größten Erfolg: *The Kid*, ein Meilenstein der Filmgeschichte. Charlies Partner, der sechsjährige Jackie Coogan — im Film ein Waisenkind, das vom Tramp adoptiert wird — wurde über Nacht zum Star. Der Film bewegte die Herzen der Welt. Jetzt konnte man zum ersten Mal in einem Chaplin-Film zugleich weinen und lachen.

Charlie ließ seine Mutter kommen und brachte sie in einem hübschen Bungalow am Meer unter, wo sie von einem Haus-

Links: *Der Film, der die ganze Welt eroberte und den kleinen Jackie Coogan zum Star machte* — The Kid *(1921).*
Unten: Sunnyside *(1919).*

meisterpaar und einer ausgebildeten Pflegerin betreut wurde. Bis zu ihrem Tode, 1928, verbrachte sie dort Jahre voller Zufriedenheit, ohne sich jedoch je des großen Erfolges und Reichtums ihres Sohns wirklich bewußt zu werden.

Charlie hatte Heimweh nach London. 1921 beschloß er, eine Europareise zu unternehmen. London stand Kopf. Die gewaltige Menschenmenge am Waterloo-Bahnhof ließ ihn hochleben — ein großer Held war heimgekehrt. Er suchte die Stätten seiner Kindheit auf, so wie er es dreißig Jahre später noch einmal mit Oona und mir tat. Er machte die Bekanntschaft anderer berühmter Zeitgenossen — wie H. G. Wells und Sir James Barrie. Der Empfang in Paris und Berlin war ähnlich; Charlie gehörte die Welt. Selbst Lenin war ein Verehrer. »Chaplin«, sagte er, »ist der einzige Mensch auf der Welt, den ich wirklich gerne kennenlernen würde.«

Charlie in den Zwanzigern

Bevor er nach Los Angeles zurückkehrte, verbrachte Charlie mit seinem Freund, dem Schriftsteller Frank Harris, der Oscar Wilde in seinen Schwierigkeiten beigestanden hatte, einen Tag im Zuchthaus Sing Sing. Die Gefangenen waren beeindruckt von Charlies Besuch, blieben aber auf Distanz. Der Wärter zeigte ihnen die Zellenblöcke und die Todeskammer mit dem elektrischen Stuhl, einer groben Holzkonstruktion, die mit einem einzigen dicken Kabel verbunden war. Der Gefängnisarzt erklärte genau, wie der Stuhl funktionierte, während Charlie selbst darauf saß. Er konnte einen Blick auf einen Todeskandidaten werfen. »Hast du sein Gesicht gesehen?« fragte Charlie Frank Harris — »Furchtbar, entsetzlich. Ich werde es bis an mein Lebensende nicht mehr vergessen.«

Der Tod übte auf Charlie schon immer eine sonderbare Faszination aus. Zu seiner Lieblingslektüre gehörte das Magazin *True Detective* mit seinen Fotos von geköpften Leichen, die zur Autopsie geschafft wurden. Merkwürdigerweise war *True Detective* auch die bevorzugte Lektüre meiner Mutter, und jedesmal, wenn ich Charlie später in der Schweiz besuchte, brachte ich ihm Stapel dieser schaurigen Heftchen aus den Staaten mit.

Inzwischen war Charlie zum Liebling der Intellektuellen geworden. Bevor er zum Film kam, hatte die Intelligenz der East Coast die Nase über diese neue Industrie gerümpft; für sie zählte nur das Theater. Doch Charlie hatte den Film zur Kunst erhoben. Sein Spiel verzichtete auf komplizierte Tricks und falsche Sentimentalitäten. Die Komik bestand nicht länger darin, auf Bananenschalen auszurutschen oder wie die Keystone Cops in heillosem Durcheinander durch die Straßen zu rennen. Charlies Subtilität und sein Gebrauch der Großaufnahme waren revolutionär; unter seinen Händen konnte die Kamera Gedanken und Gefühle lesen.

In späteren Jahren, am Circle, ahmte Charlie auf köstliche Weise Lillian Gish's Schule der Stummfilm-Schauspielerei nach; für Charlie sahen die Schauspielerinnen immer so aus, als würden sie Schmetterlinge fangen. Nichts davon in Chaplin-Filmen: seine Darstellungskunst war natürlich und ehrlich. Und dabei blieb er all die Jahrzehnte hindurch. Auf der Bühne am Circle und in den Filmstudios der fünfziger und sechziger Jahre suchte er immer nach dem realistischen Ansatz, der für den jeweiligen Charakter psychologisch richtig war. »Wir wollen keine Schauspielerei. Wir wollen Realität«, erklärte er den Circle-Schauspielern. »Gebt den Zuschauern das Gefühl, durch ein Schlüsselloch zu gucken.«

Trotz seines Weltruhms blieb Charlie bescheiden und scheu. Ich habe mich oft gewundert, daß ihn all sein Reichtum und all seine Popularität nicht verdorben haben; wie leicht hätte er sich auf seinen Lorbeeren ausruhen können. Doch Charlie hielt sich

Charlie als entflohener Sträfling und falscher Priester, der Verdacht erregt, in The Pilgrim — Der Pilger *(1923).*

nicht an seinen vergangenen Erfolgen fest. Nur die Zukunft zählte. Er war von einer unglaublichen Schaffenslust besessen, einem unersättlichen Drang, Schönheit auf die Leinwand zu bannen; es war, als wollte er unablässig die Erinnerung an seine harte, entbehrungsvolle Kindheit auslöschen.

Andererseits kannte Charlie immer den Wert seiner Leistung. Und er war sein bester Zuschauer. In den Circle-Tagen gingen sein Sohn Sydney und ich oft ins Silent Movie House an der Fairfax Avenue. Eines Abends wurden Charlies Kurzfilme gezeigt. Wir lachten natürlich, doch hinter uns saß jemand, der noch mehr lachte — wie ein Wahnsinniger. Wir drehten uns neugierig um. Und da saßen Charlie und Oona: Charlie brüllte vor Begeisterung über sich selbst!

Im Interesse des künstlerischen Niveaus taten sich Charlie, D. W. Griffith, Mary Pickford und Douglas Fairbanks zusammen und gründeten 1919 die Filmgesellschaft United Artists. Sie waren die ersten unabhängigen Filmemacher, die ihre eigenen Produkte finanzierten und vertrieben. »Die Insassen haben die Anstalt übernommen«, lautete ein Kommentar.

Fairbanks und Charlie waren enge Freunde und dienten einan-

Unten: *Charlie bei der Unterzeichnung des United Artists-Vertrages. Von links nach rechts: D. W. Griffith, Mary Pickford, Charlie (sitzend), Douglas Fairbanks.*

Links: *Charlie findet sich versehentlich im Löwenkäfig wieder.* The Circus — Der Zirkus *(1928)*.

The Gold Rush — Goldrausch *(1923) — ein Meilenstein in der Filmgeschichte. Die Komödie geht auf das tragische Schicksal der Donner-Expedition zurück, bei der eine Gruppe von Einwanderern auf dem Weg nach Kalifornien von Schneestürmen überrascht wird. Ein Teil überlebt, indem er sich vom Fleisch der Leidensgefährten ernährt.*

der bei ihren Filmen als Resonanzboden. Charlie erzählte gern, wie »Doug« und er in den Stummfilmtagen, als die Leute ihre Stimmen noch nicht kannten, über den Hollywood Boulevard schlenderten. Wenn sie dann erkannt und umringt wurden, begannen Doug und Charlie — zur Verblüffung ihrer Fans — mit hohen Fistelstimmen zu sprechen.

Charlie war froh, endlich sein eigener Herr zu sein, und feierte seine neue Freiheit mit dem Film *A Woman of Paris,* den er selbst schrieb und inszenierte, doch in dem er selbst nur einen Kurzauftritt hatte. Seine Absicht war es, seine Hauptdarstellerin, Edna Purviance, die jetzt zu alt war, um die junge Naive zu spielen, als dramatische Schauspielerin zu lancieren. Die Kritik überschlug sich, und der Film erschloß neues Terrain auf dem Gebiet der »Sophisticated Film Comedy«, wurde aber kein Kassenerfolg — das Publikum wollte Charlie als Tramp sehen.

Charlie stürzte sich sogleich in seine nächste Komödie, *Goldrausch.* Auf der Suche nach einer neuen Heldin ließ er auch ein junges Mädchen, Lita Grey, vorsprechen, die sich ständig im Filmstudio herumtrieb. Die Rolle ging schließlich an Georgia Hale, doch im November 1924 wurde Lita die zweite Mrs. Chaplin. Wenige Wochen nachdem Lita Charlie Chaplin Jr. zur Welt gebracht hatte, fand die große Galapremiere von *Goldrausch* in Hollywood statt. Kritiker und Publikum feierten die starke Geschichte des Films, seine Sensibilität und seine Dramatik und die meisterhaft komischen Szenen wie den berühmten Brötchentanz.

Dann geriet Charlies Privatleben erneut in die Schlagzeilen. Während der Dreharbeiten zu *The Circus* verließ Lita mit Charlie Jr. und ihrem zweiten Baby, Sydney, das gemeinsame Haus. Mit einer 42seitigen Anklageschrift reichte sie die Scheidung ein und wollte das Negativ von Charlies neuem Film pfänden lassen. Die Dreharbeiten mußten unterbrochen werden, und Charlie verließ New York, um seine Filmrollen in Sicherheit zu bringen. Vor Gericht drückte Lita heftig auf die Tränendrüsen und gab vor, die Milch für ihre Kinder nicht bezahlen zu können. Wieder Schlagzeilen. Die Belastung war zu groß, Charlie erlitt einen Nervenzusammenbruch.

Nach erbitterten Kämpfen vor Gericht wurde eine Einigung erzielt. Die Affäre verdüsterte Charlies Erinnerungen an *The Circus* — der trotz der Belastungen und Unterbrechungen eine äußerst charmante und feinfühlige Komödie wurde. Als der Film 1970 erneut in die Kinos kam, war Charlie erstaunt, wie begeistert das Publikum reagierte, und seine Bitterkeit verblaßte.

Al Jolson feierte gerade mit *The Jazz Singer* Triumphe. Tonfilme waren der letzte Schrei. Dennoch drehte Charlie wieder einen neuen Stummfilm: *City Lights (Lichter der Großstadt).* Er wußte, er war der Meister der Pantomime, und glaubte, daß ihn das Publikum nicht im Stich lassen würde. Trotzdem war er unsicher, ob der

City Lights — Lichter der Großstadt *(1951). Charlie hat eben die Straße gekehrt, da kommt ein Elefant vorbei.*

Die vielleicht berühmteste Großaufnahme der Filmgeschichte — die Schlußeinstellung von City Lights, *als dem einst blinden Mädchen klar wird, daß es der Tramp war, der ihre Augenoperation bezahlt hat.*

Film ankommen würde; das galt auch für die Kinobesitzer. Die Erstaufführung in New York fand deshalb in einem Broadway-Theater statt; Charlie gab in allen großen New Yorker Zeitungen ein Inserat auf: »Charles Chaplin in *City Lights* im Cohan Theater — fortlaufend täglich zu 50 Cents und 1 Dollar.«

Im Paramount-Kino gegenüber lief ein Tonfilm mit Maurice Chevalier. Doch die Leute wollten *City Lights (Lichter der Großstadt)* sehen. Die Menschen standen schon frühmorgens Schlange, und in den ersten drei Monaten spielte der Film 400 000 Dollar ein; er wurde Charlies bis dahin größter Kassenschlager. Der Kritiker Alexander Woollcott, ein großer Chaplin-Fan, schwärmte: »Einen wie ihn hat es noch nie gegeben. Und wird es auch nicht mehr geben.«

Auch ich habe *City Lights* gesehen, freilich nicht im Cohan in Manhattan; meine Eltern nahmen mich mit ins Rugby, ein Kino um die Ecke in Brooklyn. Ich muß acht oder neun gewesen sein; es war ein heißer, drückender New Yorker Sommer, lange bevor es Klimaanlagen gab. Zum Glück hatte das Rugby einen Dachgarten, auf dem die Filme abends gespielt wurden. Die frische Luft war wohltuend, dafür mußte man mit Mücken, Vogelkot, Flugzeugen und Gewittern fertigwerden. Es war wohl das erste Mal, daß ich Charlie in einem Film sah. Meine Mutter bog sich vor Lachen, und wann immer sie lachte, lachte auch ich.

Ende der vierziger Jahre — inzwischen hatte ich Charlie kennengelernt — sah ich *City Lights* bei einer Wohltätigkeitsveranstaltung in Beverly Hills noch einmal. Nach dem Film konnte ich nicht ins Bett gehen. Es war, als hätte ich Michelangelos David zum erstenmal gesehen. Ganz benommen lief ich die ganze Nacht den Hollywood-Boulevard auf und ab, war traurig und berauscht zugleich, vor allem aber beglückt, den Schöpfer dieses Meisterwerkes zu kennen.

In der Morgendämmerung suchte ich Charlies Haus am Summit Drive auf. Er frühstückte gerade. Ich wollte ihm zu Füßen sitzen und ihm sagen, wie bewegt ich war. Statt dessen tranken wir beide dampfenden schwarzen Kaffee. Er erzählte mir, was Harpo Marx gesagt hatte, als sie das Kino verließen: »Leicht für dich — all diese Pantomime!« »LEICHT?« hatte Charlie geantwortet und an den Schweiß, die Schinderei, die ständigen Wiederholungen gedacht.

Als ich Charlies Haus verließ, stand ich noch immer unter dem Zauber von *City Lights* und von Charlie selbst. Während ich zum Circle Theatre fuhr, wanderten meine Gedanken zurück zum Rugby-Dachgarten und zu meiner Kindheit. Ich war ein Unbekannter aus Brooklyn, der Sohn einfacher Einwanderer, und jetzt war ich hier und frühstückte in Beverly Hills mit einem der größten Künstler der Welt.

Wie hat mich meine familiäre Herkunft darauf vorbereitet? Wie war all dies möglich? Als Kind in Brooklyn war Hollywood immer mein Traum gewesen — aber das war auch alles. Filme waren meine Zuflucht, meine Leidenschaft. Mein Traum-Theater war das Loew's Kings in Brooklyn: Das Foyer war gewaltig, mit riesigen Leuchtern geschmückt, der Buckingham Palace konnte nicht prächtiger sein.

Filmstars kamen mir unwirklich vor — ich glaubte, sie würden real gar nicht existieren. Ich himmelte Carole Lombard, Ca-

Oben: *Ich und mein Boot. Das liegt einige Jährchen zurück.*

Rechts: *Ein Teil meiner großen Brooklyn-Familie in den 30ern. Von links nach rechts, stehend: Meine Großmutter, ich, meine Mutter und mein Vater. Auf dem Dreirad mein kleiner Vetter Aaron, der später als Journalist für seine hervorragende Berichterstattung den Heywood Broun Award bekam.*

ry Grant und Marion Davies an. Die Davies begeisterte mich sogar in ihrem großen Civil War Flop, *Operator 13*. Viele Jahre später fand ich eine Gleichgesinnte … Oona Chaplin. Charlie sah Oona und mich an, als hätten wir den Verstand verloren, wenn wir über diesen Film ins Schwärmen gerieten (wir hatten ihn beide als Kinder gesehen). Oona und ich müssen noch heute darüber lachen.

Ich hörte auch furchtbar gern Radio. Meine Lieblingssendung war *Bobby Benson's Adventures:* Bobby, ein Cowboy-Junge aus dem Westen, wurde mein Kindheitsidol. 1935 las ich, daß sein wirklicher Name Billy Halop war und daß er den Anführer der Straßenjungen in dem Broadway-Stück *Dead End* spielte.

Ich wußte nicht genau, was ein Broadway-Stück war, doch ich sparte 55 Cents für eine Karte und saß im zweiten Rang des Belasco Theater, Sitz Nr. D22, und starrte auf die Bühne hinunter, die klein war wie eine Briefmarke. Es war Liebe auf den ersten Blick. Ich war fasziniert von Norman Bel Geddes New-York-Bühnenbild; die Dead-End-Kids tauchten in den Orchestergraben hinab, als würden sie im East River schwimmen. Ich war hingerissen von der Magie des Theaters.

Charlie muß es ähnlich ergangen sein, als er 14 war. Er saß in der Galerie des His Majesty's Theatre in London und bewunderte die Darstellungskunst von Sir Herbert Beerbohm Tree in *Oliver Twist* und *Julius Caesar.* Beerbohm Tree machte Charlie klar, wie dynamisch modernes Theater sein konnte, eine Erfahrung, die sein Leben prägte.

Meine Begeisterung für *Dead End* war von Dauer. Nach einem Programmheft-Foto des Bühnenbilds baute ich aus Balsaholz und winzigen Leuchtbirnen eine Miniaturbühne. Die brachte ich stolz zur Belasco-Theaterkasse. Das Personal machte viel Wirbel und stellte mein Modell schließlich mit meinem Namensschildchen im Foyer aus. Als Belohnung bekam ich für jede Samstagsmatinee eine Freikarte.

Ich beschloß, mir mit Miniaturbühnen freien Zutritt zu jedem Broadway-Stück zu verschaffen. Im *Stage*-Magazin sah ich ein Foto von Helen Hayes in *Victoria Regina.* Mein Bühnenbild war ein Meisterwerk. Ich wartete geduldig am Broadhurst Bühnenausgang auf Helen Hayes. Doch sie bemerkte weder mich noch mein Modell und rauschte in ein Taxi. Ich war am Boden zerstört. Das war das Ende meiner Bühnenbildner-Karriere.

Meine Eltern waren von meinen Künsten wenig beeindruckt, selbst als der *Brooklyn Eagle* mein *Dead-End*-Werk erwähnte. Ich sehnte mich nach einem Schulterklopfen. Vergebens.

In Kalifornien war Charlie der jungen Schauspielerin Paulette Goddard begegnet. Sie hatte eine Ausstrahlung, die ihn anzog, und sie waren bald unzertrennlich. Als Charlie sie an einem Flughafen zum Abschied küßte, machte das gleich landauf land-

Programmheft von Dead End, *an Hand dessen ich mein Bühnenbild schuf.*

ab Schlagzeilen. Paulette teilte der Presse mit, es sei nur ein freundschaftlicher Kuß gewesen und daß sie in Charlies nächstem Film die Hauptrolle spielen würde.

Die Zeiten waren schlecht. Mein Interesse am Theater bereitete meinen Eltern Sorgen; wann immer ich schlechte Noten mit nach Hause brachte, lief mein Vater, Reuben, zur Schule, platzte mitten in den Unterricht hinein, um mit seinem starken russischen Akzent mit meinen Lehrern zu sprechen. Ich hätte im Boden versinken können. Er wollte mir so gern geben, was er nie gehabt hatte. Auch zu Hause führte er ein strenges Regiment; als der Film *Treasure Island (Die Schatzinsel)* lief, durfte ich ihn erst sehen, nachdem ich das Buch gelesen hatte.

Mein Vater war 1905 im Alter von dreizehn Jahren nach Amerika gekommen, um den Pogromen in Wilna, Litauen, zu entkommen. Er arbeitete hart und schickte Geld nach Hause, damit seine Familie nachkommen konnte. Seine jugendlichen Heldentaten und Kräfte wurden legendär. Bei einer Straßenschlacht in Brooklyn kippte er einen Straßenbahnwagen um. Er arbeitete als Bauarbeiter und Schreiner und lernte meine Mutter Ruth in Cleveland, Ohio, kennen, wo ich als Jerome Epstein zur Welt kam. Während der Weltwirtschaftskrise mußten wir alles verkaufen und zogen mit Verwandten nach Brooklyn. Als die Leute kamen, um unsere Möbel zu kaufen, stellte mich meine Mutter vor die Vorhänge, damit sie die Löcher nicht sehen konnten.

Nach den endlosen Weiten Ohios wirkte Brooklyn bedrükkend. Ich war plötzlich in den Slums von Williamsburg, einem Dschungel von Mietskasernen, Handkarren und Hausierern. Wir zogen schließlich in die Vororte von Flatbush. Meine orthodox erzogenen Vettern wohnten gleich um die Ecke. Mein Elternhaus war nicht strenggläubig; wir galten in unserer Familie als die »Heiden«. Meiner Großmutter zuliebe hatte ich meine Bar Mitzvah, doch gleich nach der Zeremonie ging ich ins Kino und sah mir Eddie Cantor in *Roman Scandals* an.

Meine orthodoxen Vettern waren entsetzt, wenn ich vor ihren Augen Schinken-Sandwiches aß (»Igitt!« riefen sie. »Wie kannst du so was essen? Wie schmeckt es?«). Doch an Freitagabenden, zu Beginn des Sabbat, wenn es den orthodoxen Juden sogar verboten ist, das elektrische Licht auszuschalten, war ich willkommen. Dann riefen sie den Jungen, der Schinken aß, um es für sie zu tun.

Freitag, das bedeutete bei uns ein üppiges Mahl mit *gefiltem* Fisch und Rinderbrust. Der *gefilte* Fisch meiner Mutter war ein Gedicht. Jahre später, als meine Eltern nach Los Angeles zogen, schickte meine Mutter eine Kostprobe zu den Chaplins nach Beverly Hills. Charlie fand sie köstlich, Oona schmeckte vor allem Mutters selbstgemachte scharfe Meerrettichsoße.

Oona und Charlie ... Sie wurden wie Ersatzeltern für mich. Sie nahmen mich in Kalifornien und in der Schweiz großzügig auf und schenkten mir ein Vertrauen, wie ich es von meinen Eltern nie erhalten habe. Mit den Jahren fühlte ich mich Oona und Charlie so verbunden, daß ich manchmal meine eigene Karriere vernachlässigte, nur um an ihrer Seite zu sein.

Charlie brauchte einen Resonanzboden für die Flut seiner Ideen und Gags. Ich war ihm ein begeisterter Zuhörer, ohne je Ansprüche zu stellen: Ich war einfach glücklich, in seiner Gesellschaft zu sein, mit ihm zu lachen, Blut, Schweiß und Tränen mit ihm zu teilen — mit Charlie Chaplin zu arbeiten. Und es war eine gute Zusammenarbeit ...

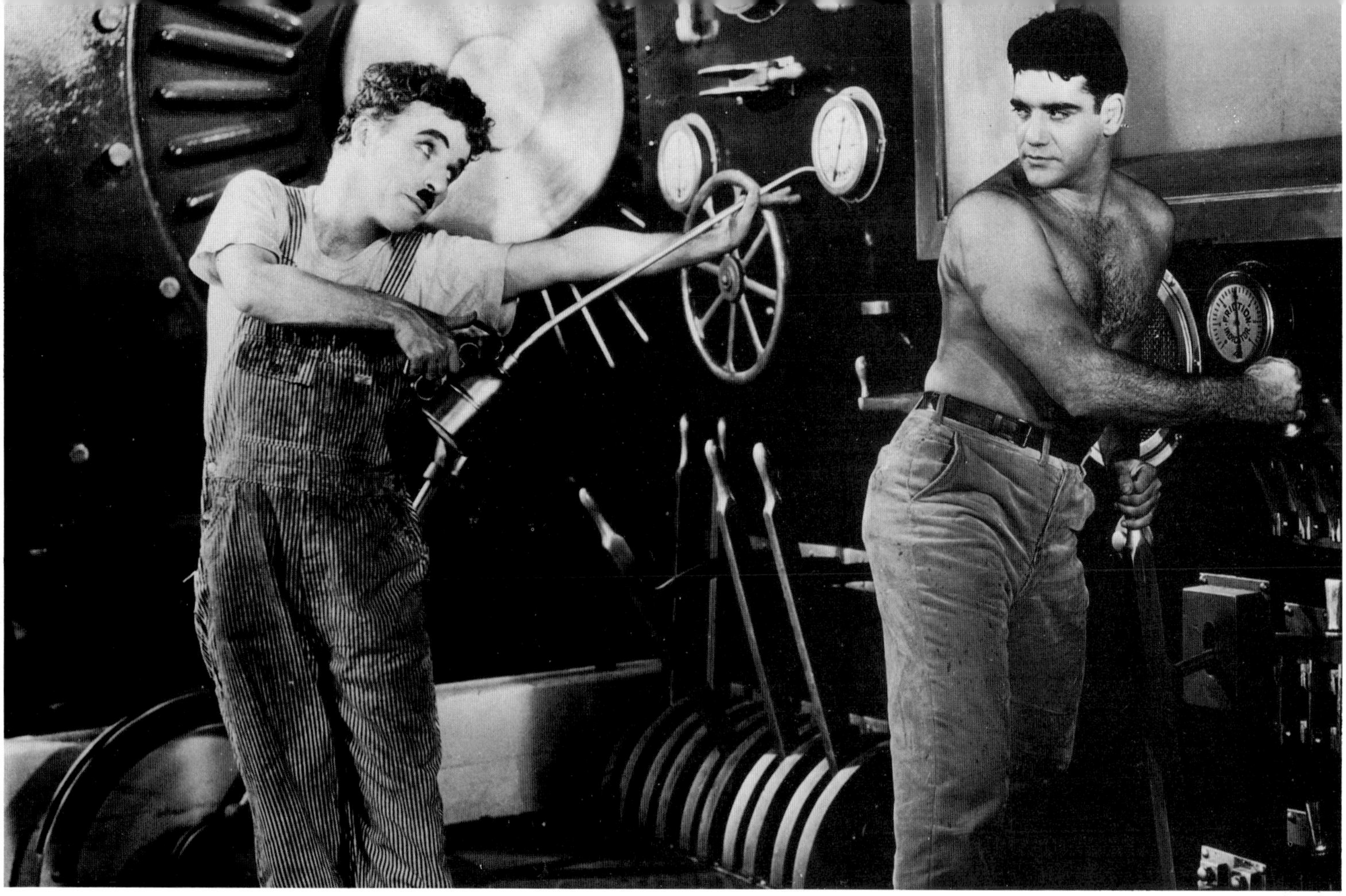

Dead End hatte mein Mitgefühl für den »Underdog« geweckt. Das Leben der Straßenkinder in den Slums war, so fand ich, großartig dargestellt. Als Charlies neuer Film *Modern Times* — ein weiterer Stummfilm — 1936 im Rivoli Premiere hatte, schaute ich ihn mir an. Er sprach mich an, ähnlich wie *Dead End.*

In diesem Film setzt sich Charlie zum erstenmal mit der harten Realität des damaligen Amerika auseinander. Zuvor hatte der Tramp in einer romantischen, stilisierten Welt gelebt. Jetzt war er mit den bitteren Fakten des Lebens konfrontiert — Weltwirtschaftskrise, Hunger, Arbeitslosigkeit, Streiks, Obdachlosigkeit und das Schlangestehen um Brot. Charlie spielte einen Fabrikarbeiter, der von einer riesigen Maschine fast um den Verstand gebracht wird und sich zusammen mit einem Straßenmädchen (gespielt von seiner Neuentdeckung, Paulette Goddard) gegen die Welt auflehnt. Das Publikum nahm den Film begeistert auf, manche Kritiker aber meinten, Chaplin würde den Boden unter den Füßen verlieren und sollte lieber an der reinen Komödie festhalten. Ich liebte gerade diese Mischung aus Komödie und Sozialkritik und die Art, wie er die Verzweiflung der Zeit einfing.

Trotz der Depression war New York noch immer aufregend für mich. Ich lungerte ständig vor den Theatern Manhattans herum. Das Broadway-Fieber hatte mich gepackt. Ich schwänzte die High School, schmuggelte mich in die Proben. Um meine wachsende Leidenschaft zu befriedigen, nahm ich einen Wochenendjob am St. James Theater an, wo ich Theaterprogramme und Limonade verkaufte oder Operngläser verlieh — alles nur, um in den Zuschauerraum zu gelangen.

Während der Sommersaison von Maurice Evans' *Hamlet* war es mörderisch heiß und drückend. Die Theater hatten damals noch keine Klimaanlagen. In den Pausen sollte ich meine eisgekühlten Limonaden an den Mann bringen. Als die Hitze schier unerträglich war, verschwand mein Boß im Keller und warf die Öfen an, um das Theater noch mehr anzuheizen. Die Männer im Zuschauerraum legten ihre Westen und Schlipse ab. Den armen Schauspielern rann der Schweiß von der Stirn. In den Pausen drängte sich alles um die Wasserhähne, doch es gab keine Pappbecher zum Trinken, denn mein Boß hatte sie versteckt. Jetzt hatte Jerry seinen Auftritt mit seinem Tablett. »Eisgekühlte Limonade!« Das Geschäft florierte.

Charlie fand die Geschichte köstlich, und Oona bestand darauf, daß ich sie ihren Kindern erzählte. Vielleicht fühlte sich Charlie an seinen eigenen Gag in *The Kid* erinnert, bei dem Jakkie Coogan Fenster einwarf und der Tramp immer gerade »ganz zufällig« daherkam und sich anbot, sie zu reparieren.

Gegenüber: *Charlie dreht durch in* Modern Times — Moderne Zeiten *(1936).*

Rechts: *Charlie und seine Entdeckung Paulette Goddard in* Modern Times.

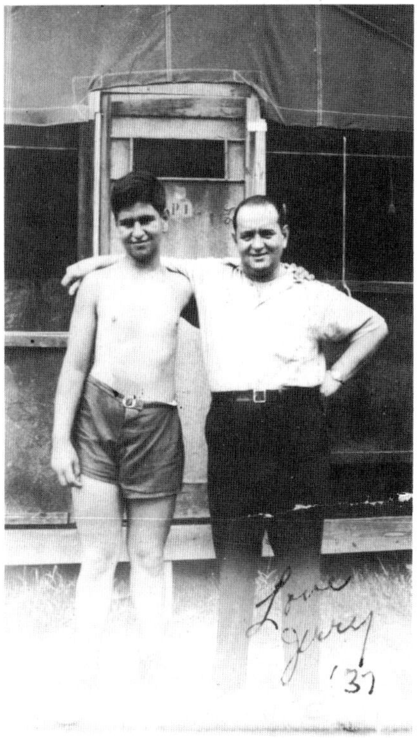

Ganz rechts: *Mein Vater besucht mich im Camp.*

Während der langen Laufzeit von *Hamlet* wäre ich einmal fast gefeuert worden, nachdem ich meine Operngläser mit dem Spruch angepriesen hatte: »Holen Sie sich Maurice Evans für 25 Cents auf den Schoß!« Mr. Evans fand das gar nicht amüsant.

Weil ich Jobs mit den Kids anderer Theater tauschte, konnte ich alle Vorstellungen umsonst sehen: *Of Mice and Men, The Man Who Came to Dinner, Life with Father, Liliom* und die meisten Produktionen des Group Theater. Ich schloß mich auch den Autogrammjägern an, die vor den Bühnenausgängen warteten. Wir folgten den Stars durch die Stadt: Clark Gable, Sonja Henie, Joan Crawford, Judy Garland, Mickey Rooney. Manchmal knipste ich sie mit meiner kleinen Brownie-Kamera. Claudette Colbert allerdings konnte ich mit meiner Brownie nicht einfangen. Bei mir sah sie aus wie eine kleine alte Frau.

Meine Eltern machten sich schreckliche Sorgen wegen meiner Eskapaden. »Ach, das geht schon vorüber«, beruhigte ich sie. Um sicherzugehen, daß es so war, verbrannte mein Vater kurzerhand meine ganze Autogrammsammlung. Ich glaube nicht, daß meine Eltern moralische Einwände gegen das Theater hatten, sie fürchteten einfach nur um meine berufliche und finanzielle Zukunft.

Nach dem Start von *Modern Times (Moderne Zeiten)* traten Charlie und Paulette Goddard eine Asienreise an. Unterwegs hatte er die Idee, einen Film über einen blinden Passagier zu drehen, bei seiner Rückkehr aber gab er das Vorhaben auf und holte wieder eines seiner Lieblingsprojekte hervor — Napoleons letzte Tage auf St. Helena. Aber auch diesen Plan verwarf er wieder. Er suchte verzweifelt nach einer neuen Idee.

Nach meinem High School-Abschluß bestanden meine Eltern darauf, daß ich zur Universität ging. Ich tat es ihnen zuliebe, studierte abends, arbeitete tagsüber an der Drehbank der Bendix-Flugzeugfabrik und dachte an Chaplin und seinen Kampf mit den Maschinen in *Modern Times.*

In Europa braute sich unter Hitler ein neuer Krieg zusammen. Jetzt kam Charlie die Idee, nach der er gesucht hatte. Sein nächster Film *The Great Dictator (Der Große Diktator),* mit dessen Dreharbeiten kurz vor Kriegsausbruch begonnen wurde, spiegelte die Stimmung der Zeit wider. Hitlers Ähnlichkeit mit Chaplins Tramp war bemerkenswert; Charlie glaubte, er habe sein Make-up gestohlen. Chaplin beschloß, eine Doppelrolle zu spielen: Hitler, den er Hynkel nannte, und einen jüdischen Barbier, der dem Diktator ähnlich sah. Wieder war Paulette Goddard seine Hauptdarstellerin.

Charlies pantomimische Begabung zeigte sich besonders in zwei brillanten Sequenzen — Hynkels Tanz mit der Weltkugel (einem Ballon, der schließlich vor seinem Gesicht zerplatzt) und

Links: *Charlie als* The Great Dictator — Der Große Diktator *(1940). Welch eine schauspielerische Leistung!*

Unten: *Hynkels Tanz mit der Weltkugel, bevor sie zerbirst.*

in der Szene, in der der Barbier einen Kunden zur Musik von Brahms Fünfter Ungarischer Rhapsodie rasiert. Doch dies war auch der erste Film, bei dem Chaplin vom Dialog Gebrauch machte. Der Höhepunkt des Films ist ein leidenschaftliches sechsminütiges Plädoyer Charlies für Menschlichkeit und Frieden: »Wir denken zuviel und fühlen zuwenig. Dringender als der Technik bedürfen wir der Menschlichkeit. Güte und Sanftmut sind wichtiger für uns als Intelligenz. Verraten wir diese Eigenschaften, wird das Leben immer gewalttätiger, und alles wird verloren sein ... Laßt uns kämpfen für eine Welt der Vernunft — eine Welt, in der Wissenschaft und Fortschritt zu unser aller Glück führen. Soldaten, im Namen der Demokratie, laßt uns zusammenstehen!«

Damals wurde Charlie von manchen als Moralprediger kritisiert, doch diese letzten Augenblicke des Films sind heute bewegender denn je. Mit seiner entschiedenen Anti-Nazi-Haltung machte der Film Geschichte. General Eisenhower forderte Kopien an, um sie den Soldaten vorzuführen. Albert Speer war erstaunt, als er den Film schließlich in den siebziger Jahren sah: »Es ist unmöglich, Hitler zu karikieren«, sagte er, »doch Chaplin kam der Wirklichkeit näher als jeder andere Künstler.« Er berichtete auch, daß Hitler, wie Hynkel, einen Globus in seinem privaten Arbeitszimmer hatte. Der von Hitler war allerdings viel größer!

Charlies Privatleben machte erneut Schlagzeilen. Die Verleiher waren besorgt über seine Beziehung zu Paulette Goddard — niemand wußte, ob sie verheiratet waren oder nicht. In Amerika herrschten damals strenge Moralbegriffe, jede Art von Skandal konnte den Kassenerfolg gefährden. Bei der New Yorker Premiere 1940 stellte Charlie Paulette als Mrs. Chaplin vor. Kurz darauf wurden sie geschieden.

An einem kalten Wintertag, als ich mit meinen Vettern durch Brooklyn spazierte, hörten wir plötzlich jemanden rufen: »Pearl Harbor bombardiert!« Wir waren alle verwirrt. Wo war Pearl Harbor? *Was* war Pearl Harbor? Niemand von uns hatte je zuvor davon gehört. Am nächsten Tag erklärte Roosevelt Japan und Deutschland den Krieg. Wir wußten nicht, was das bedeuten würde.

Als die Bendix-Fabrik ihre Produktion für Kriegszwecke ankurbelte, wirkte sich das auf meine Arbeitsstunden und meine Lohntüte aus. Mein Vater dagegen verlor seine damalige Stellung; ähnlich erging es meinem Schwager. Wir lebten jetzt alle zusammen, und mein Geld hielt die ganze Familie über Wasser. Ich erinnere mich, wie ich meine Mutter eines Abends fragte, was es zu essen gebe. »Was du willst«, erwiderte sie bitter. »Du bist jetzt unser Brotverdiener.« Ich war zutiefst beschämt. Es tat mir weh, meinen Vater — diesen großen, kräftigen Mann — allenfalls gelegentlich einmal als Taxifahrer zu sehen.

Schließlich wurde ich zur Luftwaffe eingezogen. Ich wurde häufig verlegt: Grundausbildung in New Jersey und Miami Beach; ein Auftrag in Missouri; Angliederung an das Sanitätskorps in El Paso, Texas; Schreibarbeit in Neufundland. Eines Abends, auf dem Stützpunkt von El Paso, sah ich *Goldrausch* zum erstenmal; Chaplin hatte den Film kurz zuvor mit neuer Musik und einem selbstgesprochenen Kommentar neu herausgebracht. Die Vorführung wurde unterbrochen, und über Lautsprecher wurden die Namen der Soldaten verlesen, die entweder nach Europa oder in den Pazifik verschifft werden sollten. Sie erhoben sich und verließen schweigend den Saal. Wir hielten alle den Atem an. Mein Name war nicht auf der Liste. Kurz darauf lief der Film weiter, jetzt lachte niemand mehr.

Während ich von der Luftwaffe quer durch die Staaten geschickt wurde, tat Charlie das Seine für den Krieg und rief auf verschiedenen Kundgebungen zur Unterstützung unserer neuen russischen Verbündeten auf. Bei einer Veranstaltung in San Francisco zugunsten der »Kriegshilfe für Rußland« überraschte er seine Zuhörer damit, daß er sie mit »Genossen!« ansprach. »Auf den Schlachtfeldern Rußlands entscheidet sich, ob die Demokratie leben oder sterben wird!« Die konservative Presse wurde zunehmend feindselig; immer schwärzere Gewitterwolken brauten sich zusammen.

Dann, 1943, heiratete Charlie die achtzehnjährige Oona O'Neill, die Tochter des Dramatikers Eugene O'Neill. Er hatte sie für eine geplante Verfilmung von Paul Vincent Carrolls Stück *Shadow and Substance* für die Rolle der Brigid, eines jungen irischen Mädchens, das Visionen hat, vorsprechen lassen. Sie verliebten sich. Oona war einmalig, sie war nicht nur eine strahlende irische Schönheit, sondern auch unglaublich intelligent, treu und humorvoll. Charlie wurde der Mittelpunkt ihres Lebens. Er sagte mir oft, wie glücklich er sei, eine Frau wie Oona gefunden zu haben. »Ich hätte eine so ideale Beziehung nie für möglich gehalten«, sagte er. Und diese engen Bande sollten bis an sein Lebensende halten.

Vor seiner Begegnung mit Oona hatte er ein anderes junges Talent für die Brigid-Rolle in Betracht gezogen, eine gewisse Joan Barry. Miss Barry war eine sehr emotionale Schauspielerin mit Starambitionen. Als sich Charlie schließlich gegen sie entschied, brach sie in sein Haus ein, bedrohte ihn mit einem Revolver und verkündete der Presse, sie erwarte ein Kind von ihm.

Und wieder erhoben sich die konservativen Kräfte im Land gegen ihn. Neben der Vaterschaftsklage war Charlie noch mit einem weiteren Anklagepunkt konfrontiert, der Verletzung des »Mann Act« (mit dem ursprünglich das Verschleppen von Frauen zu Zwecken der Prostitution verhindert werden sollte), denn Charlie hatte Joan Barry Geld zur Heimreise gegeben und so ihre »Verbringung von einem amerikanischen Staat in einen

Ich in der Armee.
So schlank war ich nie wieder.

Oona und Charlie gleich nach ihrer Hochzeit am 16. Juni 1943 in Santa Barbara, Kalifornien.

anderen verursacht«. Fingerabdrücke wurden ihm abgenommen — er wurde behandelt wie ein gemeiner Verbrecher.

Der »Mann«-Prozeß wurde im März 1944 eröffnet. Charlie erzählte mir eine großartige Geschichte dazu. Als er die Geschworenen anschaute, war eine Frau darunter, von der er überzeugt war, sie würde ihn hassen. Sie war die einzige, die ihm Sorgen machte. Nach seinem Freispruch erfuhr er, daß gerade sie es gewesen war, die sich am energischsten für ein »Nicht schuldig« eingesetzt hatte. Danach kam sie im Gerichtssaal lächelnd auf ihn zu und sagte: »Wir hätten so etwas nie zugelassen, Charlie!« Als er diese Geschichte erzählte, bebte Charlies Stimme und seine Augen schwammen in Tränen. Als Oona, die mit Geraldine schwanger war, die Nachricht von seinem Freispruch im Radio hörte, wurde sie ohnmächtig. Jetzt aber stand ihm noch die Vaterschaftsklage bevor, obwohl Bluttests eindeutig ergeben hatten, daß er gar nicht der Vater des Kindes sein konnte. Tests dieser Art aber waren in Kalifornien noch nicht als juristisches Beweismittel anerkannt, und so wurde er auf Unterhaltskosten für das Kind verklagt. Diese Ereignisse müssen Charlie sehr getroffen haben: Sein nächster Film wurde seine erste schwarze Komödie, *Monsieur Verdoux.*

Zu jener Zeit war ich noch immer im Sanitärskorps und übte an Orangen, wie man Soldaten Spritzen verpaßte. Ich wurde zum Glück nie nach Übersee geschickt. Nachdem ich in allen Ehren entlassen worden war, kehrte ich nach Brooklyn zurück und erkannte bald, daß ich nicht mehr dorthin gehörte. Ich ging nach Los Angeles und bewarb mich um einen Studienplatz für Naturwissenschaft an der UCLA (University of California at Los Angeles). Außerdem kehrte ich zu meinem alten Job zurück und verkaufte Programmhefte und Limonade am Earl Carroll's Theater, Sunset Boulevard. Der furchterregende Erich von Stroheim — privat noch unheimlicher als in seinen Filmen — war ein häufiger Besucher.

Dann fand ich eine Anstellung in der Postzentrale der Twentieth Century Fox. Die meiste Zeit aber verbrachte ich in den Studios und schaute bei den Dreharbeiten zu, mit der Postzustellung haperte es. Der erste Film, dessen Dreh ich verfolgte, war *Laura* mit Dana Andrews, Judith Anderson, Vincent Price und Clifton Webb. Ich war in meinem Element. Der unausweichliche Rausschmiß erfolgte, als ich bei Betty Grables Proben für eine Musical-Nummer erwischt wurde.

Zum Glück wurde meine Bewerbung an der UCLA angenommen. Ich erhielt ein GI-Stipendium, brauchte aber trotzdem zusätzlich Geld und arbeitete deshalb abends wieder im Earl Carroll's. Meinen Eltern zuliebe beschloß ich, ernsthaft zu studieren und meine Theaterträume aufzugeben. Ich war sehr fleißig. Trotzdem schaute ich hin und wieder in die Royce Hall, Raum 170 — die Schauspielabteilung. Dort war immer was los. Die Studenten kamen hier zu Vorlesungen und Proben zusammen; Butterfly McQueen (Prissy, das flennende Dienstmädchen in *Vom Winde verweht*) stolzierte zwischen ihren Tanzkursen in grünen Pumphosen auf und ab. Wie gern hätte ich mich den Schauspielschülern angeschlossen, doch ich hatte mein Versprechen gegeben.

Eines Tages kam ein hübsches Mädchen, Marilyn Clark, auf mich zu. »Hättest du Lust, bei unserer Theatergruppe mitzumachen?« fragte sie. Sie brauchten junge Schauspieler. Ich sagte zu, und jetzt gab es keinen Weg mehr zurück. Bald beriet ich sie bei der Wahl von Stücken, redete ihnen Noel Coward aus und machte sie auf sozialkritische Stücke aufmerksam, die mir am Broadway so gefallen hatten: *Waiting for Lefty, Awake and Sing!, The Time of Your Life.*

Ich trat auch auf, doch ich war ein Nervenbündel. Ich hatte panische Angst, meinen Text zu vergessen, obwohl ich bei unserer ersten Inszenierung, Maxwell Andersons *Night Over Taos,* nur im Hintergrund stehen und einen Speer halten mußte. »Tritt nicht dauernd von einem Fuß auf den anderen. Du machst uns nur nervös!« Wie dem auch sei, meine Begabung bestand mehr darin, Publikum für unser Theater zu mobilisieren.

Die reizenden Andrews Sisters — Maxene, Patti und LaVerne.

In meinem letzten Jahr an der UCLA lernte ich über Patricia Englund, eine Mitstudentin, Maxene Andrews von den berühmten Andrews Sisters kennen. Als Teenager hatte ich ihre Platten gesammelt und sie im New York Paramount gesehen. Maxene und ich waren uns auf Anhieb sympathisch, und wir wurden enge Freunde. Eines Tages sagte sie zu mir: »Wenn du mit der Uni fertig bist, dann schau bei uns vorbei. Vielleicht haben wir einen Job für dich.«

Nach meinem Abschluß wandte ich mich an Maxenes Ehemann, Lou Levy, der die Mädchen managte. Er versuchte, auf eigenen Beinen zu stehen, und inszenierte gerade sein erstes Stück. Ich wurde als zweiter Inspizient für eine West Coast-Tournee mit Ruth Gordons *Over 21* engagiert. Das Stück endete nach zwei Wochen in Los Angeles.

Wie es der Zufall wollte, hatte der Road Manager der Mädchen plötzlich kein Interesse mehr an einer weiteren langen Tournee. Sie brauchten also schnell einen Ersatzmann für ihre laufende Show »The Andrews Sisters and Their Eight-to-the-Bar-Ranch«, die in den meisten Weststaaten gespielt werden sollte. Lou fragte mich, ob ich den Posten übernehmen könne. Ich wußte zwar nicht genau, worin die Arbeit bestehen würde, sagte aber spontan zu. Ich wollte den Job!

Ich erlernte mein Handwerk über Nacht. Die Leute waren nett und hilfsbereit. Ich ging vorher mit den Plänen in die Theater, baute die Bühne mit den Technikern auf, besprach die verschiedenen Stichworte und fixierte das pinkfarbene Gel für »I'll be With You in Apple Blossom Time«. Vor der Show gab es immer ein B-Movie, einen Kurzfilm und eine Vorschau auf die Filme der kommenden Woche. Dann kam der große Augenblick, da ich über Lautsprecher ankündigte: »Meine Damen und Herren, das Orpheum Theater präsentiert ... D.I.E. A.N.D.R.E.W.S. S.I.S.T.E.R.S!« Und schon kamen sie, zu »Rum Boogie« swingend und als Cowgirls gekleidet, auf die Bühne. Wir spielten vier- oder fünfmal pro Tag — und reisten von Stadt zu Stadt die Westküste hinauf — San Francisco, San Diego, Vancouver, Seattle, Portland ...

Es waren herrliche Zeiten! Die Mädchen waren in Hochform, und ihre gute Laune war ansteckend. Welchen Spaß sie bei der Arbeit hatten! Wir waren eine eng verbundene Gruppe. Maxene war mit Lou verheiratet; Patti, unsere quirlige Nummer eins, war in den Pianisten Wally Weschler (ein großer Spaßvogel und Komponist) verliebt, und LaVerne hatte ihr Herz an Lou Rogers, den Trompeter, verloren.

Maxene hatte stets die Einnahmen im Sinn. Beim Singen schnippte sie mit den Fingern im Rhythmus und ließ ihre Augen vom zweiten Rang zum Orchester wandern, um die Zuschauer zu zählen. Kaum war der Vorhang gefallen, eilte sie zur Kasse. An Wochenenden, wenn sich draußen lange Schlangen bildeten, ließen wir eine Filmrolle aus dem Spielfilm oder einen der Kurzfilme aus, um die Mengen schneller rein und raus zu befördern. Die Mädchen waren am Umsatz beteiligt.

In Seattle trat Mae West in *Diamond Lil* im Theater gleich gegenüber auf. Manchmal benutzten wir denselben Hotellift. Sie war immer in ihrer großen 1890er-Gala. Sie und Maxene waren Gleichgesinnte. »Wie laufen die Geschäfte?« fragte Mae in ihrem unnachahmlichen näselnden Tonfall. »Stimmt die Kasse?« Charlie verehrte Mae West; er sagte immer, sie sei die ungezwungenste Persönlichkeit im Filmgeschäft.

Nach heftigem Gerangel mit dem Breen Office, das für die Zensur in Hollywood verantwortlich war — man beanstandete sogar das Wort »wollüstig« —, ging *Monsieur Verdoux*, Charlies »Mordkomödie«, in Produktion. Die Dreharbeiten verliefen schnell und problemlos, doch Charlie muß einige Ängste ausgestanden haben; dies war der erste Film, in dem er einen völlig neuen Charakter darstellte, vom Tramp keine Spur mehr. Und einen Mörder obendrein!

Nach der Tournee mit den Andrews Sisters gab mir Lou einen Job in seiner Leeds Music Company. Texter und Komponisten erschienen dort, um ihre Songs zu verkaufen. Als einer von ihnen sein »Mona Lisa« anbot, fragte ich: »Lou, wer wird schon ein Lied über ein Gemälde kaufen?« Nachdem es ein Hit geworden war, sagte Lou immer: »Alles, was du nicht magst, Jerry, bringe ich ganz groß heraus!«

Ich verdiente 50 Dollar die Woche und saß in einem schicken Büro am Sunset Boulevard. Meine anderen UCLA-Kameraden waren nicht so glücklich dran. Auch sie hatten ihr Studium abgeschlossen, konnten aber keine Arbeit als Schauspieler finden. Terry Kilburn — er spielte den Schuljungen Colley in der 1939er Version von *Goodbye Mr. Chips* — kam eines Tages völlig deprimiert ins Büro. »Was sollen wir tun? Wir können's uns nicht leisten, nach New York zu gehen. Und hier finden wir an keiner Bühne Arbeit. »Dann machen wir eben ein eigenes Theater auf!« sagte ich zu Terry in großspuriger Hollywood-Manier. Ein Klischee vielleicht, aber so ist es dann wirklich gekommen.

Ich beschloß, meinen Job bei den Andrews Sisters aufzugeben. Sie arbeiteten an einer Weihnachts-Show für das New York Paramount — dem wichtigsten Engagement des Jahres —, und ich sollte sie begleiten. Ich erklärte Maxene, daß ich sie verlassen wolle, um ein eigenes Theater zu gründen. Sie dachte, ich wäre verrückt geworden. Doch sie war reizend und großzügig. »Kündige nicht«, sagte sie. »Wir brauchen dich in New York eigentlich gar nicht — das Paramount hat sein eigenes Personal, du hättest sowieso nichts zu tun. Du kriegst hier dein Gehalt, und später sehen wir weiter.« Sie bot mir sogar an, ihre Proberäume am Sunset Boulevard zu benutzen.

Das nächste Problem war das liebe Geld. Im Laufe der Jahre hatte meine Mutter von meinem Verdienst bei der Bendix Aviation Factory und der Armee etwas Geld für mich beiseite gelegt. Meine Ersparnisse beliefen sich auf 1000 Dollar. Ich erklärte ihr, daß ich das Geld jetzt bräuchte, um ein Theater zu gründen. Meine Eltern waren entsetzt. Dies sei ein Notgroschen für schlechte Zeiten! Doch das Geld gehörte mir, und dies waren eben meine schlechten Zeiten.

Das war der Beginn des Circle Theatre und des Abenteuers, das Oona und Charlie Chaplin in den Mittelpunkt meines Lebens rücken sollte.

Charlie als Blaubart Monsieur Verdoux mit der unverwüstlichen Martha Raye, der einzigen Witwe, die er nicht ins Jenseits befördert.

DAS 2 CIRCLE THEATRE

Gegenüber: *Oona auf dem Rasen in Beverly Hills mit dem kleinen Michael und Geraldine (1947).*

AUS DEM BRIEFKASTEN DES CIRCLE

LIEBE CIRCLE-SPIELER,

Wir haben selten einen vergnüglicheren Theaterabend verbracht als in Ihrem THE DOCTOR IN SPITE OF HIMSELF. *Es war wie eine Theatre Guild-Produktion mit den Lunts, Le Gallienne, Helen Hayes und den Barrymores.*

Hochachtungsvoll

HARPO MARX, MRS. SAM GOLDWYN, GEORGE BURNS

März, 1949

Im Herbst 1946 bereitete Charlie die Musikaufnahmen für *Monsieur Verdoux* vor. Damals hatte ich ihn noch nicht persönlich kennengelernt, doch die schicksalsreiche Begegnung sollte bald stattfinden.

Ich war in jener Zeit mit der Gründung des Circle Theatre beschäftigt. Es sollte ein richtig seriöses Theater werden. Seit meiner Entdeckung von *Dead End* las ich gierig ein Stück nach dem anderen. Ich wollte Dramatiker inszenieren, die ich selbst am liebsten gesehen hätte: O'Casey, O'Neill, Odets.

Zunächst brauchte ich ein Stück, um mit den Proben zu beginnen. Das würde uns den Anstoß geben, ein Theater zu finden. Es mußte etwas Aufregendes sein. Ich wollte keine trivialen Liebesgeschichten, keine kleinen Komödien oder fade »Revivals«. So was gab es in Los Angeles zur Genüge — Aufführungen, bei denen die jungen Schauspieler sogar zahlten, um auftreten zu dürfen, in der Hoffnung, für den Film entdeckt zu werden!

In der UCLA-Bibliothek stieß ich dann auf Elmer Rices *The Adding Machine* (Die Rechenmaschine). Ich wußte sofort: Das war unser Eröffnungsstück! Dies moderne surrealistische Stück über die Monotonie des Bürolebens hatte einfach alles — progressive Ideen, ein originelles Konzept, brillante Dialoge. Es war wie ein Shaw-Stück, das unentdeckt geblieben war. Seit seiner Premiere im Theatre Guild im Jahre 1923 war es nicht mehr aufgeführt worden und war somit fast wie brandneu.

Es konnte losgehen.

Im Probenraum der Andrews Sisters erschien eine bunte Menge zum Vorsprechen. Darunter Naomi Riordan, ein hübsches, munteres Mädchen, das im Vorjahr zur Schönheitskönigin von Pasadena gekürt worden war. Sie kam in Begleitung ihres Freundes, William Schallert, der gar nicht die Absicht hatte, mitzuspielen: Er studierte Musik an der UCLA unter Arnold Schönberg. Da ich viele Rollen zu vergeben hatte, bat ich ihn einfach, eine Passage zu lesen, und veränderte damit sein ganzes Leben. Er wurde später Präsident der Screen Actors' Guild (wie vor ihm Ronald Reagan).

Charlie Chaplin Jr., den ich an der UCLA kennengelernt hatte, erschien in Begleitung seines jüngeren Bruders Sydney zum Vorsprechen (sie waren Charlies Söhne aus zweiter Ehe). Wie Bill Schallert, war Sydney nur als Zuschauer mitgekommen. Ich war ihm wenige Monate zuvor zum erstenmal auf einer Party begegnet, die Charlie Jr. zur Feier von Syds Entlassung aus General Pattons 8. Armee gegeben hatte. Syd war mitten im Kampfgetümmel gewesen und in einen Hinterhalt der Deutschen geraten. Daß er lebend davongekommen war, grenzte an ein Wunder.

Die Schauspieler beim Bau des Circle Theatre, vor der Reparaturwerkstatt, die später das New Theatre wurde. Links einer der typischen Hollywood-Bungalows.

Auf der Party war ich Leuten wie Shirley Temple und Starlets der Twentieth Century-Fox begegnet. Ich hatte mir Charlie Chaplins Söhne arrogant und an anderen Leuten uninteressiert vorgestellt. Doch sie benahmen sich wie meine alten Kumpel aus Brooklyn. Und die Fete selbst mit all den jungen Filmstars war nicht viel anders als die Kellerparties, die wir in Flatbush geschmissen hatten.

Für mich aber war Sydney der eigentliche Star des Abends gewesen. Damals waren Scharaden die große Masche: Nie werde ich Syds pantomimische Darstellung eines Filmtitels vergessen. Er war urkomisch.

Beim Vorsprechen bat ich Sydney, den Part von Leutnant Charles zu lesen, den ich mir wie einen Orson-Welles-Typ vorstellte. Von der Größe her kam es gut hin — Sydney war etwa 1,90 m. Er war schüchtern und wollte nicht, doch schließlich ließ er sich breitschlagen. Sein Vorsprechen war entsetzlich. (Noch heute kann er kein trockenes Skript lesen.) Doch ich dachte an seinen Party-Auftritt und gab ihm die Rolle. Und er war großartig! Plötzlich fand dieser verlorene, verwirrte GI zu sich selbst. Das Circle wurde sein Leben.

Wir hatten ein Stück, wir hatten eine Besetzung, doch wir hatten noch immer kein Theater. Nach den Proben kämmten Sydney, Bill Schallert und ich ganz Los Angeles nach leeren Gebäuden, Lagern, Geschäften ab — nach irgend etwas, das uns als Theater dienen könnte. Wir brauchten keine richtige Bühne: in Raum 170 der UCLA hatten wir gelernt, uns mit einfachen Requisiten in einem Kreis von Stühlen zu begnügen — so hatte das Circle seinen Namen bekommen. Eines Tages erhielt ich einen Anruf von Naomi Stevens, einer der führenden Schauspielerinnen an der UCLA, und Bob Burns, der das Beleuchtungsgenie des Circle wurde (später beaufsichtigte er die Spezialeffekte der Disneylands in der ganzen Welt).

In einer Villa an der El Centro Avenue, im Herzen von Hollywood, war er auf einen riesigen altmodischen Wohnraum gestoßen. Das Haus hatte einst einem Opernsänger gehört; jetzt war es im Besitz einer etwas sonderbaren, schmächtigen Dame Mitte fünfzig, die in Geldnot war. Sie sagte, sie könne uns den Raum nur an Wochenenden vermieten, dann, wenn ihr Mann beim Angeln war; wir müßten am Freitagnachmittag all ihre Möbel ausräumen und auf dem Rasen abstellen und das Wohnzimmer in ein Arenatheater verwandeln. Die Möbel müßten dann am Montagmorgen, vor Rückkehr des Hausherrn, wieder an ihrem alten Platz stehen.

Bob überzeugte mich, daß die Räumlichkeiten geeignet seien, und ich zahlte die Miete. Wir ließen sogleich kleine Plakate drucken, die das Stück ankündigten, schlossen die Proben ab und gaben unsere große Eröffnungsvorstellung vor einem halben Dutzend Zuschauern. Die beiden Scheinwerfer bestanden aus zwei Blechdosen: Bob wartete draußen auf dem Balkon auf das Stichwort, legte die beiden nackten Kabel zusammen und, hokuspokus! — schon waren die Lichter an. Zum Glück brauchte die Feuerwehr nie zu kommen.

Die Aufführung war verdammt gut. Nur die Zuschauer fehlten. Los Angeles rüstete sich für die Festtage. Eine Weihnachtsparade knalliger Festwagen mit B-Film-Stars wie Fuzzy Knight und »Gabby« Hayes bewegte sich den Hollywood Boulevard hinunter. Wir mischten uns unter die Massen, verteilten unsere Handzettel und versuchten, die Leute in unser Theater zu locken. Vergebens. Einer unserer Thespisjünger wandte sich bei der Gelegenheit an Sydney und fragte, ob seinem Vater *The Adding Machine* wohl gefallen würde. Sydney zuckte nur mit den Schultern.

Fortuna war uns hold, als ich Marie Mesmer, eine junge Kritikerin der *Los Angeles Daily News* überreden konnte, unsere Wohnzimmer-Produktion zu besuchen. Sie schrieb begeistert: »Mitten in Los Angeles passiert etwas Sensationelles — ein richtiges Theater ist auf dem Sprung, unsere Stadt zu erobern.« Sie hob ganz besonders die Leistung von Joe Mantell als Mr. Zero und Naomi Stevens als dessen Ehefrau hervor.

Über Nacht waren wir im Geschäft. Groucho Marx erwies uns die Ehre. Dann stellte sich ein vornehm gekleideter, grauhaariger Herr vor; es war Dudley Nichols, Drehbuchautor von *San Fernando, Der Verräter* und *Leoparden küßt man nicht.* »Meine Frau und ich kommen eben aus Rußland zurück«, erklärte Dudley, »und dies hier ist mindestens so gut wie alles, was wir dort gesehen haben.« Sie wurden unsere ersten Fans.

Beim Auslegen des Theaterbodens. Von links nach rechts: Dee Tormey, Bill Schallert, Kathleen Freeman, Bob Burns und Sydney Chaplin.

»Sie werden diese Tage als die aufregendsten Ihres Lebens in Erinnerung behalten«, sagte er. Wie recht er hatte.

Eines Abends gingen Sydney und ich in ein Kino am Beverly Boulevard, um uns Jean-Louis Barrault in *Die Kinder des Olymp* anzuschauen (anspruchsvolle französische Nachkriegsfilme kamen eben erst nach Amerika). Als die Lichter angingen, sah Sydney seinen Vater mit seiner Frau Oona, der Schauspielerin Constance Collier und einer Gruppe von Freunden in den hinteren Reihen sitzen.

»Hi, Pop!« rief Sydney und winkte seinem Vater zu. Chaplin kam, um seinen Sohn zu begrüßen. Ich wurde Mr. Chaplin vorgestellt und nickte nur befangen. Chaplin fragte Sydney, was er gerade so treibe. Er sagte ihm, daß er in *The Adding Machine* mitspiele. »Ruf mich an und erzähl mir davon«, sagte Chaplin.

Einige Tage später kam ein Anruf von Chaplins Butler: Mr. und Mrs. Chaplin wünschten Karten für *The Adding Machine.* Wir waren aufgeregt wie kleine Kinder. Charlie Chaplin und seine Frau würden in dieses sonderbare Wohnzimmer kommen und auf harten Klappstühlen sitzen, um unser Stück zu sehen! Die Schauspieler, die gerade nicht auf der Bühne standen, spähten durchs Fenster, um Chaplins Reaktionen zu beobachten. Er war ein großartiges Publikum. Er verfiel in wahre Lachkrämpfe, er weinte vor Lachen. Hinterher bat er, dem Team vorgestellt zu werden. Er war die Begeisterung in Person. Von diesem Augenblick an ersetzten Oona und er Dudley und seine Frau als Number-One-Fans.

Die Mundpropaganda funktionierte hervorragend. Alle Samstagabende waren jetzt ausverkauft. Wir fragten unsere Vermieterin, ob wir ihr Wohnzimmer auch wochentags benutzen könnten. »Nein, nein, nein!« rief sie entsetzt. »Nur an Wochenenden, wenn mein Mann fort ist.«

Dann passierte, was kommen mußte. Eines Sonntags — wir waren bis auf den letzten Platz ausgebucht — kam ihr Mann frühzeitig zurück. Kein Fisch hatte anbeißen wollen. Jetzt fand er auch noch seine Möbel auf dem Rasen verteilt, sein Wohnzimmer voll mit völlig fremden Leuten, die sich ein verrücktes Stück anschauten. Vor Wut tobend unterbrach er die Vorstellung und scheuchte alle — Schauspieler und Publikum — auf die Straße hinaus. So endete unser Abenteuer an der El Centro Avenue 1141.

Wir mußten schnell ein neues Theater finden, um nicht unseren Elan zu verlieren. Naomi und Bob kämmten erneut die Stadt durch; zwei Wochen später zeigten sie mir einen ausgedienten Drugstore mit einer Reparaturwerkstatt nebenan am North El Centro 800. Ich fragte Bob, was er davon halte. Bob, ein stiller Zeitgenosse, nickte nur. »Müßte gehen«, meinte er.

Ich unterzeichnete einen Vertrag mit dem Besitzer, und North El Centro wurde zur Baustelle. Wir hatten bereits ein neues Stück angekündigt, *Ethan Frome,* und dieser Schutthaufen mußte schnellstens in ein Theater verwandelt werden. Wir bettelten, liehen und stahlen unsere technische Ausrüstung zusammen. Unter Bobs Aufsicht packten alle mit an. Jack Kelly — er spielte später mit James Garner die Hauptrolle in der TV-Serie *Maverick* — hatte noch nie eine Säge in der Hand gehalten, jetzt sägte, hämmerte, verputzte und tünchte er mit Sydney, Naomi, Kathleen Freeman und den anderen Schauspielern bis spät in die Nacht hinein. Mein Vater — Meisterschreiner und großer Skeptiker — verstand die Welt nicht mehr. Trotzdem kam er vorbei, stand uns mit Rat und Tat, wenn auch nicht mit Ermutigung, zur Seite.

800 North El Centro lag in einer typischen Wohngegend der Mittelschicht von Hollywood. Ringsumher reihenweise kleine Holz-Bungalows; Rita Hayworths Familie, die Cansinos, lebte drei Häuser weiter. Radio Pictures Incorporated und die Paramount Studios waren gleich um die Ecke. Gegenüber, auf der anderen Straßenseite, lag das Waisenhaus, in dem Marilyn Monroe aufgewachsen war. Da es sich um einen reinen Wohnbezirk handelte, mußte ich meine ganze Überredungskunst anwenden, um eine Spielerlaubnis von den Behörden zu bekommen. Falls die Nachbarn sich beschwerten, warnte man uns, müßten wir unser Haus auf der Stelle dicht machen.

Obwohl wir mitten in Hollywood saßen, beschloß ich, *keinem* Talentsucher der Paramount, Fox oder sonstwem Freikarten beim Circle zu geben. Ich erinnere mich an die Aufregung

Our Past, Present and Future

Circle Players is in operation again, and this time we intend to stay put.

So many things happened to us since the close of "The Adding Machine." We desperately needed a new theatre in order to continue operations. Committees were formed to cover the entire city in order to find vacant stores, lots and halls. After months of looking, by strange coincidence we found a dilapidated drug store on the same street on which we ran our last show. We took over what we now call the Circle Theatre on Feb. 1. From that day until the present time activity has never ceased.

Through the coordinated efforts of Jerry Epstein, production started full blast. Ingenuity was always stressed. In one long night the entire interior of the building was painted. Judy Mirsky, Syd Chaplin, Naomi Stevens, Sherry Hall, and Joan Teitelbaum painted till early the next morning . . . three o'clock another morning Don Sandusky rode through dark alleys looking for tin cans for spotlights . . . scaffolds were constructed while neighborhood kids ran in and out of the building . . . passersby in the street, intrigued by all the activity, offered their services . . . carpenters hammered, electricians wired and in the midst of all this turmoil, rehearsals were going on under Mabel Albertson's direction.

Today our plans are many and varied. Shortly we will be starting a school for training young actors, playwrights, directors and other theatrical talents. Many people have questioned this, with this typical statement, "Don't you know that Los Angeles is an apathetic theatre town and that you'll fail?" Yes, we know about the majority of Los Angeles theatre audiences, but we must try. We feel that as a growing city, Los Angeles must also grow culturally. Our theatre can at least contribute some good to this growing metropolis.

Our shows will be running 5 days a week, Wednesday through Sunday. Monday and Tuesday nights will be devoted to workshops. There will be no admission. New and experimental works will be attempted.

Visionary? Maybe. But this whole scheme, from the first sounded that way. We have the necessary guts to make all these things succeed. But whatever happens we feel we are doing something which needed to be done.

Theatre Parties

Theatre parties can be arranged for "Ethan Frome," and for future productions.

No Smoking Allowed in Theatre

Remember: Be sure to sign our guest book!

CIRCLE PLAYERS
present
ETHAN FROME
A dramatization of Edith Wharton's Pulitzer Prize Novel
by Owen and Donald Davis
Staged by Mabel Albertson

THE CAST

Harmon	Sydney Chaplin
A Young Man	George Englund
Ethan Frome	William Schallert
Zenobia Frome	Kathleen Freeman
Denis Eady	Sheridan Hall
Mattie Silver	Irene Gordon
Jotham	Larry Salters
Ed Varnum	Julian Ludwig
Ethel	Jere Silvern
George	Charles Chaplin, Jr.
Ned Hale	Jack Kelly
Ruth Varnum	Gloria Grant
Mrs. Hale	Ada Fremont

The Scenes
PROLOGUE
The exterior of the Frome farm-house . . . near Starkfield, a small farming community, in Northern New England. Winter.

ACT ONE
Scene 1—The kitchen of the Frome farm-house. Spring. Twenty years earlier.
Scene 2—Outside the vestry of the Starkfield Congregational Church. The following winter. Evening.
Scene 3—The crest of a hill above Starkfield—a few minutes later.
Scene 4—The exterior of the Frome farm-house—a few minutes later.

Intermission

ACT TWO
Scene 1—The Frome bedroom. Five-thirty the following morning.
Scene 2—The kitchen—immediately following the preceeding scene.
Scene 3—The kitchen. That evening.

Intermission

ACT THREE
Scene 1—The bedroom. The next evening.
Scene 2—The kitchen. The following afternoon.
Scene 3—The crest of the hill. Half hour later.

EPILOGUE
The kitchen. Twenty years later. The same evening as that of the Prologue.

an der UCLA, wenn die Talentsucher der Studios zu unseren College-Aufführungen kamen. Das waren meist mürrische, unangenehme Leute. Doch das Circle war kein Showcase-Theater und wir waren auf die Einnahmen angewiesen.

Während der Umbauarbeiten probten wir weiter an *Ethan Frome,* einem finsteren Drama auf einer neuenglischen Farm, einer Bühnenbearbeitung von Edith Whartons gleichnamigem Roman. Für dieses Stück benötigten wir spezielle Requisiten. Sydney berichtete vom großen Requisitenlager in den Studios seines Vaters; vielleicht könnte er uns einige ausleihen. »Selbstverständlich«, sagte Chaplin, als Sydney ihn anrief. »Nehmt euch, was immer ihr braucht.«

Es war, als beträte man Aladins Höhle. Da waren die Fabriksmaschinerie aus Chaplins *Modern Times,* die Bomben aus *The Great Dictator,* Stühle und Sofas aus *City Lights,* ein Tisch aus der Holzhütte aus *The Gold Rush (Goldrausch),* Lampen, Teppiche und Überbleibsel all seiner Kurzfilme. Als wir das Studio mit dem *Gold Rush*-Tisch und anderen großzügigen Leihgaben verließen, kam Chaplin aus seinem Schneideraum und erkundigte sich, ob wir alles gefunden hätten, was wir brauchten. Wir nickten und dankten ihm; doch irgendwie wollte er uns nicht gehen lassen. Er hatte gerade *Monsieur Verdoux* fertiggestellt und fragte, ob wir Lust hätten, ihn zu sehen. Eigentlich hatten wir keine Zeit, doch natürlich konnten wir der Versuchung nicht widerstehen.

Er schob uns in die großen Ledersessel in seinem Vorführraum, startete den Film und setzte sich zu uns. Es war die erste Vorführung überhaupt. Sydney und ich hielten uns die Bäuche vor Lachen. Es war eine spritzige, aber auch engagierte Komödie. Europäische Filme der Zeit, wie Rossellinis *Rom — Offene Stadt* oder De Sicas *Fahrraddiebe* hatten vergleichbare Ansprüche, nicht aber amerikanische. Wir begriffen jeden Gag, und Charlie war begeistert über unsere Reaktion; er muß großes Vertrauen in den Erfolg des Films gehabt haben.

Chaplin hat *Ethan Frome* nie gesehen — es wurde zwar ein Kritikererfolg, war aber zu ernst, um ein großes Publikum zu finden. *Monsieur Verdoux* erforderte seine ganze Aufmerksamkeit, und er fuhr bald darauf mit Oona nach New York, wo die Premiere stattfinden sollte. Das New Yorker Publikum nahm den Film äußerst kühl auf. Es gab sogar Buhrufe. Ruth Conte, die später in unserem Theater in Barries *What Every Woman Knows* einen großen persönlichen Erfolg erzielte, war mit ihrem Mann, dem Schauspieler Richard Conte, zugegen. Ruth erzählte mir, sie hätte bei der Premiere an der Tür gestanden, als sich jemand aus dem Zuschauerraum stahl. Es war Chaplin. »Ich hätte den Film niemals machen dürfen«, murmelte er vor sich hin. »Es war ein schrecklicher Fehler.«

Jahre später freundete ich mich in London mit dem berühmten MGM-Drehbuchautor Donald Ogden Stewart an (der den Oscar für *The Philadelphia Story* bekam), und er erzählte mir mehr von jenem Abend in New York. Die anschließende Party im Club »21« war so verheerend gewesen wie die Vorstellung selbst. Die meisten Gäste übersahen Chaplin, selbst als er seine beliebte Stierkampf-Nummer vorführte. Oona ging schon früh. Stewart und der Theaterdirektor Robert Lewis (er spielte den Apotheker in *Verdoux)* brachten Charlie dann in sein Hotel zurück, wo er sich auf sein Bett setzte — leicht angeschlagen nach ein paar Drinks. »Das Publikum konnte es nicht verkraften«, murmelte er tief enttäuscht. »Ich hab' es genau dort getroffen, wo's weh tut.«

Doch es sollte noch schlimmer kommen. Am nächsten Tag gab Chaplin eine Pressekonferenz im Gotham Hotel. Die Reporter schienen von Anfang an fest entschlossen, nicht nur seinen Film, sondern auch Chaplin persönlich anzugreifen. »Fahren Sie nur mit dem Gemetzel fort!« sagte Charlie. Er wußte, was ihm bevorstand.

Er wurde über seine politische Haltung befragt. »Wenn man hier mit dem linken Fuß vom Bürgersteig tritt«, sagte Charlie, »ist man gleich ein Kommunist.« Und er fügte hinzu: »Ich habe in meinem ganzen Leben keiner Partei angehört.« Jetzt warf ihm ein Vertreter der katholischen Kriegsveteranen unpatriotisches Verhalten vor. Charlie erwiderte, daß nicht nur zwei seiner Söhne im Krieg mitgekämpft hätten, sondern daß er selbst durch Spenden und Reden die Kriegsbemühungen unterstützt hätte. Seine Gegner gaben nicht nach. Dann sprang der amerikanische Schriftsteller und Kritiker James Agee auf und empörte sich darüber, daß ein Mann wie Chaplin so feindselig behandelt würde. Ich las in den Zeitungen von diesen Attacken. Angeschlagen, aber nicht geschlagen kehrte Charlie nach Kalifornien zurück.

Am Circle arbeiteten wir mit Volldampf. Wir platzten vor Energie und Vitalität, bauten unsere Bühnenbilder, putzten, probten und spielten. Deshalb waren wir enttäuscht, daß zu *Ethan Frome* nur eine Handvoll Zuschauer kamen, wo jetzt für 150 Platz war. Später, als wir Erfolg hatten, machte ich diese Verluste wett, indem ich niemanden abwies: »Zwei kriegen wir immer noch unter«, sagte ich. Und so wurde die Bühne immer kleiner. Die Schauspieler beschwerten sich; mal stießen sie gegen die Möbel, mal gegen die Zuschauer und gegeneinander. Doch Busineß ist Busineß.

In Sachen Disziplin war ich streng wie ein Zuchtmeister. Da sich unser Theater in einer Wohngegend befand und oft Kinder zu den Proben kamen, waren Kraftausdrücke strikt untersagt. (Das sollte sich allerdings ändern, als Shelley Winters

Wir waren sehr stolz darauf, wie schön unser Theater geworden war — allein mit unserer Hände Arbeit. Und das ist Sydneys neuer Cadillac.

einige Jahre später ein Stück bei uns inszenierte.) Trotzdem war es unmöglich, die Schauspieler immer im Zaum zu halten. Nach den Vorstellungen herrschte oft Hochstimmung. Kaum war der letzte Zuschauer fort, da wurden schon die Polster von den Sitzen gerissen und es kam zu den wildesten Kissenschlachten. Meist war Kathleen Freeman das Ziel: Sie rannte, verfolgt von Sydney oder Bill Schallert, Zeter und Mordio schreiend, durch die Straßen, fand es aber herrlich. Bei uns ging's anders zu als bei den Actor's Studio-Leuten, den Schülern der Method-Schauspielschule; die trafen sich nach der Vorstellung in einem Restaurant, um über ihre Motivation zu diskutieren. Die Kinder vom Waisenhaus gegenüber waren natürlich begeistert von unseren nächtlichen Sondervorstellungen. Sie standen am Fenster und sahen dem Tohuwabohu zu.

Als Oona und Charlie aus New York zurückkehrten, stand ein neues Stück auf dem Programm: *The Time of Your Life* von

Unten: *Bei Proben zu* The Time of Your Life. *Am linken Tisch: Kathleen Freeman, (?), Virginia Morton (als Krankenschwester). Am vorderen Tisch: Mary Davenport, Jack Kelly (»Maverick«), Jack Conrad. Im Hintergrund von links nach rechts: Ray Hyke, (?), (?), Sydney Chaplin (als Nick, der Barkeeper), Manny Robinson (Edward G. Robinsons Sohn, als Zeitungsjunge), (?), George Englund, Earle Herdan, Larry Salters und Julian Ludwig, an der Tür stehend.*

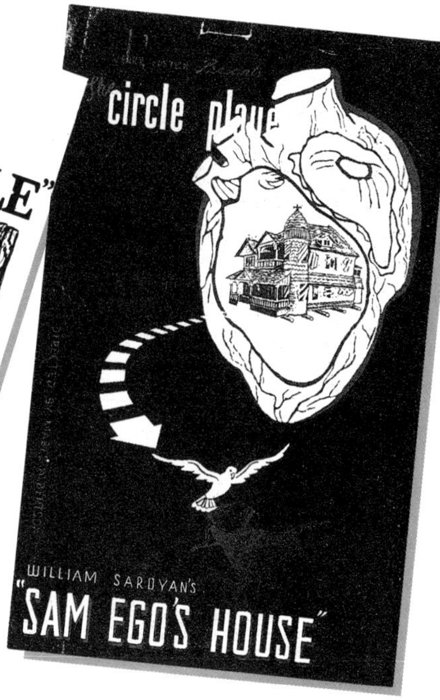

William Saroyan — damals einer der führenden Dramatiker Amerikas. Das ganze Theater war in Nicks Bar umgewandelt worden. Die Zuschauer traten durch Schwingtüren ein. Manche fanden die Bar so echt, daß sie gleich einen Drink bestellten. Sydney spielte Nick, den Barkeeper (eine seiner besten Leistungen), und Charlie Jr. hatte eine kleine Rolle als Betrunkener. Damals ging er mit Marilyn Monroe aus und brachte sie oft mit zu den Proben. Sie hatte einen Höllenrespekt vor »waschechten« Schauspielern und fragte mich, was sie tun könne, um in unsere Gruppe aufgenommen zu werden. Ich erzählte ihr von unserem sonntäglichen Probe-Vorsprechen, doch sie kam nie, wohl aus Angst, sich zu blamieren.

Zwei Wochen nach der Premiere sahen Oona und Charlie das Stück und waren hingerissen. Charlie schien darüber all seine Probleme mit *Monsieur Verdoux* zu vergessen. Ohne unser Wissen rief er Saroyan an (der damals mit Oonas Jugendfreundin Carol verheiratet war) und überredete ihn, nach Los Angeles zu kommen und sich die Inszenierung anzusehen. Er schlug sogar vor, Saroyan solle uns ein neues Stück zur Premiere überlassen. »Sie werden es nicht bereuen.« Leider war Saroyan verhindert.

Wenig später brachten wir *Love on the Dole* heraus, ein englisches Drama, das in einem Arbeiterviertel von Manchester spielt. Ich führte zum erstenmal Regie. Die Kritiken übertrafen meine kühnsten Erwartungen; wir landeten einen Treffer nach dem anderen.

Sydney, eben 21 geworden, spielte den 50jährigen Vater der Heldin; Oona und Chaplin besuchten die Aufführung. Als er das Theater betrat, muß Charlie erstaunt gewesen sein, seine Musik aus *Monsieur Verdoux* zu hören. Er hatte mir wenige Wochen zuvor Aufnahmen von der Musik mitgegeben, und sie war zu unserer Erkennungsmelodie geworden. Wieder warteten wir besonders gespannt auf Charlies Reaktion. Das Stück, das er bisher nicht gekannt hatte, schien ihm zu gefallen; sicher haben manche Szenen Erinnerungen an seine Kindheit in den Londoner Armenvierteln wachgerufen.

Dann fanden wir zu unserer großen Überraschung William Saroyans letztes Werk, *Sam Ego's House* in unserem Briefkasten. Er wollte wissen, ob wir an einer Inszenierung interessiert wären. Wir waren ganz aus dem Häuschen. Durch Charlies heimliche Intervention war das Circle plötzlich zum Begriff geworden. Wir machten Schlagzeilen in *Variety, New York Times, Los Angeles Times* und in der internationalen Presse. »Nie hat sich eine junge Theatergruppe so glücklich schätzen können!« schrieb ich dem Autor, als wir mit den Proben begannen. Wir mußten ein zweites Telefon installieren, um der Vorbestellungen Herr zu werden.

Sam Ego's House ist ein faszinierendes Stück. Spät nachts sah man in Los Angeles oft weißgerahmte Häuser auf Rädern von einem Ende der Stadt zum anderen rollen. Und das war die Prämisse des Stücks. Während Sam Egos Haus Los Angeles durchquert, um an sein endgültiges Ziel zu gelangen, hält es unterwegs immer wieder an und ist Schauplatz verschiedener Abenteuer. Leute lieben sich in ihm, andere rauben es aus, Kinder prügeln sich davor, während die Hausfahrer (gespielt von Sydney Chaplin und George Englund) von ihren Hoffnungen und Träumen über den Sinn des Lebens reden.

Das Haus gelangt ans Ziel seiner Reise, wo eine Mutter auf die Rückkehr ihrer drei Söhne aus dem Krieg wartet. Sie treffen ein, erschöpft, verwundet. »Auf dem Tisch steht warmes Brot. Wollt ihr nicht reinkommen?« Das sind die letzten Sätze des Stücks. Langsam folgen ihr die Söhne ins Haus. Die Lichter erlöschen. Da blieb kein Auge trocken.

Das Stück hatte vierzig Rollen und stellte uns vor ein enormes technisches Problem: Wie konnte man ein großes Haus auf einer winzigen Bühne auf und ab bewegen? Unsere Lösung war eine kleine Apfelkiste, die das Haus symbolisierte. Sydney und George trugen sie herum, begleitet von wunderschöner Musik und einem einzigen Spot. Wenn sie die Kiste abstellten, ging das Licht an und eine neue Szene begann. Die Wirkung war elektrisierend!

Sam Ego's House wurde zur Religion erhoben; die Zuschauer interpretierten Dinge hinein, an die wir nie gedacht hatten. Ich glaube, der ganze Trick war unsere Apfelkiste. Auch die Arena-Bühne trug das ihre bei; auf einer Prosceniumbühne wäre die Wirkung nie dieselbe gewesen. Man hätte ein richtiges Haus bauen müssen.

Saroyan konnte nicht zur Eröffnungsvorstellung kommen, doch er erschien einige Wochen später in Begleitung seiner schönen Frau Carol. Bis dahin hielt ich ihn schriftlich auf dem laufenden. »Das Publikum tobt vor Begeisterung«, schrieb ich aufgeregt. »Viele Leute kommen immer und immer wieder. Nach der Vorstellung sind sie nicht zu bewegen, das Theater zu verlassen, sondern wollen über das Stück diskutieren. Auch die Chaplins sind ganz aus dem Häuschen. Alle, einschließlich Mrs. Clifford Odets und Edward G. Robinson, sind sich einig, daß die Aufführung lebendiges, eindrucksvolles und spannendes Theater ist.«

Fanny Brice, die große Ziegfeld-Komödiantin (von Barbra Streisand in *Funny Girl* dargestellt) war besonders vernarrt in unsere Aufführung. Sie kam sicher fünfmal. »Jerry«, sagte sie am Telefon in ihrem New Yorker Singsang, meist fünf Minuten vor Vorstellungsbeginn, »hier ist Fanny. Ich brauche sechs Karten für heute abend, für meinen Sohn, meine Tochter und —« »Tut mir leid, Miss Brice, wir sind völlig ausverkauft.« Nein war für sie keine Antwort. »Du wirst mir nicht nur die Karten besorgen, ich will auch die besten Plätze!« Natürlich bekam sie die auch.

Bei ihrem ersten Besuch rauchte sie wie ein Schlot, und es kam sofort zum Konflikt mit Sergei, einem norwegischen Schauspieler, der unsere kalten Drinks verkaufte. »Entschuldigen Sie«, erklärte er förmlich, »in unserem Theater ist das Rauchen untersagt.« In ihrem urkomischen jiddischen Akzent und so laut, daß es jeder hören konnte, erklärte sie daraufhin: »Ich werde nicht nur rauchen — ich rauche sogar *Marihuana!*« Da Robert Mitchum soeben wegen einer Rauschgiftaffäre im Gefängnis saß, war dies nicht der geeignete Augenblick, solche Sachen herumzuposaunen.

Sie war eine großartige Dame, die stets frisch von der Leber weg sprach. Charlie erzählte mir später, daß er sie für die Rolle der nervtötenden Mutter in *Monsieur Verdoux* vorgesehen hatte — die dann jedoch von Martha Raye gespielt wurde. Denn Fanny hatte beschlossen, nicht mehr zu filmen.

Oona und Charlie gaben eine Premieren-Party für das gesamte Team in ihrem Haus am Summit Drive 1085, dem elegantesten Teil von Beverly Hills. Touristen kamen hierher, um die Häuser der Berühmtheiten anzuschauen. Chaplins nächster Nachbar war der Regisseur William Wyler. Gleich daneben wohnten Fred Astaire und dann »Pickfair« — Mary Pickford und Douglas Fairbanks. Auf der anderen Straßenseite hatten Irene und David Selznick ihre Villa. Das erste Haus jedoch, das man sah, wenn man den Summit Drive hinauffuhr, gehörte der Schauspielerin Kay Francis. »Wie hat sie es geschafft, in diese Straße zu kommen?« fragten sich die Leute.

Charlies Villa, durch eine lange Auffahrt von der Straße her unsichtbar, war im spanischen Stil erbaut. Hohe Tannen umgaben seinen großen Tennisplatz, der als der beste von Los Angeles galt. Die Party fand in der kathedralenähnlichen Eingangshalle statt. Gleich links von der Tür stand Charlies Kinoorgel, die aussah wie ein Rollschreibtisch. Darüber hing ein Gemälde von Oona mit ihren zwei kleinen Kindern, Geral-

Links: *Bei einer Vorstellung von* Sam Ego's House. *Von rechts nach links: Mabel Albertson (die Regisseurin), William Saroyan (der Dramatiker), Carol Saroyan, Oona, Charlie, Sydney (mit dem Rücken zur Kamera) und ich.* Rechts: *Dieser Bildausschnitt gefällt mir besonders; er zeigt, wie verschieden Carol und Oona sind.*

Unten: *Die Party, die Oona und Charlie (im Vordergrund ganz rechts) nach der Premiere von* Sam Ego's House *in ihrem Haus in Beverly Hills gaben.*

dine und Michael. Die Vorhänge müssen sieben Meter lang gewesen sein. Die Tische waren hufeisenförmig angeordnet, und nach der Anzahl der Gäste zu urteilen, mußte die Circle-Mannschaft alle Freunde und Verwandten mitgebracht haben.

Es war ein Abend, den wohl niemand von uns je vergessen wird. Nach dem Essen führte Charlie in seinem Salon ein Stück des Kabuki-Theaters auf. Er spielte alle Rollen. Zuerst war er eine alte Frau, allein in einem Haus. Plötzlich stürmt ein junger Mann herein — ein Flüchtling. Die alte Frau schaut sich erschrocken um, überlegt, wo sie ihn verstecken soll. Ihr Blick fällt auf eine Strohkiste, und sie läßt ihn darin verschwinden. Soldaten kommen und durchsuchen das Haus. Sie leugnet, von dem jungen Mann zu wissen. Die Soldaten gehen wieder, bis auf einen, der Verdacht geschöpft hat. Unvermittelt stößt er sein Schwert in die Kiste. Die Frau steht wie versteinert da. Kein Laut ist zu hören. Der Soldat entschuldigt sich und geht. Eine Sekunde später quillt Blut aus der Kiste. Die Frau stößt einen markerschütternden Schrei aus … Das war Charlie, der geniale Schauspieler, Pantomime und Dramatiker, wie er besser nicht hätte sein können.

Das Circle war jetzt ein Jahr alt, und wir beschlossen, das Ereignis mit einem eigenen Fest zu feiern. Das Theater war gerammelt voll mit Hollywood-Freunden und Stars und allen, die zum Erfolg des Circle beigetragen hatten. Auch Charlie, Oona und Constance Collier waren da; Dudley Nichols mit den Darstellern seines Films *Trauer muß Elektra tragen* — Michael Redgrave, Leo Genn und Katina Paxinou, Joseph Schildkraut — sowie die meisten Kritiker der Stadt …

Höhepunkt des Abends waren Charlies Pantomimen-Nummern. Die erste war eine französische Farce, in der er alle drei Rollen spielte: den betrogenen Ehemann, die untreue Frau und den Liebhaber, der in flagranti ertappt wird. Alles war perfekt getimet — die Leidenschaft, die schuldbewußten Blicke, die Entsetzensschreie, als der Ehemann zurückkehrt, und die Flucht des Liebhabers durch ein imaginäres Fenster.

Die zweite Nummer war seine Stierkampf-Szene (die er auch nach der *Verdoux*-Premiere aufgeführt hatte). Der Matador läßt sein Tuch um den hilflosen Stier wirbeln, er manövriert und hypnotisiert ihn so lange, bis er am Boden liegt. Während der Matador sich unter dem Beifallssturm des Publikums nach einer Rose bückt, bohrt ihm der Stier seine Hörner in den Allerwertesten.

Nach Chaplins atemberaubendem Auftritt hielten die Gäste diverse Lobreden auf das Circle. Die englische Schauspielerin Constance Collier, die gerade bei Charlie zu Besuch war, erklärte mich zur neuen großen Leuchte der Theaterwelt, andere sprachen schmeichelnde Worte über die Zukunft des Circle. Der Schauspieler Joseph Schildkraut, ein schrecklicher Schmierenkomödiant, erhob sich und rief: »Mein Vater Rudolph sagte einmal, es gebe im Leben nur zwei Dinge, die Re-

Rechts unten: *Die erste Jahresfeier des Circle. Ich bediene gerade Oona und Dudley Nichols, den Oscar-gekrönten Drehbuchautor.*

spekt verdienten — Gott und Charlie Chaplin!« Peinliches Schweigen. Charlie war sehr verlegen. Da wandte sich Sydney mir zu und sagte laut: »Wieso wird Gott an erster Stelle genannt?«

Damit war die Situation gerettet, alle tobten und trampelten mit den Füßen und baten Charlie um eine Zugabe. Plötzlich kamen zwei Polizisten herein — die Nachbarn hatten sich über den Lärm beschwert. Mir blieb fast das Herz stehen. Unsere Lizenz! Doch als sie den Grund für das Gelächter entdeckten, setzten sie sich und feierten mit.

Ich wurde bald Stammgast am Summit Drive 1085. Einige Wochen nach unserer großen Party verbrachte ich mein erstes Weihnachtsfest bei den Chaplins. Ich hatte Weihnachten noch nie mit anderen Leuten gefeiert, und Weihnachten bei Charlie war wie ein Märchen. In der Eingangshalle stand der größte

Links: *Bei unserer ersten Jahresfeier. Von links nach rechts: Charlie, Lorraine und John Crawford, Sydney, George Stern (im Vordergrund), Bill Schallert, ich, Joseph Schildkraut und Dee Tormey, die den Kuchen aufschneidet. Als alle anderen fort waren, verputzten Sydney und ich die Kuchenreste!*

Oben: *Charlie bei einer Ansprache vor den Circle-Schauspielern.*

Links: *Charlie spielt mit Geraldine.*

Oben rechts: *Constance Collier als Cleopatra und Partnerin von Beerbohm Tree als Antonius Anfang unseres Jahrhunderts.*

Rechts unten: *Constance, wie ich sie ca. 50 Jahre später kennenlernte.*

Baum, den ich je gesehen hatte. Und unter dem Baum lagen Berge von Geschenken für jeden.

In den nächsten fünf Jahren war ich zu Weihnachten immer bei Oona und Charlie. Die Gäste waren gewöhnlich dieselben: Charlies älterer Bruder Sydney mit seiner reizenden Frau Gypsy; sein Halbbruder Wheeler Dryden mit Sohn; seine Cousine und sein Vetter, Betty und Ted Tetrick; Amy Reeves, die Witwe seines Produktions-Managers; Constance Collier und Phyllis Wilbourne, ihre junge englische Begleiterin; Sydney Jr., ich und die Kinder.

Während Geraldine und Michael ihre Päckchen öffneten, dachte Charlie an seine eigene Kindheit zurück: »Alles, was ich je zu Weihnachten bekam, war eine Apfelsine«, sagte er. Die Apfelsinen-Geschichte wurde zum jährlichen Ritual. Zu einem Weihnachtsfest wollte Sydney Jr. Charlie eine Apfelsine schenken, doch ich riet ihm ab.

An diesem Weihnachtsfest schien Charlie ganz besonders am Circle interessiert. »Vor wie vielen Leuten habt ihr am Heiligen Abend gespielt? Wie hat das Publikum reagiert?« Seine Neugier war grenzenlos. Auch an diesem Abend spielten wir, obwohl Weihnachten war, *Sam Ego's House,* und Sydney und ich mußten ins Theater zurück.

Ich arbeitete schon an unserem nächsten Stück, Galsworthys *Bis aufs Messer.* Als wir uns verabschiedeten, fragte ich Charlie, ob er bei den Proben zusehen wolle.

Charlie kam am folgenden Abend mit Oona und Constance Collier. Constance war eine außergewöhnliche Frau. Charlie hatte sie als Junge von der Galerie des His Majesty's Theatre gesehen, als sie in Beerbohm Trees großartigen Aufführungen die Starrollen spielte. Sie war die Cleopatra gewesen, die Nancy in *Oliver Twist* und die Portia in *Julius Caesar.* Charlie hatte sie 1916 in Hollywood kennengelernt, wo sie sich seiner annahm. Jetzt lebte sie in chaotischem Luxus mit einem gräßlichen Papagei, verschiedenen anderen Haustieren und ihrer ergebenen Begleiterin Phyllis aus der Londoner Vorstadt.

Obwohl sie schon in den Siebzigern war und nur noch selten Engagements bekam, war sie die Lebensfreude in Person. Es gab nichts Schöneres für sie, als Menschen zusammenzu-

bringen. Damals unterrichtete sie Linda Darnell, eine halb-mexikanische Schauspielerin, die in *Forever Amber* die Hauptrolle spielte. Nach einem besonders harten Arbeitstag sagte sie uns: »Dies Mädchen sollte zu Hause an ihrem Herd bleiben und Tacos kochen.«

Charlie, Oona und Constance saßen zunächst ruhig da, während wir den zweiten Akt von *Bis aufs Messer* durchgingen. Plötzlich wandte er sich mir zu und sprach die entscheidenden Worte, mit denen ein wunderbares theatralisches Erlebnis begann: »Hättest du etwas dagegen, daß ich den Schauspielern einen Rat erteile?« Und ehe ich antworten konnte, war er schon aufgestanden und mitten in der Arbeit.

»Wär's nicht besser, wenn du es so betonen würdest?« Er wußte spontan, was er wollte, und vermittelte Gefühle, indem er alle Rollen durchspielte. Ein paar Worte Text von den Schauspielern, und schon war er in Aktion: »Halt, halt, das gefällt mir nicht ganz ...« Er ließ die Schauspieler andere Plätze einnehmen, und dann ging's von vorn los. Kaum hatte der Akteur ein Wort vorgetragen, kam die nächste Unterbrechung. Und so ging es in einem fort. Nichts entging seinem Adlerauge: Er suchte in jeder Bewegung, jeder Zeile nach theatralischen Effekten.

Diese erste Probe zeigte auf geradezu unheimliche Weise Charlies Gespür für das Theater. Er nahm sich nie die Zeit, das Stück vorher durchzulesen, und hatte doch ein untrügliches Empfinden für die jeweils nächste Zeile. Auch hob er stets die Bedeutung wirkungsvoller Auftritte und Abgänge hervor. »Wißt ihr, ich bin vor allem ein Auftritts- und Abgangsmensch«, sagte er. Und erklärte: »Es ist äußerst wichtig, daß man die Rolle, die man spielt, vom ersten Moment an überzeugend verkörpert; damit hat man das Publikum in der Hand. Dasselbe gilt für den Abgang — ihr müßt ihn unvergeßlich machen.« Wir nahmen jedes seiner Worte gierig auf.

Zu Beginn unserer *Bis aufs Messer*-Proben hatten wir Streichungen in Galsworthys Text vorgenommen. Charlie machte sie instinktiv ausfindig. »Halt, halt«, sagte er. »Mit diesen Worten kannst du nicht abtreten. Da fehlt was!« Und er setzte, ohne ihn zu kennen, genau den Text wieder ein, den wir gestrichen hatten.

Charlie half uns, *Bis aufs Messer* den letzten Schliff zu geben. Die Schauspieler fanden ihn anziehend und anregend, und die erste Probe dauerte bis in die frühen Morgenstunden; dann kündigte Charlie an, daß er am folgenden Abend den 3. Akt mit uns proben wollte. Wir waren erschöpft, begeistert und nervös zugleich. In wenigen Tagen sollte Premiere sein; wir gerieten in Panik.

Am nächsten Abend erschien Charlie erneut in Begleitung von Oona und Constance. Es wurde ein großer Auftritt. Bevor wir mit den Proben beginnen konnten, hielt Constance eine Ansprache vor versammelter Mannschaft: »Ihr solltet alle auf die Knie sinken«, erklärte sie mit ihrer tiefen *grande dame*-Stimme. »Lunt und Fontanne hätten alles gegeben, um mit Charles Chaplin zu arbeiten ...« Und so fort, immer pathetischer, so daß wir immer kleinlauter wurden, bis Charlie mit einem leise gemurmelten »Bescheidenheit ist eine Zier!« den Ballon zum Platzen brachte. Das löste die Spannung, und wir brachen in herzliches Lachen aus.

»Gut, dann wollen wir mal. Die erste Szene.« Und dann ging der Spaß von vorne los. »Ganz locker, ganz schlicht.« Charlie war ein hartnäckiger Verfechter einfacher Choreographie und minimaler Gesten. »Ich arbeite gewöhnlich viel mit meinen Händen. Zum Glück aber kann ich mich am nächsten Tag auf der Leinwand sehen, und dann schneide ich alle überflüssigen Gesten raus. Benutzt eure Hände nur, um etwas hervorzuheben — dann ist es wirkungsvoll.«

Während der Probenpause erläuterte er uns die Gefahren des manierierten Spielens mit einer köstlichen Darbietung des von ihm so genannten *»chair acting«*, der »Stuhl-Spielerei«. Er ging zu einem Stuhl, stellte sich dahinter und redete Kauderwelsch; immer noch plappernd stützte er sich darauf, verschränkte seine Arme über ihn, bewegte ihn im Kreis, es fehlte nur, daß er noch mit ihm getanzt hätte. Die Italiener, sagte er, seien Meister in dieser fragwürdigen Kunst. Dann erzählte er uns von einem Londoner Auftritt der großen Eleonore Duse in seinen Jugendjahren. Auf der Bühne zwei *»chair actors«*, die besonders dick auftrugen. Langsam, schweigend, unauffällig trat die Duse auf, ging auf einen Kamin zu und rieb sich die Hände, mehr nicht. Das Publikum war gefesselt. Die beiden anderen Schauspieler versuchten mit ihren Stühlen jeden erdenklichen Trick, doch niemand konnte den Blick von der großen Duse losreißen.

Vieles von dem, was uns Charlie mit so viel angeborener Leichtigkeit vorspielte, erwies sich für die anderen Schauspieler als schwierig. Earle Herdan in der Rolle des Auktionators in *Bis aufs Messer* fiel es besonders schwer, das hastige Gebrabbel nachzuahmen, das Charlie so urkomisch fertigbrachte. In Charlies Fußstapfen zu treten, war keine leichte Aufgabe.

Während Charlie Regie führte, sah Constance, die große Theatererfahrung hatte, mit Adleraugen zu. Das konnte nicht gutgehen. Eine Reihe hinter ihm sitzend, wurde sie immer gereizter und schüttelte ständig mißbilligend den Kopf. Dann konnte sie sich nicht länger beherrschen und protestierte: »Nein, nein, nein, Charlie! Du hast den Text nicht gelesen! So kann man das einfach nicht spielen.« Plötzlich bekriegten sich diese alten Freunde, wie der Text aufzufassen sei, und wir standen mitten dazwischen.

Charlie drehte sich um, warf ihr giftige Blicke zu und gab mir Zeichen, sie ihm vom Halse zu schaffen. »Es bringt mich auf die Palme, wenn sie dauernd ihren Senf dazu gibt.«

Doch Constance war nicht zum Schweigen zu bringen; und ich schaffte es nicht, sie fortzuschicken. »Du hast das Stück nicht gelesen, Charlie, du weißt gar nicht, wovon du redest.« Wir fanden es köstlich, wie sie miteinander stritten, den beiden aber war es bitterer Ernst. Als sie das Endergebnis sah, mußte freilich selbst Constance zugeben, daß Charlie einem altmodischen Stück neues Leben eingehaucht hatte. Und wann immer Charlie etwas in Angriff nahm, tat er es mit Leib und Seele. Ganz gleich, ob er Filme drehte, am Circle Regie führte, Tennis spielte oder Möbel kaufte — er gab stets sein Bestes.

Zu unserer Besetzung zählten Bill Schallert, Sydney und die bekannte Radiosprecherin Barbara Fuller. Als Chloe, eine neureiche Frau mit einem belastenden Geheimnis, hatte sie mehrere hochdramatische Auftritte. Charlie war so von ihr beeindruckt, daß er sie vorübergehend für die Rolle der Heldin in seinem nächsten Film in Betracht zog. Er arbeitete an einem Film, der an einem Londoner Theater spielte und den er zunächst *Footlights* nennen wollte; während der folgenden Jahre wurde dann *Limelight* daraus, und er suchte weiter verzweifelt nach einer Schauspielerin für die junge Tänzerin Terry.

Als wir *Major Barbara* aufführten, war er von Diana Douglas (damals die Frau von Kirk Douglas und Mutter von Michael) entzückt, die die Hauptrolle in dem Stück spielte; auch sie konnte er sich zunächst gut als Terry vorstellen. Jede Circle-Schauspielerin mit Jugend und Feuer unterzog er im Geiste Probeaufnahmen.

Nach *Bis aufs Messer* arbeitete Charlie an sieben weiteren Aufführungen mit, immer mit derselben genialen Spontaneität. In vielerlei Hinsicht probte er die Stücke, als wären wir in seinem Filmstudio. Oft mußten wir aus dem Stegreif spielen, und er schuf dann durch endloses Improvisieren und sorgsames Feilen an Einzelszenen ein Gesamtwerk. In seinen Filmen konnte er eine Einstellung anderntags neu aufnehmen, wenn ihm inzwischen eine bessere Idee gekommen war. Ähnlich ging er am Circle vor. Jede Probe war wie eine neue Einstellung, praktisch bis zum Eröffnungsabend. Und das war es wohl, was seine Inszenierungen so lebendig machte.

Gegen zwei Uhr morgens war unsere Truppe meist völlig erschöpft, Charlie dagegen war noch topfit. Oft rief Oona an, um ihn nach Hause zu zitieren. »Die alte Dame ist am Telefon«, sagte er. »Ich sollte jetzt wohl gehen.« Die alte Dame war 35 Jahre jünger als er! Manchmal kam sie selbst vorbei, um Charlie von seinem neuen Spielzeug loszureißen: »Charlie, die Kinder brauchen ihren Schlaf!«

Trotz Oonas Anrufen blieb Charlie gewöhnlich bis zum Morgengrauen und erfreute uns mit Anekdoten oder Ideen zur Interpretation der Klassiker. Bei Sonnenaufgang lud er die letzten Überlebenden zu Kaffee und Pfannkuchen mit Ahornsirup am Hollywood Boulevard ein. Wir trotteten verschlafen und hohläugig hinterdrein, während Charlie noch immer so putzmunter wie bei Beginn der Proben war. Er liebte die Farbe des Morgenhimmels, »Säuferblau«, nannte er sie nach den Betrunkenen, die durch die morgendlichen Straßen torkelten.

»Meine Gage«, so sagte er einmal lachend, als wir unsere Pfannkuchen verschlangen, »beträgt 35 Cents und eine Tasse schwarzen Kaffee!« Er gab uns jungen Schauspielern viel — seine Zeit, seine Energie, seine Liebe und Zuneigung, die Früchte seiner Erfahrung aus jahrzehntelanger harter Arbeit für Bühne und Film. Und all das für 35 Cents und eine Tasse schwarzen Kaffee. Wir konnten uns wirklich glücklich schätzen.

Einmal luden Oona und er das gesamte Circle — Schauspieler und Techniker — ins Lucy's, ein luxuriöses Restaurant, gegenüber den Paramount Studios ein. Als wir eintraten, sagte Charlie: »Jetzt bestellt mal alle Spaghetti! Sie sind berühmt für ihre Spaghetti!« Doch da griff Oona ein. »Oh, Charlie, laß sie doch Steaks bestellen!« Das brach das Eis. Und bald saß jeder vor einem saftigen Steak — mit Spaghetti als Beilage!

Die Arbeit am Circle gehörte bald zu Charlies täglicher Routine. Wenn er nachmittags nichts zu tun hatte oder eine Verschnaufpause bei der Drehbucharbeit an seinem *Limelight*-Projekt brauchte, kam er in seinem Ford zum Theater gefahren und saß mit mir im Kassenraum. Bei einer dieser Gelegenheiten schneite plötzlich ein Mann vom Finanzamt herein. Charlie wurde sehr nervös und versuchte, sich unsichtbar zu machen.

Wir hätten unsere Eintrittsgelder nicht versteuert, sagte der Mann. Ich sah ihm geradewegs in die Augen: »Wir können kaum unsere Schauspieler bezahlen. Wenn wir jetzt noch Steuern blechen sollen, können wir schließen.« Charlie versank immer tiefer in seinem Sessel.

»Hier sind ein paar Karten für unser Stück; bringen Sie Ihre Frau mit.« Ich trug ihn in unsere Gästeliste für jede Premiere ein. Danach wurde der Steuerbeamte einer unserer größten Fans. Die Steuern waren vergessen, bis er versetzt wurde; dann mußten wir zahlen.

Charlie amüsierte sich immer über meine Kämpfe mit der Bürokratie. Einmal saß uns die Schauspieler-Gewerkschaft im Nacken, weil wir unserer Besetzung nicht die tariflich festgesetzten Gagen zahlten — wir konnten es uns einfach nicht leisten. »Sehen Sie«, erklärte ich ihnen, »keiner von uns wird reich — ich hab' sogar Löcher in meinen Sohlen!« Ich zog meine Schuhe aus und stellte sie auf den Tisch. Danach ließ uns die Gewerkschaft lange in Ruhe.

Ich glaube, Charlie gefiel meine Begeisterung fürs Theater und die Art, wie ich das Circle führte. Obwohl er ein weltberühmter Star war, habe ich ihm nie schöngetan, nie Forderungen, nie Fragen gestellt. Das muß ihm imponiert haben. Er war einfach nur ein neuer Freund, wenn auch ein bedeutender; ich fühlte mich stets frei und ungezwungen in seiner Gesellschaft. »Ist es nicht erstaunlich, wie dieses junge Bürschchen mit Charlie umzugehen weiß?« soll Constance einmal zu Oona gesagt haben.

Doch Charlies Hauptinteresse galt natürlich seinem Sohn Sydney. Vor der Circle-Zeit hatten sich beide, glaube ich, nicht sehr gut gekannt, vor allem seit Sydney groß war. Jetzt sah Charlie einen angehenden Star in ihm und wollte ihm bei seiner Karriere helfen. Sydney war attraktiv, charmant, groß und konnte alle Liebhaberrollen spielen, die Charlie wegen seiner Statur versagt geblieben waren. Er begann, eine Rolle für Sydney in seinem *Limelight*-Drehbuch zu schreiben. Charlie hat immer gern Leute lanciert: Das versuchte er auch mit Edna Purviance in *A Woman of Paris*, als sie nicht länger seine eigene Hauptdarstellerin sein konnte, und Jahre später mit seiner jungen Tochter Victoria. Er schaute sie eindringlich an und sagte: »Dieses Kind hat Talent!« Und er stürzte sich in ein neues Projekt, *The Freak*, um ihr zum Erfolg zu verhelfen.

Charlies Mitarbeit an den Circle-Inszenierungen wurde in unseren Programmen nicht erwähnt. Er wollte keine Publicity, und ich respektierte seinen Wunsch. Doch es war schwer, das Geheimnis zu wahren, da ihn so viele Schauspieler und Freunde bei den Proben sahen. Als ein Artikel im *Time*-Magazin seine Arbeit am Circle erwähnte, war mir das äußerst peinlich, und ich suchte ihn auf, um mich bei ihm zu entschuldigen. Ich fürchtete, er wäre verärgert, doch er tat die Sache lachend ab und las mir eine neue Szene für *Limelight* vor.

Zurückblickend glaube ich, daß das Circle eine Art Zufluchtsort für Charlie war, wo er vorübergehend seine Probleme vergessen konnte. Wir schlossen ihn ins Herz und verfolgten mit viel Mitgefühl die Hetzkampagnen des FBI und des Komitees für unamerikanische Umtriebe. Dieses Komitee, das die Vorarbeit für McCarthys Hexenjagden leistete, terrorisierte jetzt ganz Hollywood und suchte nach Beweisen für eine kommunistische Infiltration der Filmindustrie. Sie schikanierten, prangerten unschuldige Leute an und trieben viele davon in den Ruin. Charlie sprach nie von seinen Problemen, und wir fragten nie danach. Wir waren nur dankbar, daß er uns so viel Zeit schenkte. Und wenn auch wir ihm etwas geben konnten, waren wir glücklich.

Inzwischen nahm der Druck auf Charlie weiter zu. Zwei Tage vor unserer Wiederaufnahme von *The Adding Machine* suchten die Leute des FBI und der Einwanderungsbehörde Charlie in seinem Haus auf. Charlie hatte bei der Behörde einen Antrag für eine Genehmigung zur Wiedereinreise gestellt. Er plante eine Reise nach London, um Oona die Stätten seiner Kindheit zu zeigen. Sie waren gekommen, erklärte der FBI-Mann, um Charlie unter Eid zu vernehmen.

Vier Stunden lang beantwortete Charlie offen und mutig ihre feindseligen Fragen nach seinem Privatleben und seinen Überzeugungen. Man erkundigte sich sogar nach seiner rassischen Herkunft und nach seinen Sexualpraktiken. »Welche Art von Antwort erwarten Sie von einem gesunden Mann, der seit über 35 Jahren in diesem Land lebt?« fragte Charlie.

Die Vernehmungsbeamten interessierten sich für die Reden, die er zugunsten der russischen Verbündeten gehalten hatte, die gelegentlichen Abendessen im sowjetischen Konsulat, das Telegramm, das er zum Moskauer Chaplin-Film-Festival geschickt hatte — für alles, was darauf hindeuten konnte, daß er mit den Kommunisten sympathisierte. Er leugnete jede Verbindung zur Partei. »Ich besitze ein Vermögen von 30 Millionen Dollar — wie könnte ich da von Kommunismus sprechen?« Als er gefragt wurde, ob er den kommunistischen *way of life* besser als den amerikanischen fände, entgegnete er nüchtern: »Natürlich nicht; wenn ich es täte, so würde ich dort leben; aber ich bin auch nicht ihr Feind. Doch wenn die Russen in Amerika einmarschierten, würde ich zu den Waffen greifen.«

»Warum sind Sie nie amerikanischer Staatsbürger geworden?« »Weil ich mich seit meinem neunzehnten Lebensjahr als Internationalisten betrachte. Ich fühle mich wie jeder andere als amerikanischer Bürger, und meine Liebe hat immer diesem Land gegolten. Doch ich fühle mich nicht einem bestimmten Land verbunden. Ich fühle mich als Weltbürger!«

Das war keine Artwort, wie das FBI sie hören wollte. Charlie sagte seine Reise ab und ließ das Problem seiner Wiedereinreisegenehmigung ruhen — jedenfalls fürs erste.

Die Liberalen in Hollywood sahen alle zu Charlie auf, und jeder kannte seinen unerbittlichen Standpunkt. Fast hätte er sich gewünscht, vom Komitee vorgeladen zu werden und auszusagen. Wohl wegen seines Weltruhms hat das Komitee jedoch auf eine solche Maßnahme verzichtet. Ein Schriftsteller in Hollywood, der Charlies strikte Haltung dem Komitee gegenüber bewunderte, erklärte ihm, daß er sich auf ähnliche Weise zu verhalten gedenke. Charlie riet ihm: »Seien Sie vorsichtig. Ich bin ein reicher Mann. Mir können sie so schnell nichts an-

Joe Mantell als Mr. Zero und Strother Martin als Shrdlu in Elmer Rices The Adding Machine. *Strother war Rettungsschwimmer in Santa Monica, als er zu mir zum Probelesen kam. Später hatte er in Sam Peckinpah-Filmen großen Erfolg.*

haben.« Er war besorgt, der Mann könne seine Existenz verlieren, wenn er es ihm nachtat.

Das Leben am Summit Drive ging weiter wie gewöhnlich. Charlie hatte die glückliche Begabung, persönliche Probleme beiseitezuschieben. »Ich bin wie Unkraut«, pflegte er zu sagen und zitierte einen Satz aus *Limelight,* »je mehr man mich stutzt, desto mehr wachse ich.«

Charlie hat sehr viel getan, um sich geistig und körperlich fit zu halten, und war ein großer Befürworter der Gymnastik. »Der Blutstrom ist wie ein Fluß«, sagte er oft zu mir. »Wenn er nicht in Bewegung bleibt, wird er träge und krank.« In seiner Jugend hatte er geraucht, jetzt war er ein überzeugter Nichtraucher. »Wie geht's deinem Krebs?« fragte er Constance, die stets in eine Rauchwolke gehüllt war. Das war Jahre, bevor die Gefahren des Rauchens bekannt wurden. Später, als er in der Schweiz lebte, riß er zum Entsetzen seiner Gäste auch im kältesten Winter die Fenster auf, um die Rauchschwaden rauszulassen.

Seine große Leidenschaft war Tennis, dabei konnte er sich herrlich entspannen. Manchmal rief sein Butler im Circle an und bat Sydney, herüberzukommen; Greta Garbo sollte zu einem Match kommen, und sie brauchten einen vierten Mann. Als ich das hörte, ließ ich sofort alles stehen und liegen und schaute zu.

Die Garbo war großartig. Ich sah sie bei mehreren Gelegenheiten — einmal beim beliebten Sonntags-Tee in Chaplins Tennispavillon, bei dem Gurkensandwiches gereicht wurden. Ich erinnere mich, wie Charlie der Garbo sagte: »Sie sollten wieder einen Film machen und das Leben der Eleonore Duse spielen. Denken Sie nur an die Liebesgeschichte zwischen der Duse und D'Annunzio!«

»Ich täte es, aber nur, wenn Sie Regie führten!« antwortete sie. Die Garbo, damals Mitte vierzig, fragte Charlie, ob sie sein Atelier für geheime Probeaufnahmen benützen dürfte: sie wollte wissen, wie sie auf der Leinewand wirkte. William Daniels, Kameramann bei den meisten ihrer MGM-Filme, wurde herbeizitiert, um die Tests zu drehen. Es heißt, sie soll später in Charlies Vorführraum lange ihr Ebenbild auf der Leinwand betrachtet und dann zu Daniels gesagt haben: »Billy, du wirst alt.«

Bill Tilden, der große Wimbledon-Star, gab damals Trainerstunden auf Charlies Platz. Er hatte eben wegen sittlicher Verfehlungen eine Gefängnisstrafe abgebüßt, und Charlie half ihm großzügig, wieder auf die Beine zu kommen. Ich nahm pflichtbewußt ein paar Stunden bei ihm.

Bill hatte die Gabe, Tennis mit dem Blick auf den Beruf seiner Schüler zu lehren — in meinem Fall also das Theater: Wenn zwei Schauspieler auf der Bühne stehen, müßten sie aufmerksam auf die Worte ihres Partners hören, um immer richtig antworten zu können. Dasselbe gelte beim Tennis: Man könne den Ball nur dann richtig zurückspielen, wenn man sich auf das Spiel seines Partners konzentriere. Ein großartiger Rat, trotzdem blieb ich der schlechteste Spieler der Welt.

Bill versuchte sich als Stückeschreiber. Er überreichte mir sein Meisterwerk zur Begutachtung. Spätabends an der Theaterkasse lasen Bill Schallert, Sydney und ich das Stück laut vor und hielten uns die Bäuche vor Lachen. Der Dialog war wie ein Tennismatch. Es ist schrecklich, das Werk eines Bekannten ablehnen zu müssen. Doch Bill hat's mir nicht übelgenommen.

Charlie war auch ein leidenschaftlicher Kinogänger. Oona, er und ich sahen uns die neuesten Filme in der Stadt an; dabei benahmen wir uns wie Kinder in einer Sonntagsmatinee und deckten uns mit Bergen an Leckereien am Kiosk ein. Charlies Lieblingssüßigkeiten waren *Almond Joys* (Schokoladenriegel mit Kokosnußfüllung, von einer Mandel gekrönt) und *Bon-Bons* (mit Schokolade überzogene Vanilleeisbällchen). Wir futterten uns durch *Carrie, African Queen* und *Ein Platz an der Sonne* hindurch, die Charlie großartig fand. Wenn ihm ein Film nicht gefiel, stöhnte, ächzte und seufzte er. »Ich setze mich nicht neben dich, wenn du immer solchen Lärm machst!« drohte Oona. Eines Tages las ich einen offenen Brief in den *Los Angeles Daily News.* Eine Dame beschwerte sich über einen Mann, der ihr Vergnügen an einem Film durch ständiges Reden und Stöhnen störte; als sie sich umdrehte, war es Charlie Chaplin!

Wenn Oona nicht nach Kino zumute war, stahlen Charlie und ich uns davon in die Wochenschaukinos am Hollywood Boulevard. Charlie liebte Reiseberichte und Nachrichten aus aller Welt — das war vor den Tagen des TV. Er war besonders fasziniert von den Aufnahmen der künftigen Queen Elizabeth of England hoch zu Roß.

An anderen Tagen spazierten Charlie und ich abends durch Skid Row im Zentrum von Los Angeles. Charlie sah stets eine gewisse Romantik in den Slums — heute würde er sich wohl nicht mehr hineinwagen.

Gelegentlich fuhren wir abends nach Malibu, kehrten im Holiday Inn ein und fuhren die Küste entlang. Mit Oona und Charlie ins Restaurant zu gehen war immer herrlich, denn Charlie machte aus jedem Essen ein Erlebnis. Manchmal begnügten wir uns auch mit scharfen Pastrani-Sandwiches in Venice Beach oder mit saftigen Hamburgers bei Dolores' Drive-In am Sunset Boulevard. Später in London waren Curries und Koscheres an der Tagesordnung. Oona hatte ein Faible fürs Scharfe — setzte man ihr ein feuriges mexikanisches Taco vor, war sie im siebten Himmel.

Oona war selbst eine phantastische Köchin, und Charlie war ihr dankbarster Bewunderer. Eines Abends bereitete sie einen köstlichen Lammbraten für Charlie, Constance und mich. Beim Essen diskutierten wir über mögliche Stücke fürs Circle. Charlie schlug plötzlich *Othello* vor. Gewöhnlich fand Charlie Shakespeare mühsam, doch dieses Stück reizte ihn irgendwie, und er wollte es inszenieren. Die Circle-Schauspieler hatten noch keine Shakespeare-Erfahrung. Doch wenn Charlie bereit war, es zu riskieren, war ich's auch. Charlie meinte, Sydney — mit seiner Größe und seiner schönen tiefen Stimme — könnte den Othello spielen und setzte sich gleich mit Reginald Pole, einem Shakespearekenner, in Verbindung, um mit Sydney Diktion, Bewegung und elisabethanische Metrik einzustudieren. Sydney arbeitete hart an sich.

Beim Essen erklärte uns Charlie begeistert, wie er das Stück auffaßte. Für ihn ging's darin vorwiegend um Sex, um die sexuelle Anziehungskraft, die Desdemona mit dem Mohren verband. Ohne Sex als Leitmotiv ergebe das Stück keinen Sinn, meinte er. Desdemona müßte nach außen hin als jungfräulich, blaß und rein, innerlich aber vor Leidenschaft glühend sein. Das würde Othellos Eifersucht verständlicher machen.

Constance geriet außer sich: »Charlie, ich bitte dich, *lies* das Stück!« rief sie. »Hör zu, was Emilia sagt: ›Die süßeste Unschuld, die je das Auge aufschlug!‹ ›Mohr, sie war keusch —‹ Sie war *unschuldig,* Charlie, nicht irgendeine Haremshure!«

»Es ist mir völlig gleich, was im Text steht«, erwiderte Charlie unwirsch. »Dies ist ein Stück über unterdrückten Sex. Wir werden dem Stück ein neues, modernes Konzept geben.« Oona blieb ganz ruhig und warf mir verschmitzte Seitenblicke zu, während die beiden weiter aufeinander einhackten.

Aber wer sollte unsere leidenschaftliche Desdemona spielen? Damals ging Sydney mit der jungen Schauspielerin Evelyn Keyes aus, die sich eben von John Huston scheiden lassen hatte. Sydney brachte sie mit zum Summit Drive. Charlie entdeckte auf der Stelle einen gewissen sexuellen Hunger in ihren Augen. Er hatte seine Desdemona gefunden! Evelyn war völlig überrumpelt, wollte es aber probieren. Sie kam aus dem tiefen Süden, hatte Scarlett O'Haras Schwester Sue Ellen in *Vom Winde verweht* gespielt und war jetzt ein Columbia-Star. Als ich Constance bitten wollte, sie zu unterrichten, schnappte Columbia sie uns für einen anderen Film weg. So ist aus Charlies provokativem *Othello* nie etwas geworden. Wie gern hätte ich seine Interpretation auf der Bühne gesehen — ganz abgesehen von den Szenen, die sich zwischen Charlie und Constance bei den Proben abgespielt hätten.

Obwohl Charlie weiter behauptete, daß er mit Shakespeare nichts anzufangen wüßte, tauchte der »Schwan von Avon« doch immer wieder in seinen Gedanken auf. Er hatte eine ganz eigene Vorstellung davon, wie man den *Hamlet* spielen müßte. »Man kann den Prinzen nicht als schlaffen Poeten, als empfindliche Mimose darstellen. Das ist zum Sterben langweilig. Hamlet muß ein Irrer sein. Das macht all seine Auftritte und Abgänge zu einem Erlebnis.« Jahre später verwirklichte er etwas von diesem Konzept in seinem Film *A King in New York* (Ein König in New York). Ein anderes Mal sprach er begeistert von seinem Plan, *Antonius und Cleopatra* zu verfilmen. Er liebte das Stück und dachte an Hedy Lamarr als Titelheldin; die Schönheit besaß sie zumindest.

Als das Circle im Dezember 1950 schließlich sein Shakespeare-Debüt hatte, führte ironischerweise Constance die Regie. Sie wählte *Was ihr wollt;* sie besaß Beerbohm Trees Regiebuch seiner berühmten Aufführung von 1904 und folgte seinen Anweisungen. Es wurde eine großartige Inszenierung; keine Deklamationen, kein Nonsens, selbst die komischen Szenen waren natürlich gespielt. Ricki Soma, John Hustons neue Frau (und Mutter von Anjelica) war die schönste Olivia, die man sich vorstellen kann; Majorie Steele, ein Bühnenneuling, spielte Viola. Bei der Premiere stolperte das arme Ding, doch sie konnte sich wieder fangen und erhielt stürmischen Applaus. Sir Andrew Aguecheek wurde von dem erfahrenen Komödianten Gus Schilling dargestellt: seine Frau, Betty Rowland — die Königin der amerikanischen Burleske, im ganzen Land als »Ball of Fire« bekannt — schaute zwischen ihren eigenen Shows bei den Proben zu. Constance fand sie großartig mit ihrem hellroten krausen Haar. »Eines Tages, meine Liebe«, sagte sie in ihrer *grande dame*-Manier, »müssen Sie Mistress Quickly spielen!«

Von Charlies Shakespeare-Projekten wurde keines in die Tat umgesetzt, dafür aber ein anderer seiner Vorschläge fürs Circle — *Rain* — 1948 einer unserer größten Erfolge. Mir persönlich schien diese Bühnenbearbeitung von Somerset Maughams Geschichte fürs Circle nicht geeignet, doch Charlie konne mich mit seiner Begeisterung für den Plan gewinnen. »Es ist ein exzellentes Stück«, sagte er, »es wurde nur niemals korrekt gespielt!«

Jeanne Eagles in der ursprünglichen Broadway-Inszenierung sei unter aller Kritik gewesen, erklärte er. Sie hätte Sadie Thompson wie eine klischeehafte kleine Nutte gespielt, die ihre Handtasche schwingt, wenn sie ihre Freier abschleppt. Auch die Psychologie von Reverend Davidson habe nicht gestimmt; der Einblick in die tiefsten Tiefen des Herzens dieses verklemmten religiösen Fanatikers habe gefehlt. Also wieder ein Stück über verdrängte Sexualität. Was er bei *Othello* nicht hatte verwirklichen können, wollte er nun in *Rain* hineinlegen. Charlies Begeisterung steckte mich an. »Wenn du Regie führst, bringe ich das Stück.« Er war einverstanden.

Wer aber sollte Sadie Thompson spielen? Unzählige Schauspielerinnen lasen Probe, doch es war schwer, die Richtige zu finden. Wie es der Zufall wollte, waren June Havoc und ihr Mann, der Radiospielleiter William Spier, unter den Circle-Zuschauern. June war als Vaudeville-Kinderstar Baby June und die jüngere Schwester von Gypsy Rose Lee berühmt geworden (das Musical *Gypsy* basierte auf ihrem Leben). June, die dabei war, sich im Film einen Namen zu machen, bat, vorsprechen zu dürfen. Ich zögerte zunächst: Wir hatten nie zuvor einen Filmstar in unserer Truppe gehabt. Charlie hatte mir die Besetzung überlassen. June bekam die Rolle.

Kurz bevor Charlie mit den Proben begann, erschien Constance, um vor gesammelter Mannschaft eine ihrer beliebten Ansprachen zu halten. »Schauspielen«, erklärte sie mit jenem herrlichen Funkeln in ihren blauen Augen, »ist wie der Bau eines Hauses. Erst legt ihr die Fundamente. Dann errichtet ihr

Ricki Soma als Olivia, John Abbott als Malvolio und Marjorie Steele als Viola beim Schlußapplaus in Constances Inszenierung von Was ihr wollt.

Charlie bei der Regiearbeit von Rain. *Von links nach rechts: Charlie, Leah Waggner, (?), Kathleen Freeman, Sydney Chaplin, John Peri. Mit dem Rücken zur Kamera: June Havoc.*

das Gerüst, und dann legt ihr l-a-n-g-s-a-m Stein um Stein aufeinander. Schließlich steht das Haus. Jetzt richtet ihr es ein — füllt die Rolle mit Details. Endlich ist alles fertig, und ihr zündet die Lichter an — und das ist eure *Inspiration!*« Ich weiß nicht, wie oft sie uns diesen anschaulichen Vortrag hielt, doch ich wurde nicht müde, ihr zuzuhören. Ich war wie Lenny in *Von Mäusen und Menschen*, der sie bat, die gleiche Geschichte immer und immer wieder zu erzählen.

Dann erschien Charlie, und es konnte losgehen. Diesmal hielt sich Constance zurück; sie war neugierig, was er vorhatte. Charlie arbeitete Stunden an einem wirkungsvollen ersten Auftritt für Bill Schallert (in der Rolle des Reverend Davidson); Bill kam fast im Galopp auf die Bühne gestürzt, sehr beschäftigt mit einer dringenden Angelegenheit, und sprach dabei ganz beiläufig seinen ersten Text. Bob Burns hatte das ganze Theater in Joe Horns Handelsniederlassung in der Südsee verwandelt. Das Publikum saß unter einem extra angefertigten Wellblechdach; wir ließen Wasser darauf tropfen, um tropischen Regen zu simulieren. Und June war phantastisch — Charlie hatte all ihre Manieriertheiten geglättet und machte sie schlicht, reizend, verletzlich. Es war eine herrliche, poetische Inszenierung.

Zur Besetzung zählte auch ein Affe, eine abscheuliche Kreatur namens Jocko, die wir von einer Tierhandlung ausgeliehen hatten. Jocko lebte in einem Käfig in der winzigen Wohnung, die ich mir hinter dem Theater mit Sydney teilte, und machte uns ständig Ärger. Wie ein Miniatur-King Kong hielt er die Stäbe umklammert und rüttelte so lange daran, bis der Käfig umfiel. Dann suchte er das Weite und hüpfte über Hollywoods Gartenzäune. Gewöhnlich brachte ihn Rita Hayworth' Bruder, am Genick gepackt, zurück.

In Gefangenschaft war sein Benehmen nicht besser. Als einer von unseren Schauspielern, Al Supowitz (er bekam später als Drehbuchautor Alvin Sargent zweimal den Oscar), von Junes Mann eine Sprechrolle im Radio bekam, hielt er stolz seinen ersten Gehaltsscheck hoch, damit jeder ihn sehen konnte. In Sekundenschnelle hatte Jocko den Arm durch die Stäbe gesteckt und den Scheck in kleine Schnipsel zerrissen. Und die schrecklichen schrillen Schreie, die er den ganzen Tag in seinem Käfig ausstieß! Bill Schallert fand heraus, daß er nur dadurch zum Schweigen zu bringen war, daß man ihm ins Gesicht spuckte. Dann wischte er sich die Spucke ab und starrte eine Weile darauf. Doch es dauerte nicht lange, und er war wieder der alte.

Bei der Aufführung von Rain. *Auf das Wellblechdach fiel der Regen. Von links nach rechts: Leah Waggner, Alice Wellman, John Austin, June Havoc. Mit dem Rücken zur Kamera: Bill Schallert als Reverend Davidson.*

Nach der Vorstellung von Rain. *Die große Fanny Brice mit Leah Waggner, Constance und Julian Ludwig.*

Eines Abends kam's dann zur Katastrophe: In der spannungsgeladenen Szene, als ein Marineoffizier Sadies Tränen zu trocknen versucht und sagt: »Schau, sogar Jocko möchte, daß du aufhörst zu weinen!« zog Jocko, die Bestie, June an den Haaren und war mit einem Satz mitten im Publikum. Die Damen schrien auf. Die Schauspieler machten weiter, als wäre nichts geschehen, während das kleine Monster von einem Zuschauer zum nächsten hüpfte, bevor es sich auf dem Schild »Ausgang« niederließ. Als Jocko schließlich wieder auf die Bühne sprang und eine Cola-Flasche leeren wollte, wurde er von einem Jungen aus dem Publikum gegriffen und einem der Schauspieler gereicht. Danach konnte es ungestört weitergehen.

Zum Glück ist so etwas nie passiert, wenn Kritiker da waren. Die Besprechungen waren hervorragend, und ganz Hollywood erschien im Circle: Lucille Ball, Jeanette MacDonald, Benny Goodman, Roddy McDowall, Howard Keel, Artie Shaw…

Sydney lud Paulette Goddard, Charlies dritte Frau, zu unseren Aufführungen ein. Wann immer sie kam, riß sie mit ihrem ansteckenden Lachen die übrigen Zuschauer mit. Zur *Rain*-Premiere erschien sie als große Film-Königin mit langem Abendkleid und Diadem und nahm in der ersten Reihe Platz. Auf der anderen Seite saß Charlie zwischen Oona und seiner zweiten Frau Lita Grey. Nie zuvor hatten Charlies drei Frauen zusammen in einem Raum gesessen. Charlie wurde spielend damit fertig.

Eines Abends, als eben die Aufführung beginnen sollte, heulten draußen die Sirenen. Zwei große Limousinen fuhren vor, und Sicherheitsbeamte stürmten herein, um das Theater zu durchsuchen. Wir dachten, sie wären vom FBI! Doch es war nur der kalifornische Gouverneur Earl Warren, der mit seiner Familie unser Stück sehen wollte. Warren hatte gerade eine heiße Wahlkampagne für den Posten des Vize-Präsidenten der Vereinigten Staaten hinter sich. (Später leitete er als Oberster Bundesrichter das Komitee zur Untersuchung von John F. Kennedys Ermordung.) Bei Junes erstem Auftritt spendeten alle Applaus, und reflexartig winkte Warren dem Publikum zu — er glaubte sich noch immer im Wahlkampf!

Constance verstand sich mit jedermann. Oona liebte ihre Gesellschaft. Als Charlie und sie frisch verheiratet waren, lud Constance Oona zum Mittagessen ein. Oona war damals erst achtzehn und scheute sich, allein mit jemandem zu speisen, den sie kaum kannte. Doch Charlie bestand darauf. »Du wirst sie mögen«, sagte er. Er hatte recht, Oona fand sie sofort sympathisch — sie hatte so viel Schwung und Humor und interessierte sich für alles.

Eines Tages, nachdem Oona und Constance im Romanoffs, einem mondänen Beverly Hills-Restaurant, gegessen hatten, wurde Constance von Autogrammjägern umringt. Als sie würdevoll Autogramme gab, trat Oona zur Seite. Da flüsterte Constance den Fans so laut zu, daß Oona es hören konnte: »Und wissen Sie, wer das ist? Mrs. Charles Chaplin! Sie sollten sie auch um ein Autogramm bitten!« Oona wäre am liebsten im Boden versunken, sie war so schüchtern, und das war das letzte, was sie gewollt hätte. Aber Constance hatte geglaubt, ihr einen Gefallen zu tun.

Es waren hektische Zeiten am Circle. Wir hatten so viele Schauspieler, und wenn ich sie in Schwung halten wollte, mußte ich sie beschäftigen. Also beschlossen wir, die angrenzende Werkstatt in ein zweites Theater umzuwandeln. Sie wurde unser New Theatre. Hier konnten die Schauspieler experimentieren und praktisch alles aufführen, was sie wollten; sie konnten auch die Stücke spielen, die ich für das Circle selbst für ungeeignet hielt.

Eines davon war *Antigone* — von einem jungen Yale-Absolventen inszeniert, der sonst kaum in die Circle-Truppe paßte. Ich machte mir damals nicht viel aus seiner Inszenierung, Charlie aber war begeistert. Und er hatte ganz offensichtlich recht, was das Talent des jungen Dramaturgen anging: Der Mann aus Yale war Alan Pakula, der später bei *All the President's Men* und *Klute* Regie führte. Es fanden auch Improvisations-Abende am New Theatre statt, bei denen das Publikum Situationen und Figuren vorschlagen konnte und die Resultate später mit den Schauspielern diskutierte.

Nach dem Riesenerfolg von *Rain* bekam ich Appetit auf

Oben rechts: *Shelley Winters im Gespräch mit Constance Collier. Zu deren Linken, sitzend, Dorothy Parker (mit dem Hut kann sie höchstens die Hälfte gesehen haben!). Ganz rechts, im Vordergrund sitzend, die reizende Marie Wilson.*

Unten rechts: *Bei der Aufführung von* The Doctor in Spite of Himself. *Kathleen Freeman spricht zum Publikum. In der hinteren Zuschauerreihe erkennt man Rhonda Fleming, Jeanne Cagney und Florence Marley. In der mittleren Reihe von links nach rechts: Leo Penn (Vater von Sean), Olive Deering, ich, Charlie, Gene Tierney, Oona, Constance. In der ersten Reihe: Henry Wilcoxon, Katherine de Mille, Barbara Britton, Roddy McDowall und Elizabeth Taylor.*

immer mehr Aufführungen, und so übernahm ich das Coronet Theater am La Cienega Boulevard, wo Charles Laughton eben mit wenig Erfolg in Brechts *Galileo Galilei* aufgetreten war. In meinem Eifer übernahm ich dann noch ein Theater, das Las Palmas, hinter dem Hollywood Boulevard. Erfolg schmeckt süß, und ich leitete jetzt vier verschiedene Theater.

Doch man kann seine Schauspieler auch überstrapazieren. Ich ließ manche an einem Abend in verschiedenen Stücken auftreten: Naomi Stevens oder Strother Martin begannen in einem Stück am Circle, sprangen dann oft in einen wartenden Wagen, schlüpften unterwegs in ein anderes Kostüm und kamen gerade noch rechtzeitig ins Coronet für ihren Auftritt im zweiten Akt. Der Wagen jagte dann zum dritten Akt im Circle zurück. Manchmal stürzten die Schauspieler auf diese Art ins falsche Stück. Das einzige, worüber sie sich jetzt beschweren konnten, war Überarbeitung und nicht der Mangel an Rollen.

Das konnte nicht lange gutgehen, und das Unglück brach in Gestalt von *Caligula* über uns herein. Ein Circle-Freund bedrängte mich Abend für Abend mit diesem Stück von Albert Camus. Er hatte die Pariser Aufführung mit Gérard Philippe gesehen und beschrieb sie als sein größtes Theatererlebnis

überhaupt. »Sie müssen versuchen, die Rechte für das Stück zu bekommen«, beharrte er.

Ich las es, wurde aber nicht schlau daraus, obwohl ich spürte, daß es dramatische Möglichkeiten besaß und für unser Experimentiertheater geeignet sein könnte. Es gelang mir, Camus telephonisch in Algier zu erreichen: Über eine knackende Leitung gab er mir die Bühnenrechte an seinem Stück. Albert Band, der später Horrorfilme drehte, begann mit den Proben; James Anderson vom Actor's Studio bekam die Rolle des Caligula.

Während der Proben am New Theatre fanden, eher als erwartet, die Übernahmeverhandlungen für das Coronet statt, und wir brauchten dringend eine Eröffnungsaufführung. *Caligula* war alles andere als fertig, und ich fühlte mich außerstande, das Stück in eine Form zu bringen: Es war einfach nicht mein Fall. So beschloß ich, das Problem mit Charlie zu besprechen, und fuhr zum Summit Drive.

In der Einfahrt sah ich einen vornehm gekleideten Herrn aus dem Ausland, der vergebens auf einen Termin wartete. Ich tuckerte mit meiner Klapperkiste vorbei, sprang heraus und stürmte in Charlies Wohnzimmer. Charlie begrüßte mich überschwenglich, obwohl ich ihn bei seiner Arbeit an *Limelight* unterbrach. Ich bekniete ihn, die Inszenierung zu übernehmen. Er sei der einzige, sagte ich, der Camus und das Probenchaos in den Griff bekommen könne. Charlie erklärte sich bereit, uns zu helfen, da Oona gerade im Krankenhaus war und die Geburt eines Babys erwartete.

Im Coronet wartete die Besetzung mit angehaltenem Atem auf Charlies Eintreffen. Er krempelte die Ärmel hoch — es konnte losgehen. Die Schauspieler begannen mit der ersten Szene. Gewöhnlich wußte Charlie sofort, wie ein Stück anzufassen war, diesmal aber war er so ratlos wie alle anderen auch.

»Was hat *das* jetzt wieder zu bedeuten?« fragte er immer wieder. Es machte ihm sonst Spaß, die Psychologie zwischen den Textzeilen herauszufinden, doch mit Camus kam er einfach nicht zurecht. Was tun?

Er beschloß, Gags in das Stück einzubauen — irgend etwas, um das Publikum bei der Stange zu halten. Er ließ Early Herdan, der einen alten Patrizier spielte, komisch hüpfend gehen. Er arbeitete lange an einer Szene, in der Caligula den römischen Senatoren befiehlt, ihre Schreibtafeln abzulecken. Dann schnalzt Caligula mit dem Finger, und alle halten augenblicklich inne; ein erneutes Fingerschnalzen, und sie fangen wieder an zu lecken. Das mag nicht in Camus' Sinn gewesen sein, doch wir ernteten Lacher. Nur Anderson nahm seine Rolle als irrer Kaiser todernst. Er bereitete sich jeden Abend auf seinen Auftritt vor, indem er in der Garderobe mehrmals mit dem Kopf gegen die Backsteinmauer schlug. Charlie war entsetzt.

Die Proben am Coronet fanden zwischen Cole Porters Vorbereitung zur Los Angeles-Eröffnung von *Kiss Me Kate* statt. Das Theater war riesig und besaß ein Proszenium. Doch Charlie verhielt sich nicht anders als im Circle, sprang alle paar Sekunden von seinem Sitz auf, um das Spiel zu unterbrechen. Der Abstand zwischen Orchestergraben und Bühne betrug etwa einen Meter, doch Charlie schaffte ihn mit einem Satz — die jungen Schauspieler trauten ihren Augen nicht. Wir brauchten ein aufwendiges Bühnenbild, auch hier konnten wir wieder aus Charlies Requisitenkammer schöpfen. Stämmige Säulen — ursprünglich aus dem Ballsaal in *The Great Dictator* — wurden jetzt für Caligulas Palast verwendet.

Während Charlie sich den Kopf über das Stück zermarterte, brachte Oona am 28. März 1949 Josephine, ihre zweite Tochter, zur Welt. *Caligula* hatte nach mehrfacher Verschiebung am 1. April Premiere. Die Kritiken waren verheerend. »Eine ungeheure Fehleinschätzung ... ohne den geringsten Schliff«, schrieb *Daily Variety*. Frank Eng von den *Los Angeles Daily News* ging besonders scharf mit uns ins Gericht: »Die Inszenierung ist hölzern ... plätschert an der Oberfläche von Camus' Werk dahin ... Der Besetzung fehlt die straffe Führung ...« Und so ging es endlos weiter; ich glaube, Eng wußte, daß Charlie an der Inszenierung mitgewirkt hatte. Sydney, der kein Wort von seinem eigenen Dialog verstanden hatte, erhielt die einzige gute Besprechung: »Sydney Chaplin, als Helicon, scheint der einzige auf der Bühne zu sein, der weiß, worum es in dem Stück geht.«

Am Tag nach der Eröffnung stand ich an der Coronet-Theaterkasse: »Wollen Sie das Stück wirklich sehen?« fragte ich einen Besucher; ich mochte ihm kein Geld für einen Reinfall abknöpfen. »Wenn Jerry Epsteins Name auf dem Programm steht«, erwiderte er, »dann muß es gut sein.« Mir rutschte das Herz in die Hosen. Während der zweiten Vorstellung erschien Charlie vor Wut kochend im Foyer. Auch er hatte die Kritiken gelesen und wollte an die *Daily News* schreiben, um Frank Eng zu attackieren. »Was soll das heißen — wir plätschern nur an der Oberfläche dahin? *Er* hat das Stück nicht verstanden.«

Ich riet ihm, die ganze Geschichte zu vergessen. Bei all seinen Problemen mit dem Komitee für unamerikanische Umtriebe, der Einwanderungsbehörde und dem FBI war ein sinnloser Streit um ein Stück, das niemand verstand, das letzte, was er brauchte. *Caligula* war ein großer Flop, und damit mußten wir leben.

Bei der Regiearbeit zu Caligula *zeigt Charlie den Schauspielern, wie ihre Tabletts zittern sollen. Amüsiert schauen Naomi Stevens und Earle Herdan zu. Die Säule stammt aus* The Great Dictator.

3

DAS CIRCLE: DIE GESCHICHTE GEHT WEITER

Das Coronet schien wie verhext. Nichts wollte klappen. Das Theater wurde zu einer Fehlinvestition. *Caligula* wurde bald abgesetzt, und als Überbrückung nahm ich einen Abend mit Einaktern ins Programm. Naomi Stevens war hinreißend als Bertha in Tennessee Williams' *Hello from Bertha;* blitzschnell verwandelte sie sich dann in die freche Lilly Pepper in Noel Cowards *Red Peppers.* Alles gute Inszenierungen, aber wo blieb das Publikum? Panik brach aus. Wild entschlossen, das Coronet zum Erfolg zu führen, sicherte ich mir die Rechte an Philip Yordans großem Hit *Anna Lucasta,* der am Broadway mit einer Besetzung von ausschließlich Schwarzen aufgeführt worden war. Wir wollten das Stück so bringen, wie Yordan es ursprünglich geschrieben hatte, mit polnisch-amerikanischen Figuren. Wegen der Alkoholprobleme einer unserer Hauptdarstellerinnen wurde es ein Flop.

Danach spielte ich zum erstenmal an der West Coast Jean-Paul Sartres *Die ehrbare Dirne.* Hurd Hatfield als Sohn des Senators war glänzend, doch wir hatten erneut Probleme mit unserer Hauptdarstellerin. Eine Woche vor der Premiere mußten wir unseren Star austauschen; daraufhin demonstrierte die Dame vor dem Theater und beklagte sich lauthals vor unseren Besuchern über ihre ungerechtfertigte Entlassung. Wir setzten das Stück ab. Ich beschloß, das Coronet endgültig aufzugeben und mich auf das Circle Theatre zu konzentrieren. Schließlich hatten wir dort unsere Identität gefunden und unsere ersten Erfolge gehabt.

Während dieser Zeit hatten Oona und Charlie nie ihren Glauben an das Circle verloren. Sie nahmen an unseren Projekten Anteil, und ich war sicher, bei ihnen stets ein offenes Ohr zu finden.

Ich war noch immer ganz niedergeschlagen, als meine Eltern mich vom Circle zu einer Autofahrt abholten. Unterwegs erklärte ich ihnen, daß ich die ganze Sache an den Nagel hängen wolle. Ich hätte einfach nicht mehr die Kraft, mit dem ständigen Ärger fertig zu werden. Mein Vater, der immer gegen meine Verbindung zum Theater gewesen war, drehte sich abrupt um und sagte: »Wenn du die Sache jetzt hinschmeißt, werde ich niemals mehr Achtung vor dir haben.« Seine Worte berührten mich tief. Und natürlich blieb ich bei der Stange.

Mit Bernard Shaws *Major Barbara* bekam das Circle neuen Auftrieb. Ich ließ viele Schauspielerinnen für die Titelrolle vorsprechen. Und als ich Diana Douglas gehört hatte, rief ich gleich Terry Kilburn, den Regisseur, an: »Ich hab unsere Major Barbara gefunden!« Unsere Pechsträhne mit Hauptdarstellerinnen war zu Ende. Diana war großartig, sie hatte genau den richtigen Elan und ein strahlendes Lächeln. Ihr Ehemann Kirk, soeben durch seinen Film *Champion* zum Star aufgestiegen, sah völlig kalt bei den Proben zu. Er schien nicht sonderlich begeistert, daß seine Frau auf der Bühne stand.

Und wieder einmal kam das Chaplin-Studio mit Requisiten zu Hilfe: Für die Szene in der Munitionsfabrik verwendeten wir die gewaltigen Bomben aus *Der große Diktator.* Gladys Cooper, die hervorragende englische Bühnenschauspielerin, die nun in Hollywood arbeitete, kam auch zu Hilfe, nachdem sie mit ihrem Schwiegersohn, Robert Morley, einer Probe beigewohnt hatte. »Die Einrichtung ist für ein englisches Haus völlig unpassend!« rief sie. Und am nächsten Tag brachte sie angemessenen Ersatz — aus ihrer eigenen Wohnung. Katharine Hepburn erschien mit ihrem Regisseur George Cukor und engagierte für ihren Film *Adam's Rib* einige unserer Schauspieler. Das war für viele *die* Chance.

Das Circle wurde zur Stätte von Romanzen und Eheanbahnungen. Bob Burns heiratete Naomi Stevens, und da sie kein Geld hatten, nisteten sie sich im kerkerähnlichen Untergeschoß des Circle ein. Bill Schallert knüpfte zarte Bande mit Leah Waggner, einer anderen großartigen Schauspielerin. Auch ich verliebte mich in eine unserer Darstellerinnen, und wir wurden auch enge Freunde, aber sie liebte einen anderen. Ach Gott, ja, die unerwiderte Liebe!

Die umwerfendste aller Romanzen aber spielte sich zwischen Sydney und einem bezaubernden jungen Mädchen, Marjorie Steele, ab, der zukünftigen Viola von Constances *Was ihr wollt*. Charlie sollte eine entscheidende Rolle in dieser Romanze spielen.

Als Sydney sie zum erstenmal sah, verkaufte sie Zigaretten in Ciro's Nachtclub am Sunset Boulevard. Sie war ein armes Mädchen aus San Francisco, das mit seiner großen Familie in einer winzigen Wohnung hauste und arbeitete, um sie zu unterstützen. (Das rührte Charlie ganz besonders.)

Gleichzeitig mit Sydney hatte einer der reichsten Männer Amerikas, Huntington Hartford, der A&P-Erbe, ein Auge auf sie geworfen und sich in sie verliebt. Marjorie hatte nun zwei Verehrer, beide attraktiv und charmant, und sie liebte sie beide. Was sollte sie tun? Zuerst ging sie abends mit Hunt aus. Sydney wartete vor ihrer Wohnung im Laurel Canyon, bis er sich verabschiedet hatte. Sobald Hunt fort war, sprang Marjorie in Sydneys Wagen und ging mit ihm aus. Einmal trugen Syd und Hunt auf Charlies Tennisplatz ein hartes Duell aus; wer gewann, durfte Marjorie ausführen. Total verrückt, doch so war Hollywood!

Bis über beide Ohren verliebt, ging Sydney zu seinem Vater und erklärte, daß er Marjorie heiraten wolle. Er war damals etwa 23. »Liebst du sie, liebst du sie wirklich?« fragte Charlie. »Ja, Pa«, antwortete Sydney. »Kannst du dir vorstellen, den Rest deines Lebens mit ihr zu verbringen?« Sydney dachte nach. »Nein, Pa. Ich werd's wohl so machen wie du und mehrmals heiraten.«

Da wurde Charlie fuchsteufelswild. »Ich bin keine meiner Ehen mit solchen Hintergedanken eingegangen. Man heiratet doch nicht, wenn man schon *vorher* weiß, daß es nicht fürs Leben ist. Jetzt hör mir mal gut zu: Wenn dieses Mädchen die Chance hat, einen der reichsten Männer Amerikas zu heiraten, dann steh' ihr gefälligst nicht im Wege. Du hast noch so viel Zeit — konzentrier dich auf deine Karriere!« Marjorie heiratete Huntington Hartford, und eine Zeitlang war Sydney zu Tode betrübt.

Charlie arbeitete unermüdlich, um das Drehbuch für *Limelight* zu vollenden. Er stöberte in seinen Erinnerungen an die Londoner Music Halls und die Welt seiner Kindheit, um der Story Fleisch und Blut zu geben. Er schrieb sogar einen ca. 400 Seiten dicken Roman, um sich in die Charaktere einzuarbeiten.

Er hielt sich an einen strikten Tagesplan. Gegen zehn Uhr, nach einem Frühstück mit Ham and Eggs, Toast, Marmelade

RON RANDELL and Diana Douglas have leading roles in George B. Shaw's "Major Barbara," Circle Players' production at the Circle Theater. Kathleen Freeman and Strother Martin are group members.

PACIFIC COAST LEAGUE

Ron Randell als Adolphus Cusins und Diana Douglas (Mutter von Michael) als Barbara in Shaws Major Barbara. *Nach dem Desaster am Coronet konnten wir mit dieser Inszenierung unseren guten Ruf wiederherstellen.*

und heißem Kaffee begann er die Arbeit mit seiner Sekretärin. Er schrieb oder diktierte Teile des *Limelight*-Skripts. Zum Mittagessen legte er eine Pause ein, nahm aber nie Schweres zu sich, nur leichte Kost, ein Kotelett vielleicht, Cottage Cheese oder ein hartgekochtes Ei. Nach dem Essen arbeitete er bis vier Uhr weiter an seinem Drehbuch. Dann war Tennis an der Reihe. Er spielte, als ginge es um Leben und Tod. Nach einem intensiven Spiel pflegte er, den Kopf mit Tüchern umwickelt, ein Dampfbad zu nehmen. Wie neugeboren tauchte er daraus hervor und freute sich auf den Abend: einen Drink, ein üppiges Abendessen und hinterher vielleicht einen Besuch im Circle.

Während Charlie an *Limelight* arbeitete, gelang es Constance, Oona zu überreden, einen Gymnastikkurs mit ihr zu besuchen. Der Kurs wurde von Walter Saxer geleitet, einem Deutsch-Schweizer, den David O. Selznick importiert hatte, um seiner neuen Frau, Jennifer Jones, zur Filmkarriere zu verhelfen. Constance erschien immer im Trikot und versuchte sich in all seinen modernen Tanztechniken. Zu seinen männlichen Schülern gehörten Gary Cooper und Humphrey Bogart. Saxer lehrte auch Etikette und gutes Benehmen und zeigte jungen Schauspielerinnen, wie man sich mit der Aura eines Stars umgibt. Das waren noch Zeiten!

Constance meinte, daß auch ich etwas Politur gebrauchen könnte, und bestand darauf, daß ich den Kurs für Männer besuchte. Ich fand es faszinierend, über Nacht wurde ich ein anderer Mensch. Er unterzog mich seinem sogenannten Star-Programm, brachte mir bei, den Bauch einzuziehen, den Kopf im richtigen Winkel zu halten und kerzengerade zu sitzen. Meine Fortschritte beeindruckten ihn so sehr, daß er mich bat, Oona und Constance meinen neuen Look vorzuführen. Wie Gary Cooper ließ ich die Hände zwischen den Beinen baumeln, schritt hoch erhobenen Hauptes einher und blickte über die Köpfe der Anwesenden hinweg. Nachdem ich unter dem Beifall von Oona und Constance mein Können unter Beweis gestellt hatte, schlüpfte ich allmählich in mein altes Selbst zurück.

Eines Abends, als Constance, Phyllis und ich bei den Chaplins eingeladen waren, bat Charlie mich, das *Limelight*-Skript laut vorzulesen. Während ich also las, murmelte Constance, die auf dem Sofa saß, mit ihrer tiefen, klangvollen Stimme: »Herrlich, Charlie, herrlich! Das ist das Beste, was du je gemacht hast.« Kurz darauf hörten wir sie schnarchen. Ein anderes Mal sagte Charlie: »Wenn *Limelight* in Produktion geht, möchte ich, daß du mit mir zusammenarbeitest.« Ich fühlte mich geschmeichelt und war hoch erfreut, wußte aber nicht recht, wie ernst es gemeint war.

Für unsere nächste Inszenierung wählte ich William Gillettes *Sherlock Holmes* — ich glaubte, es würde Charlie gefallen. Charlie versetzte die Circle-Schauspieler oft in Entzücken, indem er

Links: *Oonas Mutter, Agnes Boulton, mit Geraldine.*

Mitte: *Ich, nachdem mich Walter Saxer gestriegelt hat.*

Unten: *Oona in Beverly Hills.*

Links: *Sydney Chaplin, Paul Levitt und ein unbekannter Schauspieler in einer Gesangs-und-Tanz-Nummer unserer* Meet the Circle-*Revue.*

Unten: *Charlie bei den Dreharbeiten zu* Charleys Tante *mit seinem Bruder Sydney als besagte Tante.*

ganze Passagen auswendig daraus vortrug; dabei war es mindestens 40 Jahre her, seit er in dem Stück den Laufburschen Billy gespielt hatte. Die Premiere kam, nicht aber Charlie. So in die Vergangenheit einzutauchen, kann sehr schmerzlich sein, und er wollte sich wohl seine Erinnerungen bewahren.

Der alte Ruf des Circle war noch nicht ganz wiederhergestellt; wir brauchten einen Knüller. Um dem Vertrauen der Schauspieler Auftrieb zu geben, brachte ich eine Revue heraus, *Meet the Circle*. Die erste Hälfte bestand aus Szenen früherer Stücke, die zweite war eine Varieté-Show. Zu den Höhepunkten gehörte Bill Schallerts komische Piano-Nummer; Sydney ahmte den großen französischen Star Raimu nach, der Kauderwelsch redet, während er einem Kragenknopf nachjagt; Kathleen Freeman imitierte Charles Laughton in *Meuterei auf der Bounty*.

Charlies älterer Bruder Sydney, der in der ersten Verfilmung von *Charleys Tante* mitgewirkt hatte, besuchte die Revue mit seiner Frau Gypsy und erzählte mir von einem alten Music-Hall-Sketch, den er einmal gesehen hatte. Ich schüttelte mich vor Lachen und fügte ihn schnell in unsere Show ein.

Der Sketch beginnt mit einer Steptanznummer, die von zwei Brüdern aufgeführt wird. Als der eine abtritt, wendet sich der andere (dargestellt von Sydney Jr.) ans Publikum: »Meine Damen und Herren, wir haben beschlossen, den Steptanz aufzugeben. Mein Bruder will Ihnen einen Kraftakt vorführen, an dem er seit Jahren arbeitet.« Der Bruder erscheint im Trikot und fordert die Zuschauer auf, seine Bizeps zu befühlen.

Dann verkündet Sydney: »Mein Bruder wird nun zum erstenmal das *Unmögliche* demonstrieren. Wir bitten fünf Zuschauer, sich auf diesen Tisch zu stellen; mein Bruder wird dann den Tisch hochheben — MIT SEINEN ZÄHNEN!« Als Sydney den fünf

Freiwilligen hilft, auf den kleinen Tisch zu klettern, wird im Publikum leise gekichert. Die fünf stehen verlegen dicht an dicht oben. Der Bruder prüft den Tisch und läßt seine Muskeln spielen. Trommelwirbel ertönt, während er niederkniet, in die Kante des Tisches beißt und versucht, ihn anzuheben. Unter Ächzen und Stöhnen spuckt er Holzsplitter aus (wir hatten an der Stelle Sägespäne versteckt). Aber, ach, es will ihm nicht gelingen.

Der Kraftprotz denkt nach, starrt auf den Tisch und bespricht sich mit seinem Bruder. Er will's noch mal versuchen. Erneuter Trommelwirbel. Er kniet nieder, beißt in die Tischplatte — und wieder klappt es nicht. Jetzt tritt Sydney an die Rampe und verkündet: »Meine Damen und Herren, mein Bruder und ich haben beschlossen, zum Steptanz zurückzukehren.« Licht aus.

Das Publikum liebte diesen albernen Sketch, vor allem wenn das Licht wieder anging und die fünf Freiwilligen noch immer verlegen auf dem Tisch standen. Es wurde so schallend gelacht, daß wir eine Zeitlang nicht mit der Show fortfahren konnten.

Eines Abends stellte sich Sydney Sr. freiwillig mit auf den Tisch. Zu unserer aller Überraschung vollführte er plötzlich einen Flickflack, wohl weil er dachte, das brächte uns einen zusätzlichen Lacher. Aber als er herumwirbelte, stieß er mit dem Kopf gegen die Tischkante und stürzte zu Boden. Gypsy und die Zuschauer waren starr vor Schreck, den älteren Herrn so daliegen zu sehen. Zum Glück erhob er sich unversehrt, lächelte, und es konnte weitergehen. Doch für den restlichen Abend war es mit den Lachern vorbei. Als Charlie von dem Zwischenfall hörte, schüttelte er den Kopf. »Nein, dieser Sydney!« sagte er, »für einen Lacher tut er einfach alles.«

Ich ahnte nicht, daß trotz des Erfolges unserer Revue eine Gruppe von Schauspielern hinter den Kulissen eine Meuterei plante. Einige der führenden Darsteller meinten, sie bekämen nicht die Rollen, die ihnen zuständen. Den Samen der Zwietracht hatten zwei Neuankömmlinge gesät. Sie begannen eine Flüsterkampagne, um das Theater und mich zu ruinieren.

Es ist schwer, in einem Unternehmen jedermann zufriedenzustellen. Theater-Ensembles sind wie Miniatur-Regierungen, und die Schauspieler schlagen sich um die großen Rollen. Und die Ego-Probleme! Im Circle konnte jeder Vorschläge für neue Stücke einbringen, und ich entschied, welche für uns in Frage kamen. Zum Glück war ich selbst kein Schauspieler, und so konnte mir niemand vorwerfen, ich würde die Stücke für mich auswählen.

Aber ihre Beschwerden gingen, wie ich später erfuhr, über Stücke und Rollen hinaus. Die meisten Schauspieler sind konservativ, und damals waren schwierige Zeiten. Die Aktivitäten des Komitees für unamerikanische Umtriebe waren im vollen Gange, und Senator Joe McCarthys Hexenjäger glaubten, vor allem in Hollywood Beute machen zu können. Die Abtrünnigen unserer Truppe meinten offenbar, ich sei zu politisch. Ich hatte Gegnern der Atombombe erlaubt, vor dem Theater Unterschriften zu sammeln. Ich empfand Mitgefühl für das Elend der »Hollywood-Zehn«, die ins Gefängnis geworfen wurden, weil sie die Antwort auf die berüchtigte Frage: »Sind oder waren Sie jemals Mitglied der Kommunistischen Partei?« verweigert hatten. Der Schriftsteller Waldo Salt, der 1950 nach seiner Aussage vor dem Komitee auf die schwarze Liste gekommen war, sprach eines Abends im Circle. Die Meuterer dachten, meine politische Haltung könnte auf sie selbst ein schlechtes Licht werfen.

Manche fürchteten sogar, daß Charlies Verbindung zum Circle ihnen schaden könnte. Denn die Presse verunglimpfte ihn täglich als »Roten« oder Sympathisanten. Eines Nachmittags kam im Circle ein Schauspieler mit einer Nummer des *Life*-Magazins auf Charlie zu und zeigte ihm einen Artikel, in dem er neben Albert Einstein und Thomas Mann als »Pinko« (als Rosaroter) bezeichnet wurde. Charlie erwiderte scherzend: »Na, da bin ich ja in bester Gesellschaft!«

Viele Jahre später zeigte man mir die FBI-Akte über Chaplin. Verborgen zwischen den Bergen Papier war eine Anmerkung über das Circle und mich; das FBI hatte sogar herausgefunden, daß ich in Europa mit Chaplin zusammengearbeitet hatte.

Andere Ermittlungen in dieser furchterregenden Zeit betrafen meine eigene Familie. Das Komitee hatte begonnen, auch die Ärzteschaft in Los Angeles unter die Lupe zu nehmen; einer der Leute, die sie suchten, war der Bruder meiner Mutter, Milton London. Er war ein begeisterter Sozialist und kümmerte sich regelmäßig um die Circle-Mitarbeiter, ohne seine Besuche in Rechnung zu stellen. Meine Mutter, die völlig unpolitisch war und gar nicht wußte, was vor sich ging, versteckte meinen Onkel in ihrer Wohnung. Jahre später gab sie ein Essen für seine Freunde, Karen Morley, einen Filmstar der dreißiger Jahre, und ihren Freund Lloyd Gough; auch sie waren auf der Flucht vor dem Komitee.

Ich erinnere mich noch, daß ich meiner Mutter von den grauenhaften Dingen, die passierten, berichtete. Sie starrte mich ängstlich an und dachte an die Pogrome von Wilna, woher beide Familien meiner Eltern stammten. »Du darfst so etwas nicht sagen. Als Jude mußt du vorsichtig sein. Du kommst sonst in Teufels Küche.« Sie wußte nicht, in welche Schwierigkeiten sie hätte geraten können, als sie ihren Bruder und seine Freunde versteckt hielt.

Die Atmosphäre in Los Angeles war geladen — das übertrug sich auf jeden. Da die Zeitungen blindwütig auf Charlie einhieben, fürchtete er, er könne irgendeinem Fanatiker zum

Opfer fallen. An einem Abend las er mir bei sich zu Hause — Oona war längst schlafen gegangen — eine neue Szene aus *Limelight* vor, in der Calvero (die Rolle, die er selbst spielen sollte) Terry von der neuen Liebesromanze erzählt, die ihr widerfahren wird. »Und in der Schwermut der Dämmerung, wenn die Kerzen flackern und deine Augen zum Tanzen bringen, wird er dir sagen, daß er dich liebt. Und du wirst ihm sagen, daß du ihn schon immer geliebt hast ...«

Danach ging Charlie zum Flügel und spielte das *Limelight*-Thema. Obwohl er kein ausgebildeter Musiker war, hat es kein anderer je mit so viel Gefühl gespielt. Es war kurz nach Mitternacht. Ich wollte mich eben verabschieden, da glaubten wir, jemanden über den Rasen gehen zu hören. Und Charlie vermeinte draußen vor der Verandatür eine Bewegung wahrzunehmen. Er war überzeugt, daß dieser Jemand ein Attentat auf ihn vorhatte.

Er rannte zu seiner Kommode, zog ein riesiges Samuraischwert heraus und stand dann wie angegossen da, um den Eindringling zu erwarten. Mir stockte der Atem. So warteten und warteten wir auf den Schurken — der nicht erschien. Später kamen wir zu dem Schluß, daß das Geräusch wohl von seiner Lieblingskatze, dem Siamkater Monkey, verursacht worden war. Seit diesem Tag hatten alle Kinder Charlies großen Respekt vor dem Samuraischwert.

Der nächste Ärger am Circle kam mit einem neuen Stück, *Mulligan's Snug* von Robert McEnroe (Autor des Broadway-Erfolges *The Silver Whistle*). Dieses Stück sollte auf unsere Revue folgen. Die Handlung spielte in einer Bar an der Third Avenue gegenüber dem Bellevue Hospital. Die Besucher waren verrückte junge Internisten, die ihr Berufswerkzeug — vom Stethoskop bis zu Nierenproben in Reagenzgläsern — bei sich trugen. Ein komisches, wildes Stück mit großen Rollen für alle unsere Schauspieler. McEnroe — ein seltsamer Ire, dem wir alles recht zu machen versuchten — kam zur ersten Leseprobe. Aber er schien uns nicht zu mögen und zog sein Stück ganz plötzlich zurück. Wir waren wie vom Donner gerührt.

Nachdem *Mulligan's Snug* abgesetzt worden war, wollten die verärgerten Schauspieler mit mir sprechen. Sie verkündeten, sie würden gehen, und zwar auf der Stelle, wenn ich nicht ihren Forderungen nach mehr Mitsprache bei der Wahl der Stücke und der Besetzung nachkommen würde. Ich war empört über ihre heimlichen Absprachen und ließ mich nicht erpressen. Dieser Bruch schmerzte mich tief — es waren Schauspieler vom harten Kern dabei, mit denen ich das Theater aufgebaut hatte. Doch ich beschloß weiterzumachen, ermutigt von getreuen Anhängern wie Sydney, Bill Schallert, Naomi Stevens und Bob Burns. Ich wußte, daß Charlie meine Haltung billigte; auch er hätte sich niemals einer Erpressung gebeugt.

Oona und Charlie luden mich zum Essen ein. Ich war froh, die Probleme mit dem Theater einmal vergessen zu können. Als ich ankam, war Charlie schon dabei, auf dem Holzkohlengrill im Garten Steaks zu braten. Niemand konnte besser Steaks grillen als er — außen knusprig, innen noch zart, einfach große Klasse. Mir läuft noch heute schon allein beim Gedanken daran das Wasser im Munde zusammen. Der Butler kam und brachte die Getränke, darunter eine Flasche Pernod, den Oona und Charlie so gerne tranken. Ich hatte noch nie davon gehört; ich trank wenig — ein halbes Gläschen Wein — und war schon hinüber. Doch Oona und Charlie bestanden darauf, daß ich ihn probieren müßte. Ich dachte, es sei an der Zeit, gefährlich zu leben.

Ich nahm einen Schluck von der grünlichen Flüssigkeit und schaute beide an. »Es schmeckt wie Lakritzwasser«, sagte ich. »Warum trinkt man das Zeug, wenn's keine Wirkung hat?« Dann stieß ich einen Schrei aus. »Meine Beine! Sie sind taub, ich fühle nichts mehr!« Ich betastete meine Zunge. »Fühlt sich an, als hätte ich Novokain genommen!« Ich war völlig blau. Charlie und Oona schüttelten sich vor Lachen.

Die Splittergruppe kündigte an, sie würde in Kürze ihr eigenes Arena-Theater eröffnen. Und ich war wild entschlossen, das nächste Jahr, 1950, zum erfolgreichsten für das Circle zu machen. Die Jagd nach einem Superhit begann!

Unser Werbeagent George Boroff stellte mich Aben Kandel, einem Hollywood-Drehbuchautor und Romanschriftsteller, Autor von *City for Conquest* (verfilmt mit James Cagney), vor. Er hatte ein Stück mit dem Titel *Kitty Doone,* die Geschichte eines verblühenden Stars, geschrieben, der ein Comeback als jugendliche Heldin versucht. Ich liebte Abens Witz: Er erzählte mir viele Geschichten aus Hollywood, etwa wie der Kinderstar Shirley Temple die Century Fox zur Verzweiflung brachte, als sie in die Pubertät kam; oder wie man Doubles aufbaute, um alternde oder lästige Schauspieler zu ersetzen. Das war der Stoff zu *Kitty Doone.* Das Stück war sowohl komisch als auch kämpferisch. Ich nahm es sofort in den Spielplan auf: wir brauchten dringend etwas Neues, nichts Aufgewärmtes.

Unsere Kitty war Eleanor Reeves (die Frau des TV-Stars George Reeves); sie besaß die richtige Ausstrahlung und Härte. Und als den hübschen Naturburschen, in den Kitty sich verliebt, besetzten wir Allan Nixon, der mit der Schauspielerin Marie Wilson verheiratet war.

Ich erinnere mich noch genau an die Premiere. Die Generalprobe am Vorabend war glänzend verlaufen, jetzt aber kam kein Schwung ins Spiel, das Tempo wurde immer langsamer, die Darsteller schienen Blei in den Zungen zu haben. Meine Stimmung sank — wir brauchten so dringend einen Erfolg. Plötzlich

Oben: *Oona gratuliert Sydney — und Charlie als stolzer Vater — nach einer Vorstellung im Circle.*

Mitte: *Ich vor dem Circle mit der Ankündigung der Weltpremiere von Saroyans* The Son.

Unten: *Unsere nächste Aufführung war* The School for Scandal *mit Marie Wilson. Ein Kassenschlager!*

wurde mir schlecht. Ich wollte raus, versuchte aufzustehen, doch meine Beine gehorchten mir nicht mehr. Ich wandte mich an Charlie, der neben mir saß, und flüsterte hysterisch: »Meine Beine sind wie gelähmt. Ich fühle sie nicht mehr!« »Beruhige dich«, flüsterte er zurück. »Es sind nur deine Nerven.« Und so war es auch. Kaum war das Spiel in Gang gekommen, war alles wieder gut. Doch in diesem kurzen Augenblick war ich wirklich wie gelähmt. Ich glaube, daß die Szene in *Limelight,* in der die Ballettänzerin Calvero zuruft: »Meine Beine! Ich hab kein Gefühl mehr darin! Sie sind gelähmt!« von diesem Zwischenfall am Circle inspiriert wurde.

Charlies Antennen waren immer weit ausgefahren, um das Leben um ihn herum einzufangen. Als ich in späteren Jahren mit ihm arbeitete, sah ich, wie viele Anregungen er aus seiner Umgebung aufnahm. Ich glaube sogar, daß unser Circle ihn auf den Gedanken gebracht hat, einen Film über den Zauber des Theaters zu machen. Sich unter den Schauspielern zu bewegen, muß seine Liebe zur Bühne neu entfacht haben. Ich erinnere mich an seinen Rat, als mir Robert Parrish (ein Kinderdarsteller in *City Lights*) einen Job bei seinem ersten Regieauftrag *Cry Danger* anbot. »Bleib erst mal beim Theater«, sagte Charlie. »Das ist das Übel bei so vielen Filmregisseuren — sie kennen ihr Theater nicht. Alles kommt von der Bühne. Lern erst dein Theaterhandwerk, dann wirst du auf der Leinwand erfolgreicher sein.«

Charlie fand *Kitty Doone* faszinierend. Eine Weile trug er sich mit dem Gedanken, die Filmrechte für Paulette Goddard zu erwerben. Die beiden waren zwar seit 1942 geschieden, doch er hatte ihr versprochen, noch einen Film mit ihr zu drehen. *Kitty Doone* schien ihm ein idealer Stoff.

Während ich nach dem nächsten Hit fürs Circle suchte, war Charlie weiter auf der Jagd nach einer Schauspielerin mit dem gewissen Etwas für die Hauptrolle in *Limelight.* Anfang 1950, bei einem Besuch in New York sah er im Foyer der Radio City Music Hall das Foto einer der jungen »Rockettes«. Charlie blieb wie angewurzelt davor stehen und rief aufgeregt: »Das ist sie!« Arthur Kelly, der Vizepräsident von United Artists, fand heraus, wer sie war, und arrangierte ein Treffen. Charlies Gesicht wurde lang und länger, als sie sich ihm in einem schauderhaften Brooklyn-Akzent vorstellte. Ihre ganze asketische Schönheit schien sich in Luft aufzulösen.

Charlie, Oona und Constance besuchten eine Broadway-Aufführung, um Katharine Hepburn in *Wie es euch gefällt* zu sehen. Zur Besetzung gehörte eine junge Schauspielerin, Cloris Leachman. Charlie war von ihr beeindruckt; vielleicht war sie das Mädchen, das er suchte. Hinter der Bühne wurden Oona und Charlie Katharine Hepburns Mutter vorgestellt — einer eifrigen Verfechterin der Geburtenkontrolle. Constance wies auf Oona und sagte stolz: »Ist es nicht herrlich? Dieses junge Ding ist Mutter von drei Kindern!« »Wieso herrlich?« fragte Mrs. Hepburn. »Herrlich wäre es, keine zu haben.«

Nach *Kitty Doone* brachten wir ein neues Stück von William Saroyan heraus, *The Son of a Bitch* (dt. etwa Der Hurensohn). Nur Saroyan konnte damals einen solchen Titel wählen. Die Zeitungen weigerten sich, ihn zu drucken, und so änderten wir ihn in *The S.O.B.* Auch das wurde nicht akzeptiert. Also hieß das Stück schließlich *The Son.* Es war nur ein zweitklassiger Saroyan, aber wir spielten ihn mit Flair und gutem Erfolg.

Bei den Proben sang Saroyans Vetter Ross Bagdasarian ein Lied, das die beiden geschrieben hatten: »Come-on-a-my House.« Begeistert nahm ich sowohl Ross als auch den Song in unsere Inszenierung auf. Charlie war so davon hingerissen, daß er das Lied, wo er ging und stand, vor sich hinträllerte, obwohl er sich nur die erste Zeile merken konnte: »Come-on-a-my House, I'm gonna buy you candy...« Ich ließ den Song Al Youngman, einem befreundeten Musikverleger, vorspielen und hoffte, er würde etwas dafür tun. »Jerry«, sagte er, »ich find's nicht besonders, aber weil du's bist, will ich es rausbringen. 50 Prozent vom Gewinn soll das Circle bekommen.« Das Lied kam heraus, doch nichts passierte. Ich fragte Al, was mit dem Lied los sei. »Niemand will es«, erklärte er. »Es schlummert sanft in den Regalen.«

Ein Jahr später wurde »Come-on-a-my House« zum Hit Nummer eins in Amerika. Ich rief Al an: »Überall wird unser Lied gespielt. Es ist ein großer Hit!« »Weißt du«, antwortete er, »wir verlieren Geld mit diesem Song.« »Wenn ihr Geld mit einem Hit verliert, womit macht ihr dann welches?« fragte ich. Wir bekamen natürlich keinen Cent zu sehen. Ein Jahr später besaß er die Frechheit, mich zu fragen, ob er die Rechte an Charlies *Limelight*-Musik haben könnte. »Na, Al«, meinte ich, »verliert ihr immer noch Geld mit unserem Song?«

Damit war seine Frage beantwortet.

»Come-on-a-my House« machte Rosemary Clooney über Nacht zum Star. So hatten wir wenigstens die Genugtuung, daß auf allen Schallplatten stand: »Aus der Circle-Aufführung *The Son.*«

Das Theater der Abtrünnigen hatte eben seine Tore geöffnet. Es lag, wie sich herausstellte, gleich an der nächsten Straßenecke und war natürlich eine direkte Konkurrenz für uns. Wo war unser Superhit?

Während wir *Kitty Doone* spielten, bat mich Marie Wilson, eines jener typischen Hollywood-Blondchen-Starlets, ihr eine Rolle im Circle zu geben. Marie stand bei Warner Brothers unter Vertrag und hatte mit James Cagney und Pat O'Brien in *Boy Meets Girl* gespielt. Der Typ, den sie verkörperte, paßte nicht so recht in unser Theater. Aber Marie war hartnäckig. Sie hockte vor dem Theater auf dem Bordstein, um auf mich zu warten. Mit ihrer weißen Angoramütze, die ihren Blondschopf völlig verdeckte, sah sie aus wie ein obdachloses Kind.

Ich gab schließlich nach und versprach ihr eine Rolle, sobald ich ein passendes Stück gefunden hätte. Ich ging in die Los Angeles Bibliothek (meinen bevorzugten Leseort) und stöberte in ihrer Theater-Literatur. Dabei stieß ich zufällig auf Richard Brinsley Sheridans Restaurationskomödie *The School for Scandal.* Als ich die Rolle der Lady Teazle las, des kleinen Mädchens vom Lande, das in die Stadt kommt und die Londoner Gesellschaft erobert, da wußte ich: Das ist es!

Die Kritiker schrieben, es sei *die* Sensation des Jahres. Robert Balzer meinte in seiner Kolumne: »Der Geist von Garrick verneigt sich vor Jerry Epstein vom Circle Theatre für die großartige Besetzung der Lady Teazle durch Miss Wilson. Kein Geringerer als Charles Coburn hat seine Genugtuung darüber geäußert, daß endlich einmal eine Schauspielerin gefunden worden sei, die jene frische und jugendliche Naivität in diese Rolle eingebracht hätte, die bei den Damen höheren Ansehens stets gefehlt hat.« Das *Life*-Magazin brachte eine Story über Marie und das Circle. Wir hätten jeden Abend tausend Plätze füllen können. Es war unmöglich, Karten zu bekommen.

Während der Laufzeit erschien Marie stets gegen vier Uhr nachmittags im Theater. Ihre erste Tat war es, auf Händen und Füßen kriechend, unsere Toiletten zu schrubben. Dann legte sie ihr Make-up auf. Ich kam oft in ihre Garderobe und schaute ihr dabei zu. Zunächst sah sie weiter wie ein kleines Waisenkind aus — von Glamour Girl keine Spur. Doch dann fand die erstaunlichste Metamorphose statt, die man sich denken kann, besser als jeder spielbergsche Spezialeffekt. Erst puderte sie Gesicht und Hals. Dann trug sie überall Rouge auf, danach wieder eine Schicht weißen Puder, bis alles zu einem pfirsich- und crèmefarbenen Teint verschmolz.

Jetzt kam ihr prächtiges Dekolleté dran, das sie mit ähnlicher Hingabe puderte. Nachdem sie ihre blonde Perücke aufgesetzt und sich in ihr Kleid gezwängt hatte (es war speziell entworfen, um ihre Vorzüge zu betonen) war sie die verführerischste Schönheit auf Erden. Wenn Marie ihren ersten Auftritt hatte oder sich vorbeugte, was häufig geschah, stockte den Zuschauern der Atem.

Charlie kam zu den Proben, war entzückt und erklärte ihr, er hätte gern die Rolle des Blumenmädchens in *Monsieur Verdoux* mit ihr besetzt, diesen Part aber als zu klein für sie

Gegenüber: *Dieses Foto von Marie Wilson in* The School for Scandal *erschien im Juni 1950 im* Life-*Magazin. Ich hatte immer geglaubt, das Publikum wäre wegen Sheridan gekommen; doch ich wurde eines Besseren belehrt.*

Rechts: *Anna Neagle nach einer Vorstellung im Circle. Zu ihrer Linken ihr Ehemann, der Filmproduzent Herbert Wilcox, daneben Elsa Schallert (die Mutter von Bill).*

erachtet. »Oh, wie gern hätte ich sie gespielt!« rief sie enttäuscht.

Dann sah Charlie die Szene, in der Marie als Lady Teazle mit Lady Sneerwell und den anderen Karten spielt. Hinter ihr steht Crabtree als Zuschauer, von Charlies Halbbruder Wheeler Dryden dargestellt. Wheeler, der Sohn von Hannah und einem bekannten Music-Hall-Künstler, Leo Dryden, hatte eines Tages vor Charlies Tür gestanden und erklärt: »Sie können nicht wissen, wer ich bin, aber ich bin Ihr Bruder.« Charlie, der viel Familiensinn besaß, besorgte ihm einen Job.

Bei einer der Proben fiel Charlie ein Gag ein: Er ließ Wheeler über Maries Schulter blicken. Als sie es bemerkte, mußte sie ihre Karten schnell ans Dekolleté drücken. Charlie frischte Sheridan etwas auf und ließ Wheeler sagen: »Meine Liebe, ich habe nicht in Ihre Karten geschaut!« Das Publikum lachte Tränen.

Marie hatte Schwierigkeiten, ihren Text zu behalten. Bei ihren Filmen hatte sie sich täglich nur etwa drei Minuten Text einprägen müssen. Im Circle gab es keine Souffleuse — wo hätten wir sie auch verstecken sollen? Eines Abends, in der berühmten Szene, in der Lady Teazle von ihrem Ehemann im Hause eines anderen entdeckt wird und ihn in einer langen Rede um Verzeihung bitten will, begann Marie: »Hört mich an, Sir Peter!« Erwartungsvolles Schweigen. »Hört mich an, Sir Peter ... Oh, Jerry!« rief sie dann, als sie mich im Zuschauerraum erblickte, »ich habe meinen Text vergessen! Kannst du mir das je verzeihen?« Dann wandte sie sich an die Zuschauer und bat *sie* um Verzeihung. Das Publikum hatte sie längst ins Herz geschlossen und applaudierte — sie konnte sich einfach alles erlauben. Bill Schallert, der ihren Gatten spielte, gab ihr das Stichwort, und es ging weiter.

Englische Schauspieler kamen in Scharen, um *The School for Scandal* zu sehen. Charles Laughton, ein regelmäßiger Besucher, lud die Darsteller manchmal zum Essen ins Gotham, ein Restaurant am Hollywood Boulevard, ein. Am Kopfende des Tisches sitzend, rief er: »Los, ihr Huren, aufessen!« Dann trug er Monologe aus Shakespeare vor. Anna Neagle erschien nach einem anstrengenden Drehtag mit ihrem Mann, Herbert Wilcox. »Als ich kam, war ich völlig k.o.«, sagte sie später, »jetzt aber könnte ich Bäume ausreißen!«

Auch David Niven und Robert Coote waren häufige Besucher. Niven war es unbegreiflich, daß wir unsere Stücke auf so engem Raum spielen konnten und daß uns die Nähe des Publikums nicht irritierte. Diese Situation schien Alfred Hitchcock wiederum nicht im geringsten zu stören; er kam mit Sidney Bernstein (jetzt Lord Bernstein, der Granada Television ins Leben rief), saß in der ersten Reihe und wohnte der Aufführung mit geschlossenen Augen bei. Später sagte ich zu Sidney, ich fände es etwas peinlich, daß Hitchcock eingeschlafen sei, besonders, da ihn doch jeder kenne. Nachdem Sidney das weitergegeben hatte, ließ Hitchcock ausrichten: »Ich habe nicht geschlafen. Ich sehe durch meine Augenlider!« Schlagfertig muß man sein.

Während der Spielzeit von *The School for Scandal* bat mich Brooks Atkinson von der *New York Times,* ob ich für ihn ein Treffen mit Chaplin arrangieren könnte. Ich rief Charlie an,

und er schlug vor, am folgenden Abend mit Atkinson auf einen Drink bei ihm vorbeizuschauen. Charlie hatte häufig Probleme mit Namen; er nannte Brooks Atkinson fortwährend »Dean« und diskutierte über Politik. Er hatte ihn ganz offenbar mit Dean Acheson, dem amerikanischen Außenminister, verwechselt.

Shelley Winters bat mich in jener Zeit, ein Stück bei uns inszenieren zu dürfen. Ich brachte sie im New Theatre, gleich neben dem Circle, unter. Sie war eine Method-Schauspielerin, und der Lärm, der durch die Wände drang, war phänomenal. Kraftausdrücke hatten Einzug ins Circle gehalten!

The School for Scandal hätte ewig weiterlaufen können, wären da nicht unsere Abonnenten gewesen. Jetzt, da wir endlich in Schwung gekommen waren, brauchte ich etwas Gleichwertiges. Doch gute Stücke waren schwer zu finden. Ich zog Barries *The Admirable Crichton* in Betracht, doch Constance riet mir davon ab — »Das ist nicht Barries Bestes« — und schlug statt dessen *What Every Woman Knows* vor. Ich las es und teilte Constances Begeisterung. Es ist die Geschichte eines verarmten schottischen Gelehrten, der dank der Hilfe seiner einfachen, aber couragierten Frau Parlamentsmitglied wird. Charlie versprach seine Hilfe bei der Regie.

Die Rolle des jungen Schotten John Shand war Sydney wie auf den Leib geschrieben. Als die MGM (nachdem sie ihn im Circle gesehen hatten) Syd einen Vertrag anbot, drängte Charlie ihn, abzuwarten, bis er *Limelight* fertiggestellt hatte.

Schwieriger war es, Maggie, unsere Protagonistin, zu besetzen. Niemand aus dem Circle kam für die Rolle in Frage. Dann schlug Oona Ruth Conte, Richard Contes Frau, vor. Sie war zierlich und umwerfend charmant. Ich fragte, ob sie Schauspielerin sei; ja, das war sie, Bühnendarstellerin aus New York. Sie sprach vor, und wir hatten unsere Maggie gefunden.

Nominell war Bill Schallert der Regisseur. Er »richtete« das Stück »aus«. Dann kam Charlie zu den Proben, und man kann sagen, er übertraf sich selbst. Sein Trick war, keine Gefühlsduselei im Spiel aufkommen zu lassen. Barrie neigte ein wenig

Gegenüber: *Die Kartenspiel-Szene in* The School for Scandal. *Hinter Marie Wilson steht Wheeler Dryden, Charlies Halbbruder, dem Charlie den Lacher in den Mund legte: »Meine Liebe, ich habe nicht in Ihre Karten geschaut.« Links neben ihr sitzt Naomi Stevens als Lady Sneerwell, ihr gegenüber Janet Brandt als Mrs. Candour.*

Rechts: *Auf der Straße während einer Pause. Offenbar unbeeindruckt von meiner verrückten Krawatte, diskutieren David Niven und Robert Coote mit Terry Kilburn und mir über das Circle.*

zum Sentimentalen, und Charlie war sich klar, daß man dagegen anspielen mußte. Sobald der Text sachlich gesprochen wurde, bekam das Stück eine ganz andere Dimension. Er milderte auch den schwerfälligen schottischen Akzent, den die Darsteller krampfhaft nachzumachen versuchten. »Andeuten genügt. Die Leute müssen verstehen, was ihr sagt, und sie sind zumeist waschechte Kalifornier!«

Während Charlie sich im großen Zuschauerraum an die Arbeit machte, probte Shelley Winters nebenan bereits im dritten Monat Robert Ardreys *Thunder Rock*. Anthony Quinn griff ihr dabei unter die Arme. Da gab es was zu hören! Wir verrammelten unsere Türen und wandten uns wieder unserem zarter besaiteten Barrie zu.

Unter den Zuschauern bei unseren Proben war auch Lillian Ross, Schriftstellerin und Journalistin. Sie war von Charlies Regie so begeistert wie wir selbst und schrieb ihre Eindrücke nieder; sie wurden 1978 in *The New Yorker* veröffentlicht:

Laßt das Schauspielern … Gebt dem Publikum das Gefühl, durch ein Schlüsselloch zu schauen …

Chaplin hing lässig in seinem Sessel, kaute an seinem Daumennagel und schaute ruhig zu … Bis Sydney Chaplin in der Rolle des ehrgeizigen jungen Mannes, der in das Haus der Familie eindringt, um ihre Bücher zu studieren, seinen Auftritt hat … Chaplin sprang hoch, zerrte seinen Sohn aus dem Sessel und spielte ihm vor, wie es sich ein Eindringling in einem fremden Haus bequem macht … »Bring Dramatik da rein, Sydney«, sagte Chaplin und kehrte zu seinem Platz zurück. »Das ist eine komische Situation. Also spiel sie auch komisch.«

Chaplin kauerte sich wieder in seinen Sessel. Kurz darauf sprang er erneut hoch. »Um Himmels willen, Sydney … Du liegst völlig falsch im Ton. Du bist nicht frech … Du bist empört. Sie denken, du bist ein Einbrecher; du bist aber keiner, verdammt noch mal, du bist ein Student!«

Kurz darauf brach er in Lachen aus. »Jetzt kommt endlich die Komik raus«, sagte er, als Sydney seinen Text entrüstet gesprochen hatte … »Entzückend«, fuhr er fort. »Dieser Humor, einfach herrlich.« Er seufzte zufrieden.

Wieder einmal war Constance dabei und ließ jeden wissen, daß sie mit Charlies Interpretation ganz und gar nicht einverstanden sei. Er flüsterte mir verärgert zu: »Ich will sie nicht hier haben.« Diesmal ging sie freiwillig. An der Tür aber keifte sie noch einmal: »Charlie, *du hast das Stück nicht gelesen!*«

Die Auseinandersetzung spitzte sich zu, als es um Ruth Contes Rolle ging. Laut Ruth nahm Charlie sie beiseite und

Nach einer Vorstellung im Circle, Paul Henreid am Klavier, um Kathleen, Sydney und mich zu unterhalten. Henreid hatte immer eine Zigarette im Mund. Und ich muß diese Krawatte wirklich geliebt haben!

sagte: »Falls Constance versucht, Ihnen Anweisungen zu geben, dann hören Sie einfach nicht hin!« Wenig später wurde Ruth von Constance zum Tee eingeladen. Ruth hoffte, es würde sich nur um ein gemütliches Plauderstündchen handeln, und nahm die Einladung an. Natürlich hatte Constance nichts anderes im Sinn, als ihr klarzumachen, wie sie ihre Rolle spielen sollte. Charlie war wütend, als er davon erfuhr, und befahl Ruth, alles zu vergessen, was Constance ihr gesagt hatte.

Bob Sherman, der einen der Söhne der Familie spielte, erinnert sich zärtlich: »Charlie teilte einem stets unter Einsatz seines ganzen Körpers mit, was er von einem wollte. Es war gleichsam Osmose. Wenn er einem das Stichwort gab, kümmerte er sich nie um den exakten Text; er sagte: ›Und so und so und so und so‹, und konzentrierte sich auf die ›Choreographie‹ und den Gefühlsausdruck. Aber Charlies ›So und sos‹ waren mehr wert als stundenlange detaillierte Anweisungen eines anderen Regisseurs.«

Ruth ging wunderbar auf Charlies Stil ein, und er war mehr und mehr mit ihrer Leistung zufrieden. Er konnte es immer kaum bis zu den Proben am nächsten Tag abwarten. »Er hat eigentlich nie in Worten ausgedrückt, was er wollte«, sagte mir Ruth kürzlich. »Er artikulierte nur technische Dinge, Gesten und Bewegungen. Man mußte sich in ihn hineinversetzen und intuitiv erfühlen, was er meinte.«

Zwei unserer Stammgäste, Edward G. Robinson und Sam Jaffe.

In unserer letzten Inszenierung, James Barries What Every Woman Knows, *übertraf Charlie sich selbst. Es wurde unsere beste Inszenierung überhaupt. Noch heute treffe ich Menschen, die davon sprechen.*

Oben: *Im Vordergrund Ruth Conte als Maggie; hinter ihr Sydney Chaplin als John Shand; und rechts Bill Schallert als ihr älterer Bruder.*

Oben links: *Bill Schallert und Bob Sherman verhandeln mit Sydney Chaplin über das Schicksal ihrer Schwester Maggie.*

Wie bei den vorangegangenen Stücken fand Sydney die Arbeit mit seinem Vater anstrengend, aber lehrreich. »Er erwartete von mir, daß ich blitzschnell in meine Rolle schlüpfte. Den anderen ließ er mehr Zeit. Doch er hat mir ein Gefühl für Tempo und Realismus gegeben; er war ein großartiger Regisseur — besser als alle Broadway-Regisseure, mit denen ich später gearbeitet habe. Er erzählte mir, er hätte sein Handwerk als Junge bei einem alten Schotten mit einem sonderbaren Tick gelernt. Dieser Regisseur hatte die Angewohnheit, sich immer, wenn er aufgeregt war, am Bein zu kratzen, und dann zu sagen: ›Ja, das ist gut!‹ Dann riß er seinen Hut runter und kratzte sich wieder am Bein. Von diesem Schotten mit dem Tick hätte er alles übers Theater gelernt, behauptete mein Vater.«

Für mich war diese Produktion unser größter Triumph. Sie zeigte Charlie und das Circle in Höchstform. Charlie war entzückt; alles war nach seinen Plänen gelaufen. Ganz Hollywood kam: Gene Kelly, Betsy Blair, John Garfield, Eleanor Powell, Rhonda Fleming, Jane Russell, Otto Preminger, Glenn Ford. Das Publikum liebte die Aufführung, und selbst die Kritiker lobten Charlies Interpretation. Patterson Greene schrieb im *Examiner:* »Es ist Salz im Dialog und auch Zucker, und Barries Sentimentalität hat keine Chance, Barries handwerkliches Geschick zu verschleiern.«

Am Eröffnungsabend gab der Produzent Sam Spiegel eine große Party für die Darsteller (seine Frau, Lynn Baggett, spielte die Herzogin). Die Circle-Leute mischten sich erhobenen Hauptes unter die Berühmtheiten, stolz über ihre erfolgreiche Premiere. Nachdem Zero Mostel seinen Gag mit der Kaffeemaschine zum Besten gegeben hatte, fand sich Bob Sherman neben Humphrey Bogart an Spiegels Bar wieder. Bogart warf einen verächtlichen Blick auf die Circle-Spieler und knurrte: »Wer sind denn all diese Kriechtiere?« Das war ein ganz schöner Dämpfer für uns.

Später sah ich Constance und Charlie auf einem Sofa sitzen, und beide klagten darüber, daß sie nachts Schlaftabletten brauchten. Ein weiblicher Oscar-Star (der Name tut hier nichts zur Sache) mischte sich in die Unterhaltung und verkündete: »Also, ich nehme nie Schlaftabletten! Ich brauche nur den Kopf aufs Kissen zu legen, und schon bin ich eingeschlafen.« Constance sah sie an und murmelte leise: »Das kommt daher, meine Liebe, daß Sie selbst ein Schlafmittel sind.«

Eines Abends tauchte die einflußreiche Kolumnistin Hedda Hopper ganz unerwartet bei uns auf. Ein paar Wochen zuvor noch hatte sie Charlie anläßlich einer Benefiz-Vorführung von *The Circus* schwer angegriffen. »Während unsere Jungs in Korea sterben«, hatte sie geschrieben, »scheffelt Chaplin Geld für die kommunistische Opposition!« Das war nichts als ein Haufen Lügen. Jahre später erfuhr ich, daß die Hopper das FBI regelmäßig mit schlimmsten Verleumdungen über Charlies angebliche rote Aktivitäten versorgte und Richard Nixon schriftlich aufforderte, einzugreifen. Nixon schrieb zurück, daß in der Tat endlich etwas gegen diesen Mann unternommen werden müsse.

Nach der Vorstellung nahm mich die Hopper in die Mangel: »Stimmt es, daß Charlie Chaplin seine Finger in der Inszenierung hatte?« fragte sie bissig. Es war wie bei der spanischen Inquisition. Doch über alle Fragen dieser Art ging ich mit einem Lachen hinweg.

Als Charlie sich das Stück einige Wochen später ansah, war er entsetzt, daß sich alle Wehleidigkeit und alle überflüssigen Gesten, die er mit so viel Mühe herausgehalten hatte, wieder eingeschlichen hatten. Doch das Publikum war nach wie vor begeistert.

Die Schlußszene bleibt für immer eine der bewegendsten, die ich je im Theater gesehen habe. Kurz vor dem Fallen des Vorhangs wendet sich Maggie Shand an ihren Mann: »Oh, John, wenn du doch einmal über mich lachen könntest. Lach, John, lach ...« Und John, der endlich erkennt, daß Maggie der Grund für seinen Erfolg ist, geht auf sie zu und versucht zu lachen. Wir unterlegten diese Stelle mit einer wunderbaren Musik von Grieg.

Oona, weiß Gott nicht sentimental, bekam feuchte Augen.

Ach ja, noch was: Shelley Winters' *Thunder Rock* hatte schließlich Premiere — und wurde bald wieder abgesetzt.

Ich hatte schon immer gesagt, daß ich nicht in Los Angeles sterben wollte. Ich war noch in den Zwanzigern und wollte etwas von der Welt sehen. Doch trotz all unserer Erfolge von 1950 war nach dem Bruch im Circle etwas verlorengegangen. Besonders hart hatte es mich getroffen, daß die abtrünnige Gruppe versuchte, unser Theater in den Ruin zu treiben. Sie hatte bei der Gewerkschaft Klage gegen die Circle-Leitung eingereicht — also gegen Sydney, Bill und mich. Wir müßten die Gagen unserer Schauspieler erhöhen, hieß es. Es war jetzt also unmöglich, Stücke wie die Saroyans mit vierzig Leuten zu spielen. Wir hatten uns stets ehrlich verhalten und unseren Mitarbeitern aus den Einnahmen gegeben, was eben möglich war. Doch wieviel konnte ein kleines Theater einnehmen? Der beste Platz kostete 3 Dollar, und wir konnten höchstens 150 Leute unterbringen. Und dann die Ausgaben für Miete, Strom, Werbung, Kostüme, Requisiten und Tantiemen. Nach dem Eingreifen der Gewerkschaft war uns klar, daß wir alles neu überdenken mußten.

Ich verlor allen Mut und wollte Los Angeles verlassen.

Nach der Eröffnung von What Every Woman Knows *gab Sam Spiegel eine Party in seinem Haus. Viele Stars waren gekommen: Oona und Charlie, Humphrey Bogart, Lauren Bacall, John Garfield.*

Oben: *Spiegel mit seiner Frau Lynn Baggett und Zero Mostel.*

Rechts: *Selbst auf der Party kann ich es nicht lassen, mit Constance über das Stück zu diskutieren. Nach meinen Kursen in »gutem Benehmen« trage ich jetzt Brooks-Brothers-Anzüge und etwas unauffälligere Krawatten.*

Charlie hatte mir zwar einen Job in *Limelight* versprochen, doch das Drehbuch war noch nicht fertig. Ich wußte nicht, wann die Produktion beginnen würde und ob er mich wirklich haben wollte. Alles war so unsicher. Und ich war müde und kaputt.

Nach einer Ruhepause beschloß ich, nach New York zu gehen und ein neues Circle zu gründen, das erste Arena-Theater in der Stadt. Ich ließ alles im Stich, was ich in Los Angeles erreicht hatte, doch es mußte sein. Ich hatte das Gefühl zu ersticken. Vor meiner Abreise rief mich Constance an. »Mit der Garderobe, die du hast, kannst du unmöglich nach New York gehen — du wirst glattweg erfrieren! Du brauchst unbedingt einen warmen Wintermantel. Ich spreche mal mit Huntington Hartford, und dann kaufen wir beide einen.«

So geschah es dann, Gott segne sie. Constance, Phyllis und ich gingen zu Magnum's am Wilshire Boulevard, und sie kauften mir einen herrlichen schwarzen Kaschmirmantel für 100 Dollar — eine gewaltige Summe in jenen Tagen. Die Rechnung schickte Constance an Hunt. Ich war ganz gerührt von ihrer Großzügigkeit und Fürsorglichkeit. Und bin es noch heute.

Wie Charlie über mein Fortgehen dachte, weiß ich nicht. Er war völlig in seine Arbeit an *Limelight* vertieft, alles andere schien ihn kaum zu tangieren. Doch er wünschte mir viel Glück und wollte mir über Sydney 1000 Dollar zukommen lassen.

Im nachhinein denke ich, ich hätte am Circle festhalten sollen. Ich hätte das Gebäude zeitweilig vermieten, es später wieder übernehmen und noch viele Stücke herausbringen können. Ich bedaure noch immer, nie Tschechow, meinen Lieblingsdramatiker, inszeniert zu haben. Aber stolz bin ich darauf, daß wir immer finanziell unabhängig waren und daß viele junge Schauspieler unseres Notbehelf-Theaters im North El Centro Karriere gemacht haben. Der Einfluß des Circle ging weit über Los Angeles hinaus bis hin zum Mark Taper Theater und dem Circle-in-the-Square in New York. Und es bedeutete Charlie und Oona sehr viel. Und jetzt gab ich alles auf, was ich erreicht hatte — um mein Glück in New York zu versuchen.

RAMPEN 4 LICHT

New York war eisig kalt, als ich ankam. Ich zog in ein Zimmerchen von 2×2 Quadratmetern mit einer nackten Glühbirne an der Decke. Das Haus beherbergte Arbeitsscheue, Trinker und schreiende Kinder, und mein Zimmer besaß keine Heizung. Zum Schlafen wickelte ich mich in meinen neuen Kaschmirmantel. Was für ein Gegensatz zu Los Angeles!

Ganz in der Nähe wohnte Marilyn Clark, das Mädchen, das mich urspünglich zum UCLA-Theater gebracht hatte. Sie war jetzt mit einem Theateragenten, Danny Hollywood (ja, er hieß tatsächlich so) verheiratet, der schließlich mit George Axelrod und *Das verflixte siebente Jahr* das große Los zog. Die beiden lebten in einem riesigen Einzimmer-Apartment an der West 74th Street. Es wurde für mich Heimatlosen vorübergehend zur Heimat. Wenn es in meinem Zimmer zu kalt war, schlief ich auf ihrem Sofa. Ihr Apartment war ein Treffpunkt für alte und neue Gesichter: Naomi Riordan vom Circle, Cloris Leachman und ihr zukünftiger Ehemann George Englund (später Brandos Regisseur in *Der häßliche Amerikaner*). Um uns bei Laune zu erhalten, spielten wir jeden Abend Monopoly.

Marilyn und Danny waren unglaublich nett zu mir und hörten sich geduldig meine Träume von einem Arena-Theater in Greenwich Village an. Ich beschloß, eine Aufführung von *The Adding Machine* herauszubringen, um Geldgeber zu finden. Wir probten abends in Marilyns Apartment. Mit Dannys Hilfe mieteten wir für einen Abend den Ballsaal im Hotel Pennsylvania. Wir stellten Stühle im Halbkreis auf, zimmerten unsere Bühne und rührten die Werbetrommel.

Joe Mantell übernahm wieder die Rolle des Mr. Zero. Marilyn Clark wurde unsere bisher beste Daisy, und Sheldon Harnick, der später als Textdichter von *Anatevka* berühmt werden sollte, trat in der Gesellschaftsszene auf. Die Leute waren angetan, doch eine einzige Aufführung reichte nicht aus, um das notwendige Geld aufzutreiben. Man war zwar fasziniert von der Idee eines Arena-Theaters, doch niemand glaubte, ein solches Projekt ließe sich in New York verwirklichen. Zudem hatten die »Easterners« eine angeborene Abneigung gegen alles, was von der West Coast kam.

Mein Geldbeutel wurde immer schmaler. Wie lange kann man von Hot Dogs leben?

Sydney sollte mir die 1000 Dollar von seinem Vater überweisen. Ich rief ihn mehrmals im Beverly Hills Tennis Club an, dummerweise aber war er damals selbst in Geldnöten, und so mußte ich mich in Geduld üben. Ich brauchte dringend einen Job und arbeitete eine Weile als Nachtportier in einem obskuren Hotel an der 8th Avenue, in dem vorwiegend Zuhälter und Damen des horizontalen Gewerbes abstiegen. Die Wochenenden verbrachte ich bei meinen Verwandten in Brooklyn. Sie waren meine Rettung. Tante Rose, Onkel Harry und meine beiden Vettern Irving und Lennie nahmen mich herzlich auf, und ich konnte mich wieder einmal richtig satt essen. Es geht doch nichts über die Familie.

Die Andrews Sisters eröffneten eine neue Show im Roxy Theater. Sie waren hilfsbereit wie eh und je, und für die folgenden zwei Wochen fand der Heimatlose wieder ein neues Heim. Patti war inzwischen mit Wally Weschler verheiratet, LaVerne mit ihrem Trompeter. Maxene hatte sich von Lou Levy scheiden lassen.

Constance und Phyllis waren auch in New York. Sie bewohnten ein kleines, aber nettes Apartment an der 57th Street, gegenüber der Carnegie Hall. Jedesmal, wenn ich sie besuchte, sagte Constance: »Du hast Greta Garbo um fünf Minuten verpaßt!« Ich verpaßte Greta Garbo immer um fünf Minuten — auch wenn ich fünf Minuten zu früh kam.

Katharine Hepburn sollte John Huston und das *African Queen*-Team in London treffen. Constance und Phyllis begleiteten sie, und ich kam mit auf ihr Schiff, um ihnen Lebewohl zu sagen. Constance hatte ziemlichen Bammel vor der Überfahrt. »Diese Frau hat so viel Energie«, seufzte sie. »Sicher muß ich jeden Morgen mit ihr Runden auf Deck drehen!« Dann kam die Hepburn an Bord gestürmt. Sogleich schloß Constance sie in ihre Arme und sprudelte vor Begeisterung. »Oh, Kate, wird es nicht *herrlich* sein, wenn wir beide jeden Morgen auf Deck unsere Runden drehen!« Ich sah Phyllis' Gesicht immer länger werden; sie schien ihre Begeisterung nicht zu teilen.

Vor ihrer Abreise hatte Constance Lawrence Langner von der Theatre Guild für mich angerufen. Er hatte vor zwei Jahren eine Aufführung im Circle gesehen. Ich besuchte ihn in seinem Büro und erzählte ihm von meinen Plänen, ein ähnliches Theater in New York aufzubauen. Langner, ein cleverer Bursche, fand die Idee sehr aufregend. Er stellte mir gleich seinen Sohn Philip vor und meinte, wir beide sollten nach geeigneten Räumlichkeiten suchen; er selbst wollte uns finanziell unterstützen. Ich war überglücklich. Sollte das mein Durchbruch sein? Philip aber schien gar nicht so erpicht darauf, in die Fußstapfen seines Vaters zu treten — Fußstapfen, in die es sich wirklich zu treten lohnte, denn die Theatre Guild war damals die angesehenste Theater-Organisation Amerikas. Philip aber war mehr am Film interessiert.

In Kalifornien legte Charlie eben letzte Hand an das *Limelight*-Skript und arbeitete an den Varieténummern für seine Rolle als Calvero, den alternden Komiker. Vor allem aber suchte er immer noch eine Besetzung für die weibliche Hauptrolle. Er sah sich jede Naive in Los Angeles an, darunter auch Marilyn Monroe. Doch ohne Glück.

Arthur Kelly von United Artists setzte sich mit mir in Verbindung. Charlie fragte, ob ich Schauspielerinnen in New York vorsprechen lassen könnte. So begann auch ich, jede Naive in der Stadt zu testen, u.a. die damals noch unbekannte Anne Bancroft. Ich nahm die besten Mädchen auf Band auf, und zwar mit der »I'm walking«-Szene, in der Terry feststellt, daß sie wieder gehen kann. Oona und Charlie erzählten mir später, daß sie Tränen gelacht hätten, als sie hörten, wie die jungen Schauspielerinnen mit ihrem New Yorker Akzent versuchten, sich englisch zu geben. »Calvero, look!« sagten sie alle, »I'm *warking!* I'm *warking!* ... I'M WARKING, CALVERO!«

Jetzt wurde Chaplin klar, daß er für diese Rolle eine englische Darstellerin brauchte, obwohl er immer behauptet hatte, er arbeite lieber mit Amerikanerinnen — sie seien so viel lässiger. Der Bühnenautor Arthur Laurents hatte Claire Bloom in London in Christopher Frys *Ring Around the Moon* gesehen und schlug sie Charlie vor. Sie sollte Fotos schicken, tat es aber nicht; sie konnte sich einfach nicht vorstellen, daß

Leo Koupers Bild: »Charles Chaplin dans Limelight«.

Chaplin an ihr interessiert sein könnte. Nach einem Telegramm von ihm wurden sie freilich schnell losgeschickt.

Claire meinte, er sei nur deshalb an ihr interessiert, weil sie Oona ähnlich sähe. Ich kann eine solche Ähnlichkeit nicht feststellen — außer daß beide jung und dunkelhaarig waren. Außerdem hätte sich Charlie aus diesem Grund wohl nie für eine Schauspielerin entschieden. Er wollte einfach nur die beste Darstellerin für die Rolle. Er bewunderte Naive wie Deanna Durbin und Priscilla Lane; sie waren der Typ Schauspielerin — mit dem gewissen Glanz und Zwinkern in den Augen —, für den er sich begeisterte. Er vertrat immer die Ansicht, daß Persönlichkeit einen guten Schauspieler ausmache. Für die Rolle von Terry aber, so sagte er immer wieder, brauche er eine junge Duse.

Claire sollte zu Probeaufnahmen nach New York kommen, und Charlie bat mich, ihm zu assistieren. Er selbst traf begierig und erregt ein, das Drehbuch in den Händen. *Limelight*, sein jüngstes Kind, war im Begriff, geboren zu werden!

Er nahm mich sofort mit auf einen scheinbar endlosen Fußmarsch durch Manhattan — 5th Avenue, Broadway, 14th Street, Greenwich Village, East Side, Battery — und schwelgte unentwegt in Erinnerungen. Es war ein Sonntag in New York. Charlie war unermüdlich und schien nie Hunger zu haben. Mir knurrte schon seit Stunden der Magen. Er sprach davon, daß wir am Abend groß essen gehen würden, und ich konnte an nichts anderes mehr denken. Es wurde Abend: Charlie war immer noch nicht hungrig. Schließlich bemerkte er, daß alle Farbe aus meinem Gesicht gewichen war. »Du brauchst eine heiße Suppe!« rief er. Wir gingen ins Luchow's an der 14th Street und bestellten gekochtes Rindfleisch. Charlie schwärmte davon. Doch das große Essen wurde zu einer Enttäuschung. Charlie hatte nie das gekochte Rindfleisch meiner Mutter probiert.

Bei unserem Gang durch die Stadt wurde Charlie von niemandem erkannt — ganz anders als bei seinem ersten Besuch nach seinem Hollywood-Erfolg, als der ganze Verkehr auf dem Broadway zusammenbrach. Nach dem Essen bummelten wir über den Times Square. Charlie mischte sich gern unter die Volksmenge, um die Leute zu beobachten (später versuchte er, dieses Gefühl in *A King in New York* einzufangen). In der 57th Street begegneten wir Ava Gardner und Frank Sinatra, die gerade im New York Paramount auf der Bühne standen. Auch sie schien niemand zu erkennen.

Am nächsten Abend lud mich Charlie ins Le Pavillon ein, damals das exklusivste französische Restaurant in New York. Joan Crawford saß am besten Tisch und beäugte jeden Neuankömmling. Ein merkwürdiges Leben, das ich da führte — tagsüber die Arbeit mit Charlie, abends die feudalen Restaurants und nachts mein kaltes Loch mit der nackten Glühbirne an der Decke. Charlie erzählte mir von den *Ziegfeld Follies* und ihrer tristen Existenz: Wenn die Show vorbei war, kehrten diese federn- und paillettengeschmückten Glamour Girls in ihre ärmlichen, unbeheizten Zimmer zurück. Mir erging es ganz ähnlich.

Claire — damals erst neunzehn — traf am nächsten Tag in Begleitung ihrer Mutter in New York ein. Charlie wußte, was sich gehörte, und holte sie vom Flughafen ab. Auf dem Weg zu seinem Hotel, dem Sherry Netherlands, erzählte er ihnen die Handlung von *Limelight* und die Atmosphäre, die er einfangen wollte, und hörte sich fasziniert an, was Claire über den Wandel seines London erzählte.

Er überreichte Claire eine Kopie seines Skripts und markierte zwei Szenen, die sie einstudieren sollte. Das Buch mußte mir jeden Abend zurückgegeben werden, denn Charlie war stets in Angst, daß andere ihm seine Ideen stehlen könnten.

Am nächsten Tag begannen die Proben in Charlies Suite. Wir fingen mit der Szene an, in der Calvero nach Hause kommt, nachdem er im Middlesex-Theater ausgepfiffen worden war. »Es hat keinen Sinn, ich bin fertig, am Ende«, schluchzte er. Dann kam die »I'm walking«-Szene dran. Charlie erklärte Claire jeden Blick, jeden Tonfall, jede Geste. Und genau wie damals im Circle änderte er seine Auffassung, sobald ihm etwas Besseres einfiel.

Claire war bemerkenswert. Sie hörte aufmerksam zu und befolgte Charlies Anweisungen haargenau. Charlie war mit ihr sehr zufrieden, wollte sich aber erst festlegen, wenn er gesehen hatte, wie sie auf der Leinwand wirkte. Ich leitete die Probeaufnahmen mit Charlie im New Yorker Studio der Twentieth Century Fox. Ich fand das großartig. Er warf mich einfach ins kalte Wasser und ließ mich schwimmen.

Später, in seiner Hotelsuite, geriet Charlie plötzlich in Panik: »Sie soll eine Ballett-Tänzerin spielen«, rief er, »und wir haben nicht mal ihre Beine gesehen!« Wir waren beide zu schüchtern, um Claire aufzufordern, ihren Rock hochzuheben. Dann hatte Charlie den rettenden Gedanken: »Wir müssen sie ganz beiläufig bitten, ein Ballettkostüm anzuziehen und ein paar Tanzschritte zu machen.« Dann könnten wir's ja sehen. Claire erwähnt in ihrer Autobiographie, daß sie uns damals durchschaut hätte. Zum Glück waren ihre Beine tadellos!

Vor ihrer Rückreise nach London wollten Claire und ihre Mutter natürlich Charlies Meinung wissen. Ich machte ihnen Mut und sagte, Charlie sei von Claire sehr angetan. Doch ich hütete mich vor jeder Übertreibung — sonst wäre die Enttäuschung zu groß gewesen, wenn sich Charlie am Ende doch nicht für sie entschieden hätte. Ich hatte im Laufe meiner Arbeit mit ihm die Erfahrung gemacht, daß er schnell seine Meinung ändern konnte. Und diese Entscheidung hatte er ganz allein zu treffen. Die arme Claire mußte Monate auf seine Antwort warten. Ich hätte nicht gern in ihrer Haut gesteckt.

Was für eine Ernüchterung für mich, als Charlie nach Los Angeles zurückkehrte! Ich mußte wieder auf Suche nach Geld für ein Off-Broadway-Theater gehen und meinen Lebensunterhalt verdienen. Arthur Kelly, der sah, wie abgebrannt ich war, pumpte mir einmal zehn Dollar fürs Essen.

Ich hörte lange Zeit nichts von Charlie. Dabei hätte ich liebend gern gewußt, was er von Claires Probeaufnahmen hielt und wie es nun weitergehen sollte. Aus den Augen, aus dem Sinn, dachte ich. Dann erhielt ich ein Telegramm von Oona und Charlie. Ihre dritte Tochter Victoria Agnes hatte am 19. Mai das Licht der Welt erblickt!

Endlich kam ein Brief von Charlie, wohl auf Betreiben von Oona hin, denn er war ausgesprochen schreibfaul. Er schrieb, er sei in Sachen Claire noch immer unentschlossen. Er hätte die Probeaufnahmen verschiedenen Bekannten in Hollywood vorgeführt, u. a. auch Salka Viertel, Greta Garbos Drehbuchautorin und enger Freundin. Sie fände Claire großartig und könne sie sich gut in der Rolle der Terry vorstellen. Er selbst aber schwanke noch.

Charlie tat sich immer schwer mit solchen Entscheidungen, aus Angst, die falsche zu treffen. Selbst wenn seine so hoch verehrte Duse vorgesprochen hätte, wären ihm plötzlich Zweifel gekommen. Nun aber, da Skript und Filmmusik fertig waren, wollte er endlich mit den Dreharbeiten beginnen. Ob meine Mitarbeit erwünscht war, blieb unerwähnt. Kurz darauf aber erfuhr ich, daß er sich für Claire Bloom entschieden hatte.

Der Winter stand vor der Tür. Obwohl ich gerade ein Stück am Theatre Guild's Westport Summer Theater inszeniert hatte, war ich drauf und dran zu verzweifeln. Meine Unterbringung war einfach zu deprimierend. Dann kam ein Anruf von Arthur Kelly: Charlie bäte mich, nach Los Angeles zu kommen, um an *Limelight* mitzuwirken — für 100 Dollar die Woche.

Ich traf Arthur in seinem Büro. Nach den entbehrungsreichen Zeiten in New York müßten, so fand ich, mindestens 100 Dollar pro Woche herausspringen — nach Abzug der Steuern. Arthur schlug vor, 125 Dollar (25 für die Steuer) von Charlie zu verlangen, und versicherte mir, das ginge wohl in Ordnung. Als Charlie das erfuhr, muß er an die Decke gegangen sein, denn er ließ mir ausrichten, er nähme jemand anderen.

Ich war damals wie vor den Kopf geschlagen. Im nachhinein aber begriff ich, wie töricht ich mich verhalten hatte. Charlie hatte mir eine einzigartige Chance geboten, die ich sofort beim Schopf hätte packen müssen, ohne an Geld zu denken. Charlie konnte, auch wenn es um höhere Summen ging, sehr großzügig sein. Als ich später selbst Filme mit knappem Budget produzierte, achtete ich, wie Charlie, auf jeden Penny.

Ich wußte nicht, wie ich durch den Winter kommen sollte, und rief Sydney in Kalifornien an. Geld leihen kam nicht in Frage. Für meine Eltern war Borgen eine Todsünde. Wenn man kein Geld hatte, mußte man eben ohne klarkommen. Nichts wurde auf Kredit gekauft, Rechnungen wurden am selben Tag beglichen. Ich hatte die falsche Erziehung fürs Filmgeschäft!

Zu meinem Glück lud mich Judith Kandel, Aben Kandels Frau, in ihr hübsches Landhaus in Pennsylvania ein. Wir waren völlig eingeschneit, doch die gute Judith feuerte mich an, weiter zu kämpfen und meinen Theatertraum nicht aufzugeben. Ich fand auch schließlich ein Theater in Greenwich Village, das Irving Street Theatre, und war ganz zuversichtlich. Ich würd's ihnen schon zeigen.

Sydney rief an. Der Mann, den Charlie an meiner Stelle engagiert hatte, war ausgeschieden. Wenn ich mich mit den angebotenen 100 Dollar zufrieden gäbe, sollte ich auf der Stelle nach Los Angeles kommen. Ich war sicher, Oona steckte dahinter.

Ich ging davon aus, daß die Filmarbeiten nur ein paar Monate dauern würden. Mit dem verdienten Geld wollte ich dann nach New York zurückkehren und meine Theater-Pläne weiter verfolgen.

Jetzt kehrte ich nach Los Angeles zurück, um mit Charlie zu arbeiten. Wie aber würde er sich mir gegenüber verhalten?

Nachdem ich mich bei meiner Schwester und meinem Schwager in Cheviot Hills, Los Angeles, häuslich eingerichtet hatte, ging ich zu den Chaplins zum Abendessen. Oona und Charlie begrüßten mich überschwenglich. Ich war glücklich, sie wiederzusehen, doch diese dumme Geldgeschichte belastete mich noch immer sehr. Zum erstenmal fühlte ich mich nicht ganz wohl in ihrer Gesellschaft. Charlie hatte mich engagiert, doch ich wußte nicht recht als was. Ich glaube, er wußte es selbst nicht genau. Außerdem war ich nervös, denn ich hatte bisher noch nie an einem Film mitgearbeitet. Aber nun, da ich sein Angestellter war, nahm ich mir fest vor, der Beste zu sein, den er je beschäftigt hatte.

Claire und ihre Mutter kamen ein paar Tage später und bezogen eine reizende Wohnung im spanischen Stil, nicht weit von Schwab's Drugstore am Sunset Boulevard entfernt. Claires Mutter hielt sich sehr zurück und erschien nie zu den Dreharbeiten. Beim ersten gemeinsamen Abendessen sagte Charlie zu Claire, sie müsse abnehmen; auf der Leinwand wirke man im-

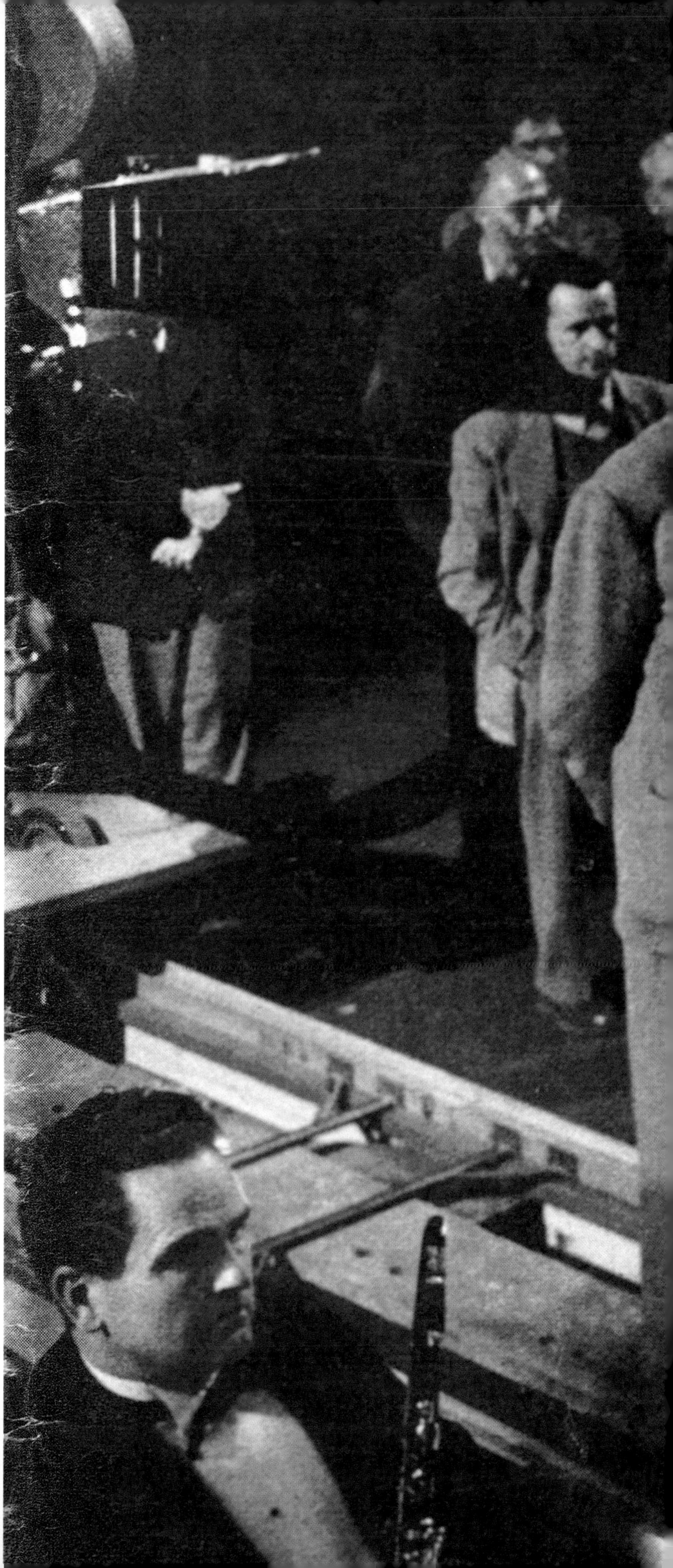

Charlie bei den Dreharbeiten der Ballett-Szene in Limelight; *unter den »Zuschauern« Kameramann Karl Struss (der große Herr in der Mitte), daneben rechts Buster Keaton und hinter Charlie sein Regieassistent Robert Aldrich.*

mer dicker. Er selbst würde auch Diät halten. Als der Butler mit einem köstlichen Festessen erschien, nahm Charlie das winzigste Lammkotelett, das ich je gesehen habe; nicht einmal eine Maus wäre davon satt geworden. Charlie tat mir leid. Er lebte in dieser prächtigen Villa und aß wie ein Bettler. Und während er fastete, schlemmte ich.

Charlie war sehr diszipliniert. Wenn er filmte, rührte er keinen Alkohol an. Er behauptete, schon ein Tropfen würde seine Arbeit beeinträchtigen und er wolle seine Fähigkeiten stets unter Kontrolle haben.

Am nächsten Tag begannen wir mit den Proben auf seinem Rasen und arbeiteten von 11 bis 16 Uhr. Charlie vermittelte Claire jede Nuance, jede Betonung, ging mit ihr Szene für Szene wieder und wieder durch. Gelegentlich sprach Claire ihren Text, als wäre sie noch in Stratford-upon-Avon. »Sie arbeiten jetzt für Charlie Chaplin«, verbesserte er sie schnell. »Also bitte kein Shakespeare!«

Heutzutage mögen es Schauspieler nicht, wenn jemand ihnen erklärt, wie sie ihren Text zu sprechen haben; sie glauben, das sei ihre Domäne. Aber oft ist es die schnellste Methode, ihnen verständlich zu machen, was man meint. Claire war schlau genug, nicht immer nach dem Warum zu fragen. Charlie hätte sicher genauso reagiert wie George Abbott, als dieser Bühnenveteran Hunderter Broadway-Shows einem Schauspieler auf die Frage, warum er eine bestimmte Bewegung machen solle, antwortete: »Weil das Ihr Job ist.«

Charlie probte auch seinen eigenen Text immer und immer wieder; er mußte textsicher sein. Das gleiche galt für seine Bewegungen, die Anzahl der Schritte, die Stelle im Text, wo er sich umdrehte. Die Choreographie mußte ihm in Fleisch und Blut übergehen. Erst dann setzte die Inspiration ein. Diese Methode, so sagte er, sei vor allem für Komödien wesentlich. Das Gerüst gäbe einem das Timing, dann erst könne man seine Lacher plazieren, wo man wolle.

Viele von Charlies Kurzfilmen waren improvisiert. Doch seine klassischen Szenen — etwa der Tanz mit dem Globus in *The Great Dictator* oder der Preisboxkampf in *City Lights* — wurden Schritt für Schritt, Geste für Geste geprobt und choreographiert, bis er sie mit der Präzision eines Uhrwerks aufführen konnte. Charlies Methoden veranschaulichten Constances Geschichte vom Bau eines Hauses, Stein für Stein, bis man schließlich die Lichter der Inspiration anknipsen konnte.

Die Proben wurden jetzt in Charlies Atelier verlegt, wo der wichtigste Szenenaufbau — Calveros Wohung — fertiggestellt worden war. Zwei Wochen lang sperrten wir uns ein, probten und feilten an jeder Szene.

Ich war fest entschlossen, mich völlig auf meinen Job zu

konzentrieren und mich durch nichts ablenken zu lassen. Bis jetzt wußte ich nichts von der Filmarbeit, doch ich wollte mein Handwerk erlernen und Charlie unterstützen, so gut ich konnte. Ich machte genaue Aufzeichnungen über jede Improvisation Charlies. So konnte ich ihm sagen, wie er seine Darstellungsweise Aufnahme für Aufnahme verändert hatte und welche die beste gewesen war. Abends zu Hause fertigte ich Diagramme von jeder Kameraeinstellung an und prägte sie mir fest ein. Charlie war sehr dankbar, daß jemand ihn so sorgfältig beobachtete und ihm nützliche Hinweise geben konnte. Man stellt sich wohl eher vor, daß jemand wie Chaplin sich von einem Untergebenen nicht gern etwas sagen ließ. Doch er war stets erpicht darauf, Anregungen zu bekommen, die seine Darstellung vielleicht verbessern könnten.

Ich erlernte sehr schnell die Grundlagen der Kameraarbeit. Weit wichtiger aber war, daß ich wußte, was Charlie wollte. Wir waren beide bemüht, den Film rechtzeitig und im Rahmen des Budgets fertigzustellen. Schließlich handelte es sich um sein eigenes Geld, und selbst die besten Filme sind stets ein Vabanquespiel. Er war sehr mutig. Er hatte *Monsieur Verdoux* aus eigener Tasche finanziert, und der Film war alles andere als ein Kassenerfolg gewesen. Doch wer nicht wagt, der nicht gewinnt.

Um Zeit und Geld zu sparen, planten wir jede Kameraeinstellung und jeden Beleuchtungswechsel im voraus. Alle Totalen in Calveros Wohnung wurden hintereinander gedreht, selbst wenn die Szenen nicht fortlaufend waren. Wir bewegten die Kamera nicht: Wenn eine Szene fertig war, wechselte Charlie nur das Kostüm und wir drehten die Totalen einer anderen Szene. Nach Wochen intensiver Proben kannten Charlie und Claire ihre Szenen in- und auswendig, und so brachte sie nichts aus dem Konzept, wenn wir die Reihenfolge veränderten. Sobald die Totalen abgedreht waren, rückten wir die Kamera in eine neue Position für die halbnahen Einstellungen und die Nahaufnahmen.

Die Dreharbeiten begannen am 19. November 1951. Wir drehten zunächst alle Szenen mit Claire und Charlies Szenen in Calveros Wohnung, und innerhalb von zwei Wochen war das Herzstück des Films im Kasten. Auf diese Weise wollten wir einen Millionen teuren Film in 36 Tagen abdrehen. Und wir hielten strikt unseren Zeitplan ein, bis Charlie an einer Grippe erkrankte. Da mußten wir eine Woche Pause einlegen.

Robert Aldrich, der später in Filmen wie *Das dreckige Dutzend* und *Was geschah wirklich mit Baby Jane?* Regie führte, wurde als Regieassistent engagiert. Ich war sehr enttäuscht. Charlie hatte ursprünglich mich für diesen Posten haben wollen, und ich fühlte mich jetzt der Sache gewachsen. Ich hoffte, der Gewerkschaft beitreten zu können, damit ich, falls was schiefginge, auf etwas zurückgreifen konnte. Der Produktionsleiter aber redete Charlie das aus.

Bob, ein wahrer Hüne, gehörte zur Aldridge-Bankerfamilie. Ich fühlte mich ihm damals etwas überlegen, weil er bei allen Kameraeinstellungen meiner Instruktionen bedurfte. Jeden Abend mußte er mich fragen, was nächsten Tag gedreht werden würde.

Bob hielt Charlie für schrecklich altmodisch. Er wollte ständig andere Einstellungen, endlose Schwenks, Einstellungen durch den offenen Kamin oder ein Fenster, gegen das Regen

Claire Bloom und Charlie in der berühmten »I'm walking!«-Szene. Ich weiß nicht, wie oft wir diese Szene wiederholt haben. Sicher aber verdrehten wir für sie so viel Material, daß es für einen ganzen Film gereicht hätte.

prasselt, Nahaufnahmen, bei denen jede Hautpore des Schauspielers zu sehen gewesen wäre. Lauter Dinge, die Charlie zuwider waren.

Charlie war für einfache Kameraeinstellungen. Der Zuschauer dürfe nicht durch den Aufbau einer Szene verwirrt werden, vor allem nicht in Komödien. Er müsse stets den Grundriß eines Raums, die Anordnung der Requisiten und die Position der Darsteller überblicken. Nahaufnahmen sollten nur der Betonung dienen und äußerst sparsam verwendet werden, jedes Übermaß würde die Wirkung beeinträchtigen. Als Fluch in seinem Dasein betrachtete Charlie auch die Scriptgirls. Er konnte es nicht ertragen, wenn sie um winzige Anschlußdetails großen Wirbel machten. Manchmal änderte er den Hintergrund einer Szene in derselben Kameraeinstellung, nur um das Scriptgirl und Bob auf die Palme zu bringen.

»Das stimmt doch nicht!« zeterten sie dann. »Wenn's nur das ist, was die Zuschauer in dieser Szene sehen«, erwiderte Charlie, »dann häng' ich meinen Beruf lieber an den Nagel.« Man braucht sich nur Claires »I'm walking«-Szene anzuschauen, um festzustellen, wie Charlie zwischen drei Kamerawinkeln schneidet. Jedesmal sind andere Bilder an den Wänden. Das war ihm gleichgültig. Wichtig war ihm, daß Claire

Oben: *Charlie gibt Claire Bloom und Sydney Regieanweisungen für ihre Liebesszene.*

Gegenüber: *Charlie bringt Straßenmusikanten mit nach Hause. Von links nach rechts: Charlie (seine Geige mit der linken Hand streichend), Julian Ludwig vom Circle und die beiden bekannten Stummfilmkomiker Loyal Underwood und Snub Pollard.*

bei jeder Aufnahme ihr Bestes gab, nicht diese verdammten Bilder.

Die »I'm walking«-Szene ist sicher mehr als vierzigmal gedreht worden. Wann immer wir eine wichtige Sequenz an einem anderen Schauplatz fertiggestellt hatten, nahm Charlie Claire bei der Hand und sagte: »Komm, wir drehen deine große Szene noch einmal. Sie könnte noch besser sein.« Arme Claire — sie hat sich nie beklagt. Charlie spielte ihr immer wieder vor, wie sie's machen sollte. Er war so großartig, daß sich kaum jemand mit ihm messen konnte. Er forderte das Unmögliche. Aber Claire zeigte, was in ihr steckte.

Bob war schon komisch. Nachdem ich ihm die Kameraeinstellungen und die Dialoge erklärt hatte, die Charlie sprechen würde, gab Bob diese Anweisungen weiter an die Kameraleute (ich durfte das nicht — ich war kein Gewerkschaftsmitglied). Doch statt ihnen den Dialog vorzusprechen, sagte er nur: »Calvero — bla, bla, bla, bla. Geht nach rechts. Wieder bla, bla, bla, bla. Dann Schnitt.« Jahrelang hatte Charlie an diesen Texten gefeilt, und nun waren sie in Bobs Mund nur noch bla, bla. Charlie fand das komisch. Schließlich war es nichts anderes als sein »so und so und so und so« im Circle.

Sydney spielte Neville, den romantischen Helden. Dies sollte sein Sprungbrett werden. Charlie hatte ihn so abmagern lassen, daß er kaum wiederzuerkennen war. Er war nur noch ein Schatten seiner selbst. Er schien nicht nur sein Kinn und sein Hinterteil verloren zu haben, sondern und vor allem auch seinen Charme. Doch, ich glaube, was ihn die meisten Pfunde kostete, war das Gefühl der Unsicherheit. Während der ganzen Dreharbeiten war er unruhig, in Panik, ein nervliches Wrack.

Dies war sein erster Film. Er war ängstlich darauf bedacht, seinem Vater zu gefallen. Und Charlie versuchte alles, um ihm die Angst zu nehmen, doch je mehr er sich bemühte, desto steifer wurde Sydney. »Cary Grant hat auch Jahre gebraucht, bis ihm der Durchbruch gelang«, sagte Charlie zu mir. »Am Anfang war auch er steif wie ein Brett. Dann machte er einen Film, und plötzlich hatte er den Dreh raus — hatte begriffen, worauf es bei der Schauspielerei ankommt.«

Immer wenn Cary Grants Name fiel, erklärte Charlie: »Ihr wißt ja, Cary Grant ist zehn Jahre älter als ich.« Dann lachten Oona und ich und sagten, das sei unmöglich. Aber Charlie bestand darauf, daß er ihn schon gekannt habe, als er noch Archie Leach hieß und auf Stelzen über die Strandpromenade von Brighton spazierte. Wenn das gestimmt hätte, wäre Cary Grant 107 Jahre alt gewesen, als er 1986 starb!

Es gibt eine Sequenz in *Limelight,* die ich mir immer wieder anschauen kann, und zwar die, als Terry im Bett liegt, und Calvero über die Qualen des Komikerdaseins spricht und die

glückliche Erregung, wenn das Publikum lacht. Terry ist erstaunt: »Ich hab' geglaubt, du fürchtest das Publikum, aber du liebst es ja!« »Vielleicht lieb' ich es«, erwiderte Calvero, »aber ich bewundere es nicht. Den einzelnen schon — in jedem ist Größe. Aber als Menge ... da ist es wie ein Ungeheuer ohne Kopf. Man weiß nie, wohin es sich wendet.«

Charlie schien nicht zu schauspielern; das war auch nicht nötig, denn die Worte, die er da aussprach, bezogen sich wohl auf die Schwierigkeiten, die er kürzlich mit dem amerikanischen Publikum gehabt hatte. Diese Szene, die so frei von jeder Unnatürlichkeit ist, ist ein Lehrstück für jeden Schauspieler. Da ist nichts von der Gespreiztheit, die man oft bei Method-Aufführungen beobachten kann, in denen sich die Darsteller so sehr bemühen, natürlich zu sein, daß sie völlig verlogen wirken. Charlie sagte immer zu den Circle-Schauspielern: »Ihr müßt dem Publikum das Gefühl geben, durch ein Schlüsselloch zu schauen.« Genau das Gefühl hatte ich in dieser Szene. Chaplins Darstellungsweise ist vollkommen ehrlich und deshalb unwiderstehlich.

Charlie hatte die Gabe, sich in jeden Charakter hineinversetzen zu können, den er darstellen wollte. Ob es nun der Tramp war, ein Ladenaufseher, ein Maler, ein Hausbauer, ein Einwanderer oder Hitler. Charlie *wurde* zu dieser Figur. Einmal sagte er zu mir: »Wenn du einen großen Tänzer wie Nijinskij spielen mußt, dann *denke* wie Nijinskij, *werde* Nijinskij.« Dann verwandelte er sich vor meinen Augen in einen gepeinigten, wahnsinnigen Tänzer. Das hat er oft getan — sich in eine Person hineingesteigert, um dann mit ihr zu verschmelzen. Charlie arbeitete von außen nach innen; auf seine Art war er ein Verfechter der Delsarte-Schauspielschule. Durch das genaue Beobachten, wie Menschen gehen, sich kleiden, ihre Hände bewegen, sich räuspern, nervös gestikulieren, war er in der Lage, bis zum Herz eines Charakters vorzudringen.

Vor der Kamera war Charlie völlig ungehemmt und entspannt. Er nahm sie in Besitz und schlug durch sie das Publikum in seinen Bann. Er war ihr Meister, sie seine Sklavin.

Es gibt eine Szene gegen Ende des Films, als Terry ihren großen Erfolg genießt, während Calvero sich ausgeschlossen fühlt und mit seinen alten Music-Hall-Freunden (gespielt von Statisten und kleinen Nebendarstellern) in eine Bar geht. Im Film kann man hören, wie Charlie ihnen Regieanweisungen gab: »Weiter, weiter, nicht nachlassen!« — womit er ihnen sa-

Kurz vor ihrem Bühnendebüt glaubt Terry (Claire Bloom) vor lauter Lampenfieber, daß die Lähmung in ihren Beinen zurückkehrt. Calvero (Charlie) zwingt sie, auf die Bühne zu gehen.

gen wollte, sie sollten sich weiterunterhalten und nicht dabei nachlassen. Zum Glück mußte Calvero betrunken sein. Nur Charlie konnte so kühn sein, gleichzeitig zu spielen und Regie zu führen!

Es machte Charlie einen Riesenspaß, die Stelle zu inszenieren, in der Calvero drei Straßenmusikanten mit in seine Wohnung nimmt und mit ihnen eine beschwipste Musik-Nummer hinlegt. Seine Partner waren zwei Stummfilmkomödianten — Snub Pollard und Loyal Underwood — und einer unserer Circle-Schauspieler, Julian Ludwig. In seiner Funktion als Regisseur trieb er sie immer wieder an, *con amore* zu spielen. Charlie wollte vieles *con amore* gespielt oder gesprochen wissen — es war einer von seinen Lieblingsausdrücken. Als die Musik ein wenig lärmend wurde, gebrauchte er ein anderes Lieblingswort: »Nicht zu *outré,* bitte!« Die Darsteller verstanden nicht, was er damit meinte.

Doch unser Werbe-Manager, Harry Crocker, ein alter Freund von Charlie (er spielte eine Hauptrolle in *The Circus*), wußte alles über *outré.* Er erzählte mir eines Abends nach Drehschluß eine amüsante Geschichte über Charlies Vorliebe für neue Wörter — *outré* eingeschlossen. Während der Arbeit an *The Circus* hatte Charlies Regieassistent Chuck Riesner einen Gag vorgeschlagen. Charlie aber hatte geantwortet: »Nein, Chuck, der Gag ist zu *outré,* und mein Tramp darf einfach nicht *outré* werden.«

Riesner war völlig verwirrt, versuchte es aber zu überspielen: »Wenn du ihn nicht *outré* haben willst«, sagte er, »dann soll er's natürlich auch nicht sein.« Später fragte er Crocker, was das Wort eigentlich bedeute. Crocker ließ ihn in Charlies Wörterbuch nachschauen. »Übertrieben, verstiegen«, stand da. Riesner bat nun Crocker, ihm ein Wort zu nennen, das Charlie nicht verstehen würde. Crocker schlug das Lexikon aufs Geratewohl auf. »Wie wär's mit *quidnunc* — jemand, der immer das Allerneueste wissen will, ein Klatschmaul, ein Gschaftelhuber!« Riesner gefiel das Wort, und er kritzelte etwas auf einen Zettel und steckte ihn zwischen die Seiten des Wörterbuchs.

Charlie hatte sich inzwischen einen neuen Gag ausgedacht und fragte Riesner, was er davon hielte. »Unmöglich«, sagte der. »Das macht den Tramp zu sehr zum *quidnunc.*« Charlie war verdattert. Die Kritik klang so vernünftig, aber was sollte sie besagen? Er antwortete indessen: »Ach, das finde ich nicht.« Und arbeitete weiter.

Aber er konnte sich nicht konzentrieren. Ständig ging ihm das Wort durch den Kopf. »Wie war das noch mal mit dem Gag — wozu macht er mich?« Und Riesner wiederholte genußvoll: »Zum *Quidnunc*!« »Chuck«, sagte Charlie, »das Wort gibt es gar nicht.«

»Charlie«, protestierte nun Chuck. »Deine Anschuldigung ist *outré*!« Darsteller und Team brachen in Gelächter aus. Charlie legte eine Pause ein und verschwand in seinem Büro. Chuck folgte ihm heimlich und beobachtete, wie er sein großes Wörterbuch durchblätterte, bis er zum Buchstaben Q kam. Und da steckte Chuck Riesners Zettel: »Ich wußte, daß du nachschlagen würdest!« Jetzt mußte auch Charlie lachen.

Im ursprünglichen *Limelight*-Drehbuch war Calvero ein Atheist. Alle Anspielungen darauf wurden während des Drehens weggelassen — ich weiß nicht, warum. Dann, als wir mit unserem Zeitplan in Schwierigkeiten kamen, entschloß sich Charlie, die Szene wegzulassen, in der er für Terrys Erfolg betet, nachdem er sie auf die Bühne geschubst hat, damit sie ihr erstes Solo tanzt. Ein Kulissenschieber sieht ihn dabei, und Calvero, ganz verlegen, tut so, als suche er einen Knopf.

Ich war entsetzt, als Charlie vorschlug, die Szene wegzulassen. »Gerade diese Szene hat meine Freunde besonders ergriffen, als ich ihnen davon erzählte!« rief ich. Charlie hörte ungeduldig zu, drehte sie dann aber doch — in zehn Minuten, ohne Vorbereitung, ohne Proben! Heute noch ist diese kleine schlichte Szene ein besonderer Zuschauererfolg.

Unmittelbar danach sollten die Overhead Shots davon gedreht werden, wie hinter dem Bühnenvorhang die Kulissen gewechselt wurden. Aldrich und der Produktionsleiter überredeten Charlie, die Szene wegzulassen, da sie für den Verlauf der Handlung unwichtig sei und zu viel Zeit beanspruche. Wieder protestierte ich. Ich mochte es nicht, daß er dauernd im endgültigen Script herumfummelte. Charlie schien leicht verärgert über mich, entschloß sich dann aber doch, die Szene zu machen.

Schnell wurde die Kamera auf einem Kran in Position gebracht. Charlie brüllte den Darstellern seine Anweisungen zu, und im Handumdrehen war die Szene gefilmt. Charlie arbeitete immer besonders schnell, wenn er wütend war. Keiner von uns ahnte, welch ungeheure Kraft von dieser Szene ausgehen sollte, bis wir am nächsten Tag die Muster sahen. In einer einzigen Einstellung hatte Charlie allen Zauber, alle Magie des Theaters eingefangen.

Wheeler Dryden, Charlies Halbbruder, assistierte ihm bei den Dreharbeiten. Er hatte die nervtötende Angewohnheit, ihn mitten in einem schöpferischen Gedankengang zu unterbrechen — nur um ihm zu sagen, er solle seine Krawatte zurechtziehen oder sich das Haar kämmen. Wie eine kleine Mücke schwirrte er überall herum, inspizierte jede Szene aus jedem Winkel und warf ein kritisches Auge auf »Charles« (wie er ihn nannte). Das brachte Charlie auf die Palme. Wheeler versuchte stets, sich in der Szenerie zu verstecken. Doch je unauffälliger er sein wollte, desto mehr störte er. »Hast du endlich deinen Platz gefunden?« pflegte Charlie ihn zu fragen. »Na gut, dann können wir ja drehen!«

Eines Tages fuhren Charlie und ich in seinem kleinen Ford

Terry (Claire Bloom) wünscht Calvero (Charlie) viel Glück vor seinem Benefiz-Auftritt.

zum Studio. Vor uns sahen wir Aldrich in seinem nagelneuen schwarzen Cadillac. Charlie knurrte: »Da fährt er in seinem Cadillac, und ich fahre einen kleinen Ford.« »Du kannst dir doch einen Cadillac leisten«, sagte ich. »Warum kaufst du dir keinen?« »Ich mag keine großen Autos, ich mag kleine.« Darauf ich: »Und Bob mag große, also laß ihn doch.«

Nachdem wir etwa eine Woche gedreht hatten, kam Charlie eines Morgens ins Haus meiner Schwester und fragte mich, was ich von Rollie Totheroh als Kameramann hielte. Rollie war seit der Stummfilm-Zeit sein Kameramann gewesen. Er war ein kleiner, rüstiger Mann Anfang 60, so wie Charlie. Für andere hatte er kaum gearbeitet. Dennoch bezahlte ihn Charlie weiter, auch wenn er gerade nichts zu tun für ihn hatte.

Doch was verstand ich schon von Kameraarbeit? Ich besaß nur eine kleine Brownie. »Scheint gut zu sein«, sagte ich. Charlie aber war nervös. Er wollte eine optimale Schwarz-Weiß-Struktur für *Limelight*. Er wußte, daß man ihn für altmodisch hielt; er wollte nicht, daß Lichtführung und Kamera unter Beschuß gerieten. Ich konnte nicht viel dazu sagen; dies war mein erster Film, ich war noch ein Anfänger.

Am folgenden Tag, bei einem Treffen mit dem Herstellungsleiter, beschloß Charlie, Rollie durch Karl Struss zu ersetzen, der in *The Great Dictator,* in Murnaus *Sunrise,* in der ersten *Ben Hur*-Fassung und vielen Paramount-Filmen die Kamera geführt hatte. Rollie sollte als sein Assistent fungieren.

Obwohl er nicht gekränkt zu sein schien, hielt sich Rollie meist im Hintergrund, ohne freilich die Handlung aus den Augen zu lassen. Manchmal ging er zu Charlie hinüber und sagte ihm freundschaftlich: »Kopf hoch, mein Guter, sonst sieht man dein Doppelkinn!«

Als die Dreharbeiten beendet waren, ließen wir uns alle Muster vorführen. Bei einigen von Claires Großaufnahmen sagte Charlie: »Ach, die sind herrlich, die besten Bilder im ganzen Film.« Rollie hatte sie gedreht, bevor er abgesetzt wurde! Aber wenn man einen Film macht, vor allem wenn man ihn aus der eigenen Tasche bezahlt, kommen einem zwangsläufig Zweifel. Und wer weiß, ob Rollie den ganzen Film auf diesem Niveau hätte durchziehen können. Trotzdem muß es eine schwere Entscheidung für Charlie gewesen sein.

Nachdem Charlie die Wiedereinreise nach Amerika verweigert worden war und er sein Studio verkaufen mußte, kümmerte er sich rührend um seine früheren Mitarbeiter und Rollie erhielt

Charlie als Calvero. Hier klärt er mit dem Kameramann den Bewegungsablauf.

25 000 Dollar Abfindung. Kein noch so kapitalkräftiges Studio käme je auf den Gedanken, sich so generös zu verhalten, wie Charlie es tat. Ronnie nahm das Geld in Empfang und schrieb später einen haßerfüllten Artikel über ihn. Verstehe das, wer kann!

Charlie machte sich ständig Sorgen, wenn das gedrehte Material über Nacht zum Entwickeln ins Kopierwerk geschickt wurde. Er fürchtete, das Ausgangsmaterial könne schlecht oder das Negativ verkratzt sein, so daß die ganze Szene noch einmal gedreht werden müßte. War das der Fall, vermutete er Sabotage.

Besonders verdächtig schien ihm unser Materialassistent. Eines Tages nahm er mich beiseite und flüsterte: »Schau dir mal den Ring genauer an, den der Bursche am Finger trägt! Ich bin sicher, er ist Mitglied der American Legion und will das Negativ zerstören.« Die Legion gehörte zu den erbittertsten Chaplin-Gegnern; sie hatten Streikposten vor den Kinos aufgestellt, die *Monsieur Verdoux* zeigen wollten. Also strich ich um den Assistenten herum und nahm unauffällig den verdächtigen Ringfinger in Augenschein. Dann konnte ich Charlie berichten, daß es sich um einen ganz gewöhnlichen College-Ring handelte.

Ein anderes Mal, nachdem wir eine Sequenz x-mal gedreht hatten, waren Charlie und ich fest überzeugt, daß eine Einstellung besonders gelungen war. »Notier das«, sagte er. »Die dritte ist die beste.« Ich war genau derselben Meinung. Doch als wir uns am nächsten Tag die Muster anschauten, schien uns die dritte Einstellung alles andere als geglückt. »Bist du sicher, daß es die dritte war?« fragte Charlie. Ich zeigte ihm meine Aufzeichnungen. Es war die dritte. Aber irgend etwas schien zu fehlen — die Stimmung war weg. So etwas kam häufiger vor; beim Drehen war die richtige Stimmung da, doch die Kamera hatte sie nicht eingefangen.

Charlie hielt gleich eine Theorie bereit. Er meinte, daß durch das Fallen der Klappe jedesmal in Bruchteilen von Sekunden etwas von der Stimmung beim Filmen verloren ginge. Wie hätte er die Video-Technik geschätzt!

Doch sobald ihn die Muster wieder begeisterten, war von der »Klappen«-Theorie keine Rede mehr. Und *Limelight* faszinierte ihn sehr. Er sagte zwar immer wieder, die Filmarbeit zehre an den Nerven, doch bei den Dreharbeiten zu *Limelight* war er geradezu euphorisch. Jede Szene schien ihm neuen Auftrieb zu geben. Er schwebte wie auf Wolken, und natürlich trug Oona das Ihre dazu bei. Sie erschien um die Mittagszeit und brachte Cottage Cheese und Ananas oder harte Eier mit. Dann saßen sie in seiner kleinen Garderobe und mampften glücklich vor sich hin, bis Aldrich rief: »Okay! Alles klar für die nächste Einstellung!«

Auch ich war begeistert von *Limelight*, aber manchmal kam ich mir vor wie ein Fisch ohne Wasser. Ich vermißte das Circle und plante im Hinterkopf noch immer, nach New York zurückzukehren, sobald die Filmarbeit abgeschlossen war. Ich wollte es noch einmal versuchen, auch wenn es sicher hart werden würde.

Das Circle war mein privates Reich gewesen. Hier war ich nur ein kleines Rädchen in einem riesigen Getriebe. Besonders der erste Tag war entsetzlich gewesen. Ich fühlte mich so fehl am Platz, so verlassen unter all den Technikern, die auf mich herabschauten. Charlies Rat war: »Gar nicht drum kümmern. Du kannst mehr als die. Vergiß das nicht.« Das tat ich — und es funktionierte.

Sobald die Hauptszenen abgedreht waren, mieteten wir für drei Tage eines der Paramount-Studios und drehten die Außenansicht von Calveros Haus und die Anfangs-Totale Londons aus der Zeit Edwards. Dabei benutzten wir für unser London eine Dekoration des Washington Square aus William Wylers *The Heiress.* Als der englische Regisseur Roy Boulting den Film vorgeführt bekam, beanstandete er, daß es sich um New Yorker *brownstones* handelte. Charlie blickte ihm fest in die Augen. »Ich kann Ihnen Londoner Häuser zeigen, die *genauso* aussehen!« Für Charlie stand fest: Ein Haus ist ein Haus.

In einem fremden Studio zu arbeiten, kam einem schulfreien Tag gleich. In der Paramount-Kantine saßen Charlie und ich neben Bing Crosby, dem absoluten Herrscher der Paramount-Ateliers. Er starrte uns an, als wären wir in sein Reich eingedrungen.

Wir waren jetzt so weit, die Music-Hall- und die Ballett-Szenen zu drehen. Dazu mieteten wir die Selznick-Studios, in denen *Vom Winde verweht* gedreht worden war. Wir fanden dort genau, was wir brauchten: einen kombinierten Theater-Set mit einer großen Bühne, einem Zuschauerraum, Kulissen, Korridoren und Garderoben — alles in drehfertigem Zustand. Nichts, was wir selbst hätten aufbauen müssen. Welch eine Zeit- und Geldersparnis!

Unten links: *Charlie in seiner Garderobe beim Proben verschiedener Make-ups für seine Nummer mit Buster Keaton.*
Rechts: *Charlie beim Lockern der Glieder vor seiner Music-Hall-Nummer.*

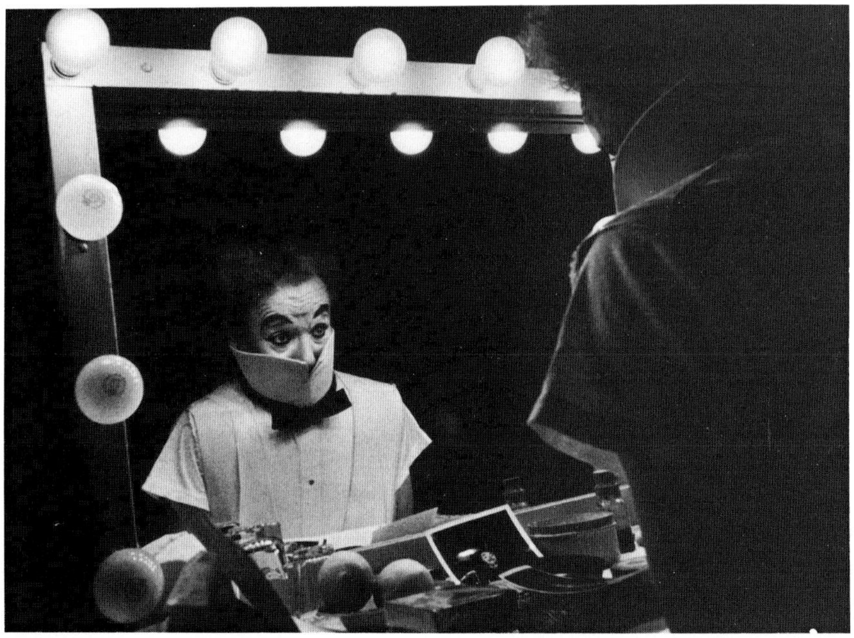

Zunächst drehten wir die Ballett-Szene. Charlie war ganz in seinem Element, als André Eglevsky und Melissa Hayden — zwei Stars des New York City Ballet — eintrafen, um die Szene zu tanzen, die er selbst choreographiert hatte. Charlie zeigte ihnen genau, was er wollte, und nahm in den hinteren Sitzreihen Platz. Er war überwältigt von ihrer Kunst und schaute begeistert zu, als sie nach seiner Musik tanzten.

Charlie war nun bereit, seine große Pantomimen-Nummer für zwei Komiker aufzunehmen. Sie sollte der Höhepunkt des Films sein. Charlie würde Geige spielen, sein Partner Klavier. Ich hatte in verschiedenen Büchern gelesen, wie Charlie die Figur des Tramps erfunden hatte, und war doch immer ein wenig skeptisch geblieben. Jetzt aber, als er den besessenen Geiger für die Music-Hall-Szene entwickelte, war ich Zeuge des gleichen Vorgangs. Er ging in die Garderobe, probierte verschiedene Kostüme und Bärte aus, nahm vor dem Spiegel diese und jene Hal-

Links: *Charlie als Geiger, beim Stimmen seines Instruments, bevor seine Beine zu schrumpfen beginnen.*

Oben: *Mitten in ihrer Nummer läßt Charlie, der halbverrückte Geiger, sein Instrument fallen — und Keaton, der kurzsichtige Pianist, tritt darauf!*

tung ein, und langsam sah ich einen verrückten Geiger vor meinen Augen entstehen.

Charlie hatte nur wenige Gags für die Szene vorbereitet: Er sollte in riesigen Trickhosen zusammenschrumpfen; das Innere des Klaviers herausnehmen, wie ein Chirurg, der einem Patienten ein Organ entfernt; auf seine Geige treten; und die Notenblätter des Klavierspielers in Kaskaden zu Boden fallen lassen. Das Übrige wollte er improvisieren.

Doch Charlie hatte noch immer keinen Partner gefunden. Er hatte schon Sydney Sr. mit seinem langen, schwermütigen Gesicht für die Rolle des Pianisten erwogen. Doch er war noch unentschlossen. Dann, kurz vor den Dreharbeiten, erfuhr er, daß Buster Keaton verfügbar war — daß er völlig abgebrannt war und Geld brauchte. Genau das war's. Charlie verpflichtete Keaton.

Buster erschien am Set in seiner alten Buster-Kluft mit dem kleinen Pfannkuchenhut. Charlie nahm ihn gleich zur Seite und erklärte ihm sanft: »Wir spielen hier nicht unsere alten Rollen. Ich spiele nicht den Tramp; und du spielst nicht Buster.« Keaton antwortete wie ein braver Schüler: »Ja, Charlie, natürlich«, legte seinen Hut ab und verschwand in der Garderobe, um das Kostüm zu wechseln.

Bevor wir in Produktion gingen, waren alle Techniker ganz aus dem Häuschen, mit Charlie Chaplin arbeiten zu dürfen. Er hatte seit Jahren keinen Film mehr gedreht und war längst zur Legende geworden. Die Atmosphäre war wie geladen. Nach ein paar Wochen jedoch war Charlie Chaplin für sie nur noch einer von vielen Schauspielern. Jetzt galt ihre Liebe Keaton. Einfach weil er der Neue war. Wäre zwei Wochen später Ben Turpin aufgetaucht — sie hätten Keaton fallen lassen wie eine heiße Kartoffel. Charlie muß das gespürt haben, doch er sah einfach darüber hinweg. Er hatte nur eines im Sinn — mit der Arbeit voranzukommen.

In der folgenden Woche improvisierten Chaplin und Keaton eine Szene, die zu einer der komischsten Sequenzen der Filmgeschichte werden sollte.

Charlie steigerte sich als verrückter Geiger in ein solches Fieber hinein, daß er vor Schweiß triefte. Kleider und Unterwäsche waren tropfnaß — wovon auf der Leinwand allerdings nichts zu sehen war. Von früh bis spät improvisierte er diese pantomimische Nummer immer und immer wieder und war doch nie zufrieden. Ich verstehe heute, warum er stets sagte, daß Stummfilme viel schwieriger zu drehen seien als Tonfilme. »Tonfilme sind ein Kinderspiel«, meinte er. »Man filmt einfach nur Dialoge; aber Gedanken, Gefühle und Gesten ohne Worte zu transportieren, ist weit komplizierter.« Nach einer Woche

Gegenüber: *Charlie dreht auf seiner Geige durch.*

Oben: *Begegnung in der Garderobe. Charlie und Buster Keaton vor ihrer großen Nummer.*

Rechts: *Charlie beim Schnitt von* Limelight. *Ich passe genau auf, nehme alles begierig auf.*

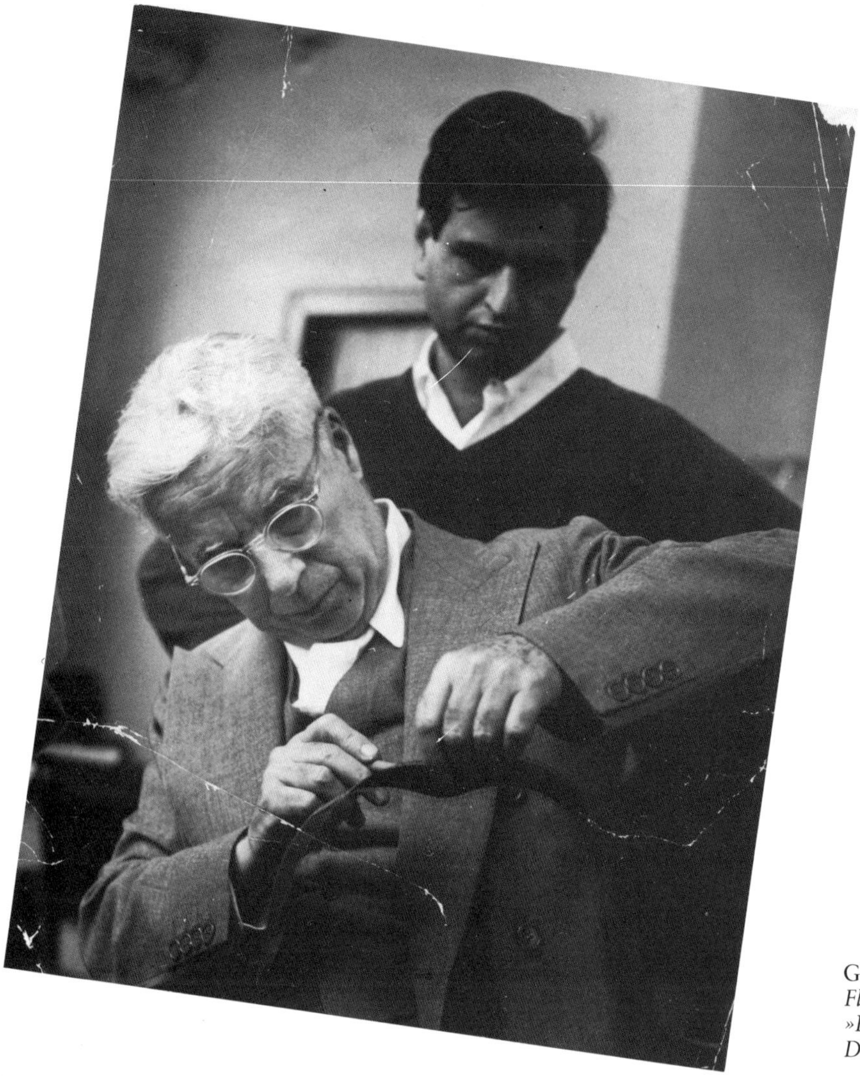

Gegenüber: *Charlie als Floh-Dresseur. Bald darauf sollte »Phyllis« entfliehen und seinen Dresseur zur Verzweiflung bringen.*

intensiver Dreharbeiten brach Charlie mit einer Grippe zusammen.

Keaton war ein stiller, melancholischer, zurückgezogener Mensch. Außer mit seiner Frau, die ihn begleitete, sprach er fast mit niemandem. Er schien Charlie um jeden Preis beweisen zu wollen, daß es kein Fehler war, die Rolle mit ihm zu besetzen. Die beiden verstanden sich gut, aber nur beruflich. Keiner sprach von Erinnerungen an »die guten alten Zeiten« — Charlie hat sowieso nie viel für Klatsch übrig gehabt. Es galt, eine Arbeit zu bewältigen, und sie nahmen sie beide in Angriff, wie es sich für zwei Profis ihres Kalibers gehörte.

Als der Film in die Kinos kam, wurde die Varieténummer für Keaton zu einem Riesenerfolg. Und das mit Recht. Doch es gingen Gerüchte um, daß Keaton bei den Dreharbeiten noch weit komischer gewesen sei, Charlie aber seine besten Momente herausgeschnitten habe. Ich weiß, daß es nicht so war.

Ich war während des gesamten Schnitts mit Charlie zusammen; ich bin nicht einmal von seiner Seite gewichen. Von dieser Sequenz hatten wir so viel Material, daß wir daraus mindestens fünf Filme hätten machen können. Das Problem bestand darin, alles auszumustern und das beste für sie beide herauszusuchen. Natürlich schnitt Charlie einige von Keatons Gags heraus. Hätte er das nicht getan, wäre der Film endlos lang geworden. Doch er warf mindestens ebenso viele seiner eigenen Lacher in den Papierkorb, so z. B. den Gag mit den Trickhosen. Ich bat ihn, diesen Gag drinzulassen. Doch er sagte: »Man muß den Erzählfluß in Gang halten. Ich darf nicht den ganzen Film wegen dieser einen Szene verlangsamen!« Und ich erinnerte mich, wie er mir einmal zwei großartige Sequenzen gezeigt hatte, die er aus *City Lights* und *Modern Times* herausgeschnitten hatte. »Wie konntest du das tun?« hatte ich gefragt. »Sie sind umwerfend.« Und er hatte geantwortet: »Wenn sie das Tempo der Geschichte drosseln, müssen sie raus.«

Viel von der Wirkung von Busters Auftritt geht auch auf Charlies Arbeit im Schneideraum zurück. Die Szene mit den Notenblättern, die von Busters Klavier glitten, war in einer einzigen Einstellung gedreht worden: Es war Charlie, der entschied, daraus einen *running gag* zu machen. Nach jedem Schnitt

PHYLLIS AND HENRY
PERFORMING FLEAS

auf Buster war er noch immer mit den herunterfallenden Blättern beschäftigt. Erst der Schnitt baute die Sequenz auf und machte Keatons Nummer so überwältigend.

Bei den Synchronarbeiten weigerte sich Charlie, die Zuschauerreaktionen in die Chaplin-Keaton-Nummer einzufügen. Ich konnte das nicht verstehen. Er sagte, das wirkliche Publikum würde schon selbst für die Lacher sorgen. »Und wenn der Film nun in einer Matinee vor einem halbleeren Haus läuft?« fragte ich. »Man kann doch die Szene nicht in völliger Stille spielen lassen?« Er blickte mich verärgert an. Doch das war typisch Charlie. Er ließ nur sein Gesetz gelten. Er legte die Spielregeln fest und genoß es, sie zu brechen.

Unser Publicity-Manager Harry Crocker war ein langjähriger Partner des Zeitungstycoons William Randolph Hearst gewesen. Er selbst stammte aus einer berühmten Bankiersfamilie in San Francisco, er war beliebt und kannte alle Welt. Als wir die Keaton-Szenen filmten, bat er Charlie, Louella Parsons zu den Dreharbeiten mitbringen zu dürfen. Charlie war skeptisch. In den Zwanzigern war er mit Hearst und Marion Davies befreundet gewesen, und er kannte Louella, Hearsts Hollywood-Klatschkolumnistin, seit Jahren. Nun aber attackierte ihn die Hearst-Presse mit scharfen Angriffen.

Harry versicherte Charlie, daß Louella auf seiner Seite sei und nur Positives über ihn schreiben würde. Wie ihre Rivalin, Hedda Hopper, war Louella äußerst einflußreich. Ihre Kolumnen wurden täglich an die meisten großen amerikanischen Zeitungen verkauft, und ihre giftige Feder zerstörte die Karriere manch eines Stars.

Louella erschien zu den Dreharbeiten, als wäre sie die Bienenkönigin höchstpersönlich. Ein bequemer Sessel wurde herbeigeschleppt. Sie nahm Platz und schaute Charlie und Keaton zu, ohne eine Miene zu verziehen. Ich fühlte, *sie* trug den Ring der American Legion. Charlie erblickte sie, unterbrach aber seine Arbeit nicht. Sicher hat sie ihm das übelgenommen. Gewöhnlich sprang alles auf, wenn Königin Louella hereinschwebte.

In einer Drehpause kam Charlie herüber und meinte verschmitzt: »Sie werden doch wohl nichts Abfälliges über mich schreiben?« Er hätte das wirklich nicht freundlicher und charmanter sagen können, doch Madame war empört, und in ihrem Artikel las sich diese harmlose Bemerkung wie eine Gotteslästerung. »Eine Unverschämtheit, so etwas zu sagen! Warum sollte ich etwas Abfälliges schreiben, wenn es nichts Abfälliges zu schreiben gibt?« Die Schmähschrift wollte keine Ende nehmen. Harry bedauerte den Vorfall sehr, doch Charlie, an eine schlechte Presse gewohnt, kümmerte sich gar nicht darum.

Der bekannte englische Schauspieler Nigel Bruce (der Watson in *Sherlock Holmes*) stieß für einige Tage zu unserer Truppe. Er

Nigel Bruce als Mr. Postand, der Direktor des Empire Theater, wie er Calvero (Charlie) vor der Benefiz-Vorstellung Mut zuzusprechen versucht.

Gegenüber: *Claire tröstet Charlie. Als Höhepunkt seiner Geigen-Nummer ist er mit einem Purzelbaum im Orchestergraben gelandet, in eine Pauke gefallen und hat sich weh getan.*

Links: *Nach Fertigstellung des Filmes erholt sich Charlie zu Hause mit Oona und seinen vier Kindern Geraldine, Victoria, Josephine und Michael.*

spielte Mr. Postand, den Impresario des Empire Theater, in dem Calvero seine letzte Vorstellung gibt — eine sehr kleine Rolle. Eines Tages hörte ich, wie Bruce einem Reporter die Handlung von *Limelight* erklärte: Es ist die Geschichte dieses Impresarios, Mr. Postand, der das Empire Theater leitet«, begann er. »Und der hört eines Tages, daß dieser große Komödiant, Calvero, so ziemlich am Ende ist. Also gibt er für ihn eine Benefizvorstellung, aber er weiß nicht, daß Calvero...« Und so weiter. Alles aus Postands Blickwinkel erzählt. Charlie war plötzlich nur noch ein Nebendarsteller! Charlie fand das zum Brüllen komisch — das war typisch Schauspieler, und es machte uns Nigel nur noch liebenswerter.

Limelight war nun fast fertig. In zwei Wochen sollte Claire nach London zurückkehren. Sie war nicht gerade erbaut davon. London war trist und litt noch immer an den Kriegsfolgen, während sie hier wie im Schlaraffenland lebte. Die Chaplins waren so etwas wie ihre zweite Familie geworden. Auch mit Sydney hatte sie sich angefreundet; er versprach, sie bei der Londoner Premiere zu besuchen.

Charlie und ich arbeiteten über ein halbes Jahr im Schneideraum. Charlie schnitt seine Filme immer selbst. Die Aufgabe des Cutters bestand nur darin, jede Sequenz nach Totalen und Halbnahen und Großaufnahmen zu ordnen und die Klebelade zu bedienen, nachdem Charlie entschieden hatte, wo er die Schnitte haben wollte.

Das hätte eigentlich ganz glatt über die Bühne gehen müssen, doch unser Cutter war ein Stümper. In Schneideräumen herrscht gewöhnlich peinliche Ordnung. Alle Einstellungen sind beschriftet und leicht zu finden. Unsere waren in einem totalen Chaos, und der Cutter fand nie, was wir suchten. Sobald Charlie eine Einstellung haben wollte, geriet der Mann in Panik und begann, alle Büchsen in Reichweite zu öffnen. Ganze Filmrollen kullerten über den Boden. Es war wie in einem W.C. Fields-Film. Ich fürchtete, Charlie würde einen Herzinfarkt bekommen. Sein kostbarer Film! Doch zum Glück kannte ich jede Einstellung auswendig und wußte, wo was zu finden war. Der Cutter murmelte immer nur: »Aber das ist doch gar nicht gedreht worden; die Einstellung gibt es gar nicht!«

Jetzt, nach Beendigung der Dreharbeiten, lobte mich Charlie in höchsten Tönen. Er war so mit meiner Arbeit zufrieden, daß er meinen Wochenlohn auf 200 Dollar erhöhte.

In den Mittagspausen gingen Charlie und ich zu Farmer's Market gleich hinter der Fairfax Avenue, wo wir an kleinen Tischen unter einem Sonnenschirm saßen und zu schwarzem Kaffee Cottage Cheese und Ananas aßen. Oft gesellte sich Oona zu uns. Man erkannte Charlie immer erst, wenn sie auftauchte; sie gehörten einfach zusammen. Charlie — neugierig wie immer — schlenderte über den Markt, kaufte Pasteten und erfreute sich an den exotischen Früchten, die dort auslagen. Er traf hier häufig alte Freunde. Sally Eilers und Antonio Moreno (Clara Bows Partner in *It*) begrüßten ihn herzlich; selbst meine Maxene Andrews tauchte eines Tages dort auf. Manchmal gingen wir auch ins Gotham oder in Musso Frank's Restaurant am Hollywood Boulevard. Charlie ließ sich nicht gern von Kellnern bedienen; er bevorzugte Kellnerinnen. Junge Männer als Kellner arbeiten zu sehen, hatte für ihn etwas Bedrückendes.

Im Juli waren wir mitten drin, Geräusche, Musik und Dialoge von *Limelight* auf einer Tonspur zu mischen. Die beiden ersten Rollen waren bereits fertig. Am folgenden Tag, dem 22. Juli, wollten wir mit Rolle 3 beginnen. An jenem Abend, in meinem Schlafzimmer, glaubte ich plötzlich, die Wände um mich herum würden einstürzen. Ein Erdbeben! Ein Phänomen, das mich total erschreckte!

Am nächsten Morgen kamen mir die Straßen von Los Angeles höchst unheimlich vor. Jeder schaute jeden mit merkwürdigen Augen an. Es war, als hätten wir alle den Weltuntergang erlebt.

Oona und Charlie hatten das Beben auch gespürt. Später, im Misch-Studio, steckte uns allen noch der Schreck in den Gliedern, und wir flüsterten ängstlich. Ein Nachbeben war nicht ausgeschlossen, doch wir mußten weitermachen. Wir legten Rolle 3 ein. Charlie erschien als Calvero auf der Leinwand und schaute Terry mit einem breiten Lächeln an. »Die Sonne scheint, der Kessel pfeift, und die Miete haben wir auch bezahlt. Es wird ein Erdbeben geben — ich weiß es, ich weiß es.« Das Eis war gebrochen; lachend machten wir uns an die Arbeit.

Claire war nun wieder in England und bereitete sich auf ihre Julia im Old Vic vor. Aber *Limelight* ging ihr nicht aus dem Sinn. Aus Stratford schrieb sie mir:

»Manchmal, wenn ich an die Arbeit mit Mr. Chaplin denke, kommt mir alles wie ein schöner Traum vor, und ich kann kaum glauben, daß es Wirklichkeit war. Plant Mr. Chaplin immer noch, zur Premiere nach London zu kommen? Ich kann es mir kaum noch vorstellen. Aber wenn er kommt, wird man ihm einen großartigen Empfang bereiten.«

Während der Montagearbeiten wollte Chaplin seinen Anteil an United Artists verkaufen. Die Gesellschaft machte Verluste. Man bot Mary Pickford und ihm eine große Summe an. Aber in letzter Minute schreckte Mary vor dem Geschäft zurück. Charlie war wütend. Dazu kam noch, daß Marys Katze während der Verhandlungszeit jeden Morgen den Summit Drive hinunter spaziert kam und den Tag in Chaplins Küche verbrachte, wo sie königlich bewirtet wurde. Mary rief dauernd wutentbrannt an und verlangte, daß man ihr die Katze zurückschicke, als wäre Charlie ein Katzenfänger. Ich glaube, die Katze war mit schuld daran, daß das Geschäft nicht zustande kam.

Während dieser Zeit kam das Royal Ballet zum ersten Mal nach Los Angeles. Mit Margot Fonteyn und Beryl Grey als Primaballerinen. Oona und Charlie luden die Fonteyn und die anderen zum Dinner ein. Bei Tisch gerieten Charlie und die Fonteyn in ein hitziges politisches Streitgespräch. Die Fonteyn, die sehr rechts eingestellt war, fragte Charlie: »Sind Sie für Frieden um jeden Preis?« Charlie, der *alle* Kriege verabscheute, erwiderte: »Ja, um *jeden* Preis.« Und nur um sie zu provozieren, fügte er noch hinzu: »Und wenn Sie's genau wissen wollen — ich wäre lieber rot als tot!«

Limelight war jetzt für eine *Preview* fertig. Wir mieteten das größte Filmtheater der Paramount und luden die berühmtesten Regisseure, Schauspieler und Agenten Hollywoods ein. Sidney Skolsky (der Hollywood-Kolumnist und Produzent von *The Jolson Story*), ein guter Freund von mir, war der einzige geladene Journalist. Charlie tat das nur mir zu Gefallen — Sidney hatte sich immer sehr für das Circle eingesetzt. Hier Sidneys Eindrücke von der ersten *Limelight*-Vorführung:

Die Gästeliste war lang und reichte von großen Stars wie Humphrey Bogart und Doris Duke bis hin zu älteren Herrschaften, die schon seit *The Gold Rush (Goldrausch)*, 1924, mit Chaplin zusammengearbeitet hatten. Charlie war nervös und aufgeregt wie ein Neuling — gar nicht wie jemand, der seit vierzig Jahren Filme macht und schon zur Legende geworden ist.

Charlie und sein Assistent, Jerry Epstein, zeigten den Film um 14 Uhr, weil Chaplin die Kopie selbst überprüfen wollte. Er, Drehbuchautor, Regisseur, Produzent und Hauptdarsteller in einer Person, fungierte jetzt sogar als Platzanweiser. Und dann, als die Lichter im Vorführraum erloschen und der Film begann, saß der kleine grauhaarige Herr ganz hinten im Saal und steuerte den Ton. Es waren die aufregendsten Stunden, die ich je bei einer Filmvorführung erlebt habe.

Es knisterte vor Spannung im Raum. Und vor Dramatik gemischt mit Komik auf der Leinwand. Auch das ganze Drum und Dran des Films war aufregend ... Nach all den Jahren, Jahrzehnten im Filmgeschäft hätte man meinen können, Chaplin hätte nichts Neues mehr zu bieten. Doch dies ist ein ganz neuer Chaplin, einer mit vielen neuen Tricks — und dennoch der alte ...

Dann ging das Licht wieder an, und alle Zuschauer, von Ronald Colman bis David Selznick, von Judge Fecora bis Sylvia Gable, sprangen auf, klatschten und riefen »Bravo!« Es

Charlie und Oona in London bei der Limelight-*Premiere. So galant, wie er auftrat, war ihm wahrlich nicht anzumerken, daß ihm gerade die Wiedereinreise in die Staaten verweigert worden war.*

war, als wolle ganz Hollywood Charlie Chaplin Beifall zollen. Da stieg der kleine grauhaarige Herr aufs Podium und sagte: »Vielen Dank. Ich hatte große Angst. Sie sind die ersten, die meinen Film gesehen haben. Er dauert zweieinhalb Stunden. Ich will Sie nicht länger aufhalten. Ich möchte Ihnen nur danken. ›Danke—.‹« Weiter kam Chaplin nicht. Eine weibliche Stimme ertönte: »Nein, nein. Wir danken *Ihnen*!« Und alle Zuschauer griffen diesen Satz auf und riefen ihn Chaplin zu.

Ich glaube, dies ist der Schlüssel zu *Limelight*. Es ist nicht wichtig, ob man den Film gut oder überragend findet. Solche Steigerungen sind unwesentlich. Dies ist kein gewöhnlicher Film, den kein gewöhnlicher Mensch gemacht hat. Dies ist ein Stück Filmgeschichte, und ich bin sicher, daß jeder, der sich wirklich für Filme interessiert, sagen wird: »Danke, Chaplin.«

Skolskys Artikel erschien im *New York Post* und wurde in ganz Amerika nachgedruckt.

Charlie hätte nicht glücklicher sein können. Nach der Vorführung gab er eine riesige Gartenparty. Als er sich eben mit John Gielgud unterhielt (er war wegen *Julius Caesar* in Hollywood), unterbrach sie ein weiblicher Gast: »Oh, Charlie, warum haben Sie in der Music-Hall-Szene nicht den Tramp gespielt? Ich war *so* enttäuscht!« Gielgud unterbrach sie: »Weil er zuviel Geschmack hat.« Das gefiel Charlie.

Während der ganzen Dreharbeiten war Bob Aldrich skeptisch geblieben. Er glaubte nicht an den Film. Er fand ihn altmodisch und Charlies Kamera zu statisch (schon wieder dieses Wort). Aldrich war auf Action aus, er war vor allem ein Techniker. Charlie jedoch hielt sich an keine Gesetzmäßigkeiten. Aber nach der Preview kam Aldrich zu Charlie, Tränen in den Augen. »Ich nehme alles zurück«, sagte er. »Du weißt immer genau, was du tust. Der Film ist großartig!« Diese Worte aus dem Munde des großen Skeptikers rührten uns sehr. Ein noch größeres Kompliment aber machte er Charlie in seinem eigenen Film *Autumn Leaves,* in dem er gewisse Beleuchtungseffekte und Kameraeinstellungen von Charlie übernahm.

Der Film war jetzt fertig zur Uraufführung. Charlie und Oona bereiteten sich auf ihre schicksalhafte Reise nach New York und die Londoner Premiere vor. Alle waren in heller Aufregung. Charlie nahm mich beiseite und sagte, ich bekäme eine Sonderprämie, sobald der Film angelaufen sei. Am 6. September 1952 verließen Charlie und Oona mit ihren Kindern und dem Kindermädchen Kay-Kay Los Angeles. Kurz vor der Abreise hatte Charlie Oona überreden können, ihre Unterschrift für ein gemeinschaftliches Konto zu leisten. Ich kam zum Bahnhof, um mich von ihnen zu verabschieden. Charlie sagte mal später, er habe meinen Augen angesehen, daß er nicht zurückkehren würde. In New York fand eine weitere Voraufführung von *Limelight* statt, und ich erhielt von Charlie die Anweisung, zwei weitere Sequenzen herauszuschneiden.

Am 17. September schiffte sich die Familie auf der *Queen Elizabeth* ein, und zwei Tage später traf das verhängnisvolle Telegramm von Generalstaatsanwalt James McGranery ein. Was als erholsame Urlaubsreise geplant gewesen war, um Oona London zu zeigen, wurde zum Alptraum.

Los Angeles erschien mir schrecklich leer. Keine Oona. Kein Charlie. Kein Circle. Zum Glück war Carol Saroyan da, wenigstens eine mitfühlende Seele. Gelegentlich traf ich auch Maxene Andrews. Doch dann packten die Andrews Sisters ihre Koffer, um in New York in Perry Comos Fernsehshow aufzutreten. Ich floh mit ihnen nach Osten.

Limelight hatte in Manhattan im Astor und Translux Premiere. Es war seltsam, den Film mit Publikum zu sehen. Nach all den Monaten mit Charlie im Schneideraum war mir der Film so vertraut geworden; jetzt war er Allgemeingut. Er schien nicht länger ein Teil von mir zu sein. Jetzt gehörte er dem Publikum.

Gebannt verfolgte ich die Reaktion der Zuschauer. Ich war fassungslos, wie die Verleiher es zulassen konnten, daß die Kopien innerhalb einer Woche verkratzt und schmutzig waren. Wir hatten uns so sehr um perfekte Bildqualität bemüht. Jetzt sah er aus wie ein alter Film nach der x-ten Wiederaufführung. Ich schrieb Charlie nach London, und er beschwerte sich bei United Artists. Sie tauschten die Kopien sofort aus.

Ich war schockiert, als ich erfuhr, daß sich viele Kinos in den USA weigerten, den Film zu zeigen. Die American Legion war wieder am Werk. Diese Demütigung wollte Charlie nicht hinnehmen, und er nahm *Limelight* sofort aus dem Verleih. Bis heute ist der Film in vielen amerikanischen Kinos nie gezeigt worden.

Mein Vetter Michael Tolan trat am Broadway in *A Majority of One* mit Gertrude Berg auf, und so hatte ich mit Michael, Philip Langner und Marilyn Freunde, die ich treffen konnte. Auch Constance war wieder in New York. Sie hatte sich *Limelight* angesehen und war empört, daß einer der Flöhe in der Flohdressur-Szene Phyllis hieß. »Man kann doch einem Floh nicht den Namen einer Bekannten geben!« beschwerte sie sich. Ich versuchte, sie zu beschwichtigen. Sicher hatte Charlie den Floh nicht absichtlich nach ihrer treuen Freundin benannt.

Am 14. November erhielt ich ein Telegramm von Oona aus London. Sie sei auf dem Weg nach New York, und sie bat mich, sie im Sherry Netherlands Hotel zu treffen. Sie kam in geheimer Mission, um Charlies Geldangelegenheiten in Los Angeles zu regeln. Zum Glück konnte sie über das gemeinsame Konto verfügen. Charlie war sehr in Sorge, daß die Regierung ihr gesamtes Vermögen konfiszieren könnte. Aber Oona war schneller; sie verschaffte sich Zutritt zu Charlies Tresor und stopfte alles — Geld, Papiere, Aktien — in einen Koffer. Sie war so fix, daß die Bank of America gar nicht bemerkte, was da vor sich ging. Dann verschloß sie das Haus am Summit Drive, bezahlte das Personal und eilte nach New York zurück. Es war wie im Krimi!

Charlie rief aus London an. Oona meldete: »Auftrag ausgeführt!« An diesem Abend gingen Oona und ich ins Manny Wolf's Steak House an der 3rd Avenue. Jemand hinter uns erkannte sie und rief ihr Schimpfworte nach. »Kommunistenschwein!« war eines davon. Ich platzte vor Wut, doch Oona lachte nur.

Als Oona nach Europa zurückgekehrt war, begann ich Filmpläne zu schmieden. Die Arbeit mit Charlie hatte mir

Charlie und Oona in Begleitung von Merle Oberon beim Betreten der Pariser Comédie Française, wo Charlie zu Ehren eine Gala-Veranstaltung gegeben wurde.

neue Welten eröffnet, und ich vergaß meine Theaterträume. Ich glaubte, als Regieassistent von *Limelight* leicht eine Anstellung zu finden, doch das Gegenteil war der Fall — meine Verbindung zu Chaplin wurde mit Argwohn betrachtet. Der Name Charlie Chaplin war zum Schimpfwort geworden, und die United Artists rieten mir, meine Beziehung zu ihm zu verschweigen. Ich aber war stolz auf *Limelight* und meine Arbeit mit Charlie. Die ängstlichen Leute im Filmgeschäft konnten mir gestohlen bleiben.

Zeitungen, Radio und Fernsehen berichteten täglich über den Fall Ethel und Julius Rosenberg. Man hatte sie mit der Beschuldigung, Atom-Dokumente gestohlen und den Russen zugespielt zu haben, ins Gefängnis geworfen. Jetzt, nach zwei Jahren in der Todeszelle, sollten sie auf dem elektrischen Stuhl hingerichtet werden. Eisenhower, der soeben Präsident geworden war, wollte das Urteil nicht rückgängig machen.

In der ganzen Welt kam es zu Protest-Demonstrationen. Noch nie in der amerikanischen Geschichte war ein Ehepaar zum Tode verurteilt worden. Das Urteil war deshalb so widersinnig, weil der Verrat in Friedenszeiten begangen worden war und deshalb nicht als Kapitalverbrechen gelten konnte. Ganz Amerika war in Aufruhr, die Spannung war unerträglich.

Da kam aus heiterem Himmel ein Anruf von Arthur Kelly. Er hatte soeben eine Nachricht von Charlie erhalten. Die Chaplins hatten sich in der Schweiz in einem Haus hoch über dem Genfer See niedergelassen und luden mich für zwei Wochen ein.

Ich war überglücklich. Ich wollte fort; die letzten Monate waren so voller Streß und Ungewißheit gewesen, und ich hatte immer schon davon geträumt, Europa kennenzulernen. Am 18. Juni verließ ich New York, einen Tag vor der geplanten Hinrichtung der Rosenbergs. Man hatte das Weiße Haus mit Gnadengesuchen bombardiert. Als ich abflog, wußte ich nicht, was mit ihnen geschehen würde.

Ich war unterwegs zu neuen Abenteuern. Doch der Gedanke an die Rosenbergs ließ mich nicht los. Würde die Hinrichtung im letzten Augenblick vielleicht doch noch ausgesetzt?

EIN KÖNIG 5 IN NEW YORK

Oben: *Charlie als Pan im Garten des Manoir.*

Mitte: *Ich mußte ungefähr zwanzig Minuten lang posieren, bis Charlie endlich zufrieden war und dieses Foto von mir machte! Im Hintergrund ist das Manoir zu sehen.*

Unten: *Oona und Charlie in ihrem Garten im heißen Sommer 1953.*

»Was ist mit den Rosenbergs?« fragte ich Charlie, als er mich am Genfer Flughafen abholte. »Sie sind vor ein paar Stunden hingerichtet worden«, antwortete er bedrückt. Augenblicklich war alle Freude darüber, Charlie wiederzusehen und in der Schweiz zu sein, verflogen. Schweigend fuhren wir zu seinem Haus in Vevey; unterwegs deutete er auf die Schlagzeilen der Zeitungsplakate: »ROSENBERGS SONT MORTS«. Das Schicksal der Rosenbergs überschattete meine ersten Tage in der Schweiz.

Das erste, was mir in der Schweiz auffiel, waren die vielen Radfahrer auf der Straße. Ich hatte mittelalterliche Schlösser wie aus einem Disneyfilm erwartet, statt dessen war Genf — abgesehen von den Radfahrern — eine geschäftige, moderne Stadt.

Das neue Heim von Oona und Charlie kam mir vor wie das Weiße Haus. Zum Manoir de Ban gehörten vierzig Morgen Grundbesitz. Es hatte große, weiße Säulen, und vom gepflegten Rasen aus konnte man den Genfer See überblicken. Charlie hatte sich nicht so recht zu diesem Haus entschließen können, aber Oona, die gerade zum fünften Mal schwanger war, hatte das Hotelleben im Beau Rivage in Lausanne satt und setzte ihren Willen durch. Das Manoir de Ban war genau das Haus, das ihren Vorstellungen entsprach.

Eine kluge Entscheidung. Als ich ankam, hatten sich Oona und Charlie schon häuslich eingerichtet, auch wenn auf dem Gang immer noch große Kisten voller Bücher herumstanden und noch einige Möbel fehlten. Es war schwer, im Ausland ein neues Leben anzufangen, Schulen für die Kinder zu suchen, Personal zu finden und sich überhaupt an die neue Umgebung zu gewöhnen. Oona sprach Französisch, was alles ein wenig leichter machte; Charlie sollte mit dieser Sprache immer seine Probleme haben. Oona schien sich über unser Wiedersehen zu freuen und tat alles, damit ich mich wohl fühlte.

Rechts: *Oona und Charlie auf der Veranda beim Lesen ihrer Morgenpost.*

Ich half Charlie, seine ledergebundenen Bücher auszupacken und in seine neue Bibliothek einzuordnen. Das Manoir de Ban war riesig. Doch als die Familie weiter wuchs, brauchten die Chaplins sogar noch mehr Platz. Die Kinder und das Personal schliefen im obersten Stock. Ich bekam ein Zimmer im Erdgeschoß.

Obwohl Charlie Amerika erst vor neun Monaten verlassen hatte, muß es ihm wie eine Ewigkeit vorgekommen sein. Er brannte darauf, Neuigkeiten von McCarthys Hexenjagd, von der schwarzen Liste und den Rosenberg-Protesten zu erfahren, erkundigte sich nach alten Freunden und den neuesten Filmen. Er schien es kaum abwarten zu können, sich selbst wieder in die Arbeit zu stürzen.

Vor meiner Abreise aus New York hatte ich im Roxy Kino eine CinemaScope-Vorführung gesehen. Der Siegeszug des Fernsehens hatte die Einnahmen der Filmtheater in den Keller rutschen lassen, und die Studios suchten voller Verzweiflung nach neuen Erfolgsmethoden. 3-D war gescheitert, und Cinerama, das mit drei Projektoren arbeitete, hatte sich als zu kostspielig und zu umständlich erwiesen. Deshalb hatte Fox CinemaScope entwickelt, das mit nur einem Projektor auskam. Im Roxy zeigten sie Ausschnitte aus *The Robe* (Das Gewand) mit Richard Burton und aus *How to Marry a Millionaire* (Wie angelt man sich einen Millionär?) mit Lauren Bacall und Marilyn Monroe. CinemaScope werde die Filmindustrie retten, hieß es.

Charlie hörte fasziniert zu, als ich ihm dieses neue Filmformat beschrieb, bei dem man das Gefühl hat, durch einen Briefkastenschlitz zu schauen. Er lachte, als ich ihm erzählte, wie in *The Robe* die Schauspieler an den beiden äußersten Enden der Leinwand aufgebaut wurden und man dauernd den Kopf hin und herdrehen mußte, um dem Dialog zu folgen.

Aber unser Hauptgesprächsthema waren die Rosenbergs. Er hatte von dem Brief gehört, den Mrs. Rosenberg kurz vor ihrer Hinrichtung an Präsident Eisenhower geschrieben hatte. »Ziehen Sie die Mutter Ihres einzigen Sohnes zu Rate«, schrieb Ethel Rosenberg. »Sie, die selbst einen Sohn hat, wird nachempfinden können, daß es mein innigster Wunsch ist, meine Söhne zu Männern heranreifen zu sehen. Ihr Herz wird Gnade walten lassen. Hochachtungsvoll, Ethel Rosenberg.« Aber offensichtlich blieb das Herz der beiden Eisenhowers ungerührt.

Charlie weinte, als er das erzählte. Dann explodierte er. »Diese Schweinehunde, wie konnten sie diese Menschen umbringen?« Ob die Rosenbergs schuldig waren oder nicht, spielte keine Rolle. Für ihn war es eine Frage der Menschlichkeit.

Kurioserweise wurde Charlie einige Jahre später im Savoy

Oben: *Frühstück auf der Veranda.*

Links: *Oona genießt die Schweizer Luft.*

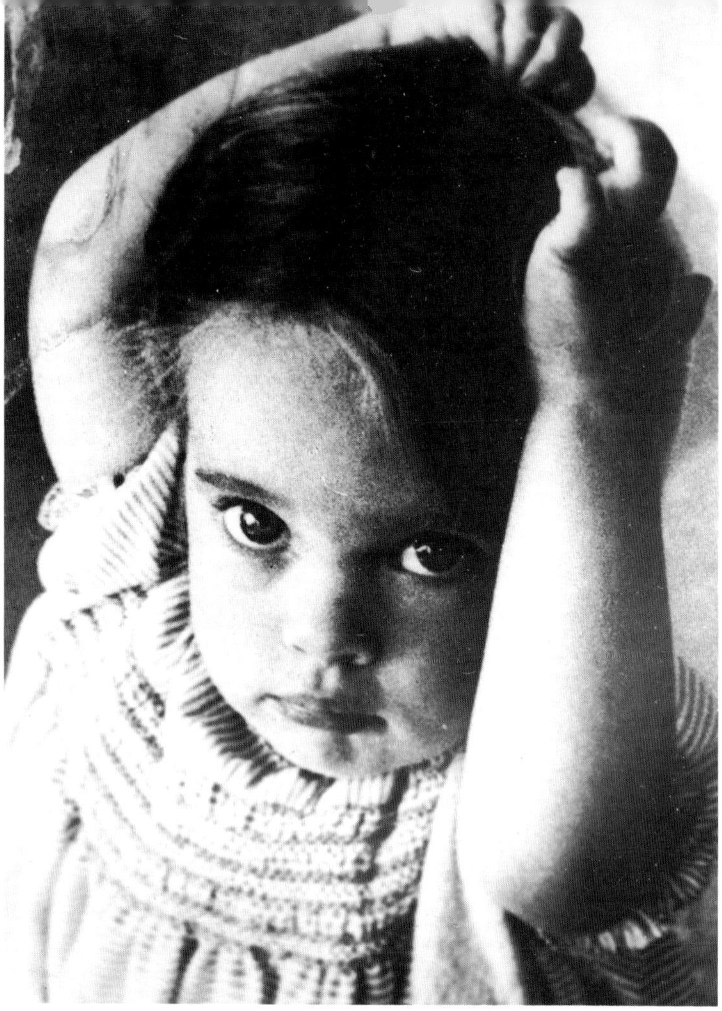

Links: *Charlie liebte dieses Foto von Vicky. Es stand immer in seinem Schlafzimmer.*
Unten: *Charlie und Josephine.*

Oben: *Charlie und Geraldine.*
Rechts: *Von diesem Motiv, das Charlie »Auf der Flucht vor McCarthy« nannte, gibt es mehrere Versionen.*

Oben: *Charlie und ich beim Sonnen im Garten.*
Unten: *Dieses Bild nannte Charlie »Sehnsucht nach Hollywood«.*

Hotel in London von einer Abgesandten Präsident Eisenhowers angerufen, die ihn zu sehen wünschte. Streng vertraulich. Charlie ahnte nichts Gutes und bat deshalb mich, zu dem Treffen zu gehen. Es stellte sich heraus, daß Eisenhower den roten Teppich ausrollen und Charlie wieder in Amerika willkommen heißen wollte. Vorher wollte man aber erst mal vorsichtig vorfühlen.

Als ich begann, Charlie diese Nachricht zu übermitteln, unterbrach er mich; wir verließen das Savoy, bestiegen einen roten Doppeldeckerbus, setzten uns nach oben und fuhren durch London. Ich flüsterte ihm die Nachricht ins Ohr. »Sag das noch mal«, rief er. Es war wie in einem Thriller von Graham Greene. Dann bat mich Charlie, der betreffenden Dame mitzuteilen, daß er die Einladung ablehne.

Als ich in der Schweiz ankam, war er immer noch verbittert darüber, wie man ihn in Amerika behandelt hatte, aber er wollte sich der Presse gegenüber nicht allzu offen äußern. Ihm gehörte nach wie vor ein Teil von United Artists; auch sein Studio und das Haus in Beverly Hills waren noch nicht verkauft, und er wußte, daß Onkel Sam sein Vermögen beschlagnahmen konnte. Er mußte also stillhalten.

Ich erinnere mich an einen Abend in Kalifornien — es war in der Zeit der amerikanischen Pressehetze gegen ihn —, als er mir Teile einer Erklärung vorlas, die er den Zeitungen übergeben wollte. Es war eine sehr hitzige Erklärung. Er ließe sich, hieß es da, nicht von faschistischen Gruppen einschüchtern oder erpressen und auch von sonst niemandem in die Knie zwingen. Schließlich hätte er ja nichts verbrochen. Ich spürte, wie sehr er auch jetzt noch darauf brannte, seinen Protest kundzutun, aber er mußte seine Gefühle im Zaum halten.

Der damals siebenjährige Michael hatte großes Heimweh nach Kalifornien. Zuerst, als die Familie in London ankam, dachte er noch, sie würden dort nur einen kurzen Urlaub verbringen. Als sich der Aufenthalt im Savoy Hotel dann immer länger hinzog, fragte Michael seine Mutter unaufhörlich: »Wann fahren wir wieder nach Hause? Ich will zurück nach Kalifornien.«

Eines Tages saßen Charlie und ich in Vevey im Wohnzimmer. Charlie regte sich wieder einmal über die Verhältnisse in Amerika auf. Als er gerade Dampf abließ, kam der kleine Michael herein, pflanzte sich vor seinem Vater auf und fing an, laut und provozierend Irving Berlins »God Bless America, Land that I Love« zu singen. Charlie schrie: »Oona, hol den Jungen hier raus! Ich versuche zu arbeiten!«

Einige Tage später kam ein Brief für Charlie aus Amerika. Von Mickey Cohen, einem bekannten Unterweltmann von der Westküste, der gerade eine Gefängnisstrafe verbüßte. Er

Rechts: *Charlie beim Herumalbern. Hier posiert er als Hollywood-Schönheit.*

Unten: *Immer wenn Charlie ein gutes Motiv gefunden hatte, ließ er sich in verschiedenen Posen aufnehmen.*

schrieb Charlie, er finde es empörend, wie die amerikanische Regierung ihn behandelt habe; er sei jederzeit bereit, ihm zu helfen. Charlie brauche nur einen Ton zu sagen. Was das hieß, war klar. Selbst hinter Gittern war seine Macht noch groß.

Der Sommer 1953 war einer der heißesten, die die Schweiz je erlebt hatte. Und Charlie liebte die Hitze! Er genoß selbst die schwülsten Tage in New York. Wir saßen in Liegestühlen im Garten, schmorten in der Sonne, und er suchte nach Ideen für einen neuen Film.

Er spielte mit dem Gedanken, drei seiner kurzen Stummfilme — *Shoulder Arms, The Pilgrim* und *A Dog's Life* — zusammen unter dem Titel *The Chaplin Revue* neu herauszubringen. Als Rahmenhandlung stellte er sich eine Art Somerset-Maugham-Parodie vor; von diesem waren unlängst einige seiner Kurzgeschichten unter dem Titel *Quartet* verfilmt worden, und er war selbst dabei immer »ganz zufällig« ins Bild gekommen, als hätte er gar keine Ahnung gehabt, daß er Einleitungen zu seinen Stories zu geben hatte.

Charlie hatte eine Idee für den Spot, der den ersten Film der *Chaplin Revue* einleiten sollte: Er wollte sich selbst im Bett mit einem von hinten aufgenommenen, langmähnigen Geschöpf filmen. Dann würde er sich plötzlich der Kamera zuwenden: »Oh, Entschuldigung ... Sie haben mich in einem unpassenden Augenblick erwischt.« Während seiner Erklärungen zum ersten Film würde sich das »Mädchen« dann als großer Collie entpuppen.

Einige Tage lang hatten wir unseren Spaß an dieser Maugham-Parodie, aber dann verwarfen wir sie wieder. Später kam ihm die Idee zu einer komischen Pantomimeszene. Er wußte noch nicht, in welchen Film sie passen könnte. Aber so arbeitete er eben. Zuerst kamen die Szenen, dann erfand er die Geschichte dazu.

Der Schauplatz sollte ein Lebensmittelgeschäft sein. An einem Haken hängt eine Gans. Der kahlköpfige Ladenbesitzer gerät mit einer Kundin in Streit. Er schlägt mit der Gans nach ihr, verfehlt sein Ziel und stößt die Frau in einen Stapel Eier. Zur Versöhnung bietet er ihr die Gans an. Sie riecht daran und behauptet, sie stinke. Der Ladenbesitzer gibt ihr pantomimisch zu verstehen, daß sie am falschen Ende rieche.

Ich brüllte vor Lachen, und je mehr ich lachte, desto mehr Gags erfand Charlie. Er sprudelte nur so vor verrückten Einfällen, verwarf aber auch diese Idee wieder.

Tagelang unternahmen wir Spaziergänge nach Vevey und fuhren mit der Bahn nach Montreux; Charlie produzierte unentwegt Ideen. Er war auf der Suche nach einer neuen Rolle. Er spielte mit dem Gedanken, den Tramp als alten Mann wie-

Charlie und ich beim Tischtennis.

der aufleben zu lassen, verwarf das aber wieder: »Die ganze Romantik des Tramp liegt in seiner Gelenkigkeit und Akrobatik, seiner Fähigkeit, immer wieder schnell zu entwischen«, meinte er. Nein, er würde etwas Neues erfinden müssen.

Eine Zeitlang liebäugelte er mit der Rolle des Verdoux, aber Oona und ich waren dagegen. Dann schlug er ganz spontan einen König vor. Er hatte in der Schweiz kürzlich mehrere entthronte Monarchen getroffen und war fasziniert von ihren Geschichten, wie sie den Revolutionen entflohen waren. Als er König sagte, konnte ich ihn mir lebhaft in der Rolle eines entthronten Monarchen vorstellen. Ich erinnerte mich an einen amerikanischen Comic-Strip, den ich sehr liebte: »Der kleine König« von Soglow, und in meiner Fantasie sah ich Charlie in dieser Rolle vor mir. Ich sagte sofort: »Ja, ein König!«

Diese Idee nahm bei Charlie langsam Gestalt an; er begann, sich in der Rolle wohlzufühlen. Tagelang saßen wir auf dem Rasen, und ich schrieb nieder, was ihm dazu an Ideen und Szenen einfiel. Wohin das alles führen sollte, wußte er nicht, aber er hatte schon bald eine Einstiegsszene.

Eine Revolution vor einem Palast. Die Massen stürmen herein und fordern den Kopf von König Shadov. Sie stürzen die große Treppe hinauf und durchsuchen sämtliche Zimmer. Aber sie können ihn nicht finden. Sie brechen den königlichen Safe auf. Leer. König Shadov ist gerade noch rechtzeitig mit all seinen Reichtümern entkommen und befindet sich auf dem Weg nach Amerika, *the Land of The Free, the Home of the Brave* — dem Land der Freien und Wagemutigen.

Jetzt hatten wir eine Rolle und einen Anfang: Nach Charlies Theorie die zwei wichtigsten Voraussetzungen für ein gutes Drehbuch. Zuerst suche man eine Rolle, in die man sich hineinversetzen kann, dann stelle man die betreffende Person in eine gute Anfangsszene, um ihren Charakter zu verdeutlichen. Dann bringe man sie in Schwierigkeiten und wieder heraus, in noch mehr Schwierigkeiten und wieder heraus ... Das halte man neunzig Minuten lang durch — und fertig!

Charlie war ganz aus dem Häuschen. Er würde eine satiri-

Ein Foto, das Charlie von Claire, mir und Oona in der Schweiz machte (1953).

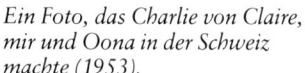

Rechts: *Charlie in Marlon-Brando-Pose.*

Ganz rechts: *Oona beim Lunch auf der Veranda.*

Unten: *Ich fuhr zum erstenmal nach London, und Charlie wollte mich unbedingt begleiten. Dieses Bild machte Oona kurz vor unserer Abreise.*

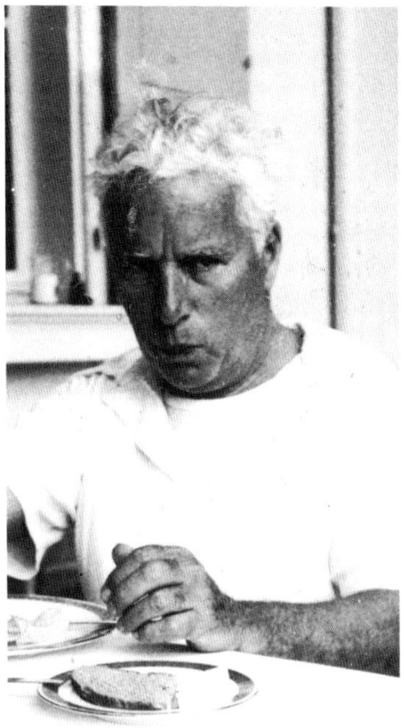

sche Komödie schreiben, die in Amerika spielte, und so in dramatischer Form all die Dinge ausdrücken, die er an den Staaten liebte, bewunderte und lächerlich fand. Aber in erster Linie sollte es eine Komödie sein. Er könnte sie in London drehen. Auch wenn es ungewohnt wäre, nicht im eigenen Studio und nicht mit den eigenen Leuten zu arbeiten, so hätte er dort doch zumindest keine Sprachprobleme.

Während er die Rolle des Königs Shadov weiter ausbaute und ihn mit komischen Eigenschaften versah, sagte Charlie immer wieder: »Bob Hope wäre genau der Richtige für diese Rolle.« Ich glaube nicht, daß er ihn ernsthaft in Betracht zog, aber vielleicht half ihm diese Vorstellung, das Pfiffige des Königs besser vor Augen zu haben.

Charlie parodierte in diesem Film die sogenannten fortschrittlichen Schulen, die die Schüler am lockeren Zügel führten. (Geraldine war einmal auf einer solchen Schule in Los Angeles.) Auch der Lärm in New York blieb von seinem Spott nicht verschont. Er dachte sich auch eine Szene aus, in der er sich über CinemaScope (und die Filmindustrie im allgemeinen) lustig machte. Wir amüsierten uns köstlich und konnten es kaum abwarten, uns allmorgendlich an die Arbeit zu machen. Aber am lustigsten war es immer beim Mittagessen, wenn wir Oona die Szenen erzählten. Sie war unser bestes Testpublikum. Sie strahlte immer Heiterkeit und Frohsinn aus; in ihrer Nähe fühlte man sich einfach wohl und geborgen.

Meine zwei Wochen neigten sich langsam dem Ende zu, und ich wurde allmählich unruhig. Zwar hatte mich niemand aufgefordert zu gehen, aber ich fand, daß es an der Zeit dazu war. Mir fiel das alte Sprichwort aus Brooklyn ein: »Gäste und Fische fangen nach drei Tagen an zu stinken.« Ich teilte Oona und Charlie mit, daß ich heimfahren würde. Mit meinem Rückflugticket konnte ich wahlweise in Paris oder London einen Zwischenstop einlegen. Ich entschied mich für London.

Charlie bestand darauf, mitzukommen, um mir sein London zu zeigen. Da Oona schwanger war, wollte sie uns nicht begleiten. Charlies Vorwand für die Reise waren geschäftliche Angelegenheiten mit United Artists. Die Gesellschaft wollte ihren Anteil an der Odeon-Kinokette verkaufen, um mit dem Geld Filme zu finanzieren. Charlie war wütend. United Artists sei nicht als Finanzierungsgesellschaft gegründet worden, sagte er. Es sei lediglich ein Filmverleih, und er befürchtete große Verluste. In London war eine Vorstandssitzung anberaumt, und Charlie wollte dort Protest einlegen.

Aber sobald wir in London waren, hatte er nur noch eines im Kopf, nämlich mir die Stadt zu zeigen. Als ich ihn an die Vorstandssitzung erinnerte, winkte er ab. Er hatte das Interesse an den Geschäften der United Artists verloren und wollte nur noch seine Anteile loswerden. Wir wohnten im Savoy. Und er unternahm mit mir einen dieser Spaziergänge durch London, die uns zur Gewohnheit werden sollten.

Ich erinnere mich noch sehr deutlich an diese drei Tage ... Das Mittagessen im Caprice und die Begegnung mit dem Bildhauer Sir Jacob Epstein, der unbedingt herausfinden wollte, ob wir verwandt seien — »Mein Bruder ist Zahnarzt in der 77th Straße. Ich bin sicher, wir gehören zur selben Familie!«

... Am Themseufer hatten die Leute Charlie erkannt und schrieen: »Charlie Chaplin! Charlie Chaplin!« Charlie wurde nervös: »Laß uns von hier verschwinden«, sagte er. Ein Touristenboot auf der Themse wollte gerade ablegen, und wir sprangen schnell noch auf. Als wir Richtung Greenwich fuhren, überholte uns ein anderes Boot mit lautem Sirenengeheul. Die Leute an Deck riefen: »Charlie Chaplin! Charlie Chaplin!« Es waren dieselben, vor denen wir gerade die Flucht ergriffen hatten. Sie hatten offensichtlich das nächstbeste Boot genommen, um ihrer Beute auf den Fersen zu bleiben.

Für mich war es Zeit, in die Staaten zurückzukehren, aber Charlie sagte: »Du willst doch noch gar nicht fahren. Komm

Oona während ihrer Schwangerschaft auf dem Sofa aus City Lights.

Rechts: *Sidney Bernstein, der Intendant von Granada Television, zu Besuch bei den Chaplins.*
Unten links: *Oona, die Kinder und das Kindermädchen Kay-Kay vergnügen sich bereits am Pool, obwohl er noch gar nicht fertig ist.*
Unten rechts: *Vicky.*

mit zurück in die Schweiz. Warte, bis Oonas Baby da ist.« Ich wollte tatsächlich noch nicht wieder fort, aber bei Charlie wußte ich nie so genau, woran ich war. Er drückte sich nicht klar aus, und ich war immer zu schüchtern. Aber ich war froh, mit zurückfahren zu dürfen.

In Vevey angekommen, krempelten wir die Ärmel hoch und begannen, ernsthaft an dem neuen Film zu arbeiten. Er schrieb eine liebenswerte Sequenz, in der sich König Shadov eines Nachts in Manhattan verirrt und von einem Taxifahrer aufgelesen wird. Der Fahrer, der nicht weiß, wen er vor sich hat, behandelt ihn sehr zuvorkommend und bringt ihn zu seiner Wohnung in der Bronx zurück. Plötzlich verwarf Charlie diese Idee wieder. »Das ist ein Klischee«, sagte er. Später erfuhr ich aus seiner Autobiographie, daß ihm genau diese Geschichte in New York passiert war.

Charlie war unermüdlich auf der Suche nach witzigen Einfällen. »Du mußt dir solange den Kopf zerbrechen, bis dir etwas Neues einfällt. Das erwarten die Leute von einem Chaplin-Film. Originelle Gags, die man noch nicht kennt.« Er wußte, daß andere ihn imitierten, aber von seinen eigenen Werken verlangte er Originalität.

Parallel zu seiner Arbeit an dem neuen Drehbuch wollte Charlie noch letzte Verschönerungsarbeiten an seinem Haus vornehmen lassen. Eines seiner größten Projekte war der Swimmingpool. Charlie wollte ihn unauffällig versteckt im Garten haben, damit er die wunderschöne Aussicht von der Veranda nicht beeinträchtigte, aber die Schweizer Architekten waren da ganz anderer Ansicht. Es folgten längere Debatten, und Charlie versuchte, sich auf Englisch verständlich zu machen, so gut es eben ging.

Obwohl er sich größte Mühe gab, hat er nie richtig Französisch gelernt. Er war leicht irritiert, als ich anfing, ein paar Brokken aufzuschnappen (ich lernte immer nachts). Schon bald konnte ich beim Mittagessen sagen: »Encore des fraises, s'il vous plaît!« (Noch ein paar Erdbeeren, bitte). Meine ersten französischen Worte!

Charlie mußte sich immer durch Pantomime verständlich machen. Manchmal kam es dabei zu Mißverständnissen. Syd erzählte uns, daß einmal ein Maler nicht begriffen habe, wie er die Wand streichen sollte. Um ihm die Farbe von Eierschalen zu erklären, hockte Charlie sich hin wie ein Huhn, das gerade ein Ei legt. Zuerst schaute der Maler etwas verwirrt, aber dann schien ihm ein Licht aufzugehen. Als er zurückkam, brachte er einen Eimer braune Farbe mit.

Ich bekam einen Brief von Constance! »In New York ist es unerträglich heiß. Wir haben eine Klimaanlage in meinem Schlafzimmer, und Phyllis und ich bleiben mitsamt dem Papagei und dem Hund Tag und Nacht in diesem einen Zimmer und trauen uns nicht vor die Tür. Kurioserweise ist das derzeitige Lieblingslied der Amerikaner eine Hinterlassenschaft von Charlie. Es ist fast wie eine Botschaft. Die *Limelight*-Melodie ist die Nummer eins der Hitparade. Vic Damone singt es Tag und Nacht.«

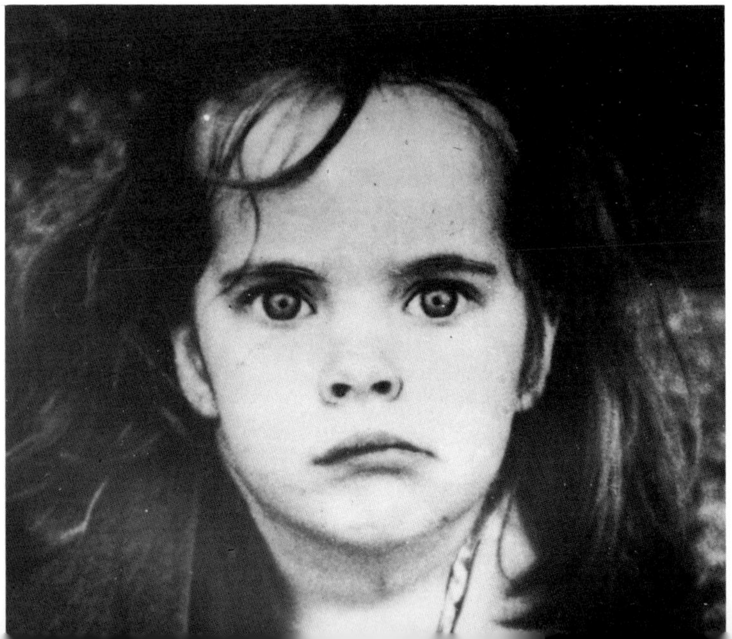

Rechts: *Charlie macht mit Maiskolben Unterhaltungsprogramm für die Kinder.*

Ich mußte lachen, als ich den Brief las. Constance war immer bestens informiert, sogar über die Hitparade.

Victoria war jetzt zwei, Josie vier, Michael sieben und Geraldine neun. Normalerweise aßen wir alle zusammen auf der Veranda zu Mittag. Wenn Charlie und ich dann wieder an die Arbeit gehen wollten, kamen die beiden Kindermädchen Kay-Kay und Miss Pinnie und holten die Kinder ab.

Oona und Charlie aßen immer um punkt 18.45 Uhr zu Abend. Die Kinder bekamen ihr Abendessen schon eine Stunde früher in ihrem eigenen Eßzimmer. Vor dem Essen pflegten Oona und Charlie einen Aperitif zu nehmen und dazu Erdnüsse zu knabbern. Wenn dann die Kinder hereingebracht wurden, um gute Nacht zu sagen, stürzten sie sich sofort auf die Erdnüsse, aber Charlie bremste sie schnell.

Charlie war ein Leckermaul. Am liebsten mochte er *See's chocolates* aus Los Angeles: knackig, zart und köstlich gefüllt. Die Kinder liebten sie auch heiß und innig, aber die Pralinen gehörten ihm und wurden nur sparsam verteilt. Einmal hatte er sie auf dem Kaffeetisch vergessen und als er später die Packung aufmachte, hatten die Kinder fast alle Pralinen aufgegessen oder an-

»Mach das Achselzucken des Tramps nach!«

Charlie steht hinter der Kamera und gibt ihr Regieanweisungen. »Spiel erschrecken!«

Oben und rechts: *Vicky, ein Star in Kinderschuhen.*

»Spiel schlafen!«

Rechts: *Am Tag nach Eugenes Geburt. Charlie gibt Oona im Krankenhaus einen Kuß.* — Ganz rechts: *Die Kinder werfen einen ersten Blick auf das neue Geschwisterchen.* — Mitte: *Oona mit Eugene auf dem Arm. Der stolze Vater betrachtet ihn liebevoll.* — Unten: *Oona, Josephine und Eugene.*

Gegenüber, links: *Charlie und Josephine.* — Gegenüber, oben rechts: *Michael hat uns gerade vorgespielt, wie sein Lehrer in Wut gerät, was Charlie dazu veranlaßte, für ihn eine Rolle in* A King in New York *zu schreiben.* — Gegenüber, Mitte rechts: *Charlie läßt sich frische Erdbeeren schmecken.* — Gegenüber, unten rechts: *Charlie entdeckt Michaels schauspielerisches Talent.*

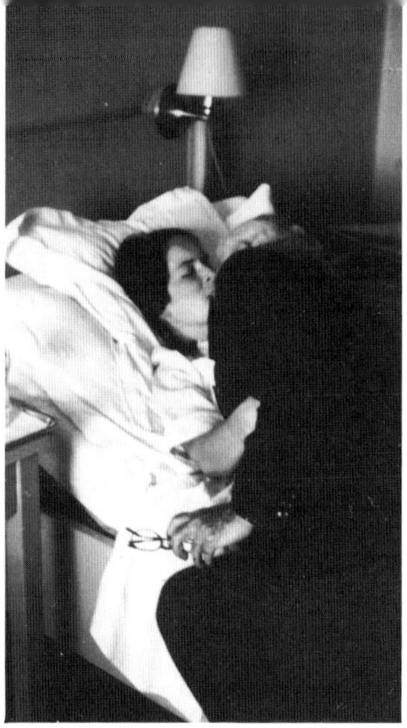

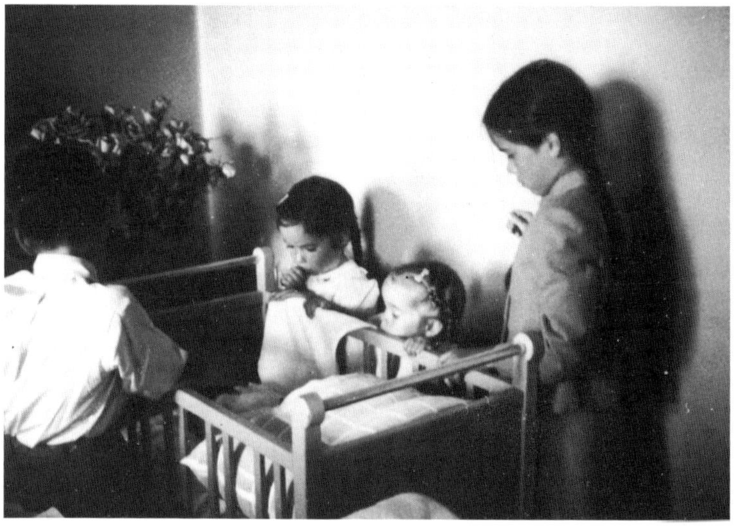

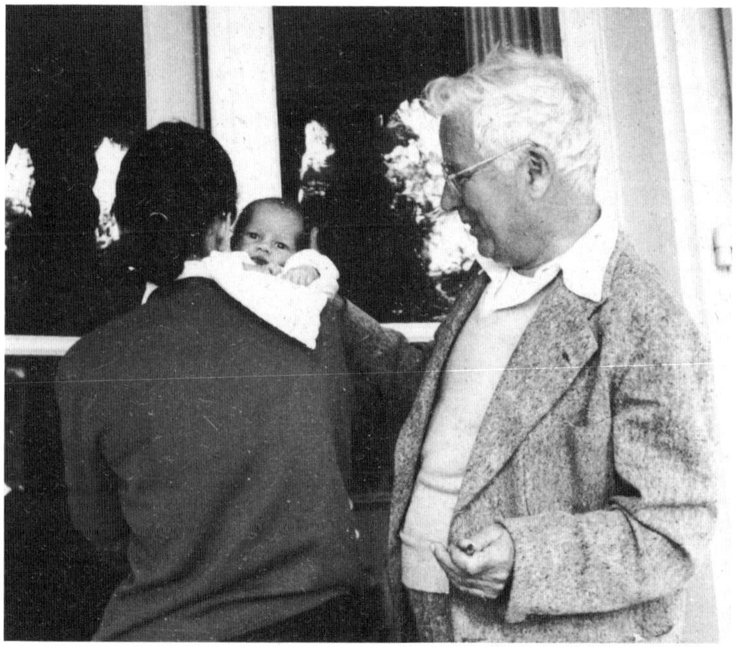

gebissen und liegengelassen. Seitdem wurden sie immer unter Verschluß gehalten.

Ab und zu tanzte Charlie den Kindern den Brötchentanz aus *The Goldrush* vor. Aber die größten Begeisterungsstürme löste er bei ihnen aus, wenn er hinter dem Sofa entlangging und so tat, als würde er eine Treppe hinuntergehen; er wurde immer kleiner und kleiner und verschwand schließlich ganz. Die Kinder lachten Tränen. Es war täuschend echt; man hätte schwören können, daß er in den Keller hinabstieg.

Gegen neun Uhr gingen Oona und Charlie zu Bett, und ich wußte oft nicht, was ich tun sollte. Meistens las ich, aber manchmal hatte ich auch Lust auszugehen. Doch außer den Chaplins kannte ich niemanden in der Gegend, und das Manoir lag ganz oben auf einem kleinen Berg. Wenn alle im Bett lagen und sämtliche Türen fest verschlossen waren, kletterte ich in meiner Verzweiflung manchmal aus dem Schlafzimmerfenster und lief durch die Kälte den Berg hinunter nach Vevey, nur um festzustellen, daß die ganze Schweiz scheinbar um neun Uhr zu Bett ging.

Ich bekam wieder Post von Constance: »Es muß aufregend sein, in der Schweiz zu leben. Ich weiß, daß Du Charlie Glück bringst und ihn zur Arbeit motivierst … Oona schrieb mir, falls ihr nächstes Baby ein Mädchen sein sollte, werde sie es nach mir benennen …«

Am 23. August kam Eugene Anthony Chaplin zur Welt. »Anthony« war mein Vorschlag gewesen. Charlie, die Kinder und ich besuchten Oona in der Klinik. Ich hatte meine Kamera mitgenommen und hielt das Ereignis fest. Das Familienalbum der Chaplins bestand großenteils aus meinen Fotos. Sobald Charlie meine Kamera erblickte, erfand er irgendwelche Gags, wobei er manchmal zehn Minuten brauchte, um die richtige Pose einzunehmen. Charlie liebte meine Bilder und nannte mich seinen Lieblingsfotografen. Ein Schnappschuß, den ich von Victoria als Kind gemacht hatte, stand immer auf seinem Nachttisch. Als Oona mit Eugene aus der Klinik kam, sagte sie: »Es ist herrlich,

Oona beim Abendessen im Garten.

Kinder zu bekommen. In der Klinik hatte ich endlich wieder einmal Zeit, in Ruhe *Krieg und Frieden* zu lesen.«

Die Kinder konnten inzwischen Französisch und gingen auf Schweizer Schulen. Michaels Schule war in Corsier. Eines Abends erzählte er uns von seinem strengen Schweizer Lehrer. Zuerst spreche der Mann ganz ruhig, dann gerate er plötzlich in Wut und drohe den Kindern mit Strafen, falls eines von ihnen aus der Reihe tanzen sollte. Michael machte uns vor, wie der Lehrer mit den Armen herumfuchtelte und rot anlief. Charlie schaute ihm fasziniert zu, und plötzlich wurde ihm klar, daß es in der Chaplin-Familie einen Schauspieler mehr gab.

In diesem heißen Sommer aßen wir jeden Tag Erdbeeren aus dem eigenen Garten zum Nachtisch. Das erinnerte Charlie an eine Vaudeville-Nummer, die er in Amerika gesehen hatte: »Comes the Revolution« mit Willie Howard. Charlie imitierte Willie Howard, wie er als radikaler Straßenredner mit russischem Akzent zur Menge sprach: »Wenn die Revolution kommt, werdet ihr Erdbeeren mit Schlagsahne essen.« Dann rief er als Zuhörer dazwischen: »Aber ich mag keine Erdbeeren mit Schlagsahne.« Und als Aufrührer Willie antwortete er: »Wenn die Revolution kommt, *wirst* du Erdbeeren mit Schlagsahne essen und DU WIRST SIE MÖGEN!« Charlie brüllte jedesmal vor Lachen, wenn er uns diesen Willie-Howard-Sketch erzählte.

Die Willie-Howard-Nummer und Michaels Lehrerszene haben Charlie wahrscheinlich den Stoff für seine Sequenz über die fortschrittlichen Schulen geliefert. Die Ähnlichkeit ist unverkennbar. In Charlies Szene begegnet der neunjährige Anarchist Rupert dem König, und die beiden fangen an, über Politik zu streiten. Rupert attackiert den König mit einer Tirade über den Verlust der Freiheit und die Macht des Big Business, und der König kommt kaum zu Wort.

Man ersetze Willie Howard, den Straßenredner, durch Rupert. »Kann ich fahren, wohin ich will?« fragt Rupert den König. »Nur mit einem Reisepaß! ... Und wirklich freies Unternehmertum — gibt es das?« fährt er angriffslustig fort. Jetzt ersetze man den Zwischenrufer durch den sanften König: »Wir stellen Pässe zur Diskussion«, entgegnet der König zaghaft. Aber Rupert, der Anarchist, läßt nicht locker: »Heutzutage ist alles ein Monopol! Monopole gefährden das freie Unternehmertum!« Der König wirft ein: »Wenn ich etwas dazu sagen darf ...« Aber es ist sinnlos. Rupert unterbricht ihn: »Nur mit einem Paß ...« Und so weiter ...

In Charlies kreativen Phasen schien ihn alles auf neue Ideen zu bringen; Michaels strenger Lehrer ebensogut wie jetzt die frischen Erdbeeren. Michael sollte Rupert den Anarchisten spielen, und der Film erhielt jetzt den Titel *A King in New York* (Ein König in New York).

Aber das Mittagessen auf der Terrasse ging nicht immer friedlich vonstatten. Die Erdbeeren lockten ganze Schwärme von Fliegen und Bienen an. Doch Charlie lag schon auf der Lauer, die gute alte Fliegenklatsche immer in Reichweite. Sobald er nur das leiseste Summen vernahm, verfolgte er das Insekt auf Zehenspitzen mit der Fliegenklatsche in der Hand, bis es sich irgendwo niederließ. Zack! Getroffen! Zufrieden widmete Charlie sich wieder seinen Erdbeeren mit Schlagsahne.

Um den Fliegen den Garaus zu machen, versprühte Oona einmal Insektenspray, und ausgerechnet in dem Moment machte Charlie eine Bewegung. Er bekam das Spray in die Augen und

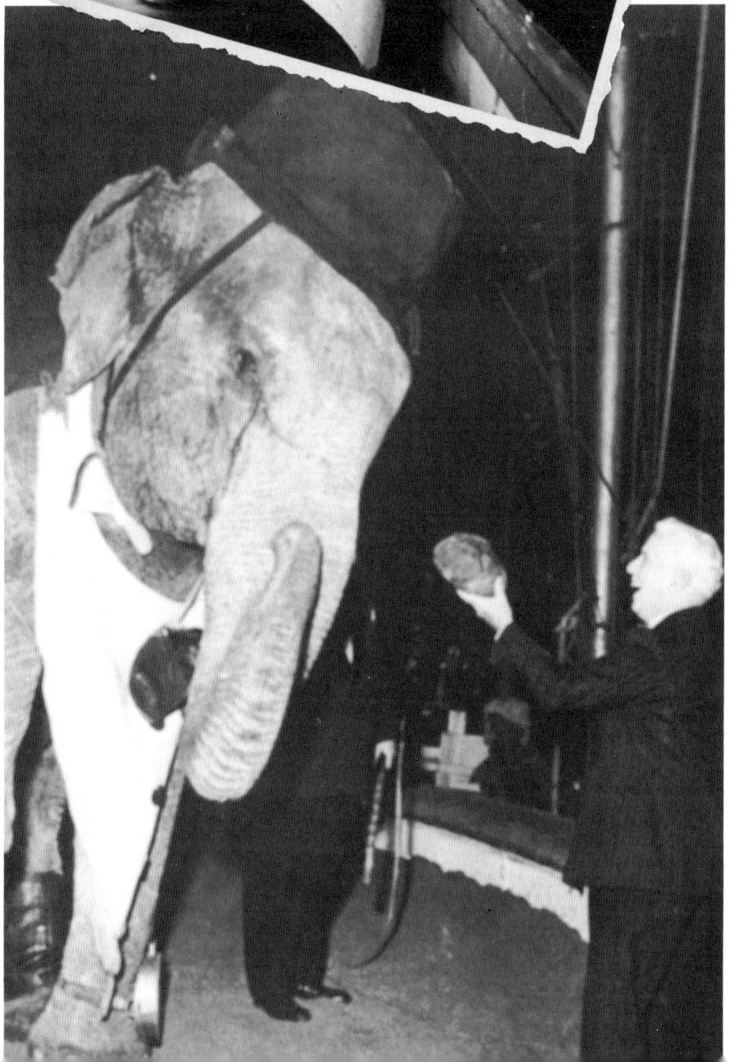

Oben rechts: *Charlie, Josie und ich im Zirkus Knie.*
Unten: *Charlie gibt dem Elefanten — oder ist es der Tramp? — einen Laib Brot.*

hielt sich die Hände vors Gesicht: »Meine Augen!« schrie er. »Ich werde blind! Sie sind so wichtig für meinen Beruf! Ich bin am Ende!« Ein Auftritt, der es mit der Szene in *Monsieur Verdoux* aufnehmen konnte, wo Verdoux denkt, er hätte aus Versehen Gift getrunken. Die Angst stand ihm ins Gesicht geschrieben.

Es war hochdramatisch. Als er ins Haus rannte und sich Wasser übers Gesicht schüttete, schauten Oona und ich uns besorgt an. Kurz darauf kam er auf die Veranda zurück, strahlte und war wieder ganz der alte. Oona und ich konnten aufatmen. Seine Augen waren gerettet. Seiner weiteren Karriere stand nichts im Wege.

Mittlerweile hatte Constance Probleme mit ihren Augen. »Nächsten Mittwoch werde ich operiert«, schrieb sie. »Ich kann nichts mehr sehen. Wie schön wird es sein, wenn ich meine Freunde wieder erkennen oder vielleicht eine Blume sehen kann ... Charlie könnte einen Film machen, der der ganzen Welt etwas bedeutet. Ich habe das Gefühl, daß sein neuer Film einer seiner größten Erfolge werden wird.«

Charlie arbeitete an seiner Szene über die fortschrittlichen Schulen weiter. Immer wieder fielen ihm Wörter oder Sätze auf, an denen er noch feilen mußte. Der Dialog sollte schnell und spritzig sein. Er war fest entschlossen, aller Welt zu beweisen, daß er noch nicht zum alten Eisen gehörte.

Im Oktober gab der Zirkus Knie — der Schweizer Nationalzirkus — sein alljährliches Gastspiel in Vevey. Er gehörte der Familie Knie und war der beste Zirkus, den ich je gesehen hatte. Alle großen Zirkusse der Welt — angefangen von den Ringling Brothers bis hin zum Cirque Médrano in Frankreich — schauten zu den Knies auf. Sie hatten immer die aufregendsten Artisten und die erstaunlichsten Tiernummern. Der Zirkus Knie besaß nur eine Manege, so daß man jede Nummer gut verfolgen konnte. Oona und Charlie gingen mit der ganzen Familie, Lillian Ross und mir in die Vorstellung.

Charlie zu Ehren ließen die Knies einen Elefanten auftreten, der mit Tramp-Melone, zu enger Jacke und zu großen Schuhen tanzte — den Stock hielt er mit dem Rüssel. Das Publikum klatschte Beifall und rief: »Charlot!« Da holte Rolf Knie Charlie in die Manege und gab ihm einen großen Laib Brot für den Elefanten. Nachdem Charlie den Elefanten gefüttert hatte, verbeugten sie sich voreinander.

Nach der Vorstellung luden die Knies uns alle in ihren Wohnwagen ein. Charlie lobte die wunderbaren Nummern, die Geschicklichkeit der Artisten und den ganzen Zirkus in höchsten Tönen. Zu Rolf Knie sagte er: »Die Zwerge haben den härtesten Job im Zirkus und sind sehr traurig.« Rolf Knie nickte zustimmend.

Von nun an wurde der Zirkusbesuch der Familie Chaplin zu

Rechts: *Von links nach rechts: George, der Chauffeur der Familie, ich, Sydney und Lillian Ross von der Zeitschrift* The New Yorker *(Vevey, 1953).* — Unten: *Vicky und Michael wollen mich nicht nach Paris fahren lassen.*

einem alljährlich wiederkehrenden Ereignis, und die Ankunft der Knies in Vevey erregte ebensoviel Aufsehen wie eine Hollywood-Premiere. Erst kürzlich hat Oona ihre Gedanken über den Zirkus Knie zu Papier gebracht und mir eine Kopie davon geschickt:

»Seit dreißig Jahren nun schon herrscht jeden Oktober — so sicher, wie der Herbst kommt — große Aufregung in unserem Hause: Der Zirkus Knie kommt nach Vevey. Eine wunderbare Zeit, die mit der Ankunft der Tiere beginnt: Kamele und Elefanten ziehen durch die Straßen, als wenn es das Alltäglichste von der Welt wäre, und das ist es für sie wahrscheinlich auch, nicht aber für uns, die wir in freudiger Erwartung auf dem Trottoir stehen. Eine alte Freundschaft verbindet unsere beiden Familien. Als mein Mann den Zirkus zum erstenmal sah, war er überwältigt von der hervorragenden Qualität, von der zauberhaften Atmosphäre und der guten Organisation. Es war einmalig und ist einmalig geblieben. Jedes Jahr wird in Genf gemunkelt, dieses Jahr

Eddie Constantine mit seinem unbeschwerten Charme, der über Nacht in Frankreich und in ganz Europa ein berühmter Filmstar wurde.

sei er besser als je zuvor, und jedes Jahr stimmt es — sofern das überhaupt möglich ist. Unsere Kinder sind zusammen aufgewachsen. Wir lieben und bewundern die Knies, die ganze Familie; eine altbewährte und unerschütterliche Freundschaft ...«

Weihnachten stand vor der Tür, und Oona und Charlie wollten nach London fahren. Nun war guter Rat teuer. Sollte ich in ihrem Haus bleiben, wenn sie wegfuhren? Wollte Charlie mir auf diese Weise zu verstehen geben, daß es an der Zeit sei zu gehen? Ich war völlig verunsichert. Auf keinen Fall wollte ich den Bogen überspannen. Ich war glücklich in Vevey mit Oona und Charlie. Die Arbeit, die Kinder, das Lachen und Sydneys amüsante Besuche, all das machte mir unglaublich viel Spaß. Aber ich hielt es für unangebracht, zu bleiben, wenn sie in London waren — und fürs Nichtstun bezahlt zu werden. Wenn sich Charlie doch nur äußern würde.

Ich packte den Stier bei den Hörnern und kündigte an, daß ich zuerst nach Paris und dann nach Hause fahren würde. Ich glaube, Charlie war von meinem Entschluß überrascht. Wie gern hätte ich offen mit ihm gesprochen, aber über bestimmte Dinge konnte ich mit ihm einfach nicht reden.

Ich machte mich also wieder auf den Weg.

Am Gare de Lyon wurde ich von Sydney und seiner damaligen Freundin, der jungen, attraktiven Schauspielerin Kay Kendall, abgeholt. Ich nahm ein Zimmer im Hotel Montaigne, wo auch Sydney und Kay wohnten, und danach gingen wir zum Abendessen in ein kleines Bistro. Sydneys freundschaftliche Art und seine Unbekümmertheit taten mir gut.

Ich konnte meinen Blick nicht von Kay Kendall losreißen. Was für eine Schönheit! Sinnlicher Mund, erotischer Blick, eine schön geschwungene Nase, und dazu unglaublicher Charme und Humor und die Fähigkeit, sich selbst auf den Arm zu nehmen. Ihr großes Idol war Carole Lombard, und sie hatte die gleiche verrückte Art an sich. Sie hatte gerade in der englischen Komödie *Geneviève* großen Anklang gefunden und war auf dem besten Wege, ein Star zu werden. Am Tag darauf mußten Sydney und Kay nach Ägypten fliegen, um dort unter der Regie von Gregory Ratoff *Abdulla the Great* zu drehen. Wir hatten uns zwar nur kurz kennengelernt, aber schon bald darauf sollte Kay zu meinen besten Freunden gehören.

Am nächsten Tag machte ich im Hotel die Bekanntschaft von zwei Drehbuchautoren aus Hollywood. Hal Bloom schrieb zusammen mit William Faulkner und Harry Kurnitz das Drehbuch zu *Land of the Pharaohs* (Land der Pharaonen). Lou Morhaim arbeitete für Sheldon Reynolds an der Fernsehserie *Foreign Intrigue*. Und ich war arbeitslos.

Am Abend gingen wir zum Essen in die Les Calvados Bar. Lou sah einen Bekannten und winkte ihn heran. Es war Eddie Constantine, der neue Stern am französischen Kinohimmel. Eddie kam an unseren Tisch. Lou hatte ihm etwas von seiner Mutter in Kalifornien auszurichten. Wir wurden miteinander bekanntgemacht.

Eddie war Amerikaner. Angefangen hatte er vor noch gar nicht langer Zeit als Chorknabe bei der MGM, wo er in Filmen wie *Rosalie* mitsang und von Joan Crawford tatkräftig unterstützt wurde. Dann ging er mit seiner Frau nach Paris, wo er sich als Sänger in diversen Spelunken durchschlug, bis Edith Piaf ihn entdeckte. Schon bald wurde er ihr Protégé und trat damit in die Fußstapfen von Charles Aznavour und Yves Montand. Jetzt war er mit der Rolle des amerikanischen Privatdetektivs Lemmy Caution in einem französischen Gangsterfilm ganz groß herausgekommen.

Eddie sonnte sich in seinem plötzlichen Ruhm. »Bald werde ich der größte Star Frankreichs sein«, meinte er. Hal und ich schauten uns amüsiert an. Eddie fuhr fort: »Die Franzosen können keine Gangsterfilme drehen. Meinen nächsten Film will ich mit einem amerikanischen Regisseur machen, damit das Ganze mehr Tempo und Witz bekommt.« Eddie wandte sich an Lou und Hal: »Kennt ihr zufällig einen?«

Da Lou und Hal wußten, daß ich gern Regie führen wollte, deuteten sie auf mich und sagten: »Ja, ihn!« Eddie drehte sich zu mir um. »Würden Sie gern die Regie in meinem nächsten Film übernehmen?« Ich sagte lachend: »Ja.« Er erkundigte sich nach meinem Hotel und sagte, er werde am nächsten Morgen um elf bei mir sein. Wir lachten immer noch, als er schon wieder weg war, und betrachteten den Fall als erledigt.

Am nächsten Morgen um elf Uhr aber kam Eddie, um Nägel mit Köpfen zu machen. Ich konnte zwar kein Französisch, aber das brauchte ich ihm ja nicht auf die Nase zu binden. Dann fragte er mich, ob ich Drehbücher schreibe. Ich hatte mein Lebtag noch keines geschrieben. Aber in Frankreich arbeiteten die Regisseure alle an den Drehbüchern mit. Charlie hatte mir einmal erzählt, wie er angefangen hatte zu schreiben: Er wußte, daß er ein Drehbuch, wie er es sich vorstellte, nur selbst schreiben konnte. Und das tat er dann auch. Als Eddie also fragte, ob ich schreibe, sagte ich: »Ja!« Wenn ich schreiben mußte, um den Job zu bekommen, würde ich es eben machen wie Charlie — *schreiben.*

Ich glaube, die französischen Produzenten verwechselten mich zuerst mit den Epstein-Brüdern, die *Casablanca* geschrieben hatten. Als sich herausstellte, daß ich ein anderer Epstein war, schien es ihnen doch sehr riskant, jemanden zu engagieren, der noch nie Regie geführt hatte und zudem noch nicht einmal Französisch konnte. Aber Eddie blieb hartnäckig. Ich war sein Mann. Wenn ich die Regie nicht bekäme, würde er den Film nicht machen. Er kämpfte verbissen — gegen die Gewerkschaften, gegen die Produzenten, gegen die Techniker. Man mußte Eddie einfach gern haben; er war so begeisterungsfähig und so anständig. Aber gegen den in Frankreich weit verbreiteten Antiamerikanismus konnte auch er nichts tun. »U.S. go home!« war in ganz Paris auf die Wände geschmiert. Aber damit war ja wohl nicht ich gemeint, oder?

Ich bekam die Regie. In absoluter Hochstimmung rief ich Oona und Charlie an und erzählte ihnen, was in den drei verrückten Tagen in Paris alles passiert war. Sie konnten es nicht glauben; ich auch nicht. Charlie meinte lachend, es sei fabelhaft, einfach fabelhaft.

Ich wurde mit Jacques Vilfrid, einem französischen Drehbuchautor, bekannt gemacht. Er sprach kein Englisch, ich kein Französisch. Was für ein Team! Aber irgendwie brachten wir zwei dann doch ein Drehbuch zustande, mit Eddie und seinem amerikanischen Pianisten Jeff Davis als Dolmetscher. Eddie hatten wir die Rolle eines Piloten zugedacht, der während eines Kurzurlaubs in Paris in einen Mord verwickelt wird.

Am Wochenende fuhr ich immer mit dem Zug nach Vevey; vollbepackt mit Kleenex und Almond Joys — beides war damals in Europa nicht erhältlich — für Oona und Charlie. Ich bekam das alles massenhaft von Elliott Kastner — heute ein prominenter Filmproduzent, damals GI bei der amerikanischen Armee in Paris.

In Vevey las mir Charlie die neueste Szene von *A King in New York* vor. Dann mußte er zur Abwechslung einmal *mein* Drehbuch anhören, *Votre Dévoué Blake* (Hochachtungsvoll Blake). Aber er machte das gern. Er interessierte sich für die Arbeit anderer und stand immer mit Rat und Tat zur Seite, wenn es mit einem Drehbuch Probleme gab.

»Wer ist der Mörder?« fragte er völlig verwirrt. Aber ich konnte ihm leider keine Antwort geben, denn wir hatten noch nicht entschieden, wer der Mörder sein sollte. Alle Ideen und Gags, die Charlie mir vorschlug, baute ich in meinen Film ein. Er wurde bald ein Constantine-Fan. Er liebte Eddies unbeschwerte Art und kindliche Lebensfreude. Als Eddie einmal in die Schweiz kam, luden Oona und Charlie ihn zum Essen ins Palace Hotel in Lausanne ein. Ganz spontan sang Eddie einige Lieder, und Charlie wünschte sich einen seiner Lieblingssongs, »Ol' Man River«. Eddie gab sein Bestes. Die Textzeile, die Charlie am meisten liebte, war Oscar Hammersteins »Ah'm tired of livin' an' skeered of dyin'« (Ich will nicht mehr leben und habe Angst vor dem Sterben). Das ging ihm sehr nah.

Charlie hatte zwar schon einzelne Szenen für *A King in New York* geschrieben, aber nach wie vor fehlte ihm die Story. Das Drehbuch für *Votre Dévoué Blake* hingegen war bald fertig, und wir konnten mit den Vorbereitungen beginnen. Damals gab es in der französischen Filmindustrie viele Arbeitslose, und da kam ich daher — als Amerikaner — und führte Regie bei einem französischen Film. Immer deutlicher bekam ich die Ressentiments der Techniker zu spüren. Worauf hatte ich mich da bloß eingelassen?

Eddie war aber voller Zuversicht. »Ich bin ein großer Star!« sagte er immer wieder. »Ohne mich können sie den Film nicht machen!« Um die Gewerkschaften zu beschwichtigen, mußte ich meine Zustimmung dazu geben, daß offiziell ein Franzose bei meinem Film Regie führte. (Ich kam mir vor wie ein Autor auf der schwarzen Liste, der unter Pseudonym schreibt.) Dagegen konnte selbst Eddie nichts mehr machen, obwohl er alles versuchte. Ich sollte offiziell als Technischer Leiter fungieren, gleichzeitig versicherte man mir, wenn ich mich dieses eine Mal einverstanden erklären würde, bekäme ich im nächsten Film ganz offiziell die Regie. Ich war so beschäftigt mit den Vorbereitungen, daß ich einwilligte.

Oona hatte gerade ihre amerikanische Staatsbürgerschaft abgelegt — aus Protest dagegen, wie man Charlie in Amerika behandelt hatte. Sie besaß jetzt die britische Staatsangehörigkeit, genau wie Charlie. Die beiden wurden in London zu einer Pressekonferenz erwartet. Die Besetzung für *Votre Dévoué Blake* sollte erst in der nächsten Woche beginnen, und so nutzte ich die Gelegenheit für einen Wochenendtrip nach London.

Elliott Kastner begleitete mich, ohne sich bei der Armee abgemeldet zu haben, und hatte natürlich wieder Nachschub an Kleenex und Almond Joys für Charlie dabei. Wir wohnten in einem miesen Hotel in Bayswater. Als Charlie im Savoy seine Pressekonferenz abhielt, betrat ich voll beladen mit Süßigkeiten seine Suite. Während er den Journalisten von seinem neuen Film erzählte, legte ich unauffällig die Almond Joys auf den Kaffeetisch. In dem Moment fragte ihn ein Reporter, was er am meisten an Amerika vermisse. Charlie entdeckte die Süßigkeiten, nahm eine in die Hand und erklärte: »Almond Joys!« Natürlich waren die Fotografen sofort zur Stelle.

Gegenüber: *Oona und Charlie genießen es, auszugehen.*

Rechts: *Bei den Dreharbeiten zu* Votre Dévoué Blake. *Carol Saroyan (jetzige Matthau) gibt ihr Filmdebüt; neben ihr Robert Hirsch von der Comédie Française.*

Oben: *Als Josie und Vicky mit dem Ballettunterricht begannen, wurde Charlie gleich miteinbezogen.*

Gegenüber: *Ich versuche, französischen Schauspielern in meinem Kauderwelsch Regieanweisungen zu geben. Von links nach rechts: Dora Doll, Eddie, ich, Jean Laviron und ein unbekannter Schauspieler.*

Als ich ins Hotel zurückkam, erzählte ich Elliott die Geschichte. Er geriet in Panik. »Das wird Schlagzeilen machen«, sagte er aufgeregt. »Sie werden die Spur der Almond Joys bis zu mir zurückverfolgen und herausbekommen, wo ich war *und wem ich sie gegeben habe!*« Ich glaube, Elliott arbeitete für den Geheimdienst — und Charlie galt immer noch als Kommunist. Hals über Kopf nahm Elliott das nächste Flugzeug nach Paris. Er hatte recht mit seiner Vermutung. Am nächsten Tag prangte das Foto von Charlie mit dem Almond Joy in der Hand auf den Titelseiten der Boulevardpresse. Der arme Elliott, wie muß er gelitten haben!

Als ich nach Paris zurückkam, ging ich die Besetzung an. Von der Comédie Française holte ich mir den großartigen französischen Schauspieler Robert Hirsch für die Rolle eines Film-Regisseurs. Carol Saroyan, Oonas beste Freundin, war gerade in Paris. Nach ihrer Scheidung von Bill war sie absolut pleite, aber schöner denn je. Ich wußte, daß sie eine gute Schauspielerin war, und wollte ihr einen Job verschaffen. Eddie und ich erzählten den Produzenten, sie sei ein großer Star in Amerika und würde sicher die Kinokassen klingeln lassen. Auf diese Art und Weise gab Carol Saroyan — eine absolut Unbekannte — ihr Kinodebüt in einem französischen Film. In einer Szene mit Robert Hirsch spielte sie einen Filmstar.

Als Colette Doréal mein Büro betrat, hatte ich die Besetzung für mein schönes Biest gefunden. Ihre römische Nase faszinierte mich; sie verlieh ihr das gewisse Etwas. Sechs Wochen später, als sie zu den Dreharbeiten erschien, erkannte ich sie nicht wieder. Sie hatte plötzlich eine kleine Stupsnase. Vermutlich hatte sie jetzt endlich genug Geld für die Nasenoperation gehabt, von der sie schon immer geträumt hatte! Alle Verträge mit Schauspielern sollten die Klausel enthalten, daß ihre Nase so bleiben muß, wie sie im Moment der Vertragsunterzeichnung ist.

Wir drehten in der ganzen Stadt. Manche Szenen schrieben wir noch zwei Minuten vor Drehbeginn um. Eddie konnte sich den neuen Text nicht immer gleich merken, aber das fand er nicht so tragisch. »Mach dir keine Sorgen, Jerry! Ich tue so, als würde ich Kaugummi kauen und bewege ständig meinen Mund. Später synchronisieren wir den Dialog dann drauf.«

Ich hatte mir einige Gags und komische Situationen für den Film einfallen lassen, aber bei den Dreharbeiten lachte kein Mensch. Nicht einmal über die Gags, die von Chaplin stammten. Von den französischen Assistenten bekam ich immer nur zu hören: »Ce n'est pas drôle!« (Das ist nicht witzig.) Oder »pas logique!« In Frankreich mußte alles logisch sein. Sie gaben mir unmißverständlich zu verstehen, daß die Franzosen nie und nimmer über meine Gags lachen würden. Ich erwiderte: »Aber ich lache über französische Filme, und in den Kinos auf den Champs Elysées habe ich sehr wohl Leute über amerikanische Filme lachen hören.«

Meine Argumente schienen sie nicht zu überzeugen, und ihre Feindseligkeit begann langsam auf Eddie überzugreifen. Er war in seiner Meinung offensichtlich hin- und hergerissen: bei ihm kam es immer darauf an, mit wem er zuletzt gesprochen hatte. Würde ein Taxifahrer Eddie erzählen, er mache im Hinblick auf seine Karriere einen Fehler, nähme Eddie das sofort für bare Münze, riefe seinen Agenten an und würde ihm die Hölle heiß machen. Ich fühlte, daß sich Eddie mittlerweile zu fragen begann, wie er sich überhaupt mit mir hatte einlassen können.

Eines Morgens, bevor ich ins Studio aufbrechen wollte, bekam ich einen französischen Brief. Ich stopfte ihn in die Tasche, um ihn mir im Laufe des Tages übersetzen zu lassen. Als wir drehten, wurde die Atmosphäre um mich herum zusehends gespannter, aber ich achtete nicht weiter darauf und bereitete die nächste Szene vor. Dann, als ich die Bühne überqueren wollte, flog plötzlich ein riesiger Sandsack auf mich zu. Eddie riß mich gerade noch rechtzeitig zur Seite.

Ich war schockiert. Es war ganz offensichtlich kein Unfall. Instinktiv zog ich den Brief aus der Tasche. Eddie übersetzte: »Kommen Sie heute nicht ins Studio, sonst sind Sie ein toter Mann.« Aber nach diesem Zwischenfall ließ mich das Team in Ruhe. Sie dachten, ich hätte den Brief gelesen und wäre trotzdem ins Studio gekommen. Das flößte ihnen wieder Respekt ein!

So wie Charlie seine Ausflüge in die Vergangenheit brauchte, so konnte ich durch ein Wochenende mit Oona und Charlie in Vevey mein inneres Gleichgewicht wiederfinden. An einem solchen Wochenende fuhren Charlie, die kleine Josie und ich nach Vevey. Vom Auto aus betrachtete Charlie die Schwäne auf dem Genfer See; Josie spielte draußen. Plötzlich wurde Charlie von einer Gruppe schwedischer Kinder erkannt. Sie kamen alle zum Auto gerannt, reichten irgendwelche Zettel durchs Fenster und wollten Autogramme haben. Charlie freute sich und gab sie ihnen. Auf einmal sah er inmitten der Kinder seine eigene Tochter. Sie wollte auch ein Autogramm.

Normalerweise kehrte ich immer voller Optimismus von diesen Reisen zurück. Aber als ich dieses Mal in Paris ankam, war der Empfang niederschmetternd. Es hieß, mein Film sei eine Katastrophe. Eddie hatte inzwischen das Gefühl, einen großen Fehler gemacht zu haben. »Warum habe ich dich bloß engagiert?« fauchte er mich an.

Charlie und Vicky

Als die Dreharbeiten beendet waren, wollte ich so schnell wie möglich mit dem Schnitt beginnen, aber der Zutritt zum Schneideraum wurde mir untersagt. Dieses Mal gab mir Eddie keine Rükkendeckung; er hatte den Film abgeschrieben. Ich hatte das Gefühl, man wollte mich vergraulen — mit »U.S. go home« war jetzt *ich* gemeint.

Zufälligerweise waren Sydney und Kay gerade von den Dreharbeiten zu *Abdulla the Great* zurückgekehrt. Sydneys lustige Geschichten über die Zusammenarbeit mit Gregory Ratoff in Ägypten ließen mich zeitweilig meinen Kummer vergessen. Kay war mittlerweile bis über beide Ohren in Syd verliebt, aber die Romanze der beiden war recht turbulent. Sydney schien sich vor allem für sein Golfspiel zu interessieren (er übte immer im Hotelzimmer) — bis Kay ihm voller Verzweiflung einen seiner Golfschläger auf den Kopf schlug, um sich bemerkbar zu machen.

Sydney wollte Kay unbedingt Oona und Charlie vorstellen. Wir nahmen alle zusammen den Nachtzug nach Vevey. An der schweizerischen Grenze fragte uns der Beamte, ob wir etwas zu verzollen hätten. Wir sagten alle: »Nein.« Dann bemerkten sie Syds riesigen Koffer und baten uns auszusteigen. Während die Zöllner sich über Syds Koffer hermachten, fuhr unser Zug davon.

Kay kochte vor Wut und spielte die Beleidigte. »Wissen Sie überhaupt, wen Sie vor sich haben? Ich bin ein berühmter Filmstar«, betonte sie, »und das ist der Sohn von Charlie Chaplin. Ich werde mich bei der Britischen Botschaft über sie alle beschweren. Sehen wir vielleicht wie *Schmuggler* aus?« Jetzt hatten sie Syds Koffer geöffnet, und große Ballen feinster ägyptischer Seide kamen zum Vorschein. Er hatte sie für teures Geld in Kairo erstanden — als Geschenk für Oona.

Seide hin, Seide her, Kay tobte weiter: »Geben Sie mir Ihre Personalien. Wie heißen Sie?« Ich trat ihr gegen das Schienbein. Wenn wir nicht aufpaßten, würden wir noch die ganze Familie Chaplin ins Kittchen bringen. Damit Kay nicht noch mehr Unheil anrichtete, blätterte Syd das Zehnfache vom Wert der Seide auf den Tisch.

Syd und Kay hatten ein Dauerstreitthema. Kay hatte ihn des öfteren schon darauf hingewiesen, daß sie auch aus einer berühmten Künstlerfamilie stamme: Ihre Großmutter war Marie Kendall, ein Star der englischen Music-Hall. Aber Sydney konnte darüber nur lachen. »Wer zum Teufel kennt schon Marie Kendall? Mein Vater ist Charlie Chaplin!« Das Ganze war zwar nur eine Frotzelei, aber letztlich ärgerte es Kay doch.

In Vevey machte Kay die Bekanntschaft von Oona und Charlie, und Charlie war ganz hingerissen. Er fragte sie nach ihrer Familie. Als sie auf ihre Großmutter zu sprechen kam, leuchteten Charlies Augen auf, und er schaute sie ehrfurchtsvoll an: »Dann bist du also Marie Kendalls Enkelin!« Kay nickte bescheiden. »Oh, sie war fabelhaft!« fuhr Charlie fort. »Ein wirklich großer Star!« Kay war im

Rechts: *Syd mit seiner neuesten Freundin, einer gewissen Joan Collins, am Pool der Chaplins.*

siebten Himmel und drehte sich zu Sydney um: »Siehst du?« sagte sie und streckte ihm die Zunge aus.

Charlie schloß Kay ins Herz, und in seiner Phantasie spielte sie schon die weibliche Hauptrolle in *A King in New York*. Im Film (als eine freche Dame vom Fernsehen) sollte sie sogar Miss Kay heißen.

Kurz darauf fuhr ich nach London. Nachdem *Blake* endlich fertiggestellt war, hielt mich nichts mehr in Paris. Zu meinem großen Bedauern erfuhr ich wenig später, daß Sydney und Kay sich getrennt hatten, weil Sydney ein Verhältnis mit Joan Collins angefangen hatte. Kay sah man jetzt in Begleitung von Rex Harrison, der in London mit seiner Frau Lilli Palmer in *Bell, Book and Candle* (Meine Braut ist übersinnlich) auftrat. Unter Eingeweihten hieß das Stück neuerdings *Bell, Book and Kendall*.

Kay übergab mein Schicksal in die Hände ihres Agenten George Routledge, der mir ein Ein-Zimmer-Apartment in der Sloane Street 166 in Knightsbridge besorgte. In diesem kleinen Zimmer über einem Möbelgeschäft spielte sich so einiges ab: Parties bis in die frühen Morgenstunden mit Leuten wie Ken Tynan, Irene Worth, Claire Bloom und Huntington Hartford. Es gab keine Stühle, alle saßen auf dem Boden. Später wurde es zum heimlichen Treffpunkt für Rex und Kay.

Sidney Bernstein, ein sehr guter Freund von Alfred Hitchcock, lud mich ins Stoll Theatre ein, wo Ingrid Bergman in Paul Claudels Drama *Die Jungfrau von Orleans auf dem Scheiterhaufen* zu sehen war. Kurz darauf kam Constance nach London, um Marjorie Steele — unsere Viola aus *Was ihr wollt* — auf ihre Hauptrolle in *Sabrina Fair* vorzubereiten. Wir aßen im Connaught Hotel zu Mittag. Ich erzählte Constance, daß ich Ingrid Bergman als Johanna von Orleans gesehen hatte; es war bereits das dritte Mal, daß sie diese Rolle spielte (einmal am Broadway, einmal im Film und jetzt in diesem Drama). Constance schaute mich an. »Diese Frau glaubt, sie ist Jeanne D'Arc!« sagte sie verächtlich.

Ich bekam Besuch von Philip Langner. Er wollte nach wie vor Filme drehen, und wir machten uns auf die Suche nach einem Drehbuchautor. Nachdem wir Unmengen von Material gelesen hatten, stießen wir auf einen unbekannten Autor, Abby Mann, der später einen Oscar für *Judgment at Nuremberg* (Das Urteil von Nürnberg) bekam. Durch Abby konnte dann auch Philip endlich ins Filmgeschäft einsteigen; Abby gab auch meinem Freund Elliott Kastner Starthilfe für seine Karriere als Filmagent.

Mit Oona und Charlie blieb ich telefonisch in Verbindung. Als Charlie mich plötzlich unbedingt sehen wollte, war mir klar, was das bedeutete: Er hatte eine neue Szene für *A King in New York* geschrieben und wollte, daß ich sie las. Als ich ankam, sprudelte er gleich begeistert los. Er hatte gerade die Szene beendet, in der Miss Kay, die Dame aus der Fernsehwerbung, den König überredet, zu einem Bankett mitzukommen. Dort sind Kameras versteckt, und Shadov wird ohne sein Wissen für einen Deodorant-Werbespot im Fernsehen benutzt. Einer der lustigsten Einfälle in diesem Film. Obwohl er schon so viele Szenen geschrieben hatte, wußte Charlie immer noch nicht, worauf die Story eigentlich hinauslief.

Links: *Syd mit Kay Kendall, Michael und — mit dem Rücken zur Kamera — Geraldine in Lausanne.*

Es war fast Weihnachten. 1954 war kein besonders gutes Jahr für mich gewesen, vor allem, wenn ich an das Fiasko mit meinem französischen Film dachte; ich war froh, daß das alles vorbei war. Dann rief mich überraschend Eddie Constantine an. Er war ganz aufgeregt. *Votre Dévoué Blake* war ein Bombenerfolg. Der Film war in einer Seitenstraße der Champs Elysées angelaufen, und die Leute standen Schlange; die Zuschauer brüllten vor Lachen. »Du hattest recht!« sagte Eddie. »Alles, was du über die Gags gesagt hast, war richtig. Ich möchte meinen nächsten Film auch mit dir machen!« Das mußte gefeiert werden.

Zu meiner großen Freude luden Oona und Charlie mich über die Feiertage ein. Das Weihnachtsfest in Vevey sollte zur Tradition werden; im Laufe der Jahre verbrachte ich mindestens achtzehnmal die Feiertage dort. Das Programm war immer gleich. Am Heiligabend wurden die Geschenke verpackt und der Baum geschmückt. Oona bestand darauf, daß wir alle mithalfen. Währenddessen saß Charlie völlig unbeteiligt im Wohnzimmer und las. Weihnachten deprimierte ihn. Er war der Meinung, Oona verderbe mit ihren großzügigen Geschenken den Charakter der Kinder. (Er dachte an seine Orange.) Für gewöhnlich bekam er am Tag nach Weihnachten Erkältung oder Grippe.

Dieses Jahr wollte er zu Weihnachten nur über seinen nächsten Film reden. Wir beide wollten über unsere Pläne sprechen. Doch um sieben Uhr abends klingelte es an der Tür, und draußen stand der freundliche Bürgermeister von Corsier, als Weihnachtsmann verkleidet. In Amerika sind die Weihnachtsmänner meist dick und lustig; dieser hier war groß, dünn und ernst, und sein Kostüm schlotterte ihm um den Körper. Mit hoher Tenorstimme sang er Weihnachtslieder. Charlie nahm die Sache sehr ernst und bestand darauf, daß alle in die Diele kamen und zuhörten. Der Besuch des Bürgermeisters wurde zum alljährlichen Ritual.

Am nächsten Morgen um sechs Uhr hallte das Haus vom Geschrei der Kinder wider. In Sekundenschnelle waren die sorgfältig verpackten Geschenke aufgerissen. Charlie kam erst Stunden später herunter, wenn der Tumult vorbei war. Dann packte er seine Geschenke aus — und freute sich wie ein Kind. Ich schenkte ihm meistens Schallplatten von alten, englischen Music Hall-Artisten oder Bildbände über das viktorianische London. Ihn faszinierte alles, was alte Erinnerungen wachrief.

Nach dem Mittagessen und ein paar Gläsern Champagner schauten wir uns einen seiner Filme an. Um sechs Uhr waren alle ziemlich erledigt. Abends gingen wir auswärts essen, und das Personal war endlich erlöst.

Die weihnachtlichen Gepflogenheiten änderten sich mit dem Jahr, in dem Clara Haskil, die große Pianistin und Interpretin der Werke von Mozart und Haydn, zum Mittagessen kam. Ihre Besuche sollten zu einem alljährlichen Ereignis werden. Am Nachmit-

Gegenüber, oben: *Pablo Casals, Clara Haskil und Charlie.*

Gegenüber, unten: *Charlie wartet auf das Mittagessen.*

Rechts: *Oona, Charlie und die Kinder am Pool.*

tag spielte sie auf dem Steinway-Klavier, das Charlie eigens für sie angeschafft hatte. Ich erlebte zum erstenmal, daß Oona und Charlie jemanden abgöttisch verehrten.

Gut gelaunt fuhr ich nach Paris zurück und begann, in Zusammenarbeit mit dem Amerikaner Joe Morhaim, mit einem neuen Drehbuch für Eddie. Wir erfanden eine romantische Komödie über einen amerikanischen Don Juan, der an der Côte d'Azur ein Touristenboot besitzt und an eine amerikanische Wanderpredigerin gerät.

Im März bekam ich einen langen Brief von Constance:

»Gott sei Dank bist Du so erfolgreich! Warum bleibst Du nicht in Paris, wo es Dir dort doch so gut ergangen ist? Du wirst nie irgendwo Fuß fassen, wenn Du Dich immer wieder woanders niederläßt ... Ich habe im Moment eine recht seltsame Mischung von Schülern — Kate Hepburn, Margaret Truman (die Tochter des Präsidenten), Marilyn Monroe, Linda Berlin und viele andere! Ich bin gerade mit Paulette (Goddard) fertiggeworden. Aber es ist so anstrengend — da ich sie alle einzeln unterrichte. Hätte ich doch bloß eine Schule aufgemacht; dann wäre ich im Alter versorgt.«

Sechs Wochen später war sie tot. Die gute Constance, sie war so tapfer. Trotz ihrer Gebrechlichkeit wirkte sie in Charlies Nähe immer jung und frisch. Sie war nicht unterzukriegen. Als Phyllis sich wieder gefangen hatte, arbeitete sie für Katharine Hepburn.

Errol Flynn suchte einen Drehbuchautor für einen Film über den legendären Schweizer National-Helden Wilhelm Tell. Ein erster Versuch, die Geschichte in den Griff zu bekommen, war bereits fehlgeschlagen, aber er wollte es noch ein zweites Mal probieren. Er dachte, die Rolle des ruhmreichen Befreiers könne sein angeschlagenes Image wieder aufpolieren. Mein englischer Agent rief mich an und schlug mir vor, Errol in Monte Carlo zu treffen. Vielleicht würde ich ja den Job bekommen.

Vorher machte ich noch einen Abstecher nach Vevey. Als ich ankam, war Charlie ganz aufgeregt. Ihm war endlich eine Story für *A King in New York* eingefallen. Der kleine Rupert, den Shadov in der fortschrittlichen Schule getroffen hatte, würde später im Film wieder auftauchen; er sollte die Schlüsselrolle spielen. Als Rupert vor Kälte zitternd durch den Schneesturm läuft, begegnet er Shadov vor seinem Hotel. Der König nimmt ihn mit hinein und erfährt, daß seine Eltern vor dem Komitee für unamerikanische Umtriebe erscheinen mußten. Da die Eltern nicht kooperieren wollen, soll jetzt der Junge über seine Eltern und deren Freunde ausgefragt werden. Der König nimmt Rupert in seiner Suite auf. Wegen dieses simplen Akts der Menschlichkeit wird Shadov als Kommunistensympathisant abgestempelt und vor das Komitee zitiert. Nachdem

Oben: *Ich genieße die spanische Sonne in Sitges, während ich auf Errol Flynn warte.*

Gegenüber: *Errol in seinen Robin-Hood-Tagen*

er als unbedenklich eingestuft wurde, besucht er Rupert. In einer überwältigenden Szene denunziert Rupert die Freunde seiner Eltern, um seine Eltern vor dem Gefängnis zu bewahren. Entsetzt muß der König feststellen, daß der junge, draufgängerische Anarchist einer Gehirnwäsche unterzogen wurde und jetzt nur noch ein Schatten seiner selbst ist. In der letzten Szene von *A King in New York* fliegt Shadov zurück nach Europa. Er hat die Nase voll. Ursprünglich wollte Charlie den Film mit einer Einstellung enden lassen, in der das Flugzeug über New York fliegt, und im Hintergrund sollte die Freiheitsstatue immer kleiner und kleiner werden — als Symbol für die dahinschwindende Freiheit. Aber die Szene wurde nie gedreht. Charlie meinte, der Film sei aggressiv genug. Man solle nicht übertreiben.

Charlie hatte immer bestritten, daß die Rupert-Story auf dem traurigen Schicksal der Rosenbergs und ihrer Kinder basiere, und ich glaubte ihm auch. Aber der Zeitgeist der McCarthy-Ära hat zweifelsohne eine wichtige Rolle gespielt. Ich war stolz auf Charlie. Er war wegen seiner angeblichen Sympathie für den Kommunismus ins Kreuzfeuer der Kritik geraten und mußte im Exil leben. Aber anstatt den Weg des geringsten Widerstandes zu gehen und eine harmlose Komödie zu schreiben, kämpfte er wieder an der vordersten Front und provozierte seine Kritiker durch einen Film, der politisch eindeutig Stellung bezog. Damals war Charlie der einzige Filmemacher, der den Mut besaß, den McCarthyismus direkt anzugreifen.

Ich wollte nicht wegfahren — ich war so aufgeregt; aber ich war ja mit Errol Flynn verabredet.

In Monte Carlo gingen Flynn und ich ins Casino. Flynn war kaum mehr als der jugendliche Held aus seinen wunderschönen Abenteuerfilmen zu erkennen, er war dicker und hatte ein aufgedunsenes Gesicht. Leicht schwankend drehte er sich zu mir um und sagte: »Ich will dir etwas von mir erzählen. Wenn ich nicht Schauspieler geworden wäre, wäre ich heute ein Schwindler. Sieh mich genau an.« Ich hätte ihn ernst nehmen sollen.

Errol lebte in Europa, um der amerikanischen Steuer zu entgehen. Er war absolut pleite, aber irgendwie gelang es ihm immer wieder, genug Geld zum Spielen aufzutreiben. Im Casino drängten sich die Leute, um den wagemutigen Errol mit Zigarettenspitze im Mundwinkel am Roulettetisch beobachten zu können. Egal auf welche Zahl er setzte, er lag stets knapp daneben. Aber er ging immer wieder zur Kasse und kaufte neue Chips. Er verlor beträchtliche Summen; ich konnte gar nicht mehr hinschauen.

Errol murmelte immer vor sich hin: »Lächeln, Errol, alle schauen dich an!« Vor Publikum mußte er immer den mutigen Draufgänger aus seinen Filmen spielen.

Nachdem er noch mehr verloren hatte, fragte er mich nach meinem Geburtsdatum. Ich sagte: »17. Januar«, und er setzte auf die 17, aber auch das brachte ihm kein Glück. Ich bekniete ihn, mir einen Teil seines Geldes in Verwahrung zu geben, damit er nicht alles verspielen konnte. Aber Errol war erst zufrieden, als auch noch der letzte Chip verloren war. Als er das Casino schließlich verließ, besaß er keinen Pfennig mehr, spielte aber immer noch den Helden und winkte lächelnd seinen Fans zu. Man hätte denken können, er hätte gerade die Bank gesprengt.

Ich bekam den Auftrag für das Tell-Drehbuch. Joe Morhaim begleitete mich nach Spanien, um mir zu helfen; Errol ging nach Barcelona, wo er mit Anna Neagle — ein merkwürdiges Paar — in Ivor Novellos Musical *King's Rhapsody* vor der Kamera stand. Joe und ich wurden in Sitges, einem kleinen Fischerdorf ungefähr fünfundzwanzig Meilen weiter südlich, untergebracht. Einmal pro Woche fuhr ich nach Barcelona und sprach mit Errol über das Drehbuch. »Lies mir die Szene mit dem Apfel vor!« sagte er immer. Während ich las, spannte er einen imaginären Bogen und wurde fast von seinen Gefühlen übermannt, als er mit dem Pfeil den Apfel vom Kopf des Sohnes schießen sollte.

Vor den Dreharbeiten ließ sich Errol immer in seinem Hotel massieren, um den Kater vom Vortag zu bekämpfen. Er lag auf dem Bauch, ließ sich von bulligen Kerlen durchkneten und trank dabei große Schlucke eines Getränks, das wie Wasser aussah. Es war aber purer Gin. Dann schwankte er zu den Außenaufnahmen, wo er Richard, den König von Laurentia, spielte.

Errol richtete sich selbst zugrunde. Seine Frau, Patrice Wymore, trat an mich heran und bat mich, einmal mit ihm darüber zu reden. Sie war verzweifelt: Sie liebte ihn sehr, aber sie wußte nicht mehr, wie sie ihm noch helfen sollte. Sie war der Situation nicht mehr gewachsen. »Er wird sich umbringen, wenn er so weitermacht. Irgend jemand muß ihn wachrütteln!« Ich tat mein Bestes, aber es war unmöglich, an ihn heranzukommen. Er mußte die Rolle des Draufgängers zu Ende spielen.

Errol fragte mich immer nach Charlie. Er war fasziniert von ihm. Er wollte alles über sein neues Drehbuch wissen, und er konnte es nicht glauben, daß Charlie in seinem Alter noch einen neuen Film machen wollte. Ich erzählte Errol, daß der Film von einem Jungen handele, der in Schwierigkeiten gerät, als er versucht, seine Eltern vor dem Untersuchungsausschuß zu bewahren. »Mein Gott!« rief Errol. »Davon könnten wir doch auch was für den *Wilhelm Tell* benutzen!«

»Untersteh dich!« sagte ich, aber ich wußte, daß Errol sich an keiner Zeile oder Szene von Chaplin vergreifen würde. Errol hatte einen guten Freund als Berater; sie hatten beide Angst vor allem, was einen Beigeschmack von Kommunismus haben könnte. In unserem *Tell*-Buch gab es eine Szene, in der ein junges Mädchen, das den Sturz des Tyrannen Gessler will, nachts loszieht und »NIEDER MIT GESSLER« an die Wände schmiert. Flynns Freund waren meine guten Beziehungen zu Chaplin nie ganz geheuer, und er sagte spitz: »Das machen die Roten. Das ist reine Kommunistenpropaganda!« So hatte ich das nie gesehen. Und Errol glücklicherweise auch nicht.

Philip Langner besuchte mich in Barcelona, und Errol lud uns gemeinsam mit Anna Neagle zum Mittagessen ein. Vor Jahren war sie mit ihrem Mann Herbert Wilcox in meinem Theater gewesen. Aber ich erwähnte es nicht; das Circle schien so weit zurückzuliegen. Anna war jetzt ungefähr fünfzig, und sie streckte ihren Kopf immer in die Luft wie eine Giraffe; sie senkte ihn keine Sekunde.

Anna hatte mit Königinnen-Rollen Karriere gemacht; saß man mit ihr zusammen, hatte man das Gefühl, sie wäre tatsächlich eine Königin, und behandelte sie dementsprechend. Nicht Errol, er liebte es, sie aufzuziehen.

Um Konversation zu machen, fragte ich Anna, was bei Königinnenrollen zu beachten sei. Anna antwortete majestätisch: »Eine Königin bedient sich stets einer gepflegten Sprache. Sie würde nie ›vorm‹ statt ›vor dem‹ oder ›raus‹ statt ›heraus‹ sagen.« Das erzählte ich Charlie, bevor er Shadov in *A King in New York* spielte. Ich dachte, er würde darüber lachen, aber er hörte interessiert zu und sagte: »Das klingt vernünftig.«

Eines Abends lud mich Errol zum Essen ein. »Du wirst das beste Essen aller Zeiten bekommen!« Errols Chauffeur brachte uns in einen Vorort von Barcelona und hielt vor einem schummerig beleuchteten Haus. Errol hatte das Fenster hinuntergedreht. Plötzlich kamen Scharen von jungen Mädchen zum Auto gerannt. »Errol! Errol!« schrieen sie. Errol streckte völlig betrunken seinen Arm aus dem Fenster, als wolle er ihnen die Hand geben. Statt dessen fing er an, ihnen am Busen herumzufummeln.

Ich begleitete Errol ins Haus und war gespannt auf das Festessen. Wir waren in einem erstklassigen Bordell gelandet. Die Mädchen waren nicht mehr zu bändigen, als sie Errol sahen. Sie kamen aus ihren Zimmern gestürzt und ließen ihre verärgerten Freier einfach sitzen. Er war offensichtlich ein erprobter und treuer Kunde. Alle duzten sich ... Nebenbei hatten sie auch noch ein sehr gutes Restaurant ...

Das *King's Rhapsody*-Team wechselte zu Innenaufnahmen in die Shepperton Studios nach London. Als ich ins Atelier kam, sah ich hinter den Kulissen wieder die Kerle, die Errol massierten, um ihn auszunüchtern, während Anna als Königin die Treppen eines großen Palastes hinabschritt. Sie versuchten verzweifelt, ihn für die Dreharbeiten fit zu machen, aber er konnte sich kaum auf den Beinen halten.

Als Errol mich sah, schüttelte er gleich noch ein Glas »Wasser« hinunter. Er wußte, daß ich gekommen war, um mein Geld zu holen. Glücklicherweise hatte ich alles schwarz auf weiß, gegengezeichnet von Herbert Wilcox, dem Produzenten des Films. Aber sie hielten sich trotzdem nicht an unsere Abmachungen. Ich mußte sie verklagen. Einen Tag, bevor der Fall vor Gericht kommen sollte, legten sie die Sache gütlich bei. Trotz alledem habe ich Errol in guter Erinnerung behalten. Er war ein Schwindler, aber ein sehr charmanter.

Eddie wollte, daß ich ein neues Drehbuch für ihn schrieb. Inspiriert von meinen Abenteuern mit Errol, erfand ich ein Drehbuch namens *Le Grand Bluff* über einen amerikanischen Hochstapler, der nach Paris kommt. Das Drehbuch schrieb sich beinahe von selbst.

An einem Wochenende mit Eddie und Hélène auf ihrem Bauernhof drehten wir privat einen Film mit Eddie und mir in den Hauptrollen. Ich erfand viele verrückte Gags. Eddie brüllte vor Lachen. *Blake* war so ein großer Erfolg, daß Eddie jetzt vorsichtshalber über alles lachte, was aus meinem Munde kam. Durch dieses Home movie und mein Gekasper verfiel Eddie auf die Idee, ich könnte in seinem nächsten Film seinen Partner spielen. Ich wollte nicht vor der Kamera stehen. Aber Eddie begutachtete schon mein Gesicht. »Du könntest so gut aussehen. Du hast das Zeug zum Filmstar — du müßtest dir nur die Nasenspitze etwas verkürzen lassen!« verunsicherte er mich.

»Oh, Eddie«, antwortete ich, »die stört mich überhaupt nicht!« Aber er ließ nicht locker. »Leg deinen Zeigefinger an die Nasenspitze und deck sie ab!« Ich gehorchte. »Mein Gott«, schrie er, »du siehst aus wie Cary Grant! Laß deine Nase machen. Ich bezahle die Operation und engagiere dich für meinen nächsten Film!«

Ich wurde schwach. Nach ein paar Terminen beim Schönheitschirurgen kam schließlich der große Tag. Ich saß nervös mit den anderen Patienten im Wartezimmer. Verstohlen musterten wir einander und überlegten, was wohl bei den anderen gemacht werden solle. Dann kam ich dran. Nachdem er mir noch einmal gezeigt hatte, wie meine neue Nase aussehen würde, und mir anhand von Diagrammen die Operation erklärt hatte, beförderte mich der Arzt auf einen Tisch und gipste mein Gesicht ein. Als der Gips heiß und hart wurde, dachte ich, ich müsse ersticken. Ich riß ihn vom Gesicht und stürzte zur Tür hinaus.

Charlie gefiel meine Geschichte. Kurz darauf schrieb er für *A King in New York* eine herrliche Gesichts-Lifting-Szene. Bevor der König in einem TV-Werbespot auftreten soll, tritt Miss Kay an ihn heran und schlägt ihm vor, sich das Gesicht liften und die Nase verkürzen zu lassen. »Sie werden erstaunt sein, wieviel jünger Sie aussehen werden!« sagt sie. Die Gesichts-Lifting-Szene war ein riesiger Lacherfolg.

Anfang des Jahres 1956 konnten die Vorbereitungen für *A King in New York* in London beginnen. Charlie und Oona trafen im Savoy ein, ich hatte ein Apartment in der Pont Street. Ich wurde engagiert, aber die gute Arbeit, die ich für *Limelight* geleistet hatte, war offensichtlich schon wieder in Vergessenheit geraten. Offenbar mußte ich meine Fähigkeiten erneut unter Beweis stellen. Aber schon bald lag die gesamte Produktion in meinen Händen — ich mußte ein geeignetes Studio ausfindig machen, einen Produktionsleiter und das gesamte Team engagieren, die Rollen besetzen und ganz allgemein die Vorbereitungen für die Dreharbeiten treffen.

Charlie und ich schauten uns die verschiedenen Studios an — Shepperton, Pinewood, Elstree, Walton-on-Thames. Überall wurden wir sehr zuvorkommend behandelt; alle wollten, daß wir in ih-

Anna Neagle und Errol Flynn in
King's Rhapsody

rem Studio drehten — schließlich war es der erste Film, den Chaplin in seinem eigenen Land drehte. Nur in Pinewood nicht. Dort herrschte eine snobistische Atmosphäre. Für sie schien Charlie nicht mehr zu sein als ein Music Hall-Komiker. Und trotzdem sollten wir zehn Jahre später, als wir *A Countess from Hong Kong* (Die Gräfin von Hongkong) drehten, gern bei Pinewood arbeiten: Inzwischen waren dort andere Leute beschäftigt, und das Klima hatte sich gewandelt. Sie hatten ihre Allüren abgelegt. Bei Walton-on-Thames, einem kleinen, gemütlichen Studio, rissen sie sich darum, daß Charlie bei ihnen drehte. Wir schauten bei den Dreharbeiten zu *Child in the House* mit Eric Portman und Phyllis Calvert zu. Die Regie führte Cy Endfield, der Amerika — genau wie Charlie — aus politischen Gründen hatte verlassen müssen. Walton gefiel Charlie zwar sehr gut, aber er meinte, die Studios seien zu klein.

Mir sagte das Elstree Studio am meisten zu. Für die Produktion waren Robert Clark und James Wallis zuständig. Zum erstenmal hatte ich mit dickköpfigen, sachlichen Schotten zu tun. Während der Produktion von *What Every Woman Knows* im Circle hatte ich eine gewisse Sympathie für diesen Menschenschlag entwickelt; jetzt standen sie leibhaftig vor mir. Sie waren zwar hart, dafür aber ehrlich und zuverlässig. Außerdem machten sie ein Angebot, das ich kaum ablehnen konnte.

Sie gaben uns alles, was wir wollten; der Preis war in Ordnung, die Studios waren erstklassig, und sie räumten uns viele Vergünstigungen ein. Nach monatelangen Verhandlungen sollten die Verträge am nächsten Tag unterzeichnet werden. Ich hatte ihnen schon gesagt, daß alles klar sei. An dem Abend muß Charlie bei einer Dinner-Party jemanden getroffen haben, der ihm erzählte: »Geh nicht zu Elstree — Shepperton ist das Studio für dich!« Das war's. So sehr ich mich auch bemühte, Charlie zu überzeugen, daß er bei Elstree bessere Bedingungen hätte — Shepperton war »in«, Elstree war »out«. Es war genau wie bei Eddie mit dem Taxifahrer; es mußte nur im letzten Moment irgend jemand eine idiotische Bemerkung machen, und meine monatelangen Verhandlungen waren umsonst. Heute ist Elstree das Lieblingsstudio von Steven Spielberg, George Lucas und Stanley Kubrick.

Charlie finanzierte den Film selbst. Wir hatten noch keinen Verleiher, aber das Direktorium von United Artists — Max Youngstein und Arnold Picker — kam extra aus New York, um Charlie im Savoy zu treffen. Zwei Stunden lang saßen sie in seiner Suite, und ich las ihnen das Drehbuch von *A King in New York* vor. Am Ende waren sie ganz blaß. Der Inhalt hatte sie offensichtlich erschreckt. Sie hatten sich ein zweites *Limelight* erhofft, das ihnen Millionen einbringen würde. Sie verabschiedeten sich und sagten, sie würden sich endgültig entscheiden, wenn sie den fertigen Film gesehen hätten.

Wir wußten, daß es der Film nicht leicht haben und umstritten sein würde, deshalb mußten wir auf das Geld aufpassen. Das fiel Charlie nicht schwer: Beim Filmemachen zu sparen, bereitete ihm Vergnügen, weil so die Phantasie mehr gefordert wurde. Er sagte immer: »Zwanzigtausend Komparsen für eine Szene engagieren kann jeder — das ist keine Kunst!« Aber durch Kameratricks die Illusion zu vermitteln, dort würden zwanzigtausend stehen, erforderte echtes Talent.

In *A Woman of Paris* (Eine Frau aus Paris) erweckte Charlie den Eindruck eines vorbeifahrenden Zuges, indem er die Kamera auf Edna Purviance richtete, und das Licht auf ihrem Gesicht spielen ließ — als ob das Licht aus den Waggons des in den Bahnhof einfahrenden Zugs käme. Dieser Effekt ist seitdem mehrmals nachgeahmt worden.

Einen weiteren Beweis für seine Erfindungsgabe lieferte Charlie in den Massenszenen von *The Great Dictator.* Wenn eines der großen Studios diesen Film produziert hätte, erzählte er mir einmal, hätten sie zehntausend Komparsen als Zuhörer für die Ansprache des Diktators eingesetzt. Charlie inszenierte das gleiche mit fünfzig Komparsen, die in gespannter Erwartung im Vordergrund standen. Dahinter standen Puppen, und dahinter kleine Holzfiguren mit beweglichen Armen, die sie zum Gruß erheben konnten. Dahinter blendete Charlie später ein Tablett voll Popcorn ein; erhitzte man das Popcorn, sah es genauso aus, als ob sich menschliche Köpfe auf und ab bewegten. Auf der Leinwand, würde man schwören, daß Hynkel zu hunderttausend Zuhörern aus Fleisch und Blut spricht. Visuelle Effekte und geschickte Tricks faszinierten Charlie am Filmemachen. Er war wie ein Zauberer.

Die Dreharbeiten sollten im Mai beginnen, obwohl wir die meisten Rollen noch nicht besetzt hatten. Michael sollte den Rupert spielen, und Kay Kendall hatte ihren Vertrag als Charlies weibliche Hauptdarstellerin unterschrieben. Kay war jetzt in Hollywood sehr begehrt (später bekam sie einen Vertrag bei MGM). Ich dachte, sie hätte vielleicht Bedenken, mit Charlie zusammen aufzutreten, da er in den Staaten immer noch *persona non grata* war. Aber das interessierte Kay nicht im geringsten. Sie wollte einfach nur mit ihm arbeiten.

In meiner Begeisterung schlug ich Charlie vor, uns Kay in ihrem Film *Geneviève* anzuschauen, um eine Vorstellung davon zu bekommen, wie sie am besten zu fotografieren sei: Ich arrangierte eine Vorführung bei der United Artists. Der Film war ein großer Publikumserfolg, aber Charlie langweilte sich zu Tode. Und, was noch viel schlimmer war, er glaubte, daß Kay nicht die richtige Besetzung für die Rolle in *A King in New York* war. Ich wäre fast gestorben. »Sie ist zu englisch«, meinte Charlie, »sie muß amerikanisch sein.«

Es fiel mir ungeheuer schwer, Kay — die im Norden des Landes mit einem Stück auf Tournee war — anzurufen und ihr zu sagen,

Charlie und Oona mit dem Produzenten Marshall Young und meinen Freunden Marilyn und Philip Langner von der New York Theatre Guild.

daß sie die Rolle nicht bekommen würde. Ich zögerte lange, bevor ich die Nummer wählte; sie hatte sich so sehr auf den Film gefreut. Aber die liebe Kay machte es mir leicht. Glücklicherweise stieg sie die Karriereleiter schnell empor.

Charlie konnte es nicht leiden, wenn ich bei der Besetzung kleinerer Rollen versuchte, Freunde von mir einzuschleusen. Wenn Schauspieler zum Vorsprechen kamen, die ich persönlich kannte und die für die Rolle geeignet waren, sagte ich ihnen deshalb immer: »Was auch passiert, wenn du zum Vorsprechen zu Charlie und mir kommst, tue so, als ob du mich nicht kennen würdest. Charlie fragt mich hinterher immer nach meiner Meinung. Dann kann ich sagen, daß du sehr gut warst. Wenn er aber vermutet, daß wir befreundet sind, wird er mein Urteil anzweifeln.« Einmal kam ein alter Freund von mir zum Vorsprechen, und Charlie und ich fanden beide, daß er für die Rolle hervorragend geeignet sei. Kurz bevor er ging, drehte mein Freund sich zu mir um und fragte: »Um wieviel Uhr treffen wir uns zum Essen?« Wir waren aufgeflogen. Er bekam die Rolle nicht.

Aber wer sollte Charlies Königin spielen? Obwohl die Rolle nur einen Tag Arbeit erforderte, gab sie dem Film doch Gestalt und Substanz. Das Casting zog sich über mehrere Wochen hin. Manchmal, wenn wir schon glaubten, die richtige Schauspielerin gefunden zu haben, war sie plötzlich nicht frei. Diese kleine Rolle, deren Besetzung wir für so problemlos gehalten hatten, zehrte jetzt an unseren Kräften.

Beide gleichermaßen begeistert waren wir von Margaret Johnston, der Frau von Charlies altem Freund, dem Regisseur Al Parker aus Hollywood (damals arbeitete er als Agent in London). Ich zeigte Charlie einen Film von ihr, *Monsieur Ripois* mit Gérard Philippe. Maggie war großartig. Aber sie hatte sich schon anderweitig für die Lady Macbeth verpflichtet. So ging die Suche also weiter.

In einem kleinen Salon neben dem Foyer des Savoy Hotels empfing ich fast alle 35jährigen Spitzenschauspielerinnen von London zum Vorsprechen. Wenn ich meinte, daß eine von ihnen Chancen haben könnte, schickte ich sie hinauf zu Charlie in seine Suite. Nach ein paar Tagen ließ Charlie mir per Telefon ausrichten, daß er erschöpft sei und keine Königinnen mehr sehen wolle. Gerade als mir das Fräulein von der Telefonzentrale dies mitteilen wollte, herrschte im Foyer große Aufregung. Ich fragte den Rezeptionisten, was passiert sei. Er sagte mir, die Queen wolle Mr. Chaplin besuchen, aber er habe sich geweigert, sie zu empfangen. Das Mißverständnis war schnell aufgeklärt. Aber wenn Louella Parsons oder Hedda Hopper diese Story in Hollywood in die Hände bekommen hätten, wäre Charlie gekreuzigt worden. Schließlich fanden wir in Maxine Audley doch noch unsere Königin.

Während wir darauf warteten, mit der Produktion beginnen zu können, gingen Charlie und ich kreuz und quer durch London. Wir hatten uns etwas in den Kopf gesetzt. Wir suchten in den Lyon's Tea Houses, in den ABC Expreß-Milchbars und in den unterschiedlichsten Snackbars nach — Cottage Cheese! Kein Mensch in England hatte je davon gehört. Wir wurden nicht müde, den Besitzern zu sagen, sie sollten versuchen, daran zu kommen — wir seien sicher, er ließe sich hier gut verkaufen. Und als wir eines Tages eine Expreß-Milchbar in der Nähe von Whitehall betraten, trauten wir unseren Augen nicht — vor uns stand ein ganzer Karton von unserem geliebten Cottage Cheese. Er hatte England erreicht! Ich wurde das Gefühl nicht los, daß wir ihn erst durch unsere ständige Fragerei eingeführt hatten!

Philip Langner war in London, zusammen mit Marilyn Hollywood. Sie war jetzt von ihrem Mann geschieden. Eines Samstags schauten wir uns im Golders Green Hippodrome die Pantomime *Aladdin* an. Wir waren begeistert von der Show. Ich erzählte Charlie davon, und am Samstag darauf fuhren wir mit der U-Bahn hinaus zum Golders Green. Charlie war auch ganz hingerissen von der Show und den Komikern; er kugelte sich vor Lachen über Dick Emerys *Widow Twankey* und George Truzzi und Laurie Lupino-Lanes Fensterputzernummer. Auch Shani Wallis — seiner Ansicht nach die neue Judy Garland — gefiel ihm sehr. Später beauftragte er mich, sie alle unter Vertrag zu nehmen. Schade, daß der komische Dick Emery als einziger nicht abkömmlich war.

Unsere Besetzung war so gut wie abgeschlossen. Aber wir brauchten noch einen Ersatz für Kay Kendalls Rolle der Miss Kay. Vor einigen Monaten waren Oona und Charlie bei der Hochzeit von Dawn Addams gewesen. Als Charlie sie in Kalifornien kennengelernt hatte, war sie ein junges MGM-Starlet. Jetzt hatte sie in einer italienischen Dorfkirche Fürst Massimo geheiratet. Der Fürst stand vor dem Altar und wartete auf seine Braut. Aber wo war sie? Schließlich kam sie durch das Seitenschiff in die Kirche gestürmt, gestikulierte wild mit den Händen und stritt auf italienisch mit irgendwelchen Hochzeitsgästen herum. Charlie amüsierte sich immer köstlich, wenn er diese Geschichte erzählte. Dawn bekam die Rolle der Miss Kay.

Die Motive im Shepperton waren jetzt fertig, und Anfang Mai fiel die erste Klappe. Zuerst drehten wir alle Szenen in der Hotelsuite des Königs. Wir hatten sie gut geprobt. Charlie und ich spielten die Rollen immer schon Wochen vorher durch. Wir hatten alle Details der Inszenierung genau im Kopf, gingen ähnlich vor wie bei *Limelight* und drehten zunächst alle Totalen hintereinander. Die Dreharbeiten gingen schnell voran. Oona war im Studio immer dabei; sie schaute beim Drehen zu und fing an, eine Decke zu bestikken. Sie zog verschiedenfarbige Wollfäden aus ihrer Tasche, und wir verfolgten alle mit Interesse den Fortgang ihrer Arbeit. Was würde wohl zuerst fertig werden, die Decke oder der Film?

Rechts: *Dawn Addams versucht, Charlie — als König Shadov — zu einem Gesichtslifting zu überreden: »Sie werden erstaunt sein, wieviel jünger Sie aussehen.«*

Unten: *Nachdem er sich das Gesicht liften lassen hat, darf Charlie nicht lachen, weil sonst die Nähte platzen. Er geht in einen Nachtclub, kann sich beim Auftritt von zwei Komikern nicht beherrschen, lacht los … und schwupp! … ist es passiert!*

Einmal saß Dawn Addams im Studio und las Stanislawskijs *An Actor Prepares* (Die Arbeit des Schauspielers an der Rolle). Ich hätte ihr am liebsten gesagt: »Du brauchst nur deinen Text zu lernen und zu machen, was Charlie sagt — mehr an Vorbereitung brauchst du nicht!«

Im Vorführraum bemerkte Charlie, daß Dawns Lippen das Licht reflektierten. Er entdeckte, daß sie ihre Lippen vor jeder Aufnahme mit Vaseline eincremte, um die Aufmerksamkeit auf sich zu ziehen und möglichst sexy auszusehen (ein alter Hollywoodtrick). Charlie war wütend. Als Dawn das nächste Mal vor der Kamera stand, reichte er ihr ein Taschentuch, damit sie ihre Lippen abwischte. »Du siehst aus, als hättest du gerade Hering gegessen«, sagte er scharf. »Fettige Lippen sehen absolut nicht sexy aus.« Wie alle Schauspielerinnen fügte sich Dawn erst einmal, aber mit der Zeit schlich sich die Vaseline langsam wieder ein.

Im Shepperton fühlte sich Charlie völlig deplaciert. Er war es gewohnt, ein eigenes Studio und seine eigenen Leute zu haben: einen eigenen Bürovorsteher, Pförtner, ja sogar eine eigene Studiokatze — eben alles, was zur freundlichen Atmosphäre in Chaplins Hollywood-Studio beigetragen hatte. Hier war ich das einzig vertraute Gesicht für ihn. Im Frühling und Sommer 1956 war es sehr kalt (es schneite sogar einmal im Juli), und in den Shepperton Studios schien es fast noch kälter zu sein. *Limelight* war eine so schöne Erfahrung gewesen, aber bei *A King in New York* herrschte eine frostige, gespannte Atmosphäre. Shepperton schien kein Herz zu besitzen. Wir hatten *alle* das Gefühl, im Exil zu sein.

Wenn Charlie in Hollywood noch in letzter Minute ein Gag eingefallen wäre, für den er ein paar künstliche Würstchen benötigt hätte, so wären die Requisiteure sofort aufgesprungen, um ihm welche zu machen. Im Shepperton lautete die Antwort immer: »Sie standen nicht auf der Requisitenliste!« Und genau das machte Charlie wütend. Er sagte: »Wenn ich in Hollywood in letzter Minute den Eiffelturm verlangt hätte, hätten sie mir in Sekundenschnelle drei davon in verschiedenen Größen besorgt.«

Einmal stellte Charlie in der Dekoration einen Stuhl nach eigenem Gutdünken um. Plötzlich wurde zum Streik aufgerufen. Man sagte Charlie, er nähme dem Requisiteur die Arbeit weg, wenn er den Stuhl einfach umstelle. »Dies ist nicht Ihre Aufgabe. Wenn Sie einen Stuhl verrückt haben möchten, bitten Sie einen Requisiteur darum.« Charlie sagte immer zu mir: »Sie schlachten das Huhn, das goldene Eier legt.«

In der Shepperton-Kantine standen derbe Holztische und eine Theke; man kam sich vor wie in einer alten Kaserne. Das Essen war meistens ungenießbar. Jeden Tag bekamen wir als Hauptspeise trockenen, total verkochten Lammbraten, der in hauchdünnen Scheiben in einer unverdaulichen Soße schwamm. Zum Nachtisch

Rechts: *Das schöne, geschichtsträchtige Great Fosters Hotel in Egham, Surrey, wo Oona und Charlie während der Dreharbeiten zu* A King in New York *wohnten. Im Vordergrund die nach Perserteppich-Muster angelegten Hecken, die Joan Crawford entfernt haben wollte.*

Unten links: *Der Speisesaal im Great Fosters.*

gab es immer Reis- oder Brotpudding. Die Schauspieler, die versuchten, ihre Diät einzuhalten, waren zu bedauern!

Wir aßen des öfteren da und beklagten uns, daß wir mit den Dreharbeiten so langsam vorankämen. Jack Benny, der am Nachbartisch saß (er drehte ein TV-Special), hörte uns einmal beiläufig zu und sagte zu Charlie: »Ich bin hierher gekommen, um *Richard II* zu drehen, und jetzt mache ich *Richard III*!« Es gelang ihm, unsere düstere Stimmung ein wenig aufzuhellen.

Außerhalb des Studios war das Leben auch nicht angenehmer. Charlie wohnte im Great Fosters Hotel in Egham, einem alten Herrschaftshaus aus den Zeiten Elisabeths — angeblich hat es Heinrich VIII als Jagdhaus für Anne Boleyn bauen lassen. Auch heute sieht es fast noch genauso aus wie im sechzehnten Jahrhundert. Innen ist es mit dunkel lackierter Eiche verkleidet; gelegentlich drehte die Hammer-Produktion hier ihre Horrorfilme. Es gab vielleicht einen wunderschönen Rahmen für einen five o'clock-tea ab, aber abends nach

den Dreharbeiten an einer Komödie in ein solches Spukhaus zu kommen, war nicht das Wahre. Das ging drei Monate so!

Was die Sache noch schlimmer machte, war, daß die anderen Hotelgäste aussahen, als gehörten sie gar nicht hierher. Das Speisezimmer war riesig, trostlos und leer wie eine Flugzeughalle. Niemand außer uns schien dort zu essen. Sie wußten wahrscheinlich, warum. Es gab einen Gemeinschaftsraum, in dem der einzige Fernsehapparat des ganzen Hauses stand. Charlie, Oona und die Kinder saßen neben den anderen Hotelgästen und schauten sich an, was die Mehrheit gerade sehen wollte. Es war wie in einer Ferienpension am Meer. In solchen Situationen zog sich Charlie mehr und mehr zurück. Es war schwierig, nach dem Abendessen noch über die Dreharbeiten des nächsten Tages zu reden. Jeder wollte nur noch ins Bett und vergessen, wo er war.

Kurz nachdem wir den Film abgedreht hatten, zog Joan Crawford, die im Shepperton an *The Story of Esther Costello* arbeitete, in Great Fosters ein. Sie brachte schnell frischen Wind in den alten, verknöcherten Bau. Als erstes verlangte sie, daß die Hecken hinter dem Haus entfernt würden. Diese Hecken waren eine Touristenattraktion — sie gehörten zu einem kunstvoll angelegten Labyrinth, das Heinrich VIII vor vierhundert Jahren hatte bauen lassen. Aber das interessierte die Crawford nicht die Bohne. Sie wußte nur, daß sie von Mücken zerstochen wurde und die Hecken zu verschwinden hatten! Die dienstältesten Angestellten im Great Fosters zittern noch heute vor Angst, wenn sie den Namen Joan Crawford hören.

Jeden Sonntag gingen Charlie und ich ins verlassene Studio, um die Szenen zu proben, die wir im Laufe der Woche drehen wollten. Wir kamen uns vor wie zwei Überlebende nach dem Atomkrieg. Wie gern hätten wir eine Tasse schwarzen Kaffee getrunken! Aber es war Sonntag in England: *Alles* war geschlossen!

Jetzt kam die Szene in der fortschrittlichen Schule dran. Charlie ging mit Michael immer wieder den Text durch, so daß der Junge seine Rolle bald im Schlaf beherrschte. Um ganz sicherzugehen, bat Charlie das Kindermädchen Miss Pinnie, noch ein letztes Mal Michael die Dialoge abzufragen.

Unser französischer Kameramann Georges Périnal stand in dem Ruf, einer der besten seines Fachs zu sein; er hatte in klassischen Filmen sowie in René Clairs *Le Million* erstklassige Arbeit geleistet. Aber er war so langsam! Wir kamen nur im Schneckentempo voran. Selbst Oona mit ihrer Stickarbeit war schneller. Charlie kochte, stand neben ihm und wartete, bis er endlich drehbereit war. Sogar während der Aufnahmen hantierte Georges im Hintergrund noch an den Scheinwerfern herum, um die Beleuchtung zu perfektionieren. Charlie wurde fast wahnsinnig.

Schließlich konnte er sich nicht mehr beherrschen. »Schalte alle Scheinwerfer ein!« schrie er. »Ich habe jetzt meinen Auftritt! Was scheren mich deine künstlerischen Effekte! Es ist eine Komödie! Wir brauchen Licht! Außerdem kommen die Leute ins Kino, um Charlie Chaplin zu sehen, nicht dein verdammtes Licht!« Aber während Charlie vor Wut schäumte, bastelte Périnal unbeirrt weiter.

In England sagt man, ohne die Nachmittagsteepause hätte der Krieg nicht gewonnen werden können. Für *A King in New York* galt dasselbe. Jeden Tag gegen halb drei verfielen Schauspieler und Team in eine gewisse Lethargie. Mit langen, erwartungsvollen Gesichtern starrten sie in die Richtung, aus der der Teewagen kommen sollte. Wenn er bis drei Uhr nicht da gewesen wäre, hätte es nicht nur einen Aufstand gegeben, sondern einige wären wohl auch zusammengebrochen. Mit der Zeit begannen sogar Oona und ich, auf diesen verflixten Teewagen zu warten.

Der Regisseur John Frankenheimer erzählte einmal eine lustige Geschichte zu diesem Thema: Er wollte im Studio für seinen Rennfahrer-Film *Grand Prix* Publikumsreaktionen drehen. Die Komparsen sollten so tun, als ob sie gespannt vorbeirasende Rennwagen beobachten würden. Außerdem brauchte er noch heftige Reaktionen für eine Szene, in der einer der Wagen explodiert. Aber die Komparsen reagierten nicht: Sie hatten nur noch Augen für den Teewagen und fielen schon fast in Ohnmacht. Doch Frankenheimer hatte kein Erbarmen. Erst wollte er die Aufnahmen im Kasten haben, dann würde es Tee geben.

Die Arbeit ging immer schleppender voran. In seiner Verzweiflung flüsterte Frankenheimer dem Mann für Spezialeffekte ins Ohr, er solle den Teewagen unter Strom setzen. Dann sagte er dem Kameramann, er solle heimlich die Kamera auf die Komparsen richten. Als die Kameras bereit waren, gab er ein Zeichen, und vor den Augen der Komparsen, die von nichts wußten, flog der Teewagen in die Luft und zerbarst in tausend Stücke! Die Komparsen reagierten mit blankem Entsetzen. Ihr kostbarer Tee war durchs ganze Studio geflogen, aber Frankenheimer hatte die Reaktion, die er wollte!

In einer Szene unseres Films schaut Charlie durchs Schlüsselloch

Charlie gibt Michael Regieanweisungen für seine Rolle als Rupert in A King in New York.

Charlie beim Sprung in die Badewanne — dabei stieß er mit dem Kopf an den Wannenrand.

der Badezimmertür in die Nachbarsuite. Dort sieht er Dawn Addams beim Baden; vor lauter Aufregung schlägt er ein Rad und landet in seiner eigenen Badewanne. Wir drehten die Einstellung mehrere Male. Charlie schaute mich immer wieder an, um zu sehen, wie ich reagierte. Ich fand, der Gag kam nicht herüber.

Jetzt platzte ihm der Kragen. »Sucht euch doch einen anderen Schauspieler«, schrie er. »Besser kann ich's nicht.« Um mir einen Gefallen zu tun, probierte er das Rad noch einmal. Als er in der Badewanne landete, schlug er mit dem Kopf auf den Wannenrand.

Man hörte ein lautes Krachen. Als er so reglos dalag, herrschte betretenes Schweigen. Ich wäre beinahe gestorben. Es war alles meine Schuld. Ich hatte Charlie Chaplin umgebracht! Dann stand er auf, rieb sich den Kopf und sagte: »Das war's jetzt aber. Ob gut oder schlecht, die nehmen wir.« Sie war gut. Ich war gerettet.

Der amerikanische Schauspieler Sam Wanamaker — auch ein McCarthy-Flüchtling — spielte die Rolle eines Reklamefritzen, der versucht, Shadov zu einem Werbespot zu überreden. Wir wiederholten die Szene mehrmals, und Charlie schien zufrieden zu sein. Wanamaker war ganz begeistert, daß er mit Chaplin arbeiten durfte. Als Charlie dann die Muster gesehen hatte, stellte er fest, daß Sam für diese Rolle nicht paßte. Wir engagierten einen anderen Schauspieler, Sid James, und drehten die Sequenz noch einmal.

Aber niemand hatte Wanamaker davon in Kenntnis gesetzt. Bei der Premiere in London sah ich ihn voller Stolz mit Frau und Kindern in die Vorstellung gehen, um seinen großen Auftritt in *A King in New York* zu erleben. Es war mir furchtbar peinlich. Ich wollte nicht mit ihm konfrontiert werden und versteckte mich. Ich habe mich oft gefragt, wie Sam wohl reagiert hat, als er feststellte, daß ein anderer seine Rolle spielte.

Jetzt kamen die Außenaufnahmen. Tag um Tag mühten wir uns ab, so viel Szenen wie möglich in den Kasten zu bekommen, um möglichst schnell fertig zu werden. Charlie haßte es, an Originalschauplätzen zu drehen — denn man war den Elementen so hilflos ausgeliefert. Er liebte die Arbeit im Studio, wo er alles viel besser unter Kontrolle hatte. In aller Eile filmten wir die Tate Gallery als New Yorker Gericht; der Berkley Square (mit einem Rolls-Royce-Ausstellungsraum im Hintergrund) mußte als Ersatz für die New Yorker Straßen herhalten. Um den Broadway bei Nacht vorzutäuschen, drehten wir mit versteckter Kamera auf dem Leicester Square vor dem Warner-Kino. Im Hintergrund ist ein Plakat zu erkennen: »Richard Attenborough in THE BABY AND THE BATTLESHIP« — ein Film, der nie am Broadway gelaufen wäre.

Als wir die Dreharbeiten im Juli endlich beendet hatten, waren wir alle glücklich. Oona und Charlie reisten sofort ab; aus steuerlichen Gründen konnte er nur sechs Monate in England bleiben. Ich kümmerte mich darum, daß die Filmbüchsen per Schiff nach Frankreich gebracht wurden, wo der Schnitt stattfinden sollte.

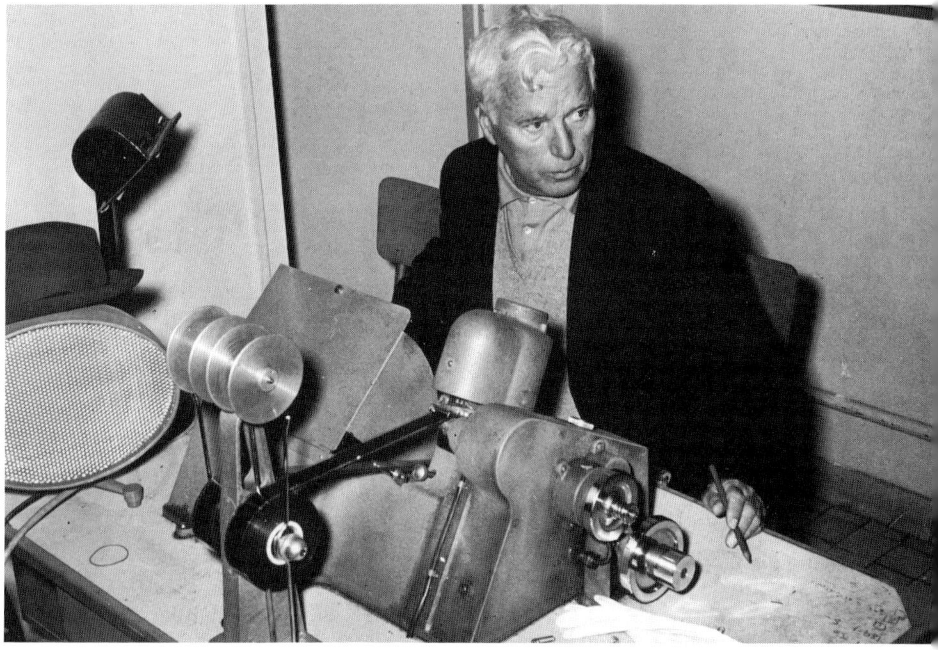

Charlie in Paris beim Schneiden von A King in New York.

In Paris wohnten Oona und Charlie im Hotel Georges V; ich ging wieder ins Montaigne. Paris war wunderschön in diesem Sommer. Manchmal aßen wir nachmittags im Bois de Boulogne unter herrlichen Kastanienbäumen. Einmal saßen Paulette Goddard und ihr zukünftiger Ehemann Erich Remarque am Nachbartisch. Oona und Charlie gingen hinüber und begrüßten sie. »Wie höflich sie doch sind«, dachte ich.

Wir hatten jetzt einen Rohschnitt des Films. Das Direktorium von United Artists kam nach Paris, um ihn sich anzuschauen. Sie waren erschrocken. Einen solchen Film zu verleihen, war ihnen zu riskant. Er sei ein heißes Eisen, sagten sie. Arnold Picker, der neue Vizepräsident von United Artists, nahm mich beiseite und riet mir, meinen Namen nicht mit dem Film in Verbindung zu bringen. Es würde mir nur Schwierigkeiten bereiten. Mir war das völlig gleichgültig.

Ich fand — und finde — den Film großartig und konnte nie verstehen, warum die Leute meinten, er sei eine Attacke auf die Vereinigten Staaten. Für mich war es immer die größte Tugend Amerikas, daß man Schwachpunkte im System aufzeigen, kritisieren und verspotten konnte, ohne dafür verurteilt zu werden — auch wenn es um Hexenjagd und die schwarze Liste ging. Ich habe *The Grapes of Wrath* (Früchte des Zorns) nie als antiamerikanisch empfunden, nur weil er das Elend der Farmer veranschaulichte, oder *Mr Smith goes to Washington* (Mr Smith geht nach Washington), weil er die Korruption im Senat aufdeckte, oder *I Am a Fugitive from a Chain Gang* (Ich bin ein entflohener Kettensträfling/Jagd auf James A.), weil er die Strafjustiz in den Südstaaten kritisierte. An diesen Filmen hat niemand Anstoß genommen. Für mich waren diese Filme proamerikanisch, denn sie zeigten der Welt, was Demokratie bedeutet: Gedanken- und Redefreiheit. Und genauso verhielt es sich mit *A King in New York*. Der Film war nicht antiamerikanisch; er veranschaulichte lediglich, was sich damals in Amerika abspielte.

Aber der McCarthyismus breitete sich immer noch weiter aus. Arnold Picker empfahl Charlie, den Film auf eigene Faust in den einzelnen Ländern zu verkaufen. Dann sah der amerikanische Kolumnist Art Buchwald den Film in London, bevor er der Presse vorgestellt wurde, und schrieb eine vernichtende Kritik im *Herald Tribune*. Und einer genügte, um den Stein ins Rollen zu bringen.

Charlie war damals sehr angespannt. Was wollten die Leute eigentlich von ihm? Schließlich hatte er den Film selbst finanziert; und die Aussichten waren düster. Charlies Nervosität begann, auf mich überzugreifen. Ich bekam Beruhigungstabletten von einem Freund; und da ich zunehme, wenn ich nervös bin, gab mir ein anderer Freund Appetitzügler. Erst später wurde mir klar, daß ich starke Dosen Benzedrine eingenommen hatte. Als ich an Gewicht verlor, brach mein Kreislauf zusammen. Ich steuerte auf einen Kollaps zu. Ich hatte das Gefühl, nicht mehr von großem Nutzen zu sein und beschloß, zu gehen. Ich glaube nicht, daß Charlie begriff, was mit mir los war, aber ich wußte es ja selbst nicht. Ich verkroch mich in ein schäbiges Pariser Hotel und wollte niemanden mehr sehen. Ich war in einem fremden Land und hatte mich zeit meines Lebens noch nie so allein gefühlt. Eddie Constantine und Jeff Davis versuchten, mich wieder aufzurichten. Eddie bot mir einen neuen Film an, aber ich war nicht in der Lage, irgend etwas zu tun. Ich war immer noch auf Tabletten; damals wußten wir noch nichts über die Wirkung dieser Drogen; ich hatte keine Ahnung, was mit meiner Psyche geschah.

Sydney Chaplin machte mich ausfindig und rief aus New York an. Er spielte zusammen mit Judy Holliday die Hauptrolle in *Bells Are Ringing* (Anruf genügt — komme ins Haus), ein Musical, das Sydneys Freunde Adolph Green und Betty Comden geschrieben hatten. Die Theatre Guild führte es am Broadway auf. Er bestand darauf, daß ich sofort herüberkäme, um bei der Neuinszenierung behilflich zu sein. Ich konnte mich des Gefühls nicht erwehren, daß er wußte, in welcher Verfassung ich mich befand, und mir helfen wollte. Ich dachte, ein kleiner Tapetenwechsel könne mir ganz gut tun. Mein alter Freund Syd würde mir vielleicht helfen können. Obwohl *Bells* unter der Regie von Jerome Robbins gerade erst angelaufen war und großen Erfolg hatte, waren Judy und Syd unzufrieden. Judy drohte damit, auszusteigen, falls das Musical nicht neu inszeniert würde. Und ohne Judy als Hauptattraktion war die Show wertlos. Nach dreieinhalb Jahren würde ich zum erstenmal wieder nach Amerika fahren.

Ich verabschiedete mich von Oona und Charlie. Er hatte gerade die Musik für *A King in New York* geschrieben und war in Hochstimmung. Musikaufnahmen ließen ihn immer all seine Sorgen vergessen. Er wünschte mir Glück. Kurz vor meiner Abreise erfuhren wir, daß Humphrey Bogart an Krebs gestorben war. »Er war noch so jung«, sagte Charlie betroffen.

Als ich in New York ankam, ging ich sofort ins Shubert Theater in die Samstagabendvorstellung von *Bells Are Ringing*.

DIE 6 CHAPLIN-REVUE

Sydney Chaplin feiert am Broadway große Erfolge mit Bells Are Ringing.

New York City,
den 21. Januar 1957

Liebste Oona, liebster Charlie!

Ich habe Euch so viel zu erzählen. Sydney macht sich großartig in der Show. Er ist so charmant und selbstsicher. Es ist genau die richtige Rolle für ihn. Wenn er zum erstenmal auf die Bühne kommt, geht ein Raunen durch die Zuschauerreihen: »Das ist der Sohn von Charlie Chaplin!«

Das Publikum verehrt Judy Holliday. Sie kann sich alles erlauben. Auch Judy besitzt sehr viel Charme; ihr strahlendes Lächeln ist unwiderstehlich. Aber hinter den Kulissen ist sie nur selten einmal glücklich. Sie lebt mit ihrer Mutter in den Dakotas, einem düsteren, unfreundlichen Apartmenthaus in der Nähe vom Central Park West. Sie hat einen kleinen Sohn — Jonathan — aus einer früheren Ehe. Ihre Mutter behandelt sie immer noch wie ein unmündiges Kind; sie bleibt immer auf, bis ihre Tochter nach Hause kommt, und ist ständig besorgt, ob sie auch genug ißt. Und sie empfängt sie immer mit schlechten Nachrichten: »Jonathan geht es nicht gut, er hat dauernd nach Dir gefragt.«

Judy scheint sich im Unglück zu gefallen. Einmal sagte sie nach der Vorstellung zu Syd: »Laß uns heute abend Cyril besuchen ... Er ist so deprimiert.« Syd antwortete seufzend: »Ach, Schatz, können wir nicht zur Abwechslung mal jemanden besuchen, der glücklich ist?«

Syd bekam die Rolle, weil er mit Judy in Los Angeles Karten gespielt hat. Dabei hatte er natürlich für viel Heiterkeit gesorgt. Anhand eines nüchternen Drehbuchs zu agieren, fällt ihm nach wie vor schwer, aber Judy wußte noch, wie komisch und amüsant er beim Kartenspielen war. Sie bestand darauf, daß er ihr Partner sein solle, und setzte ihren Willen auch gegen die Theatre Guild und alle

anderen Verantwortlichen durch. Syd ist ihr sehr dankbar dafür, doch ich glaube, daß sie seine Dankbarkeit für Liebe hält.

Ich habe mit der Arbeit an der Show noch nicht begonnen; es ist eine schier unlösbare Aufgabe. Es wäre etwas anderes, wenn das Stück ein Flop wäre, aber es läuft sehr gut. Warum sollte ich mich da einmischen?

Sydney genießt seinen Erfolg. Ich habe ihm einen kleinen Fernseher für seine Garderobe gekauft, und während er sich fertig macht, kann er sich nicht vom Bildschirm losreißen. Ohne ihn jemals von der Sendung, die er gerade anschaut, ablenken zu können, bringt ihn sein Garderobier Harry Edwards dazu, aufzustehen, und sich die Hose und das Jackett anziehen zu lassen. Dann kommt sein Auftritt; er stürmt auf die Bühne, singt »Just In Time, I Found You Just In Time«, rast zurück in seine Garderobe und setzt sich sofort wieder vor den Fernseher. Während Harry ihn in sein nächstes Kostüm zwängt, schaltet er zum Basketballspiel um, die Augen immer auf dem Bildschirm. Als Harry einmal nicht da war, hat ihn eine Quizsendung so gefesselt, daß er mit einem Kleiderbügel im Jackett auftrat. Er wunderte sich, daß er nicht so gut tanzen konnte!

Nach der Show gehen Judy und Syd meistens ins Sardi's zum Essen, wo Syd dann mit Vincent Sardi über das Fernsehprogramm des Abends diskutiert. »Aber Du warst doch auf der Bühne!« sagt Sardi. »Wie kannst Du all diese Sendungen gesehen haben?« Sydney lächelt nur geheimnisvoll.

Es geht das Gerücht, daß Syd dieses Jahr den Tony-Award gewinnt ...

Kommt die Musik für *A King in New York* gut voran? Ihr müßt mir alles erzählen. Ihr fehlt mir sehr.

Herzliche Grüße,
Jerry

Einige Wochen später schrieb Oona, daß Charlie jetzt dabei sei, die Musik aufzunehmen — er habe ein paar wunderschöne Songs geschrieben, und sie könne es gar nicht abwarten, daß ich sie endlich zu hören bekäme. Und Charlie sei so stolz auf Sydneys Erfolg, daß er mit dem Gedanken spiele, ein Musical für ihn zu schreiben. Dann wollte sie noch wissen, ob ich das Stück nun bearbeiten würde oder nicht.

New York City,
den 15. Februar 1957

Liebste Oona, liebster Charlie!

Ich habe das *Bells*-Projekt fallenlassen. Einerseits möchte Judy einen neuen Regisseur, andererseits ist sie sehr unflexibel. Sie dazu zu bewegen, einen anderen Gang einzustudieren, ist genauso schwierig, wie die *Queen Mary* vor Anker zu legen. Ich glaube, sie wollte Sydney nur einen Gefallen tun. Er ist fest davon überzeugt, daß die Show verbessert werden könnte — und da sie hoffnungslos in ihn verliebt ist, würde sie alles tun, was er will. Ich sitze da zwischen den Stühlen.

Seid froh, daß Ihr nicht in New York lebt. Es liegt wohl an der Zeit — am McCarthyismus —, daß alle Leute so unglücklich wirken. Niemand weiß, wer als nächster von seinen »besten Freunden« denunziert wird. Judy wurde vom Komitee nach Washington beordert. Wie ich höre, hat sie dort die Rolle des dummen Blondchens — genau wie in *Born Yesterday* — sehr überzeugend gespielt. Ich wollte mit ihr darüber sprechen, aber als ich ihr angsterfülltes Gesicht sah, ließ ich das Thema lieber fallen. Jeder fühlt ständig ein Damoklesschwert über sich schweben.

Neulich abend war ich mit Judy und Sydney auf einer Party bei George Axelrod. Lauren Bacall war Ehrengast. Es hieß, es sei die Tröste-Betty-über-Bogie-weg-Party. Die gesamte New Yorker Theaterprominenz war vertreten. Die Leute tanzten, aber es kam keine Stimmung auf. Es herrschte eine gespannte, bedrückte Atmosphäre.

Aber ich amüsierte mich köstlich. Der Dramatiker Arthur Kober sah mich lächeln und kam zu mir herüber. »Wieso sind *Sie* so guter Laune?« fragte er. Verblüfft antwortete ich: »Wir sind doch auf einer Party!«

Dann deutete er auf Moss Hart, den Regisseur von *My Fair Lady*. »Meinen Sie, daß *er* glücklich ist?« fragte Kober. »Er hätte allen Grund dazu«, antwortete ich, »sein Stück ist der größte Broadway-Hit.« Kober antwortete: »Aber wer erntet die Lorbeeren dafür? Nur Lerner und Loewe. Für den Regisseur interessiert sich kein Mensch.«

Mein nächster Gesprächspartner war auch so ein Miesepeter. Er erkundigte sich nach Charlies neuem Film. Als ich ihm erzählte, es sei eine Satire auf das amerikanische Denunziantentum und das Komitee für unamerikanische Umtriebe, erstarrte er vor Schreck und verschwand. Es ist trostlos.

Audrey Wood will mich jetzt vertreten. Sie ist eine sehr gute New Yorker Agentin: Durch sie ist Tennessee Williams entdeckt worden. Ich bin absolut begeistert von ihr und ihrem Mann Bill Liebling. Die beiden sind fest entschlossen, mir die Regie in einem Stück zu verschaffen.

Was gibt es Neues über den Film? Schreibt mir!
Viele Grüße und Küsse,
Jerry

Kurz darauf schrieb Oona, daß Charlie mich für ein paar Monate bräuchte. *A King in New York* liefe in England in vierzig Kinos an, und ich sollte den Start vorbereiten. Oona ging nicht weiter in Details; sie erkundigte sich lediglich, ob ich Zeit hätte.

Ich war hin- und hergerissen. Einerseits hatte ich große Sehnsucht nach Oona und Charlie, andererseits hielt ich es für klüger, in New

Links: *Charlie voller Verzweiflung über seinen neuen Haarschnitt — oder ist es ein Vogelnest?*
Unten: *Charlie mit seinen Kindern, seinem Bruder Sydney und dessen Frau Gypsy bei einem Picknick im Garten des Manoir.*

York zu bleiben, wo sich mir jetzt viele Chancen zu bieten begannen. Eine Zeitlang schob ich den Entschluß vor mir her und hoffte, das Problem werde sich von selbst lösen. Aber Charlie drängte. Oona schickte mir ein Telegramm, um zu fragen, wie ich mich entschieden hätte. Ich beschloß zu fahren.

Aber ich hatte wohl zu lange gezögert. Als ich in der Schweiz ankam, hatte Charlie jegliches Interesse verloren. Ich verließ Vevey am darauffolgenden Tag und fuhr nach London; es war mir zu peinlich, gleich wieder in New York aufzutauchen, nachdem meine Freunde eine Abschiedsparty für mich organisiert hatten. Wenig später, am 23. Mai, bekam Oona ihr sechstes Kind, Jane Cecil.

Sidney Bernstein, der Chef von Granada Television, hatte mir schon mehrmals angeboten, bei ihm einzusteigen. Er kannte das Circle und wollte, daß ich in England etwas Ähnliches aufziehe. Ich hoffte, daß als Standort London geplant wäre, doch Sidney dachte an Manchester, den Hauptsitz von Granada. Ich hatte Los Angeles nicht verlassen, um in Manchester zu leben. Sein Angebot, in London für das Fernsehen zu arbeiten, nahm ich jedoch gern an. Zuerst führte ich Regie in William Saroyans *My Heart's in the Highlands.* Es wurde live übertragen, und ich war wahnsinnig aufgeregt. Glücklicherweise erhielt das Stück hervorragende Kritiken.

Charlie war beeindruckt, als er sie las. *A King in New York* war gerade in London angelaufen. Die Rezensionen waren zum größten Teil positiv. J. B. Priestly schrieb: »Chaplin hat sich wieder einmal mit Erfolg eines schwierigen Themas angenommen, wie schon zuvor in *Modern Times* und *The Great Dictator.* Der Filmclown wurde zum Satiriker und Sozialkritiker, ohne daß dabei seine bewundernswerte Fähigkeit, uns zum Lachen zu bringen, auf der Strecke geblieben wäre.«

Charlie gab dem *London Observer* ein Interview. »Mein Film ist nicht politisch. Es ist eine Satire«, sagte er. »Ein Clown muß doch gleichzeitig auch Satiriker sein.« Dann fügte er noch hinzu: »Dies ist mein rebellischster Film. Ich will beim Untergang unserer Zivilisation nicht tatenlos zusehen.«

Charlie bekam viel Post von begeisterten Fans. Der Brief des Dichters C. Day Lewis rührte Oona und ihn am meisten. Wir hatten Lewis durch die Schriftstellerin Elizabeth Jane Howard kennengelernt. Sein Brief war bewegend. Er lobte sowohl die Brillanz des Films als auch Charlies überragende Leistung. Im großen und ganzen aber konnte das britische Publikum nicht so richtig nachvollziehen, was McCarthyismus bedeutete und was es mit den Komitees für unamerikanische Umtriebe auf sich hatte. Sein eigentliches Publikum erreichte *A King in New York* erst in den siebziger Jahren, als er zum erstenmal in Amerika freigegeben wurde. Die Jugend war überrascht von der Kühnheit des Films, fand ihn aber nicht kontrovers, sondern einfach nur komisch. Charlie war seiner Zeit zwanzig Jahre voraus.

Mein zweites Stück für Granada sollte *Die ehrbare Dirne* von Sartre sein. Als wir zum erstenmal in unserem kalten, unbeheizten Raum in Acton probten, kamen plötzlich Judy und Sydney herein. Sie hatten beide für ihre Rollen in *Bells* einen »Tony« gewonnen und machten jetzt eine Woche Urlaub. Die New Yorker Zeitungen waren voll mit Geschichten über ihre bevorstehende Heirat; es hieß, Sydney fahre mit Judy in die Schweiz, um Charlies Segen einzuholen. Was für ein Unsinn. Sydney liebte Judy nicht, unglücklicherweise; dafür liebte sie ihn um so mehr und klammerte sich an ihn. Der arme Syd saß in der Zwickmühle.

Müde und erschöpft von ihrem Flug hatten sich Judy und Syd während der Probe in die hinterste Ecke verkrochen. Niemand erkannte in der Dame mit dem Nerzmantel und der dunklen Brille den Star vom Broadway und in dem attraktiven jungen Mann Sydney Chaplin. Gegen Abend bekam ich einen Anruf von Bernsteins

Oben: *Judy Holliday mit Charlie, Sydney, den Kindern und mir auf der Veranda. Dieses wunderschöne Holliday-Lächeln sollte nur von kurzer Dauer sein.*

Unten: *Zwischen Syd und Judy gibt es erste Spannungen. Wenn Blicke töten könnten…*

Büro. The Independent Television Authority, eine Art Rundfunkrat, hatte entschieden, Stück und Titel seien für das britische Fernsehen zu gewagt. Wir wurden alle ausgezahlt.

Ich beschloß, mit Syd und Judy nach Vevey zu fahren. Vor unserer Abreise machte Syd noch einen Einkaufsbummel, während Judy und ich am Piccadilly Circus spazierengingen. Gegenüber dem London Pavilion-Filmtheater blieben wir stehen. Seine Anzeigetafel erstreckte sich über die gesamte Vorderseite des Gebäudes. Einige Arbeiter waren gerade dabei, in Leuchtbuchstaben den Namen des neuen Stars anzubringen — »JUDY HOLLIDAY in FULL OF LIFE«. Wir schauten zu, wie die letzte Glühbirne eingeschraubt wurde. Ich fand es aufregend, aber Judy meinte nur: »Laß uns gehen. Es ist *deprimierend.*«

Am nächsten Tag waren wir in Vevey. Das war Judys großer Augenblick.

Oona und Charlie waren sehr freundlich zu ihr, aber sie wollten nichts mit Sydneys Liebesaffären zu tun haben. Davon hatte es schon zu viele gegeben: Kay Kendall, Marjorie Steele, Gloria de Haven, Evelyn Keyes, Joan Collins … Die Liste war endlos. Judy hoffte, daß Charlie so überwältigt von ihr wäre, daß er spontan zu Sydney sagen würde: »Das ist die richtige Frau für dich, mein Junge.« Oona und Charlie behandelten Judy zwar höflich und zuvorkommend, aber sie war ein Gast wie jeder andere.

Sydney wollte so schnell wie möglich in sein geliebtes Paris zurück; die Stadt hatte ihn in ihren Bann gezogen: Für Nachtschwärmer wie ihn gab es nichts Besseres. Wir fuhren alle drei mit dem Zug zurück und stiegen wieder einmal im Montaigne ab. Sydney wollte sich mit Freunden treffen und überließ Judy sich selbst.

Judy bekam eine Nervenkrise. Sie blieb den ganzen Tag im Bett, weinte und rief nach ihrer Mutter. Ich versuchte, sie zu beruhigen, aber der einzige, den sie sehen wollte, war Syd. Ich fand ihn schließlich in einer Bar an einem Flipperautomaten, dem er die gleiche Aufmerksamkeit widmete wie sonst seinem Fernseher. Ich bekniete ihn, er solle sich um Judy kümmern, aber er wurde wütend: »Sie verdirbt mir den ganzen Urlaub. Es macht keinen Spaß, mit ihr zusammenzusein. Sie will nur immerzu herumlaufen und allen Leuten erzählen, daß wir heiraten.«

Es war Sonntag, und Judy und Syd mußten am nächsten Tag wieder in New York in *Bells* auftreten. Ich brachte Judy zum Flughafen; Sydney nahm eine spätere Maschine.

Am selben Sonntag hatte die Theatre Guild groß angekündigt, daß Judy Holliday und Sydney Chaplin jetzt zu *Bells are Ringing* zurückgekehrt seien.

In New York gab Judy bekannt, sie würde nur bei der Show bleiben, wenn Sydney gehe. Das tat er mit Freuden, und Hal Linden, die zweite Besetzung, sprang für ihn ein.

Nachdem *A King in New York* ihn nicht mehr in Anspruch

Die Anzeige in der New York Times *vom Sonntag, als Judy aus Paris zurückkam. Hier wurde noch angekündigt, daß Syd und Judy sozusagen »für immer« zurück und in* Bells Are Ringing *zu sehen seien; tatsächlich stieg Syd gleich nach seiner Ankunft aus der Show aus.*

In Shoulder Arms *machte Charlie sich über das Leben in der Armee lustig. Hier versucht er, bei kniehohem Wasser im Schützengraben zu schlafen.*

Charlie als »großer, weißer Jäger« auf einer Reise mit Oona nach Kenia.

nahm, wurde Charlie unruhig. Da er kein neues Filmprojekt hatte, begann er, sich Aufzeichnungen für eine Autobiographie zu machen.

Und er griff die Idee wieder auf, die ihm während meines ersten Sommers in Vevey gekommen war. Er wollte drei seiner alten Filme — *A Dog's Life, The Pilgrim* und *Shoulder Arms* — unter dem Titel *The Chaplin Revue* neu herausbringen. Aber anstelle der damals geplanten Somerset-Maugham-Parodie wollte er jetzt unbekanntes Bildmaterial aus seinem Archiv zur Einleitung benutzen. Es gab Szenen, die noch nie in der Öffentlichkeit vorgeführt worden waren, die Charlie bei der Arbeit und im Spiel zeigten: Wie er sich als Tramp verkleidet, zusammen mit Harry Lauder eine Varieténummer spielt oder Besuch von Winston Churchill bekommt. Später bat mich Charlie, dieses Material zu vernichten, aber ich weigerte mich.

Wir fanden keine geeignete Einleitung für den Film *Shoulder Arms,* der im Ersten Weltkrieg spielt. Im Imperial War Museum in London schauten wir uns echte Kampfszenen an. Man erzählte uns, daß dieses Museum ursprünglich einmal das Royal Bethlehem Hospital war — eine Anstalt für Geisteskranke, die im Volksmund als Abwandlung von Bethlehem Bedlam genannt wurde. Als ich das hörte, fragte ich mich, ob das Museum nicht vielleicht eine der Heilanstalten gewesen sei, in die Charlies Mutter eingewiesen worden war. Es lag nur ein paar Straßen von 3 Pownall Terrace in Kensington entfernt, wo die Familie in einer Dachkammer gehaust hatte. Doch Charlie wollte sich dazu nicht äußern.

Oona und Charlie frierend am Äquator.

Oona und Charlie brachten mich mit zwei ihrer engsten Freunde zusammen, mit Don und Ella Stewart. Donald Ogden Stewart — ein bekannter Humorist und brillanter Drehbuchautor — war bei der New Yorker Präsentation von *Monsieur Verdoux* einer der wenigen gewesen, die Charlie Beistand geleistet hatten. In den zwanziger Jahren hatte Don in Paris gelebt, wo er mit Hemingway und Scott Fitzgerald befreundet war; in den dreißiger und vierziger Jahren hatte er sehr erfolgreiche Filme für MGM gemacht, in denen Katharine Hepburn, Spencer Tracy, Norma Shearer und Joan Crawford die Hauptrollen spielten. Aber die politischen Ereignisse Ende der vierziger Jahre hatten seiner Hollywood-Karriere ein Ende gesetzt, und jetzt lebte er mit seiner Frau Ella Winter in London.

Vor Ella — einer geborenen Kämpferin und Querulantin mit angriffslustigen, schwarzen Augen — mußte man sich in acht nehmen. Als politische Journalistin hatte sie mit den amerikanischen Truppen in einem Munitionsboot den Atlantik überquert und hatte Stalin und die Roosevelts interviewt. Bei jeder Demonstration war Ella in den ersten Reihen zu finden.

Die Stewarts bewohnten ein großes Haus in Hampstead, 103 Frognal; es war der ehemalige Wohnsitz des Premierministers Ramsay

Rechts: *Don und Ella Stewart in ihrem Haus in Hampstead.*
Unten links: *Ein Portrait von Ella.*

Gegenüber: *Charlie in der Titelrolle von* The Pilgrim.

MacDonald. Es wurde für mich fast eine Art zweites Zuhause; ich freundete mich mit der ganzen Familie an und begann mit Don Stewart Jr., dem Sohn von Don und Ella, ein Drehbuch zu schreiben.

Don und Ella freuten sich stets auf die Besuche von Oona und Charlie. »Wann kommen sie?« fragte Ella immer wieder voller Ungeduld. Aber Ella hatte noch einen anderen Grund, warum sie über alles, was Charlie tat, informiert sein wollte. Sie hatte meistens irgendeine Petition bereitliegen, die er unterzeichnen sollte. Chaplins Name sollte für all ihre Aktionen herhalten, ob es die Beendigung des Wettrüstens, die Unterstützung von Eingeborenen oder der Schutz abessinischer Katzen war. Obwohl Charlie mit all dem sympathisierte, ließ er sich doch nie zu einer Unterschrift bewegen. Es wurde ihm einfach zuviel: Es war, als wenn man jeden Morgen eine Postwurfsendung bekäme.

Am Sonntag war bei Don und Ella immer Tag der offenen Tür für Prominenz aus der Literatenszene und aus dem Showgeschäft. Eines Tages rief Ella mich an und sagte, sie sei furchtbar deprimiert — niemand käme mehr zu Besuch. Ich fuhr schnell zu ihr. Während Ella krank im Bett lag, kam eine Frau herein und bat sie, ihr zu helfen, ihre Verwandten aus der Sowjetunion herauszuholen. Sofort war Ella wieder ganz die alte: »Wenden Sie sich nicht an die Sowjetische Botschaft — sprechen Sie mit meinem Friseur!« Eine Minute später stürmte Katharine Hepburn mit Phyllis ins Zimmer und nahm die Sache sofort in die Hand. »Vergiß diese ganzen Tabletten. Ich lasse meinen Arzt aus New York kommen, damit er dich untersucht.« Das nannte Ella also »keinen Besuch«!

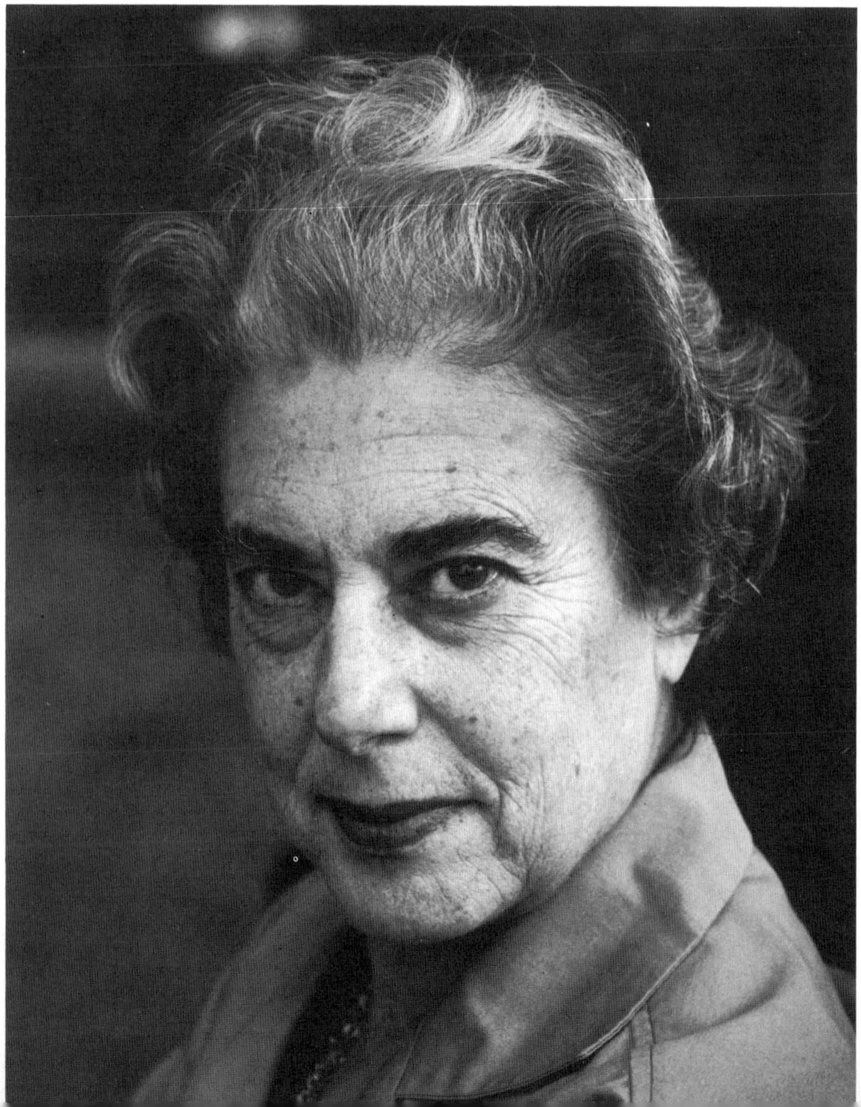

An einem Samstagnachmittag waren Oona und Charlie bei Don und Ella zu Besuch. Ella war sehr enttäuscht, daß die beiden sofort wieder nach Vevey zurückfahren wollten. Sie würden am Sonntag ein großes Festmahl versäumen. Es kämen ein paar Amerikaner und sie würde »good old American hamburgers« machen.

Ich ging zu diesem »Hamburger«-Essen und schaute in Ellas Küche. Wie immer ging dort alles drunter und drüber, mit all den Katzen, Hunden, Papageien und ihrem Affen. (Einmal biß sie der Affe; darauf biß sie zurück!) Fidget, ein alter Pudel, hatte eine leicht gelähmte Zunge, die ihm seitlich aus dem Maul hing; der Speichel tropfte auf den Boden. Als Ella ihre »good old American hamburgers« zubereitete, flog die Kühlschranktür auf, und ich beobachtete, wie Fidget hineinsprang und anfing, an einer großen Lammkeule herumzuknabbern. Ella verjagte ihn und schrie: »Komm da raus, Fidget, das ist unser Abendessen!« Mir drehte sich der Magen um. Was würde das wohl für Hamburger geben?

Ella kam voller Stolz mit ihren brutzelnden Hamburgern ins Eßzimmer. Die Gäste griffen mit großem Appetit zu, aber plötzlich blieb ihnen der Bissen im Halse stecken. Einer sagte, das Fleisch schmecke nach Fisch. »Ach, du lieber Gott«, rief Ella, »ich habe die Dose Katzenfutter mit unter das Hamburgerfleisch gemischt!« Oona und Charlie hatten gut daran getan, London frühzeitig zu verlassen!

Im Herbst 1958 mieteten Charlie und ich Schneideräume in Hammersmith und begannen, seine drei Stummfilme für *The Chaplin Revue* zu bearbeiten. Wir aßen oft mit Oona zu Mittag. Damals war Hammersmith eine trostlose Gegend. (Heute ist es auch nicht viel besser.) Eine Wimpy-Bar auf der gegenüberliegenden Straßenseite war die einzige Möglichkeit, etwas zu essen, aber wir waren für jede Kleinigkeit dankbar.

Charlie komponierte eine zweistündige Begleitmusik für die Filme. Die musikalische Untermalung erweckte sie zu neuem Leben, Charlie schaute sich die Handlung auf der Leinwand an, sang dann auf ein Tonband oder ließ einen Pianisten mitschreiben und komponierte so mit großem Feingefühl Melodien für jede einzelne Szene. Für ihn war das ein Kinderspiel, und er konnte nie verstehen, warum andere Komponisten so viele Schwierigkeiten hatten.

Wenn er am Klavier saß, spielte er immer zuerst den Anfang der Tonleiter — C, D, E, F, G. Ausgehend von diesen paar Noten, komponierte er, mit kleinen Variationen, das *Limelight*-Thema, das Thema für *City Lights,* das »Smile« für *Modern Times* und »Love, This is My Song« für *A Countess from Hong Kong.* Alle diese Melodien hatten ihren Ursprung in einem Lied, das Charlie als kleiner Junge in den Londoner Straßen gehört hatte — »Who Will Buy My Pretty Violets«. Charlie war ein Anhänger der Theorie Irving Berlins, der ihm einmal erzählt hatte: »Jeder Komponist hat nur ein Lied im Kopf. Alles, was er danach schreibt, ist nur eine Abwandlung des Originals.«

Charlie haßte »lustige« Musik für seine Komödien. Er komponierte immer elegante, romantische Melodien als Gegengewicht zur Komik des Tramp. Sie verliehen seinen Filmen eine zusätzliche emotionale Komponente. Als wir nach Jahren einmal über das Walzer-Thema der Gräfin aus *A Countess from Hong Kong* sprachen — das uns beiden besser gefiel als die Titelmelodie »Love, This Is My Song« —, zwinkerte er mir zu und sagte: »Das ist der Walzer aus *Die lustige Witwe* — in abgewandelter Form!« Meiner Meinung nach war die Titelmelodie für sein letztes Filmprojekt *The Freak* die beste Musik, die er je geschrieben hat. Er sagte immer: »Das ist echt Puccini!« Charlie machte oft Witze über seine Musik und nahm sie nie besonders ernst — seine Filme waren ihm wichtiger. Aber er fühlte sich doch sehr geschmeichelt, als er erfuhr, daß John Huston zu einem Komponisten gesagt hatte: »Ich möchte genau die Art von Musik, die Chaplin für seine Filme komponiert.«

Bei Ella fand die Ausstellung eines mittellosen indischen Malers statt. Sie war eine leidenschaftliche Sammlerin — ihr Haus war vollgestopft mit Antiquitäten, Artefakten und Bildern. Sie entdeckte Klee, als er noch völlig unbekannt war, und besaß so viele Werke von ihm, daß die Tate Gallery sie für sie aufbewahrte. Oona, Charlie, ihre kleine Tochter Vicky und ich hatten eine Einladung zu dieser Ausstellung bekommen. Charlie interessierte sich nicht für die Bilder und kaufte nichts. Als sie wieder im Savoy waren, zeigte Victoria ihrem Vater ein Bild, das Ella ihr geschenkt hatte. Es gefiel Charlie zwar nicht, aber er empfand es als nette Geste.

Oona und Charlie auf Entdeckungstour in London.

Kurz darauf rief Ella Vicky an und bat sie, von ihrem Vater Geld für das Bild zu verlangen. »Er kann es sich leisten«, meinte sie. Charlie wurde wütend und ließ das Bild sofort zurückbringen. »Es ist unfair, Kinder so auszunutzen«, sagte er. Aber Ella nahm es gelassen auf — genauso wie ein anderes Mal, als Oona ihre Luxushandtücher mit den eingestickten Initialen O. C. in Ellas Badezimmer hängen sah. Ella hatte sie anscheinend bei einem Besuch im Manoir mitgehen lassen. Als Oona sie darauf ansprach, antwortete Ella: »Ach, du hast doch genug davon!«

Wir setzten unsere Arbeit an *The Chaplin Revue* fort. An einem Samstagnachmittag, als wir zu warten hatten, bis der Cutter

Oben: *Oona und Charlie auf der London Bridge.*
Mitte und unten: *Oona und Charlie im Hof des George Inn, South London.*

mit seiner Arbeit fertig war, unternahmen Charlie und ich einen Spaziergang von Hammersmith nach Kensington. Da wir noch Zeit hatten, erzählte ich Charlie, daß der Regisseur Peter Brook und seine Frau Natasha Parry, die in Kensington wohnten, mich für den Nachmittag zu einem Drink eingeladen hätten. »Wir könnten doch kurz vorbeischauen«, schlug ich vor. Charlie zögerte: »Aber ich bin doch gar nicht eingeladen.« »Das geht schon in Ordnung«, sagte ich.

Im Wohnzimmer drängten sich die Theaterfreunde von Peter und Natasha. Niemand erkannte Charlie. Als ich einige Gäste begrüßte, stellte ich ihnen Charlie vor, der hinter mir stand — »Ach, kennen Sie übrigens Charlie Chaplin ...«, sagte ich. Den Gästen blieb vor Staunen der Mund offenstehen. Sie konnten einfach nicht glauben, daß dieser Mensch, der scheu und unauffällig dort stand, Charlie Chaplin war.

Ich ließ ihn einen Moment allein, um mit anderen Leuten zu sprechen. Charlie stand einfach da — einsam und unbeholfen, zu schüchtern, um mit jemandem zu sprechen. Später fragte er mich: »Wie kannst du mit all diesen unbekannten Leuten reden?« Seitdem habe ich ihn nie wieder alleingelassen.

Für das nächste Wochenende hatten uns Sandra und Sidney Bernstein in ihr Landhaus in Kent eingeladen. Morgens arbeiteten Charlie und ich im Schneideraum. Später sollten wir uns mit Oona an der Waterloo Station treffen. Um uns die Zeit bis dahin zu vertreiben, tranken wir einen Kaffee in Lyon's Corner House in der Coventry Street, nahe dem Leicester Square. Es war Lyon's Prunkstück: alles war piekfein, die Kellner trugen Frack. Aber es war trotzdem für jedermann zugänglich.

Als wir an unserem Kaffee nippten, bemerkten wir eine alte, ärmlich gekleidete Frau mit ungepflegtem Haar, die Charlie vom Nachbartisch aus anstarrte. Sie hat ihn erkannt, dachte ich. Nachdem sie sich noch einmal vergewissert hatte, beugte sie sich zu Charlie hinüber und flüsterte: »Wissen Sie, wenn Sie behaupteten, Sie seien Charlie Chaplin, würde Ihnen der Oberkellner sicher eine Tasse Kaffee spendieren. Sie könnten sein Doppelgänger sein!« Charlie lächelte verlegen und drehte sich von ihr fort. Die Frau redete weiter: »Wissen Sie, ich sehe andauernd Doppelgänger. Letzte Woche habe ich den Doppelgänger von Earl Mountbatten gesehen und vorletzte Woche den von Prinz Philip.«

Charlie und ich reagierten nicht und nippten weiter an unserem Kaffee. Aber die Frau hörte nicht auf: »Was sagen Sie dazu, daß Charlie Chaplin dieses junge Mädchen geheiratet hat! Das ist vielleicht ein Draufgänger.« Charlie zischelte mir zu: »Verlang die Rechnung. Laß uns von hier verschwinden.« Ich winkte dem Kellner. Als wir hinausgingen, fragte ich: »Warum sagst du ihr nicht, wer du bist? Sie wäre sicher begeistert!« Charlie schüttelte den Kopf. »Nein, sie ist glücklicher, wenn sie Doppelgänger sieht.«

CHARLES CHAPLIN présente

LA REVUE DE CHARLOT

UNE VIE DE CHIEN — CHARLOT SOLDAT — LE PÈLERIN

Eddie Constantine kam nach London, um einen Film zu machen. Wir gingen jeden Abend zusammen essen — mit Simone Signoret und Laurence Harvey, die gerade *Room at the Top (Der Weg nach oben)* in den Shepperton Studios drehten. Ich hatte Simone zwar schon in Paris kennengelernt, aber erst in London wurden wir Freunde. Ich schaute bei den Dreharbeiten zu, und an den Wochenenden fuhren Simone und ich in der Stadt herum. Sie ahnte noch nicht, daß *Room at the Top* sie zu einem internationalen Star machen würde. Für sie war es ein Film wie jeder andere.

Simone wollte unbedingt die Lebensgeschichte aller Leute hören, je leidvoller und tragischer, desto besser. Sie konnte so schön mitleiden! Ich fand sie großartig in *Room at the Top,* aber ich dachte: »Sie spielt nicht — das ist sie selbst.«

Simone brannte darauf, Charlie kennenzulernen. Aber er war nicht in London. Ich erzählte ihr, daß er bald käme, und mußte ihr versprechen, etwas zu arrangieren, sobald er da sei.

Eines Sonntags hatte Ella das Moskauer Staatstheater zu Gast. Sie aßen in ihrem riesigen Garten zu Mittag. Ich hatte eine Woche zuvor ihre Aufführung des *Kirschgartens* gesehen und war tief beeindruckt. Ich hätte sie gern kennengelernt, aber Ella wollte mich nicht einladen. Als ich mit Simone durch London fuhr, fragte ich sie, ob sie gern die Schauspieler des Moskauer Staatstheaters kennenlernen würde. Sie war natürlich gleich Feuer und Flamme.

Aus einer Telefonzelle rief ich Ella an. Sie blieb hartnäckig: »Du kannst nicht kommen. Ich hätte dich ja gern eingeladen, aber ich habe einfach nicht genug Platz.« »Schade«, antwortete ich, »da wird Simone Signoret aber sehr enttäuscht sein. Sie ist hier bei mir und würde sie so gern sehen.« »WAS?« schrie Ella, »SIMONE SIGNORET!!! Bring sie sofort her!« Ella liebte es, sich mit prominenten Persönlichkeiten zu umgeben. Da mochte sie noch so krank sein, sobald ein Prominenter auftauchte, war sie wieder munter.

Als wir dort eintrafen, stürzte Ella sich sofort auf Simone. Die Russen waren ihr plötzlich vollkommen egal. Simone war ihre neueste Eroberung. Außerdem hatte sie in Simone eine Gesinnungsgenossin gefunden; auch sie war eine Linke und setzte sich für alle möglichen Dinge ein. Ich habe Ella noch sie so strahlen und sprühen sehen; für sie war jetzt Simone die Hauptattraktion. Zum Teufel mit den Russen!

Gegenüber: A Dog's Life *(1918). In Charlies frühen Kurzfilmen war stets Edna Purviance seine Partnerin. Später, als sie älter war, wollte Charlie ihr mit der Hauptrolle in* A Woman of Paris *eine Chance als Charakterdarstellerin geben. Der Film bekam zwar gute Kritiken, aber das Publikum war enttäuscht, daß Charlie nicht selbst mitspielte. Edna nahm kurz darauf ihren Abschied von der Leinwand.*

Ein paar Tage später besuchte ich Ella. Ella und Simone standen in der Küche und spülten Geschirr. Den Abend darauf sah ich sie zusammen in einem Restaurant. Ella beachtete mich gar nicht; für sie gab es nur noch Simone.

Charlie kam nach London, um zu sehen, welche Fortschritte *The Chaplin Revue* machte. Das war Simones große Chance, ihn zu treffen. Ich sprach mit Charlie. Er hatte noch nie von ihr oder ihrem Mann Yves Montand gehört, aber schließlich willigte er ein. Ich lud sie zu einem Drink ins Savoy ein. Als sie Charlie dann gegenüber saß, brachte Simone kein Wort heraus. Normalerweise hatte sie zu jedem Thema etwas zu sagen; jetzt war sie mucksmäuschenstill. In Frankreich wurde »Charlot« wie ein Gott verehrt, und jetzt stand »Gott« höchstpersönlich vor ihr.

Sydney erzählte mir einmal von einer Party, zu der er eingeladen war, als er zum erstenmal in Paris war. Er wurde einem Mann vorgestellt; und als der hörte, daß er der Sohn von Charlie Chaplin sei, brach er in Tränen aus und fing an, Syd die Hand zu küssen. Um ihn loszuwerden, erzählte Syd dem Mann, sein Vater habe gerade einen Herzanfall erlitten. Der arme Mann brach völlig zusammen, warf sich auf den Boden und schluchzte. Bei Simone war es nicht ganz so schlimm, aber sie war nicht weit davon entfernt.

Charlie und Simone begannen über Filme zu diskutieren. Simone sagte, beim Filmemachen sei es für sie das größte Problem, die verschiedenen Charaktere überzeugend darzustellen. »*So* schwer ist es nun auch wieder nicht«, antwortete Charlie. »Für Sie natürlich leicht«, sagte Simone; »Sie sind schon auf eine Rolle festgelegt. Sobald Sie auf der Leinwand erscheinen, weiß jeder, wer Sie sind — der Tramp.« Charlie lächelte. »Sie haben recht«, sagte er. »Ich habe es leicht. Wenn ich den Tramp spiele, brauche ich nur mit dem kleinen Finger zu wackeln, und schon kugeln sich alle vor Lachen.« Es klopfte an der Tür; Yves Montand kam herein. Er war zurückhaltend und höflich und wollte nicht stören. Charlie mochte ihn.

Ich glaube, Simone hatte erwartet, daß Charlie über Politik sprechen würde, aber das tat er nur, wenn es um Themen ging, die ihn sehr berührten. Ansonsten fand er politische Diskussionen nicht besonders aufregend und sein Interesse an Politik hatte nachgelassen, seitdem er in der Schweiz lebte. Jetzt kümmerte er sich nur noch um seine Arbeit.

Ich hatte oft Rex Harrison und Kay Kendall getroffen. Rex war mit *My Fair Lady* zum Publikumsliebling der Londoner geworden. Vor einer Samstagsmatinee waren Charlie, Oona, Josie, Vicky und ich bei Kay und Rex eingeladen. Sie hatten gerade *My Fair Lady* gesehen und waren begeistert — wie alle Leute. Rex fühlte sich sehr geschmeichelt. Während des Essens fing Kays Mops plötzlich an zu würgen. Alle schauten ihn an. Kay wandte sich dem Hund zu und rügte ihn: »Mach nicht so ein häßliches Gesicht, Darling — du siehst aus wie Joan Collins!« (Syd hatte Kay wegen Joan sitzenlassen.)

Die Beziehung zwischen Rex und Kay erinnerte mich immer an die verrückten Komödien der dreißiger Jahre. Erst waren sie ein Herz und eine Seele; im nächsten Moment bekamen sie sich in die Wolle. Als ich Rex zum erstenmal begegnete, spielte er in *Bell, Book and Candle (Meine Braut ist übersinnlich).* »Er wird dir gefallen«, sagte Kay zu mir, »er ist so süß.« Ich hatte aber auch gehört, daß er recht schwierig sein könne. Damals durften sich Rex und Kay nicht zusammen sehen lassen (Rex war noch nicht von Lilli Palmer geschieden), deshalb arrangierte Kay ein Treffen in einem italienischen Restaurant in der Nähe vom Lowndes Square. Sie kannte den Besitzer, der uns einen Tisch in einer Nische neben der Küche zurechtmachte.

Rex kam ins Restaurant gestürzt. Abgesehen von Charlie war er der charmanteste Mensch, den ich je getroffen hatte. Er sagte: »Freut mich, Sie kennenzulernen, Jerry; ich habe schon so viel von Ihnen gehört. Setzen Sie sich, lassen Sie uns etwas bestellen!« Ich saß zwischen ihnen. Rex schaute Kay an. »Du hast noch nichts getrunken, oder?« fragte er. Sie kniff mich unter dem Tisch.

Innerhalb von fünf Minuten fingen Rex und Kay an zu streiten. Sie wurden sehr persönlich. Mir war das höchst peinlich, und ich hätte mich am liebsten abgesetzt. Ich erhob mich und sagte, daß ich leider gehen müsse. Rex bestand darauf, daß ich mich wieder hinsetzte und mir nicht von Kay den Abend verderben ließe. Ich gehorchte.

Der Streit wurde immer schlimmer. Ich fühlte mich absolut fehl am Platze. Ich stand wieder auf, um zu gehen. Diesmal wandte sich Kay an mich: »Setz dich!« befahl sie. »Du bist *mein* Gast, und ich lasse mir von ihm nicht unseren Abend verderben.« Ich setzte mich wieder.

Die beiden waren nicht mehr zu bremsen. Ich fragte mich, was wohl als nächstes passieren würde. Sie stritten, daß die Fetzen flogen. Ich erhob mich. »Ich muß mal verschwinden. Ich komme gleich wieder.« Sie waren inzwischen so in Fahrt, daß sie mich wahrscheinlich gar nicht hörten. Ich kam nicht zurück, aber sie haben mich sicher nicht vermißt.

Das war mein erstes Zusammentreffen mit Rex Harrison. Alles, was danach kam, war vergleichsweise harmlos.

Eines Abends saßen Kay und ich in der Kulisse und schauten *My Fair Lady* an. Kay hatte ihre beiden Möpse auf dem Schoß und versuchte durch Winken und Kußhände Rex' Aufmerksamkeit auf sich zu ziehen. Aber er sah sie nicht. Da schubste sie die Möpse auf die Bühne. Voller Aufregung flüchteten sie sich in Rex' Arme. Er vergaß vor Schreck seinen Text.

Links: *Kay beim Sonnenbaden.*

Unten: *Rex und Kay bei der Abfahrt nach einem Wochenende im Manoir.*

Oben: *Zwei Schönheiten — Oona und Kay Kendall.*

Unten: *Am Pool des Manoir: Rex Harrison, Charlie, ich und Kay.*

Wenn man irgend etwas bewunderte, was Kay besaß, war sie sofort bereit, es herzugeben. »Es gehört dir!« pflegte sie zu sagen. Einmal waren Rex, Kay und ich für ein Wochenende in Vevey. Sie trug einen wunderschönen nerzgefütterten Mantel, den Rex ihr gerade gekauft hatte. Oona schaute ihn voller Bewunderung an. Kay zog den Mantel aus und gab ihn ihr. »Ich möchte ihn dir schenken. Er gehört dir«, versicherte sie. Rex war fassungslos. Ich glaube, wenn Oona das Geschenk angenommen hätte, wäre er in Ohnmacht gefallen.

Oona und Charlie kamen nach London, um die Musik für *The Chaplin Revue* aufzunehmen. Ich fuhr zum Savoy, um die beiden abzuholen. Außer der Instrumentalmusik wollte Charlie auch noch für *The Pilgrim* seinen Song »Bound for Texas« aufnehmen. Ich hatte zwei Sänger für ihn gefunden; einer war Billy Fury, den ich für sehr geeignet hielt. Aber Charlie gefiel der zweite besser — ein neuer, vielversprechender Sänger: Matt Munro. Charlie mochte seine Stimme. »Sie erinnert mich an die von Bing Crosby«, sagte er.

Es war Winter. Normalerweise stand Charlie immer schon bereit, wenn ich ihn abholte, aber diesmal saß er immer noch in aller Ruhe am Frühstückstisch und aß Lachs. Er ließ sich nicht hetzen. Ich wollte so schnell wie möglich aufbrechen; die Musiker waren engagiert und jede Minute kostete uns Geld. Aber aus irgendeinem Grund ließ er sich an dem Tag Zeit.

Endlich fuhr ich Oona und Charlie mit meinem gebrauchten Hillman Minx zu den Shepperton Studios. Charlie saß neben mir; Oona hatte hinten Platz genommen. Wir fuhren auf einer Landstraße in der Nähe von Sunbury. Es kam ein wenig Nebel auf, und ich bemerkte nicht, daß sich auf dem Boden eine dünne Eisschicht gebildet hatte. Plötzlich kam mein Wagen ins Schleudern und glitt über die Straße. Weiter weg bemerkte ich einen großen Bus. Ich fuhr direkt auf ihn zu und konnte nicht bremsen. Päng! Ich hatte ihn erwischt.

Keiner von uns war verletzt, aber wir waren alle ziemlich aufgelöst. Die Vorderseite meines Autos sah aus wie ein Akkordeon, aber meine größte Sorge galt Oona und Charlie. Nachdem ich mich vergewissert hatte, daß ihnen nichts passiert war, rannte ich die Straße hinunter, entdeckte eine Tankstelle und stürzte hinein. »Besorgen Sie mir eine Limousine oder so etwas«, schrie ich. »Charlie Chaplin und seine Frau warten da hinten auf der Straße. Wir hatten gerade einen Unfall.«

Der junge Tankwart muß mich für verrückt gehalten haben, tat aber, worum ich ihn gebeten hatte. Kurze Zeit später kam ein Wagen, der Oona und Charlie zu den Studios brachte; ich blieb zurück. Der Tankwart empfahl mir, nach London zurückzufahren und mein Auto dort reparieren zu lassen. »Das könnten Sie gerade noch schaffen«, sagte er. Aber zuerst mußte ich ins Studio.

Als ich ankam, wurde ich sofort von Matt Munro, den Musikern und den Technikern umringt. Charlie hatte ihnen von dem

Kay bei ihrem letzten Bühnenauftritt in The Bright One.

Unfall erzählt. Ich war zu erregt, um darüber sprechen zu können. Für den Abend organisierte ich ein anderes Auto, das Oona und Charlie zurück nach London bringen würde. Als ich zu meinem eigenen Auto ging, sagte Charlie zu mir: »Oona und ich fahren mit dir zurück.« »Das geht nicht«, antwortete ich, »wir könnten unterwegs liegenbleiben.« Doch Charlie wollte unbedingt mit mir fahren; er wußte, daß der Unfall mir sehr zugesetzt hatte, und wollte mein Selbstvertrauen stärken. Ich war gerührt. Oona und Charlie stiegen in meine alte Klapperkiste ein, und ganz vorsichtig fuhren wir los.

Als wir nach London zurücktuckerten, kamen wir in Hammersmith vorbei. Mir sprang die Schlagzeile eines Zeitungsplakats ins Auge »CHARLIE CHAPLIN IN AUTOUNFALL VERWICKELT«. Ich wäre am liebsten gestorben. Ich wollte nur schnell zum Savoy kommen. Vor dem Haupteingang standen Fotografen und Reporter. Charlie, der ewige Schauspieler, stieg aus dem Auto aus und ging leicht humpelnd auf sie zu. Ich hätte ihn umbringen können. Später bestand Charlie darauf, für den Schaden an meinem Auto aufzukommen.

Ich war überrascht, als mich Rex Harrison anrief. Er würde die Regie für die Komödie *The Bright One* mit Kay in der Hauptrolle übernehmen und bot mir die Assistenz an. Das Stück sollte nach Liverpool und Brighton auf Tournee gehen, wegen *My Fair Lady* würde er aber nicht mitfahren können. Ich las das Stück und fragte Rex, ob er für Kay nichts Besseres finden könne. Aber Rex hatte sich dieses Stück in den Kopf gesetzt, und Kay wollte unbedingt mit mir arbeiten. Also nahm ich das Angebot an.

Kay hatte ihre eigenen Vorstellungen von Theater. Sie konnte nur gut spielen, wenn sie wußte, daß Freunde von ihr im Publikum saßen. Hoheitsvoll erklärte sie: »Wer sind diese Leute? Ich kenne sie nicht. Warum sollte ich mein Bestes für Menschen geben, die ich nicht kenne?« Wenn sich unter den Zuschauern keine Freunde von Kay befanden, mußte ich mich unten hinsetzen, und sie spielte nur für mich.

Mir war aufgefallen, daß sie hohe Dosen Cortison schluckte. Ich war schockiert und erklärte ihr, daß dieses Mittel sehr gefährlich sei: »So etwas nimmt man nur, wenn man schwer krank ist!« sagte ich. Kay ging darüber hinweg. »Ich habe eine leichte Anämie, Schätzchen, das ist alles.« Aber ich fragte mich, welcher wahnsinnige Arzt ihr dieses starke Medikament verschrieben hatte.

Wir probten in London im Winter Garden Theatre. Auf der gegenüberliegenden Straßenseite befand sich ein Sainsbury-Lebensmittelgeschäft. Als Kay den Laden sah, erzählte sie mir, daß der Besitzer Jimmy Sainsbury, ein Multimillionär, in sie verliebt sei und sie heiraten wolle. »Wer will schon die Frau eines *Lebensmittelhändlers* sein?« sagte sie. »Aber er ist millionenschwer!« gab ich zu bedenken. »Kein Interesse«, antwortete sie.

The Bright One mußte in London nach zwölf Vorstellungen abgebrochen werden — Kay wurde plötzlich schwer krank. Da Rex immer noch jeden Abend in *My Fair Lady* auftreten mußte, saß ich bei ihr am Bett. Sie bekam Bluttransfusionen. Ich verstand überhaupt nichts mehr. Sie zwinkerte mir zu: »Ich habe zu viele weiße Blutkörperchen, Darling.«

Eines Nachts begleitete ich Rex nach der Abendvorstellung zu seinem Haus in Cheyne Walk. Er hatte Tränen in den Augen. »Sie hat Leukämie«, sagte er. »Sie hat nicht mehr lange zu leben.« Ich konnte es nicht glauben. Kay war das blühende Leben und immer zu Scherzen aufgelegt; man würde sie nie mit dem Tod in Verbindung bringen. »Ich muß dafür sorgen, daß sie weiterarbeitet. Sie darf es nie erfahren«, sagte Rex.

Nach ihren Transfusionen konnte Kay immer wieder für kurze Zeit aufstehen. Wir schauten uns Rex in seiner letzten Samstagsvorstellung von *My Fair Lady* an. Es war ergreifend. Als er »Ich bin gewöhnt an ihr Gesicht« sang, schien er Kay anzuschauen.

Ich weiß bis heute nicht, ob sie ahnte, daß sie sterben würde. Ich glaube schon, aber sie wollte nicht, daß Rex es erfuhr. Ich vermute, sie machten sich gegenseitig etwas vor. Aber niemand hätte sich in ihren letzten Tagen liebevoller um Kay kümmern können als Rex. Er widmete ihr all seine Zeit und Energie und versuchte, ihr die Freude am Leben zu erhalten und mit ihr Zukunftspläne zu schmieden.

Im September 1959 bekam ich einen Anruf von Rex. Kay habe nicht mehr lange zu leben, sagte er. Ich eilte in die London Clinic. Rex stand auf dem Korridor. »Sie ist vor zehn Minuten gestorben«, sagte er. Sie war erst zweiunddreißig. Dann fügte er hinzu: »Bevor sie starb, schaute sie empor. Ich bin sicher, sie hat Gott gesehen.« Als ich das später Charlie erzählte, war er fasziniert. Ihn zog alles an, was mit Tod zu tun hatte.

Vor kurzem bekam ich eine Postkarte von Kays gutem Freund Dirk Bogarde, der mir mitteilte, daß Jimmy Sainsbury gestorben sei und sein ganzes Vermögen von achtzehn Millionen Pfund für ein Kay Kendall-Leukämie-Laboratorium gestiftet habe. Er meinte, Kay wäre sicherlich sehr gerührt gewesen, wenn sie gewußt hätte, wie sehr der »Lebensmittelhändler« sie geliebt habe.

In Vevey arbeitete Charlie jetzt eifrig an seiner Autobiographie weiter. Er las mir Teile daraus vor. »Wie kannst du dich so genau an all die Ereignisse in deiner Kindheit erinnern?« fragte ich. »Wie könnte ich sie vergessen?« antwortete er bedeutungsvoll. Oona erzählte mir, daß Truman Capote einmal bei ihnen zu Besuch gewesen sei. Ihm habe der Titel, den Charlie seinem Buch geben wollte, nicht gefallen: *Meine Autobiographie*. Charlie war aufgebracht: »Was ist so gut an *Frühstück bei Tiffany?*« fragte er Capote ärgerlich. »Das ist der dämlichste Titel, den ich je gehört habe!« Das Buch war schon damals ein Bestseller.

Mr. und Mrs. Alexandrow kamen zum Abendessen, Grigorij Alexandrow, ein großer, imposanter Mann, war ein prominenter sowjetischer Regisseur und früher mal Assistent bei Eisenstein gewesen. Seine Frau Luba Orlowa hatte in den dreißiger Jahren die Hauptrolle in den Musicals ihres Mannes gespielt. Für sie war es sehr aufregend, bei Charlie eingeladen zu sein.

Während des ganzen Essens schaute Mrs. Alexandrow Charlie verzückt an. »Oh, Maestro!« rief sie in ihrem starken Akzent. »Sie wissen ja gar nicht, wie sehr das russische Volk Sie liebt!« Charlie nickte bescheiden, während sie weiterschwärmte. Er mochte solche Gefühlsausbrüche nicht. Als wir uns ins Wohnzimmer begaben, sah Mrs. Alexandrow einige von Charlies Musikstücken auf dem Klavier liegen. »Oh, Maestro!« rief sie wieder. »Es wäre eine große Ehre für mich, wenn sie mir ein Blatt von Ihrer Musik

Oben: *Charlie beim Lesen seiner Autobiographie.*

Unten: *Truman Capote mit Charlie und Oona.*

Rechts: *Dieses Foto machte Eisensteins Assistent Grigorij Alexandrow im Manoir. Von links nach rechts: Ich, Mrs. Alexandrow, Charlie und Oona. Kurz darauf schloß Charlie sich in sein Zimmer ein und wollte die Alexandrows nicht mehr sehen.*

Unten: *Charlie mit den Europa-Verantwortlichen von United Artists. Ganz rechts steht Smadja. Der arme Tooky war leider schon tot. An der Wand ein Foto des Präsidenten Arthur Krim.*

Unten rechts: *Charlie »erwürgt« Geraldine.*

für das Moskauer Museum überlassen könnten.« Charlie nahm die Noten und legte sie beiseite. Als wir weitergingen, erblickte sie einige lose Seiten von Charlies Drehbüchern mit Randnotizen. Sie hob eine auf, preßte sie an ihren Busen und rief: »Oh, Maestro, wenn ich das dem Leningrader Museum zur Verfügung stellen könnte, würde es der Nachwelt für immer erhalten bleiben!«

Plötzlich stürmte Charlie aus dem Zimmer und bedeutete mir, ihm zu folgen. Auf der Treppe sagte er zu mir: »Schaff mir diese verdammten Kommunisten vom Hals. Sie sind alle gleich. Sie nehmen alles, was nicht niet- und nagelfest ist!« Und das aus dem Munde eines Mannes, dem die Amerikaner kommunistische Neigungen unterstellten!! Die armen Alexandrows. Sie wußten gar nicht, wie ihnen geschah. Ich mußte sie zum Bahnhof fahren und mich für den »Maestro« entschuldigen, der plötzlich krank geworden war.

Charles Smadja, der Direktor der europäischen Geschäftsstelle von United Artists, kam aus Paris, um sich die fertige *Chaplin Revue* anzuschauen, bevor sie in Paris Premiere hatte. Smadja war ein großer Enthusiast und ein echter Chaplin-Fan. Man mußte ihn einfach gern haben.

Smadja hatte einen Pudel namens Tooky. Immer wenn Smadja einen neuen United Artists-Film in Paris herausbrachte, saß Tooky im Vorführraum neben ihm. Wenn Tooky bellte, mit dem Schwanz wedelte oder anfing zu japsen, rief Smadja: »Tooky mag den Film! Es wird ein großer Erfolg werden!« Tooky war sein Orakel. Wenn, Gott bewahre, Tooky einschlief und schnarchte, stöhnte Smadja: »Wir haben Probleme. Das gibt einen Flop, einen *riesigen* Flop.« Gott sei Dank war Tooky bei *Limelight* wach geblieben. Es wurde der größte Kinoerfolg, den United Artists seinerzeit hatte.

Smadja war ganz begeistert von *The Chaplin Revue* und wollte unbedingt eine Kopie davon mit nach Paris nehmen, um sie Tooky und den Verantwortlichen von United Artists zu zeigen. Wir hielten alle den Atem an. Würde Tooky den Film mögen? Unglücklicherweise wurde Tooky während der Vorführung krank und starb kurz danach. Wir wissen bis heute nicht, was Tooky dachte.

Die Kinder von Oona und Charlie wuchsen schnell heran. Die Mädchen waren jetzt Teenager und begannen, sich für Jungen zu interessieren. Charlie hatte ein wachsames Auge auf sie. Irgendwie schaffte es Josephine immer, Verabredungen zu treffen, ohne daß Charlie etwas dagegen hatte; sie verstand es, ihn um den Finger zu wickeln. Victoria hingegen wurde strengstens

Oben links: *Charlie tut so, als ob er Eugene erschießen wolle.* — Oben rechts: *Oona und Charlie auf der Terrasse des Hauses, das sie am Cap Ferrat gemietet hatten.* — Links: *Syd und Charlie auf dem Balkon am Cap Ferrat.* — Rechts: *Syd mit seiner neuen Frau, der Ballerina Noelle Adam.*

überwacht. Vicky war zu einer blühenden Schönheit herangereift, und Charlie ließ sie nicht ohne Begleitung aus dem Haus gehen. Ich galt als so vertrauenswürdig, daß sie mit mir nach Vevey durfte. Ich hatte keine Ahnung, daß sie mich in ein ganz bestimmtes Restaurant lotste, weil sie in einen der Kellner verliebt war. Als ich ihr auf die Schliche kam, fragte ich sie: »Und was, wenn dein Vater das herausbekommt?« Vicky packte mich am Arm und schaute mich drohend an: »Wenn du auch nur ein Wort sagst, werde ich nie wieder mit dir sprechen«, sagte sie. »Schwöre, daß du mich nie verraten wirst!« Es war wie Blutsbrüderschaft; ich schwor.

Eines Tages stellte Charlie mich zur Rede: »Wußtest du, daß Vicky nach Vevey ging, um sich mit einem jungen Mann zu treffen?« Zaghaft antwortete ich: »Ja.« Charlie schrie mich an: »Warum hast du uns nichts davon gesagt?« Ich stand da wie ein begossener Pudel: »Ich mußte es ihr schwören!« Dafür hatte Charlie Verständnis, und er verzieh mir. Zum erstenmal spürte er, was es bedeutete, Vater von Teenagern zu sein.

Im Sommer mieteten Oona und Charlie eine große Villa in St Jean Cap Ferrat am Mittelmeer. Ich war eingeladen. Charlie freute sich schon darauf, im Salzwasser zu schwimmen. Leider aber war das Mittelmeer verschmutzt. Charlie ging kein einziges Mal ins Wasser und warnte ständig alle Leute vor den Abwassern, die dort ins Meer geleitet wurden.

Meistens blieben Oona, die Kinder und ich im Haus und spielten Monopoly. Charlie nahm nie daran teil. Es sprach sich herum, daß »Charlot« in der Villa wohnte, und draußen versammelten sich die Leute — ich hätte zu gern gewußt, was sie sich wohl dachten, was sich drin abspielte. Sie konnten sich bestimmt nicht vorstellen, daß wir herumsaßen und Monopoly spielten.

Charlie hatte das Mittelmeer bald satt und fuhr nach Hause. Ich machte mich braungebrannt auf den Weg nach Paris und nahm mir ein Zimmer im selben Hotel wie Sydney und seine Braut Noelle Adam, die fanzösische Ballettänzerin. In Paris herrschte damals eine gespannte Atmosphäre. Algerien kämpfte um seine Unabhängigkeit, und in ganz Frankreich kam es zu Schießereien und Demonstrationen. Die Polizei schoß auf jeden, der des Terrorismus verdächtigt wurde. Jeden Tag konnte man in der Zeitung von unschuldigen Opfern lesen.

Es war Ende August, und im Sommer ist Paris wie ausgestorben. Ich ging mit meinem Freund Jeff Davis aus. Es war 2.30 Uhr morgens, als wir uns verabschiedeten. Kein Mensch war auf der Straße. Ich ging durch eine unheimliche Stille zurück zu meinem Hotel, als ich plötzlich Schritte hinter mir hörte. Sie kamen näher.

Instinktiv drehte ich mich um. Neben mir stand ein Mann mit einem Revolver in der Hand. Er stieß ihn mir grinsend in die Rippen. Er sah aus wie ein Clochard, und obwohl er mich nicht dazu aufforderte, hob ich automatisch die Hände hoch. Ich dachte, alles wäre nur ein böser Traum.

Als mir klar wurde, daß es keiner war, versuchte ich zu schreien, aber ich brachte keinen Ton hervor. Ich war wie gelähmt vor Angst. Der Clochard trieb mich vor sich her. Ich hörte wieder Schritte und schaute hoch. Zwei weitere Clochards kamen auf mich zu und richteten ihre Revolver auf mich. Ich fand meine Stimme wieder. »Hilfe! Hilfe!« schrie ich, aber mir fiel nicht ein, was Hilfe auf französisch heißt (ich werde es jetzt nie wieder vergessen: *Au secours! Au secours!*).

Ich schaute an den Häusern hoch. Alles, was ich sah, waren fest verschlossene Fensterläden. Niemand hörte meine Schreie. Ich sah mich schon in einer Blutlache liegen. Als die Clochards mich umringten, schrie der Portier des Hotels Tremoille: »Amerikaner! Amerikaner! Er ist Amerikaner!«

Die Clochards packten mich und zerrten mich in die Hotelhalle, wo sie meine Papiere verlangten. Ich zeigte ihnen meinen Paß. Plötzlich lächelten sie mich an und wollten mir die Hand schütteln, aber ich war nicht bereit, ihre Entschuldigungen anzunehmen. Ich blieb wie angewurzelt stehen. Ich stand unter Schock. Es waren Beamte der französischen Geheimpolizei, die als Landstreicher verkleidet auf Terroristenjagd gingen; braungebrannt, wie ich war, hatten sie mich für einen Algerier gehalten.

Am ganzen Leib zitternd weckte ich Sydney, erzählte ihm, was passiert war, und bat ihn, mir Geld zu leihen, damit ich dem Portier ein Trinkgeld geben könne. »Er hat mir das Leben gerettet«, sagte ich. Mit seinem trockenen Humor antwortete Sydney: »Gib ihm nicht zuviel, sonst ruinierst du uns die Preise!«

Als ich Charlie später die Geschichte erzählte, brüllte er vor Lachen. Er betrachtete das Ganze von der komischen Seite. Aber als er merkte, daß ich es überhaupt nicht komisch fand, hörte er auf zu lachen.

Eddie Constantine rief mich an. Er drehte gerade in Berlin und fragte mich, ob ich für ein Wochenende herüberkommen würde; er wollte mich — wegen des Drehbuchs, das ich für ihn schrieb — mit einigen Produzenten zusammenbringen.

Dummerweise erzählte ich Ella davon; ich konnte nirgendwohin fahren, ohne daß Ella mir einen langen Wunschzettel mitgab. Diesmal sollte ich nach Ostberlin hinüberfahren, um für sie ein Bild zu kaufen.

Damals war es für Amerikaner sehr gefährlich, den Checkpoint Charlie zu passieren. Nur ich konnte so dumm sein. Ich ging Unter den Linden entlang und erreichte über ein paar dunkle Straßen einen Keller, in dem ein kleiner, alter, glatzköpfiger Mann auf mich wartete. Er blickte sich verstohlen um und händigte mir dann das Ölgemälde aus. Ich gab ihm amerikanische Dollars, und er verschwand. Nachdem ich für sie das Bild an den argwöhnischen englischen Zollbeamten vorbeigeschmuggelt hatte, schrie Ella mich an: »Du Idiot, du hast das falsche Bild mitgebracht!« Ich glaube, sie erwartete von mir, daß ich sofort umkehrte.

Ella war unverbesserlich, konnte aber auch gutmütig und großzügig sein. »Hast du Geld?« fragte sie mich immer. »Kann ich dir irgendwie helfen? Kein Problem, dir etwas zu leihen.« Sie nannte mich immer »Darling Jerry«.

1980 starben Don und Ella im Abstand von drei Tagen. Als Don gefragt wurde, was er auf Ellas Grabstein schreiben würde, dachte er einen Augenblick nach, dann antwortete er: »Sie war schrecklich, aber es hat sich gelohnt.« Sie hatten sich sehr geliebt. Oona und Charlie hatten Don und Ella sehr nahegestanden: Mir kam London ohne sie leer vor.

Charlie und Oona verbrachten die Osterfeiertage immer in Irland. Sie fanden die Menschen, das Wetter und die Landschaft dort sehr erholsam. Einmal hatte Charlie mit seinem Sohn Michael eine kleine Meinungsverschiedenheit, kurz bevor sie nach Waterville im County Kerry fuhren. Michael hatte die Schule geschwänzt, und für Charlie war die Ausbildung seiner Kinder von großer Bedeutung.

In Irland wollte Charlie sich wieder mit ihm versöhnen. Er beschloß, Michael das Angeln beizubringen. Charlie hatte bei Catalina Island einmal einen Schwertfisch von 150 Pfund an Land gezogen; deshalb wollte er Michael jetzt in der Angelkunst unterweisen.

Michael erzählte, sie hätten einmal am Ufer eines Flusses gestanden, und Charlie habe gesagt: »Das Gefühl ist wichtig — du mußt es im Gefühl haben.« Er holte mit der Angel aus, die Schnur flog durch die Luft. Er riß die Rute nach vorn, und dann gab es einen Ruck. Er hatte etwas Großes gefangen!

»Ein dicker Brocken!« sagte Charlie. Während sein Vater mit der Angel kämpfte, schaute Michael sich um und entdeckte, daß sich der Angelhaken in Charlies Regenjacke verfangen hatte und sie aufschlitzte. Michael stieß seinen Vater an. »Dad, ich glaube, der Haken hängt in deiner Jacke fest«, sagte er vorsichtig. Als sie nach Hause gingen, bemühte sich Charlie, die zwei Hälften seiner zerrissenen Jacke zusammenzuhalten.

Oben: *Charlie unterweist Michael in der Kunst des Angelns — in Irland.*

Als sie wieder nach Vevey kamen, behauptete Charlie, das Haus würde stinken. Er ging durch sämtliche Räume und schnupperte. Dieser Geruch würde ihn noch umbringen, meinte er. Niemand in der ganzen Familie außer Charlie hatte irgend etwas Besonderes gerochen. Einmal war ich zu Besuch und hörte, wie er noch spät in der Nacht herumschlich und Türen aufriß. Schon wieder dieser Geruch! Alle Lichter gingen an. Schließlich klopfte Charlie an meiner Tür und weckte mich. »Riechst du etwas?« fragte er. Und ich roch tatsächlich etwas. Oona kam aus dem Schlafzimmer. Endlich hatte Charlie einen Verbündeten. Er war überglücklich. »Jerry riecht es auch!«

Nicht zum erstenmal bestellte er die Installateure. Er ließ den ganzen Garten und die Straße umgraben. Gräben wurden gezogen. Die Handwerker rochen auch *etwas,* aber sie konnten nicht herausfinden, was es war oder woher es kam. Charlie wurde fast wahnsinnig. Michael erzählte, daß die Installateure schließlich ein kleines Päckchen fanden, das Charlie in Irland geschenkt bekommen hatte. Er hatte es, ohne es zu öffnen, Michael gegeben, und der wiederum hatte es zu Hause in einen Schrank gelegt. Als sie es öffneten, kam ein Haufen verfaulter Garnelen zum Vorschein — sie hatten seit Monaten dort gelegen. Jetzt konnten alle wieder in Ruhe schlafen.

Unten: *Oona und Charlie in Chester Terrace in London. Dort wohnte ich für sieben Pfund die Woche — das waren noch Zeiten!*

In London rief ich Eddie Constantine an und teilte ihm mit, daß die Komödie, die ich für ihn schrieb, bald fertig sei. Aber er hatte gerade so viele Angebote für Kriminalfilme à la Lemmy Caution, daß er kein Interesse an meinem Projekt hatte. Deshalb beschloß ich, einen britischen Film daraus zu machen: *Follow That Man.* Ich mietete mir ein Apartment in der Chester Terrace, mit Blick auf den Regent's Park — in einem der echten Nash-Häuser. Ich zahlte sieben Pfund pro Woche!! Kurz nachdem ich das Apartment gefunden hatte, am 3. Dezember 1959, kam Annie Emily Chaplin zur Welt.

Ich arbeitete weiter an dem Drehbuch für *Follow That Man.* Es sollte eine verrückte, englische Komödie werden. Ich hatte mich mit einem berühmten englischen Rechtsfall aus dem neunzehnten Jahrhundert beschäftigt, in dem es um das Tichborne-Erbe ging. Der älteste Sohn eines Baronets war als kleines Kind auf See verschollen, die Mutter aber war davon überzeugt, daß das Kind noch lebte. Zwanzig Jahre später kam dieser Fall einem Betrüger zu Ohren, der dann behauptete, der lange vermißte Erbe zu sein. In meiner Version spielte Sydney Chaplin den Betrüger; er besucht zusammen mit seiner Freundin (Dawn Addams) die Mutter, als das Erbe gerade unter der Verwandtschaft aufgeteilt werden soll.

In dem echten Tichborne-Fall warf die Mutter nur einen Blick auf den Betrüger und sagte: »Das ist mein Sohn!«, nachdem sie im Laufe der Jahre unzählige andere »Söhne« abgewiesen hatte. Ich fragte mich, wie sie nach so kurzer Zeit diesen Mann zu ihrem Sohn hatte erklären können. Meiner Meinung nach muß er in ihrem Unterbewußtsein eine starke sexuelle Anziehungskraft auf sie ausgeübt haben. Wenn er ihr nicht gefallen hätte, hätte sie ihn wahrscheinlich nicht akzeptiert. In meinem Film entsteht dann ein witziges Dreiecksverhältnis. Am Ende verliebt sich die Mutter in ihren »Sohn«, begreift nicht, was für eigenartige Gefühle sie für ihren Sprößling empfindet, und will ihn heiraten. Und der Betrüger beginnt langsam zu glauben, daß er wirklich ihr Sohn sei. Total verrückt. Als ich Charlie die Handlung erzählte, sagte er: »Hättest du doch vor Jahren mit mir zusammengearbeitet! Der Tramp hätte in einem meiner Kurzfilme den Betrüger spielen können. Es ist eine wunderbare Idee.«

Michael Chaplin war von zu Hause fortgelaufen und wohnte in London. Oona wurde fast wahnsinnig, weil sie nicht wußte, wo er war. Und je verzweifelter sie war, desto wütender wurde Charlie. Schließlich stellte sich heraus, daß er bei der Familie einer Freundin von Geraldine lebte, die, wie sie, die Royal Ballet School besuchte.

Es ging auf Weihnachten zu. Ich wollte Michael unbedingt nach Hause bringen, um ihn mit seinen Eltern auszusöhnen. Er sträubte sich. Weil ich ihn so inständig darum bat, willigte er schließlich doch ein, aber er wollte erst nach Weihnachten kommen. Die Familie hatte in dem Schweizer Skiort Crans-sur-Sierra ein Chalet gemietet; die meisten Kinder und ihre Kindermädchen waren da.

Rechts: *Hier gebe ich Sydney Regieanweisungen für* Follow That Man.

Unten: *Sydney mit Elspeth March in* Follow That Man; *Syd albert herum und spielt »Charlie Chaplin«.*

Links: *Warten auf den Zug nach Crans-sur-Sierra, einem Wintersportort. Von links nach rechts: Michael (mit sich selbst beschäftigt), Vicky, Janine Hill (Geraldines Freundin von der Royal Ballet School), Geraldine und Josephine.*
Mitte: *Im Chalet in Crans. Niemand interessierte sich für den Schnee. Von links nach rechts: Michael, Janine, Geraldine, ich und Vicky.*
Unten: *Charlie suchte in Crans die Wärme. Heiße Karibiksonne wäre ihm lieber gewesen.*

Als Michael schließlich kam, fiel es Charlie schwer, mit ihm zu sprechen, er hatte seiner Mutter zuviel Kummer bereitet. Michael blieb ebenfalls auf Distanz. Es herrschte ein frostiges Klima, draußen wie drinnen. Ich glaube, Oona hat nie wieder ein Chalet in den Alpen gemietet. Die Aussöhnung zwischen Michael und seinem Vater fand einige Jahre später statt, als Michael heiratete und eine eigene Familie gründete.

Ich bekam einen Anruf: Mein Vater war erkrankt. Ich flog sofort von London nach Kalifornien. Gott sei Dank besserte sich sein Zustand bald wieder. Während ich mich in Los Angeles aufhielt, bekam ich einen Job bei der Fernsehreihe *Alfred Hitchcock Presents.* Damals ging es in den Universal Studios noch recht familiär zu. Die beste Stimmung verbreiteten die Leute, die an der Hitchcock-Show arbeiteten: Joan Harrison, der Produzent; Norman Lloyd, der Coproduzent; Gordon Hessler, der Redakteur; und Bruce Lansbury, der CBS-Beauftragte für die Hitchcock-Show. Ich fühlte mich außerordentlich wohl. Zur gleichen Zeit wurden zahlreiche andere Filme und Fernsehshows bei Universal gedreht. Sooft wir Zeit hatten, suchten Gordon und ich die anderen Studios auf und schauten bei Doris Day und Rock Hudson vorbei, bei James Arness in *Gunsmoke,* oder bei Marlon Brando, der gerade *The Ugly American* (unter der Regie meines alten Circle-Freunds George Englund) drehte.

Oona und Charlie waren gerade aus dem Orient nach Vevey zurückgekehrt. Der Urlaub hatte Charlie angeregt, eine Geschichte wieder aufzugreifen, die ihm ursprünglich nach einer Fernostreise im Jahre 1936 eingefallen war. Sie handelte von einem gutaussehenden, reichen Jüngling, der Präsident der Vereinigten Staaten werden wollte. In der Geschichte kehrt er per Schiff von einer Informationsreise in den Orient zurück und entdeckt in seiner Kabine einen hübschen blinden Passagier — eine Gräfin aus Weißrußland. Er darf nicht mit ihr gesehen werden, denn es könnte seine Karriere ruinieren. Kennedy war damals gerade zum Präsidenten gewählt worden. Auch er war ein junger, gutaussehender, reicher Politiker, und Charlie wurde klar, daß sein Drehbuch von 1936 plötzlich Aktualität erlangt hatte.

Einige Monate später schrieb mir Oona, daß Eddie Fisher sie in Vevey besucht habe. Seine damalige Frau Elizabeth Taylor drehte gerade *Cleopatra,* und Fisher fragte Charlie, ob er Interesse habe, mit ihr einen Film zu machen. Charlie dachte sofort an den »blinden Passagier«. Ich schrieb zurück, daß ich sie zwar für eine gute Schauspielerin hielte, aber ich könne sie mir nicht in einer Komödie vorstellen; für mich sei Sophia Loren die ideale Besetzung für diese Rolle. »Sie hat viel Temperament, Vitalität und Humor«, schrieb ich.

In meinem Brief berichtete ich aber hauptsächlich über *The Birds* (Die Vögel), den Hitchcock gerade bei Universal drehte. Ich gab Oona und Charlie eine detaillierte Beschreibung dessen, was ich gesehen hatte:

»Hitchcock schreitet im Studio auf und ab wie ein mittelalterlicher Herrscher. Sobald man hereinkommt, sieht man überall auf dem Set bösartige Krähen herumspazieren. Requisiteure pirschen sich immer mit ausgestreckten Armen an sie heran und versuchen, sie in ihre Käfige zurückzubefördern. Hitchcocks neueste Entdeckung ist ›Tippi‹ Hedren, die er in einem Fernsehspot entdeckt hat. Als ich sie zum erstenmal sah, wirkte sie heiter, entspannt und fröhlich. Nach ein paar Wochen Arbeit mit diesen verdammten Vögeln macht sie inzwischen einen sehr angespannten, überreizten Eindruck.

Sie haben die Fassaden eines Hauses im Studio aufgebaut. Auf dem Dach sitzen drei Dutzend Krähen, deren Füße mit Draht festgebunden sind. Wenn Hitchcock drehbereit ist, wirft der Regieassistent einen Stein nach ihnen, und sie beginnen mit den Flügeln zu schlagen.

Einmal sah ich Tippi mit einer ganzen Schar Vögel in einem Glaskäfig sitzen. Nur einige waren echt. Die anderen waren Attrappen auf Stöcken, die von Requisiteuren gehalten wurden. Wenn Hitchcock »Action!« rief, drückten die Requisiteure außerhalb des Bildes ihre Finger zusammen und öffneten so die Schnäbel der Krähen. Dann stießen sie Tippi diese unechten Vögel ins Gesicht. Zwischen all diesen Viechern wurde sie total hysterisch. Ich glaube nicht, daß sie spielte.«

Meine Zeit bei Universal war zu Ende. Ich rief Audrey Wood an, die mir riet, nach New York zurückzukommen. Ich erzählte ihr, es sei mein Traum, *The Adding Machine* zu verfilmen, und sie gab mir die Telefonnummer von Elmer Rice. Vor meiner Abfahrt überreichte mir meine Schwester ein Telegramm: »Am 8. Juli 1962 wurde Christopher James Chaplin geboren. Oona und Charlie.« Charlie war damals dreiundsiebzig Jahre alt.

In New York nahm ich sofort Kontakt mit Elmer Rice auf, und wir vereinbarten ein Treffen.

Ich wohnte im Hotel. Als ich Rod Steiger traf, wollte er unbedingt, daß ich zu ihm in sein Haus in Brooklyn Heights ziehe. Ich hatte eigentlich keine Lust dazu ... Die Vorstellung, wieder in Brooklyn zu wohnen, deprimierte mich. Aber Rod war so freundlich und großzügig, daß ich mich doch überreden ließ. Ich hatte Rod ursprünglich über seine damalige Frau Claire Bloom kennengelernt; sie drehte gerade in Europa, und er arbeitete an *The Pawnbroker* (Der Pfandleiher).

Ich hatte schon oft von Schauspielern gehört, die sich so mit ihren Rollen identifizierten, daß sie sie auch abends zu Hause nicht mehr ablegen konnten. Rod war der lebendige Beweis dafür. Wenn er aus dem Studio zurückkam, ging er immer noch ganz auf in seiner emotionsgeladenen Rolle. Kaum vernehmlich murmelte er: »Oh, Jerry, heute haben wir die allerfurchtbarste Szene gedreht. Ich mußte mir vorstellen, daß meine Frau ins Konzentrationslager gebracht wird.« Dann jagte er mir eine Heidenangst ein, als er plötzlich mitten in der Nacht anfing, wie ein Wolf zu heulen und mit der Faust an die Wand zu hämmern. Ich beschloß, wieder auszuziehen.

Elmer Rice und ich trafen uns im Museum of Modern Art zum Mittagessen. Nachdem ich ihm zugesichert hatte, daß die Verfilmung den Geist des Stückes nicht verfälschen werde, bekam ich die Rechte. Er fragte mich: »Meinen Sie, daß Chaplin den Mr. Zero spielen würde?« »Es wäre sicherlich eine große Ehre für ihn, aber er tritt nur in seinen eigenen Filmen auf«, antwortete ich. Ich mußte Rice eine beträchtliche Summe für die Filmrechte zahlen und brauchte deshalb dringend einen Job.

Ein Freund, Joel Glickman, arrangierte es, daß ich mit Garson Kanin an *Mr Broadway* arbeiten konnte, einer Komödie, die David Susskinds Talent Associates als Pilotfilm für das Fernsehen drehen ließen. Mitten in den Dreharbeiten wurde Präsident Kennedy ermordet. Das Pilotprojekt wurde abgebrochen. Susskind erlaubte mir freundlicherweise, mein Büro weiterzubenutzen. Dort schrieb ich den ersten Entwurf zu *The Adding Machine.* Ich befürchtete ständig, David könnte mich auffordern, zu gehen; deshalb blieb ich lieber außer Sichtweite.

David entwickelte ständig neue Konzepte für Theaterstücke, Filme oder Fernsehshows. Damals moderierte er gerade eine Radiosendung mit Zuhörerbeteiligung. Vor der Sendung bekamen alle Mitarbeiter der Talent Associates — ich eingeschlossen — vorgefertigte Fragen, die sie ihm dann am Telefon stellen sollten. Das garantierte, daß die Sendung interessant wurde und David — mit seinen vorgefertigten Antworten — glänzen konnte.

Eines Abends rief ich zur verabredeten Zeit an. Im Radio hörte ich, wie David die Frage eines anderen Anrufers beantwortete. Er attackierte alle im Exil lebenden Amerikaner und die Europäer. Plötzlich war ich auf Sendung — aber ich war so erbost über das, was er vorher gesagt hatte, daß ich den Kopf

Oona, Charlie und die Kinder bei der Lektüre von Charlies Autobiographie in verschiedenen Übersetzungen. Dieses Foto war ihre Weihnachtskarte 1964.

verlor. Anstatt meine Frage zu stellen, schrie ich ihn an, er würde dummes Zeug reden. Sobald er mich am nächsten Tag — und auch an allen darauffolgenden Tagen — erblickte, entschuldigte er sich vielmals für das, was er gesagt hatte. Es war ihm dermaßen peinlich, daß ich in dem Büro bleiben konnte.

In New York machte ich die Bekanntschaft von Kay Kendalls Schwester Kim. Sie war — wenn das überhaupt möglich ist — noch schöner als Kay. Sie hatte einen Bankier geheiratet und wohnte jetzt in der Park Avenue. Wir hatten eines gemeinsam: unsere Liebe zu Kay.

Der erste Entwurf von *The Adding Machine* war fertig. Ich schickte Martin Balsam und Eli Wallach das Drehbuch. Ich rief sogar Rex Harrison bei den Dreharbeiten zu *My Fair Lady* an und bot ihm eine kleine Rolle an. Dann bekam ich aus heiterem Himmel das Angebot, drei Stücke zu inszenieren: Zuerst *The Wayward Stork,* darauf folgte Jack Perrys Burleske *Easy Does It* mit Louise Lasser, Tom Poston und Reneé Taylor. Dann führte ich — dank Philip Langner und der Theatre Guild — Regie in George Bernard Shaws *The Millionairess (Die Millionärin)* mit Carol Channing und Gene Wilder in den Hauptrollen. Es wurde ein großer Erfolg. Carol war wunderbar. Das Publikum betete sie an. Wie Charlie zu sagen pflegte: »Es kommt allein auf die Persönlichkeit an!« Und die hatte sie. Aufgrund unserer Produktion gab ihr Gower Champion die Hauptrolle in *Hello Dolly.*

The Adding Machine war ein wenig politisch angehaucht, was einigen Leuten Angst machte. Ich konnte nicht verstehen, warum sie so reagierten. Aber ich ließ mir die Begeisterung nicht nehmen. Es überraschte mich, von Oona zu hören, daß Charlie Interesse an der Regie bekundet habe; ich sollte ihm das Drehbuch schicken. Ihm gefiel das Stück genauso gut wie mir, und ich trieb das Projekt weiter voran: Elliott Hyman von Seven Arts unterstützte mich sehr dabei.

Für *Funny Girl* wurden Vorsprechproben abgehalten — das Musical basierte auf der Lebensgeschichte von Fanny Brice, die uns früher im Circle unterstützt hatte. Die damals noch völlig unbekannte Barbra Streisand kam damit ganz groß heraus. Sydney erhielt die männliche Hauptrolle — die des Nicky Arnstein, Fannys der Spielleidenschaft verfallenen Ehemanns. Aber die Show warf von Anfang an Probleme auf, und es kam zum Streit zwischen Sydney, Barbra und den Produzenten. Die Regisseure kamen und gingen, der Schluß wurde vierzigmal geändert, und die Auswahl der Songs änderte sich täglich. Aber als die Show schließlich anlief, wurde die Streisand zur Broadway-Königin.

Im September 1964 kam Charlies Autobiographie heraus und wurde schnell zu einem Bestseller. Joel Grey, Anthony Newley und Tommy Steele bewarben sich um die Filmrechte, aber Charlie wollte nicht, daß seine Lebensgeschichte verfilmt würde. Er sagte immer: »Ich sehe schon die große Szene auf der Leinwand, wo ich zu meiner armen Mutter nach Hause komme und sage ›Mama, ich hab's geschafft! Uff!‹« Er dachte an Al Jolson in *The Jazz Singer.*

Max Reinhardt, Charlies Verleger bei Bodley Head, arrangierte für ihn eine Tournee durch Skandinavien, auf der er sein Buch vorstellen sollte. Oona, Vicky und Josie begleiteten ihn. Es war Charlies erste Reise nach Skandinavien — er wurde wie ein König empfangen. In Oslo verwandelte sich mitten in der Nacht ein ganzer Boulevard in ein Lichtermeer, als Oona und Charlie auf dem Balkon ihres Hotels standen und die Menschen auf der Straße mit Fackeln vorbeizogen. Vicky und Josie hatten schon davon gehört, wie ihr Vater früher immer empfangen worden war, aber jetzt konnten sie es einmal hautnah miterleben. Charlie drehte sich zu ihnen um und sagte lachend: »Ihr habt gar nicht gewußt, was für ein bedeutender Knabe euer Vater ist, nicht wahr?«

In Schweden traf er Ingmar Bergman — auch er ein Meister des Films. Sie waren beide tief beeindruckt voneinander. Sie beherrschten zwar jeweils die Sprache des anderen nicht, aber das spielte keine Rolle. Sie wußten genau, was sie übereinander zu denken hatten.

Syd war miserabel in *Funny Girl.* Er und Barbra Streisand kamen nicht miteinander zurecht. Als sie mit dem Stück auf Tournee waren, hatten sie sich bestens vertragen; jetzt sprachen sie kein Wort mehr miteinander. Barbra hatte gedroht, ihren Vertrag nicht zu verlängern, falls Sydney bei der Show bliebe; aber Sydney wollte nicht aussteigen. Die Spannung auf der Bühne wurde unerträglich. Schließlich einigte man sich mit Syd. Der Abschied fiel ihm leichter, als er hörte, daß ihm sein Vater in einem neuen Film eine Rolle auf den Leib schrieb.

Ich arbeitete weiter auf die Verfilmung von *The Adding Machine* hin. Mit zahllosen Verabredungen und Essen, falschen Hoffnungen und Rückschlägen. Aber ich gab die Hoffnung nie auf.

In meinem Büro bei Susskind erreichte mich ein Brief von Oona. Sie war mit Charlie und den Kleinen auf Jamaica, und sie bat mich, ihnen Gesellschaft zu leisten. Es gebe da etwas, was Charlie mit mir besprechen wolle ...

DIE GRÄFIN 7 VON HONGKONG

Jamaica war paradiesisch. Oona und Charlie wohnten in einem Hotel am Strand von Ochos Rios. Charlie aalte sich in der Sonne. Er liebte es, frühmorgens im kristallklaren Wasser zu schwimmen.

Charlie war in Gedanken schon bei den Dreharbeiten seiner Story von dem blinden Passagier. Ein gewisser Pierre Rouve hatte ihm unlängst in der Schweiz — während sie *Lady L* drehte — Sophia Loren vorgestellt, und Charlie glaubte, sie sei die ideale Besetzung für seine russische Gräfin; er hatte sie in de Sicas *Gestern, heute und morgen* gesehen und großartig gefunden.

Charlie gab mir das Drehbuch zu lesen. Ich nahm es mit an den Strand, um mich voll darauf konzentrieren zu können. Während ich es las, strich Charlie nervös um mich herum und versuchte, meine Reaktionen zu beobachten. Ich brauchte nur ein wenig zu kichern, sofort war Charlie zur Stelle, um herauszufinden, was mich amüsiert hatte. Wenn ich es ihm sagte, brach er selbst in schallendes Gelächter aus.

Wegen der Ähnlichkeiten zwischen seinem Ogden Mears und Präsident Kennedy empfand es Charlie als geschmacklos, nun, da Kennedy ermordet worden war, eine Komödie zu drehen, die in den Augen des Zuschauers auf der Person des Präsidenten aufgebaut war. Er wollte vor allem die Gefühle der Kennedy-Witwe nicht verletzen. Deshalb machte er Ogden Mears zu einem Mann, der hofft, Botschafter zu werden. Einige Jahre später traf ich Pierre Salinger, Kennedys Pressesekretär. Er erzählte mir, daß Kennedy vorgehabt hatte, Chaplins Exil zu beenden — Salinger sollte Chaplin aufsuchen und ihn in die Vereinigten Staaten einladen. Aber dann wurde Kennedy ermordet. Salinger erwähnte auch, daß er *Die Gräfin von Hongkong* gesehen habe. »Ich weiß, auf wen der Film anspielt«, sagte er zu mir. »Mr. Chaplin hat es sehr gut eingefangen.« Offenbar hatten wir den Kennedy-Aspekt doch nicht allzu gut verschleiert.

Charlie hatte urkomische Szenen geschrieben, vor allem aber wollte er einen romantischen Film machen. »Eine gute Liebesgeschichte kommt nie aus der Mode«, sagte er oft. Nach meinen langen Erfahrungen mit Charlies Arbeitsweise konnte ich mir die Elemente, die im Szenarium nur angedeutet waren, bildlich gut vorstellen. Bei seinen Drehbüchern hing viel von seiner Interpretation und Regie ab. Wer außer Charlie hätte *Modern Times, City Lights* oder *The Gold Rush* machen können? Dieses Drehbuch enthielt alle notwendigen Ingredienzien eines Chaplin-Films: Sympathische Protagonisten, eine starke Ausgangsidee und fünf Schauplätze. Es war komisch, charmant und vor allem romantisch.

Während wir in der Sonne brieten, erzählte ich Charlie eine eigene Filmidee. Es ging um einen Richter, einen aufrechten Verfechter von *law and order,* der keine Ahnung hat, daß seine beiden eigenen aufsässigen Söhne die ganze Stadt auf den Kopf stellen.

Charlie war von der Idee begeistert. »Ich könnte den Richter spielen. Eine Rolle, die mir wunderbare Möglichkeiten bieten könnte. Meine große Szene ist, wenn mich die beiden zum Hippie bekehren.« »Die Idee gehört dir«, sagte ich. »Nimm sie.«

Eine Weile erwog er, die *Gräfin* fallenzulassen. Bei der Vorstellung aber, ein ganz neues Drehbuch schreiben zu müssen, kamen ihm dann doch Bedenken. Und so blieben wir bei der *Gräfin.*

Für die Rolle von Ogden Mears' Kammerdiener hatte Charlie an Noel Coward gedacht. Noel sagte, er würde liebend gern in dem Film mitspielen, stehe aber nur bis Ende des Jahres zur Verfügung. Wir gerieten in Panik. Wir hätten im September, spätestens im Oktober mit den Dreharbeiten beginnen müssen. Charlie wollte, daß ich mich sogleich um die Finanzierung zu kümmern begann.

»Besorg mir ein Angebot«, sagte er. »Kein Problem«, versicherte ich ihm, »wenn du Regie führst und Sophia die Hauptrolle spielt. Denn Sophia«, fügte ich hinzu, »ist sehr *bankable.*« Dieses Wort hatte er noch nie gehört. Ich erklärte ihm, dies sei ein neuer Hollywood-Begriff für Stars, auf deren Namen hin die Studios Filme finanzieren würden. »Glaubst du, ich bin *bankable?*« fragte er. »Na und ob!« erwiderte ich. Das gefiel ihm. »Diese Amerikaner«, rief er, »sie erfinden die schönsten Ausdrücke. *Bankable, bankable ...*« Er ließ das Wort auf der Zunge zergehen.

Nun war es Zeit, Jamaica zu verlassen — ich fuhr nach New York, um Angebote einzuholen, Oona und Charlie flogen in die Schweiz zurück. Auf schnellstem Weg kamen sie nach Europa zurück, wenn sie in New York Zwischenstation machten. Dies würde das erste Mal sein, daß Charlie seit der Verweigerung seines *re-entry permit* wieder Fuß auf amerikanischen Boden setzte. Er hatte ein ziemlich mulmiges Gefühl. Würde man ihn verhören? Reiste er illegal ins Land? Man versicherte ihm, als Transit-Reisender hätte er nichts zu befürchten. Trotzdem war ihm nicht ganz geheuer.

Am Kennedy-Flughafen zeigte er dem Beamten der Einwanderungsbehörde seinen Paß. Der starrte ihn an, wollte seinen Augen nicht trauen: Charlie Chaplin stand vor ihm. Der Beamte blätterte eine Liste durch, wohl um zu prüfen, ob Charlies Name darin vermerkt war. Wir hielten alle den Atem an. Dann winkte er Charlie durch die Sperre. Huh!

In New York nahm ich Verbindung mit den großen Studios auf. Zunächst ging ich zu meinem Freund Elliott Hyman von Seven Arts, dann zu Columbia, MGM und Joe Levene.

Levene, der viele von Sophias ausländischen Filmen vertrieben hatte, war ein merkwürdiger Geschäftspartner. Er war klein und rundlich und sprach mit einer hohen Stimme, die noch schriller wurde, wenn er sich übervorteilt glaubte. Dabei war es fast immer umgekehrt.

In Gegenwart seines Partners Leonard Lightstone unterbreitete er mir ein Angebot und schrieb die Zahlen auf einen Zettel. Den nahm ich mit und gab Charlie telefonisch das Angebot durch. Er war einverstanden — ich sollte den Vertrag abschließen.

Ich ging wieder zu Levene und berichtete ihm aufgeregt: »Sie können den Chaplin/Loren-Film haben.« Ich wiederholte seine Zahlen. Joe war empört. »Diese Zahlen habe ich nie genannt!« rief er. Ich zeigte ihm den Zettel, den er selbst geschrieben hatte. Er behauptete, es sei nicht seine Handschrift. »Wir wollen eine unvoreingenommene Person befragen«, sagte er. Leonard Lightstone wurde herbeizitiert. »Hab' ich jemals diese Zahlen genannt?« »Nein, Joe«, war die Antwort. Levene schaute mich triumphierend an und sagte: »Sehen Sie — und Lennie ist unvoreingenommen!« So endeten unsere Verhandlungen mit Joe Levene.

Ich flog nach London zurück, um mich mit Charlie zu treffen. Wir erstellten eine Kalkulation. Carlo Ponti, Sophias Ehemann, hatte viele ihrer Filme produziert, darunter auch *Hochzeit auf italienisch.* Die »bankable« Sophia war jetzt sein größter Aktivposten. Ponti meinte, wir sollten den Film bei MGM unterbringen. Sophia und er hätten gute Beziehungen zu Jim Aubrey, dem Präsidenten der Gesellschaft. »Wir brauchen nur Sophia in sein Büro zu schicken, und wir haben den Vertrag in der Tasche«, sagte er. Doch Charlie wollte mich zuerst einmal den Markt ausloten lassen.

Mein Vetter Irving, mit dem ich in Brooklyn aufgewachsen war, besaß einen kleinen Kurzwarenladen in Flatbush. Der war so mit Waren vollgestopft — Tischwäsche, Bettlaken, Handtücher, Herrenhemden —, daß es kaum möglich war, sich darin zu rühren. Doch ich brauchte jemanden, mit dem ich reden konnte. Charlie war 4000 Meilen entfernt, und kein Anwalt oder Agent war in die Sache eingeschaltet. Ich konnte mich auf Irving verlassen, und er hörte mir geduldig zu. Und so begannen wir, inmitten all der Wäsche, einen Schlachtplan zu entwerfen, um ein Millionen-Dollar-Film-Projekt auf die Beine zu stellen.

Ich sprach bei allen interessierten Studios vor und setzte ihnen eine Entscheidungsfrist von sieben Tagen. Norman Lloyd, den ich in New York getroffen hatte und der noch immer bei Universal war, machte den Studio-Manager Jay Kanter auf den Film aufmerksam. Ich wurde jetzt umworben. Mir gefiel die Idee, mit Jay Kanter ins Geschäft zu kommen: Als Elliott Kastner bei MCA Karriere machte, hatte er immer wieder den Namen Jay Kanter erwähnt. Ich glaubte ihn schon zu kennen.

Als ich mit Irving in einer kleinen Imbißstube, ein paar Häuser von seinem Laden entfernt, eine Stärkung zu mir nahm, kam sein Verkäufer herübergelaufen: Ein gewisser Mr. Kanter aus Hollywood sei am Telefon. »Ist die *Gräfin* schon vergeben?« fiel er mit der Tür ins Haus. »Noch nicht endgültig«, antwortete ich. »Mir läuft das Wasser im Munde zusammen«, rief Kanter. »Wie komm ich an den Film ran?« Ich sagte ihm, ich würde in zwei Tagen nach London zurückfliegen, also müsse er auf der Stelle nach New York kommen. »Ich bin morgen früh da. Reservieren Sie mir den Film bis dahin.« So gefiel mir das.

Kanters Karriere hatte in der Postzentrale der MCA, die damals die größte Theateragentur war, begonnen. Als Marlon Brando seinen ersten Film in Hollywood drehte, holte Jay ihn vom Bahnhof ab; und dank Marlon stieg er steil auf. Jetzt war er einer der Film-Bosse.

Kanter traf tatsächlich am nächsten Morgen ein, und wir begannen sofort mit den Verhandlungen. Ich mußte nach London zurück, um mit Charlie den Film zu besprechen, und Jay, der seine Beute nicht mehr aus der Hand lassen wollte, flog einfach mit.

Er hatte geglaubt, nur kurz in London bleiben zu müssen. Doch die Verhandlungen mit Charlie, Jay und mir schienen kein Ende nehmen zu wollen; also ließ Jay Frau und Kinder nachkommen. Als wir noch immer zu keinem Abschluß kamen, meldete er die Kinder in einer englischen Schule an und begann, sich nach einem Haus umzusehen. Und immer, wenn ein Abschluß in Sicht war, rief Ponti an: »Geht zu MGM, dort kriegt ihr alles, was ihr wollt.«

Jetzt, da Charlie selbst einen neuen Film in Angriff nahm, wollte er unbedingt die letzten Kinorenner sehen. Der große Kassenschlager in London war *The Sound of Music (Meine Lieder, meine Träume).* Er brach alle Rekorde. Charlie wollte herausfinden, warum. Also gingen wir — Charlie, Oona, Vicky, Josie und ich — zum Dominion Theatre. Dort wartete schon eine lange Menschenschlange. Wir bekamen nur Karten im zweiten Rang. Der Film beginnt mit Julie Andrews und ihrem Song: »The hills are alive with the sound of music ...« Nach zehn Minuten platzte Charlie heraus: »Das ist der abscheulichste Film, den ich je gesehen habe; ich steh' das nicht bis zum Ende durch.«

Oona und er verließen das Kino, ich blieb mit Vicky und Josie zurück. Aber die beiden Mädchen waren auch nicht gerade begeistert.

Wir brauchten einen männlichen Partner für Sophia. Wir hörten, daß Cary Grant interessiert sei. Als wir in Charlies Savoy-Suite saßen und unsere Besetzungsprobleme wälzten, drangen erstaunliche Töne aus der Suite über uns. Es war Maria Callas, die für Franco Zeffirellis *Tosca*-Aufführung in Covent Garden probte. Als Josie und Vicky hereinkamen, durften sie nur im Flüsterton sprechen und auf Zehenspitzen gehen. Ganz hingerissen lauschten wir dieser herrlichen Stimme. Was scherte uns noch die Filmbesetzung!

Jay schaute vorbei, um sich nach dem Stand der Dinge zu erkundigen. So ganz nebenbei schlug er Marlon Brando vor. Charlie traute seinen Ohren nicht. »Brando! Glauben Sie etwa, der hat Zeit und Lust?« »Ich kann ihn ja mal anrufen und fragen.« Wir fuhren in Jays Wohnung, von wo aus Jay Marlon Brando unter dessen Code-Namen anrief. »Halt die Luft an, Marlon«, sagte Jay am Telefon. »Charlie Chaplin möchte dich in seinem neuen Film haben.« Marlon war ganz verdattert. »Nein, das Drehbuch kannst du nicht haben. Er wird selbst mit dir reden. Wenn du interessiert bist, komm übers Wochenende her.«

Vor seiner Ankunft sahen wir uns *Endstation Sehnsucht* an. Charlie und Oona wußten gar nicht mehr so recht, wie großartig Marlon spielte. Jetzt erwarteten sie sein Kommen mit angehaltenem Atem.

Das Treffen fand im Savoy statt. Neben Charlie wirkte Brando wie ein Schuljunge. Er liebte Charlies Filme, besonders *City Lights.* Charlie dankte ihm dafür, daß er den Flug auf sich genommen hatte, und spielte die Glanzstücke seiner *Gräfin* durch. Marlon amüsierte sich köstlich und war beeindruckt von Charlies Lebendigkeit. Ohne das Drehbuch gesehen zu haben, nahm er dann die Rolle an, nur um mit Charlie arbeiten zu dürfen. Ich versprach, mich mit seinem Agenten in Verbindung zu setzen. Und er versprach Charlie, bis zu den Dreharbeiten ein paar Kilo abzuspecken.

An diesem Abend gingen Oona und Charlie mit Vicky, Josie und mir ins Trader Vic's im Hilton, um das freudige Ereignis zu feiern. Charlie schwärmte von ihren Long Drinks, Spare-ribs und gebackenen Shrimps. Jedesmal wenn die Chaplins nach London kamen, gingen sie am ersten Abend ins Trader Vic's, anschließend zum White Elephant oder zu Simpson's on the Strand.

Charlie war in Hochstimmung; das Treffen mit Brando war erfolgreich verlaufen, und nach seinem ersten Drink meinte er, die Welt läge ihm zu Füßen. Wir waren wohl ein wenig lauter, als es im Trader Vic's üblich war.

Von einem der Nachbartische ertönte die Stimme einer angesäuselten ältlichen Amerikanerin. »Ich hab' mehr Geld als Sie!« krächzte sie Charlie zu. O je, dachte ich, das könnte böse ausgehen. Deshalb griff ich ein: »Würden Sie uns bitte in Ruhe lassen.« Aber sie kreischte erneut: »ICH HAB' MEHR GELD ALS SIE!« Nun mischte Charlie sich in die Auseinandersetzung ein: »So jemand sind Sie also.« »Genau«, schrie sie zurück. »ICH BIN REICHER — VIEL REICHER, ALS SIE'S JEMALS SEIN WERDEN!« Inzwischen hatte sich ihr Begleiter leicht schwankend erhoben und sagte: »Komm, Schatz. Ich glaub', es wird Zeit ...«

Marlons Agent George Chasen suchte mich in London auf. Über Gage und Beteiligung hatten wir uns sofort geeinigt. Nur auf eines legte Chasen besonderen Wert: Brandos Name mußte überall in der Welt *top billing* erhalten, also stets an erster Stelle genannt werden. Dagegen hatte ich nichts einzuwenden. Für mich *ist, war* und *wird* Brando immer ein Spitzenstar sein. Bevor Chasen ging, fragte er: »Hat Ponti schon bei Ihnen seinen *Billing*-Trick versucht?« Ich schüttelte den Kopf. Ich wußte nicht, was er meinte. »Wird er schon noch«, meinte Chasen, »aber wie immer in letzter Minute.«

Wie recht er hatte. Als Carlo erfuhr, daß Marlons Name *top billing* vor Sophias haben sollte, glaubte ich, er bekäme einen Herzinfarkt. »Das können Sie Sophia nicht antun. Sie sitzt zu Hause und heult.« (Ich sah sie im Geiste in ihrem römischen

Palazzo schluchzend vor einem plätschernden Brunnen sitzen.) Carlo fuhr dramatisch fort: »Marlon in Japan *nix,* Sophia *GROOOSS!* Marlon in Italien *nix,* Sophia *GROOOSSER, GROOOSSER* Star! Marlon in Amerika *erledigt,* Sophia *RIESIG!* Machen wir Halbe-Halbe. In einigen Ländern Sophia an erster Stelle, in anderen Marlon!« Ich schüttelte den Kopf. »Die Sache ist mit Chasen abgesprochen und aus.«

Jetzt machte sich Carlo an Charlie heran. Wenn er Marlon die Rolle gäbe, würde der Film das Budget weit übersteigen. »Fragen Sie Lewis Milestone!« sagte er. »Der ständige Ärger, den er mit *Meuterei auf der Bounty* hatte. Immer kam Marlon zu spät, nie konnte er seinen Text. Manchmal erschien er überhaupt nicht. Nun geben Sie ihr doch wenigstens Italien — ihr Heimatland!«

Charlie begann nervös zu werden, besonders nachdem er sich bereit erklärt hatte, die Mehrkosten zu übernehmen, falls der Film nicht planmäßig fertig und teurer würde. Wütend rief er Jay Kanter an: »Wenn Marlon ihr nicht ein paar Länder gibt, kriegen *Sie* den Film nicht!« Jay war völlig durcheinander. Da waren wir nun einem Abschluß nahe — und jetzt brach erneut alles zusammen. Carlo witterte gleich wieder Morgenluft. »Ich sagte doch, geht zu MGM!«

An diesem Abend aßen Charlie, Oona und ich in einem kleinen chinesischen Restaurant in der Nähe von Covent Garden. Es war eine heiße Sommernacht. Alles war auf den Beinen. Charlie, noch immer mit seinem *Billing*-Problem beschäftigt, wollte einen kleinen Spaziergang machen. Vor dem Opernhaus warteten riesige Menschenmengen — die Königin, Prinz Philip und die Königin-Mutter wurden jeden Augenblick zur Gala-Premiere von *Tosca* erwartet. Das sollte, wie sich später herausstellte, die letzte Oper der Callas sein.

Oona wollte sich unter die Menge mischen und zuschauen, doch Charlie hatte keine Lust dazu. Vielleicht dachte er an die Gala-Eröffnung von *City Lights* in Los Angeles zurück, als er und sein Gast Albert Einstein in einer rasenden Menge von 25 000 Zuschauern fast erdrückt worden wären. »Ich habe die berühmtesten Laboratorien der Welt besucht«, sagte der Professor später. »Ich habe durch die größten Teleskope geblickt. Ich habe wissenschaftliche Wunderwerke gesehen. Aber so etwas hab' ich noch nie erlebt und werde es hoffentlich nie wieder erleben.«

Charlie spazierte weiter durch Covent Garden, während Oona und ich uns wie zwei Fans bei einer Hollywood-Premiere aufführten. Wir erzählten Charlie später, daß wir die Königin gesehen hatten und Ava Gardner und ... Doch Charlie hörte gar nicht zu — er war in Gedanken bei der *Gräfin.*

Die Frage des *top billing* war immer noch nicht geklärt. Marlon ließ ausrichten, daß er bereit sei, Sophia zwei Länder »abzugeben«: Island und Pogoland. Carlo kochte vor Wut. Das ging jetzt auch Charlie über die Hutschnur. »Wer zum Teufel sind die denn?« tobte er. »*Ich* bin Charlie Chaplin!« Er wollte weiter verhandeln, bis die Streitfrage geklärt war, und schickte mich mit genauen Instruktionen zu Ponti.

Zu unserem Treffen im Londoner Caprice erschien Ponti in bester Laune, ganz so als habe er die Lösung unseres Problems gefunden. Und das hatte er in der Tat. »Es ist ganz einfach«, sagte er. »Das hätte mir schon früher einfallen müssen.«

Mit diesen Worten zog er die Zeichnung eines kleinen Rades aus der Tasche. In den Speichen standen abwechselnd Sophias und Marlons Name, so daß man nicht feststellen konnte, welcher von beiden den Vorrang hatte. Dummerweise waren die Namen fast nicht zu entziffern, denn es wurde einem schwindelig, wenn man darauf schaute. Ich lachte. Er steckte den Zettel leicht gekränkt wieder ein.

Jetzt spielte ich, laut Charlies Anweisungen, meinen großen Trumpf aus. »Entweder gibt sich Sophia mit den Konditionen zufrieden, oder wir machen den Film mit Elizabeth Taylor!« Carlo erstarrte gleichsam zur Salzsäule. Alles Blut wich aus seinem Gesicht. Als er wieder zu sich kam, war das Thema abgeschlossen.

Die Verträge lagen nun zur Unterzeichnung bereit. Charlies Rechtsanwalt Keith Allison und der Anwalt von Universal waren schon unterwegs in die Schweiz. Jay und ich wollten einen späteren Flug nehmen. Gerade als ich aufbrechen wollte, läutete das Telefon. Oona war dran.

»Bitte laß die Rechtsanwälte nicht kommen!« rief sie aufgeregt. Ich verstand nicht, warum. »Charlie hat sein Horoskop im *Daily Express* gelesen. Da heißt es: ›Heute keine Verträge unterzeichnen!‹« Doch es war zu spät; die Anwälte saßen schon im Flugzeug. Jay und ich machten uns auf den Weg, in der Hoffnung, die Situation zu retten. Wir suchten vergebens nach einem Horoskop, das empfahl: »Heute, wenn möglich, Verträge unterzeichnen!« Charlie war ein reizender Gastgeber — er führte die Anwälte munter plaudernd durch Haus und Garten. Vom Vertrag aber war nicht die Rede.

Sicher hat Charlie nicht wirklich an Horoskope geglaubt; er suchte wohl nur einen Vorwand, um die Unterschrift hinauszuzögern. Seinen Namenszug unter einen Vertrag zu setzen, war für ihn, als würde er sein eigenes Todesurteil unterschreiben.

An jenem Abend weinten Jay und ich im Les Ambassadeurs leise bei einem Bier vor uns hin. »Laß uns einfach nichts tun«, schlug ich schließlich vor. »Vielleicht passiert irgend etwas.«

Und so war's dann auch. Einige Tage später rief Charlie an.

Es müsse nur noch eine Kleinigkeit geklärt werden, dann sei er bereit, zu unterzeichnen. Bevor Universal den Film irgendwo in der Welt verleihe, müsse er sein Okay gegeben haben; das gelte auch für Zweit- und Drittauswertungen.

Lew Wasserman ging an die Decke: So was hätte er noch nie gehört. Aber wir erreichten einen Kompromiß. Charlie erhielt ein Mitspracherecht in fünfzig europäischen Städten. Also forsteten wir den Atlas durch, um die fünfzig auszusuchen ... Brüssel, Hamburg, Rom, Berlin, Paris, London, New York, Philadelphia, Miami, Albany, Bangkok, Hongkong, Liverpool, Blackpool ... das waren vierzehn, es fehlten nur noch sechsunddreißig ...

Jetzt waren die Verträge erneut fertig zur Unterschrift. Jay und ich eilten nach Vevey. Würde es in letzter Minute erneut ein Hindernis geben? Würde er diesmal unterzeichnen? Es war fast eine Enttäuschung, als Charlie schließlich zur Feder griff. Um sicher zu sein, daß sie nicht träumte, schoß Oona ein Foto zur Erinnerung an dieses große Ereignis. Jay sagte hinterher: »Ein Friedensvertrag mit Vietnam wäre dagegen ein Kinderspiel.«

Es gab noch viel zu tun, bevor wir mit dem Drehen beginnen konnten: die Kalkulation mußte gemacht, der technische Stab engagiert werden. Unser Kameramann wurde Arthur Ibbetson, unser Ausstatter Don Ashton. Jetzt mußten wir uns um die restliche Besetzung kümmern.

Sydney war aus *Funny Girl* ausgestiegen und sollte bald nach Europa kommen. Charlie hoffte, daß die Rolle von Ogden Mears' Freund und Pressemann Harvey seiner Karriere als jugendlicher Held dienlich sein könnte. Er wollte aus Sydney einen Star machen.

Aufgrund der Verzögerungen mußten wir Noel Coward abschreiben. Charlie meinte nach wie vor, daß die Rolle des Kammerdieners essentiell sei. Aber wir fanden einfach niemanden. Der Produzent Sandy Lieberson, damals Peter Sellers' Agent, teilte mir mit, daß Sellers die Rolle gern spielen würde. Zuerst war Charlie begeistert, doch dann änderte er seine Meinung. »Es sind schon genug Stars im Film. Ich will nicht noch einen.«

Im Drehbuch gibt's eine kleine Rolle für eine alte seekranke Dame, deren Kabine vom Kapitän und einem Passagier mit der von Sophia verwechselt wird. Obwohl die Rolle nur aus ein paar Sätzen und Reaktionen bestand, war sie doch sehr amüsant. Ich schlug Margaret Rutherford vor. Charlie winkte gleich ab. »Immer willst du nur Stars!« »Das stimmt nicht«, entgegnete ich. »Ich glaube eben, daß die Rutherford was aus der kleinen Szene machen könnte. Sie ist so zügellos!« Doch Charlie wollte nichts davon hören, bis er schließlich knurrte: »Also gut, bring sie her.«

Oben: *Banges Warten: Wird Charlie unterschreiben?*
Unten: *Diesen historischen Schnappschuß von Charlie und Jay Kanter bei der Unterzeichnung des Universal-Vertrages machte Oona. Grünes Licht für die* Gräfin. *Ich esse einen Apfel, wie immer, wenn mir etwas an die Nerven geht.*

Die gute Margaret Rutherford erschien mit ihrem Ehemann Stringer Davis. Charlie begrüßte sie aufs liebenswürdigste. »Nett von Ihnen, daß Sie gekommen sind. Würden Sie denn tatsächlich diese kleine Rolle für mich spielen? Es wäre eine große Ehre für mich.« Die Rutherford war ganz aus dem Häuschen. »Für mich wäre es eine Ehre, mit Ihnen arbeiten zu dürfen.«

London war Mitte der 60er Jahre *der* Ort, um Filme zu machen. Die Studios quollen über. Im Pinewood Studio wurde gerade *To Sir, With Love* mit Sidney Poitier, der neue Bond-Film *Du lebst nur zweimal,* Truffauts *Fahrenheit 451, Kaleidoscope* mit Warren Beatty und Peter Brooks *Marat/Sade* gedreht. Das *Time*-Magazin hatte eben einen Artikel über das »Swinging London« publiziert. London pulsierte vor Leben; alles spielte sich hier ab, von den Beatles über Twiggy bis hin zu Charlies neuem Film. Miniröcke und Discos waren der letzte Schrei; die Rolling Stones hatten eben »Satisfaction« herausgebracht; in der Carnaby Street blühte Flower Power.

Ich fand eine reizende Maisonette-Wohnung in Shepherd's Market, gleich hinter der Curzon Street. Das Viertel mit seinen gepflasterten Straßen und kleinen Buch- und Antiquitäten-Läden war wie ein kleines Dorf aus dem 18. Jahrhundert. Ich ahnte jedoch nicht, daß ich mich mitten im Londoner Bordellviertel einquartiert hatte. An vielen Haustüren prangten in Leuchtschrift die Namen der diversen Mieterinnen: *Doreen Lovelace, Brenda Backlash* u.s.w. Die Mädchen hielten Abstand zu den anderen Market-Bewohnern; man nickte sich zum Gruße nur zu. Manchmal tauchte ein Polizist auf; dann stoben sie in alle Richtungen davon.

Abends wimmelte es in Shepherd's Market wie in einem Bienenhaus. Und so auch in meiner Wohnung. Da das beliebte Restaurant White Elephant nicht weit war, kreuzten nach dem Essen immer Freunde und Bekannte bei mir auf — ich vermute allerdings, daß sie vor allem meine Nachbarschaft reizte.

Eines Abends kamen Warren Beatty und Geraldine Chaplin zu Besuch. Warren schaute aus meinem oberen Fenster hinunter

Charlie kündigt der internationalen Presse an, daß er einen neuen Film machen wird.

auf den Gehsteig, wo ein hübsches Mädchen auf Freier wartete. Zum Jux steckte Geraldine den Kopf zum Fenster hinaus und begann, mit zwei jungen Männern, die unten standen, zu schäkern. Kurz darauf läutete es an meiner Tür. Die beiden jungen Männer kamen herauf, und Warren begann sofort, mit ihnen einen Preis auszuhandeln. Ich wäre am liebsten in den Boden versunken. Geraldine spielte eine Weile munter mit, doch als die Herren zur Tat schreiten wollten, verschwand sie schnell in der Küche. Verwirrt und unverrichteter Dinge zogen die beiden von dannen. Zum Glück fanden sie nie heraus, wer die Dame und ihr Beschützer waren.

Manchmal konnte ich nachts kein Auge zutun. Potentielle Kunden und Betrunkene läuteten versehentlich an der Tür. Meine Vermieter erzählten mir, daß die Garbo früher einmal in diesem Haus gelebt hätte. Ob sie damals das gleiche durchgemacht hatte wie ich jetzt?

Oona und Charlie wollten nach Vevey zurück. Vor der Abreise fragte mich Charlie, welche Nennung ich haben wollte. Ich antwortete spontan: Coproduzent. »Gut, aber den Titel mußt du dir mit Pierre Rouve teilen.« Ich war außer mir. »Ich hab' die ganze Arbeit gemacht, und nur weil er dich mit Sophia Loren bekannt gemacht hat, soll ich diese Nennung nun mit ihm teilen?« Ich erklärte, ich ginge nach New York zurück. Charlie versprach, sich die Sache noch mal zu überlegen, und als er mit Oona aus Vevey zurückkehrte, verkündete er, daß ich als einziger den Titel haben würde. Da muß wieder Oonas Hand im Spiel gewesen sein.

Am Montag, dem 4. November, stand auf einem Plakat am River Room des Savoy Hotel zu lesen: »C. CHAPLIN WIRD HEUTE MORGEN EINE PRESSEKONFERENZ GEBEN, UM SEINEN NEUEN FILM VORZUSTELLEN.« (Mich amüsierte dieses C. CHAPLIN — es war so typisch englisch!) Anwesend waren Charlie und Sophia. Ich glaube, noch nie war eine Pressekonferenz zur Ankündigung eines neuen Films so überlaufen. Man bekam keinen Fuß mehr auf die Erde, so dicht drängten sich Reporter und Fotografen.

Unten links: *Vicky entwickelt sich zu einer Schönheit.*

Gegenüber: *Relaxen auf unserem »Luxus-Liner« — Charlie, Sophia, ich und Sydney.*

Zuerst wurde fotografiert, dann antwortete Charlie auf Fragen. In einem anderen Raum hielt Sophia Hof. Aber um die bezaubernde, juwelengeschmückte Sophia scharte sich nur eine Handvoll Reporter; Charlie war von Hunderten umgeben. »Jetzt weiß ich erst, was ein richtiger Star ist«, war Sophias Kommentar.

Charlie beschäftigte sich mit Sophias Garderobe. Sie mußte fast während des ganzen Filmes ein und dasselbe Kleid tragen; also war es besonders wichtig, das richtige zu finden. Er widmete diesem Kleid die gleiche Aufmerksamkeit wie damals Paulette Goddards Kostüm in *Modern Times.* Bei seiner Suche stöberte er in einem Londoner Kaufhaus ein 18-Dollar-Kleid auf, das er für perfekt hielt. Als er es Sophia zeigte, war sie außer sich vor Entsetzen. Charlie versuchte ihr klarzumachen, daß sie eine bettelarme Frau darstellen solle. Für Sophia jedoch war dies ein glanzvoller, teurer Film. Sie verließ London, rief mich an und sagte, sie würde sich in Paris ein Kleid von Dior entwerfen lassen. Basta!

Vicky Chaplin, damals 14, besuchte mit mir eine Pressekonferenz, die Albert Finney für seinen eben fertiggestellten Film *Charlie Bubbles* gab. Am Ende entdeckte Albert die reizende Vicky und nannte sie »Alice im Wunderland«. Recht hatte er. Mit ihren großen blauen Augen und ihrem rotblonden Haar hätte sie eine perfekte »Alice« abgegeben.

Anschließend aßen wir zusammen mit Oskar Werner, Michael Medwin, David Puttnam (er war damals noch in der Werbung tätig) und Geraldine im White Elephant. Vicky amüsierte sich köstlich, und wir vergaßen völlig, auf die Uhr zu schauen. Es war fast Mitternacht, als ich sie am Lift des Hotels ablieferte. Am nächsten Tag fuhr mich Charlie wütend an: »Wie kannt du ein 14jähriges Kind bis Mitternacht aufbleiben lassen?« Noch empörender fand er, daß ich Vicky nicht bis an ihre Zimmertür begleitet hatte.

Das passierte drei Wochen vor dem geplanten Drehbeginn. Und wegen dieses Zwischenfalls schickte Charlie mir die Nachricht, er wolle den Film abblasen. Vicky und Josie wurden auf der Stelle in die Schweiz zurückgeschickt. Charlie schloß sich in seiner Hotelsuite ein und weigerte sich, mit mir zu sprechen. Alles hing in der Luft.

Sophia rief mich an, Marlon rief an. Don Ashton und Arthur Ibbetson riefen an. Ich mußte sie abwimmeln. Was sollte ich ihnen sagen? Ich erzählte Jay Kanter, was passiert war. »Oh, Gott«, stöhnte er verzweifelt. Oona rief mich heimlich an; auch sie könne nichts ausrichten — man müsse einfach abwarten. Vier Tage später ein erneuter Anruf von ihr: Charlie wollte mich sprechen.

Als ich im Savoy eintraf, stürzte er sich gleich auf mich, stieß mich geradezu in einen Sessel und polterte los: »Willst du den Film jetzt machen oder nicht?« »Du hast ihn abgeblasen, nicht ich.« Das hätte ich nicht sagen sollen, doch ich konnte nicht anders. Charlie wurde immer wütender und ich immer nervöser. Er glaubte wohl, ich ließe es mir im Swinging London gutgehen.

Schließlich aber wurde ihm klar, wie elend mir zumute war, und wir legten unsere Streitigkeiten bei. Die Sonne schien wieder. Die Arbeit konnte endlich beginnen. Wir erwarteten die Ankunft unserer beiden Stars Sophia und Marlon — pardon, Marlon und Sophia. Jetzt dürfte es keine Probleme mehr geben ...

Oona und Charlie mieteten ein hübsches Haus auf dem Lande. Eine Woche vor Drehbeginn waren Marlon, Sophia, Sydney und ich dort zu Gast, um den Film zu besprechen. Als erstes machte Charlie Marlon darauf aufmerksam, daß er noch mehr abnehmen müsse, was Marlon versprach.

Dann erklärte Charlie, was die tiefere Bedeutung des Filmes sei. Obwohl es sich um eine Liebesgeschichte handele, sei es auch ein Film über Macht und Gewalt — den eigentlichen Kern des Geschlechterkampfes. Er erläuterte Marlon den Charakter des Ogden Mears: »Wohlhabende Männer mit ererbtem Reichtum wie Ogden gehen behutsam mit ihrem Geld um; sie zeigen niemals daß sie reich sind. Sie sind immer zurückhaltend und bescheiden.«

Marlon stellte gezielte Fragen. Manchmal fiel es Charlie schwer, seine Vorstellungen zu artikulieren, und Marlon schien ihn festzunageln. So entwickelte sich eine gewisse Gereiztheit. Als Sophia, Sydney und ich im selben Wagen nach London zurückfuhren, sagte Sophia angriffslustig: »Haben Sie bemerkt, wie er versucht hat, Charlie in Verlegenheit zu bringen?« Wurde an diesem Abend die Saat für künftige Probleme gelegt?

Die Filmarbeit sollte am Montag, dem 24. Januar, beginnen. In der Nacht davor tat ich kein Auge zu. Die Nerven. Ich stand früh auf, um im Studio alles für Charlies Ankunft vorzubereiten. Als ich eben das Haus verlassen wollte, läutete das Telefon. Es war Marlon. Er hauchte mit schwacher, kaum vernehmbarer Stimme in die Sprechmuschel: »Ich bin krank; ich kann heute nicht arbeiten.« Ich traute meinen Ohren nicht und riet ihm, im Bett zu bleiben; ich würde einen Arzt vorbeischikken. Vergeblich versuchte ich, Charlie zu erreichen. Also jagte ich ins Pinewood Studio.

Charlie war schon dabei, mit dem Kameramann Arthur Ibbetson die ersten Einstellungen zu besprechen. Er konnte es nicht abwarten, mit dem Drehen zu beginnen. Da stand er mit seinem roten Kaschmir-Pullover, den Hut schief auf dem Kopf. Ich trat hinter ihn und tippte ihm auf die Schulter. Er blickte mich verärgert an und wandte sich wieder Ibbetson zu. Ich tippte ihn noch einmal an. Diesmal unterbrach er das Gespräch, er spürte wohl, daß irgend etwas nicht in Ordnung war.

Ich überbrachte ihm die Hiobsbotschaft: Kein Marlon. Nach außen hin zeigte Charlie keinerlei Reaktion. »Ich hatte schon Angst, du würdest wütend sein«, sagte ich erleichtert. »Ich bin doch nicht der liebe Gott«, antwortete er. »Wenn er krank ist, ist er krank.«

Wir fingen also ohne Marlon an und drehten zuerst einen Großteil der Szenen mit Sydney und Sophia; nach drei Tagen aber brauchten wir ihn. Laut Drehplan mußten wir in eine andere Halle umziehen, um da die Ballsaal-Sequenz zu drehen, und die mußte in zwei Tagen im Kasten sein, weil das Studio bereits an ein anderes Team vermietet war.

Man hatte uns versichert, daß Marlon rechtzeitig erscheinen würde. Kein Grund zur Panik also. Zweihundert Statisten waren engagiert. Charlie und Sophia standen um 8 Uhr 30 bereit, um mit den Proben zu beginnen. Zwei Stunden vergingen. Kein

Rechts: *Charlie und Sophia zwischen zwei Einstellungen. Die Möbel stehen jetzt in meinem Wohnzimmer.*

Gegenüber: *Sophia strahlte viel Wärme und Begeisterung aus; es war ein Vergnügen, mit ihr zu arbeiten.*

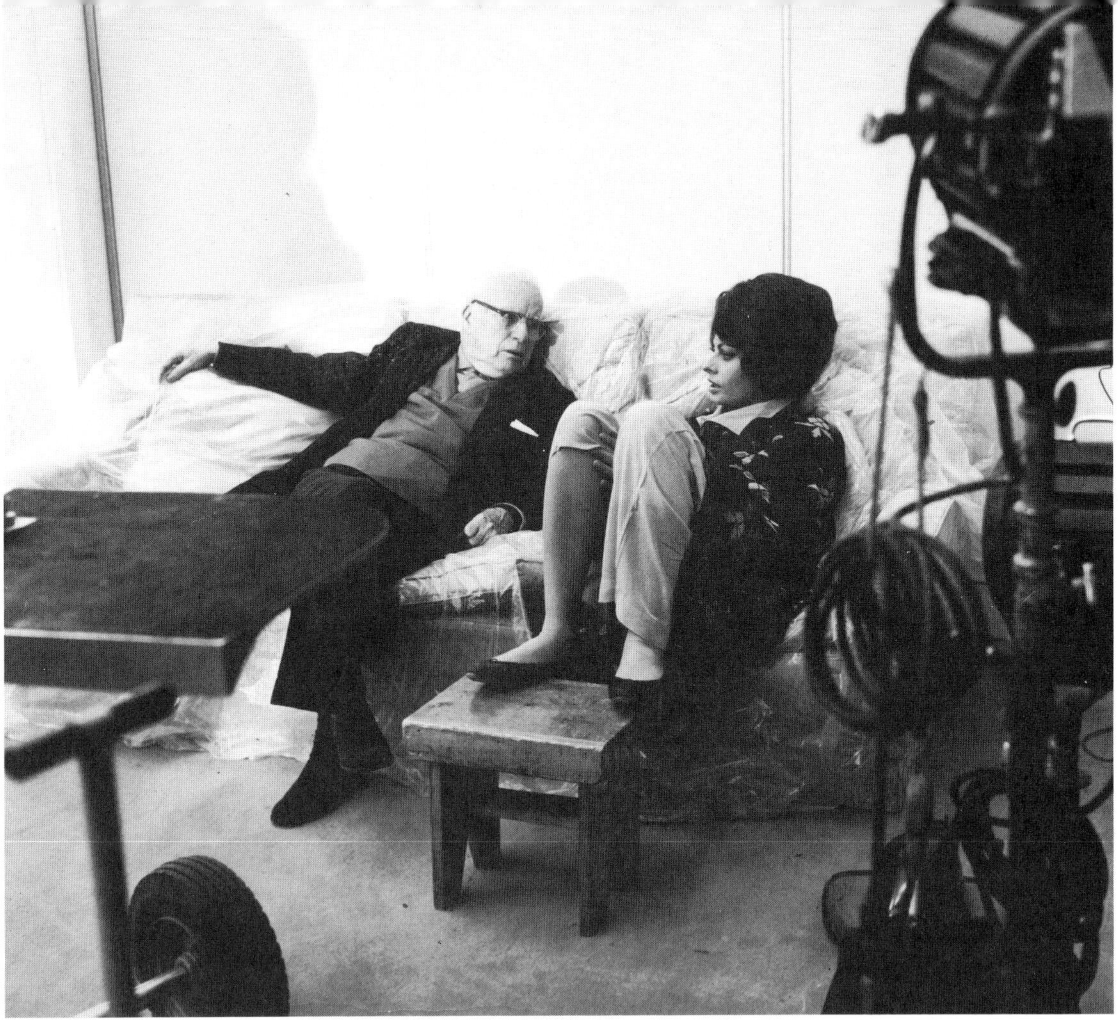

Marlon. Charlie begann vor Wut zu kochen. Nichts ist nervtötender, als zweihundert Leute herumhängen zu sehen, die nichts anderes mit sich anzufangen wissen, als Tee zu trinken, Sandwiches zu essen und Karten zu spielen, während sich ihr Make-up allmählich auflöst. Sophia, Charlie und ich hockten an einem der Tische am Set und warteten auf unseren männlichen Star.

Schließlich erreichte uns die Nachricht, daß Marlon unterwegs sei. Charlie begann, auf- und abzugehen, wie ein Raubtier im Käfig. Dann setzte er sich wieder hin und trommelte nervös mit den Fingern auf den Tisch (das gleiche ließ er später auch Marlon in einer Szene tun). Das Trommeln war ein sicheres Zeichen, daß der Kessel bald explodieren würde. Sophia war auch keine Hilfe. »Wenn er kommt«, schimpfte sie, »müssen Sie ihm die Meinung sagen. So was dürfen Sie sich einfach nicht gefallen lassen.« Doch damit schien sie ihn nur noch mehr aufzuheizen. Ich fuhr sie an: »Sophia, halten Sie sich da raus. Das geht nur Charlie und Marlon an.« Nur kein Krach vor all den Statisten, dachte ich. Was Charlie Marlon zu sagen hatte, das sollte privat erledigt werden.

Dann hörten wir vom Pförtner: Marlon war eingetroffen! Er war jetzt in der Garderobe, um seinen Smoking anzuziehen. Und dann erschien er auf dem Set wie ein unschuldiger kleiner Junge. Ich versuchte Charlie zurückzuhalten, aber vergeblich, er ging wutschäumend auf ihn los und packte ihn am Arm: »Nun hören Sie mir mal zu, Sie Hundesohn. Sie arbeiten jetzt für Charlie Chaplin. Wenn Sie glauben, Sie könnten sich alles erlauben, nehmen Sie das nächste Flugzeug nach Hollywood. Wir brauchen Sie hier nicht.«

Sophia trug ein Mona-Lisa-Lächeln zur Schau. Rachegefühle für das *top billing?* Marlon aber stand wie ein kleines Kind vor Big Daddy — sanft und reumütig: »Charlie, ich war doch krank und —«

Charlie ließ ihn nicht ausreden. »Hören Sie mal, ich bin ein alter Mann und bring's trotzdem fertig, pünktlich zu sein. Von jetzt an erscheinen Sie hier täglich um punkt halb neun drehfertig auf dem Set, genau wie ich.« Marlon, ganz der kleine Junge, nickte mit großen Augen. »Ja, Charlie.«

Und seit der Zeit stand Marlon jeden Morgen um 8 Uhr 30 auf der Matte, selbst wenn er sich die Nacht um die Ohren geschlagen hatte und er sich in seiner Limousine unterwegs zum Studio umziehen mußte. Als Charlie einmal fünf Minuten zu spät kam, lächelte Marlon verschlagen. »Ich warte schon auf Sie. Ich bin startbereit. Wo waren Sie?« Doch Charlie war nicht zu solchen Spielchen aufgelegt; er dachte nur an seinen Film.

Trotzdem gab es bei den Dreharbeiten viel zu lachen. Marlon und Sophia sahen vergnügt zu, wenn Charlie ihnen ihre Rolle vorspielte und staunten über sein sprühendes Temperament. Mit Sophia zu arbeiten war traumhaft: Sie war hilfsbereit, witzig und ganz natürlich. Sie traf morgens stets als erste ein — eine Viertelstunde vor Charlie und Marlon — und überprüfte Licht und Szene.

Unten: *Marlon und ich. Keiner ist netter als M. B.*

Rechts: *Charlie gibt Marlon und Sophia Regieanweisungen. Charlie ist unermüdlich, die beiden beginnen schlappzumachen.*

Ganz rechts: *Charlie zeigt Marlon, wo und wie er zu stehen hat.*

Wenn man sie so beobachtete, sah sie wie ein nettes, einfaches Mädchen aus. Doch sobald sie vor der Kamera stand, fand eine totale Verwandlung statt: Sie wurde die faszinierende Sophia Loren, der Superstar. Sie wußte genau, in welchem Winkel sie den Kopf zu halten hatte. Und ihre Augen schienen, wie durch Zauberei oder Muskelspiel, noch mandelförmiger zu werden.

Charlie erklärte Marlon, wo er zu stehen, wie viele Schritte er zu gehen und wann er sich umzudrehen hatte. Marlon sagte immer: »Das ist der leichteste Film, den ich je gemacht habe. Ich brauch' gar nichts zu tun, Charlie macht alles.« Marlon konnte Charlies Regieanweisungen problemlos folgen, obwohl er als Schauspieler aus einer ganz anderen Schule kam.

Im Studo wimmelte es immer von Reportern und Pressefotografen von *Life, Look, Newsweek* und anderen renommierten Blättern. Wenn Charlie seine Filme aus eigener Tasche finanzierte, duldete er keine Journalisten bei den Dreharbeiten. Voraus-Publicity war für ihn Verschwendung. Da dieser Film aber von Universal finanziert wurde, ließ er die Presse zu — unter der Bedingung, daß ihn die Fotografen nicht störten und belästigten.

Für Sophia dagegen gab es nichts Schöneres, als von Reportern umringt zu sein. Es dauerte nicht lange, und ihr Foto prangte auf den Titelseiten fast aller großen Magazine. Marlon hatte verkündet, er wünsche keine Presse und gäbe keine Interviews. Aber als er Sophias Fotos an allen Zeitungskiosken sah, wurmte ihn das. »Sie zieht alle Aufmerksamkeit auf sich«, beschwerte er sich bei Dave Golding, dem Londoner PR-Chef der Universal.

Zu Beginn der Dreharbeiten kam Charlie in Sophias Garderobe, als sie eben dabei war, ihr großartiges Augen-Make-up

Links: *Sophia hat Charlie »im Sucher«. Dies war die Szene, die sie unbedingt neu gedreht haben wollte — wir hatten sie von der »falschen« Seite aufgenommen.*

Gegenüber: *Alle schwärmten von Margaret Rutherford. Auch Sophia, die eigentlich einen freien Tag hatte, wollte nicht von ihrer Seite weichen.*

aufzulegen. »Bitte waschen Sie sich das ab«, forderte er. »Ich mag diese Kriegsbemalung nicht.« Sie tat's und meinte dann grüblerisch, sie käme sich so nackt vor. Doch — genau wie Dawn Addams' Vaseline-Lippen — allmählich schlich sich das Augen-Make-up wieder ein, bis es war wie eh und je. Charlie war zu beschäftigt, um es zu bemerken.

Charlie brachte vor jeder Einstellung ihr Haar ein wenig in Unordnung. Sie sollte nicht allzu perfekt ausschauen. Sophia half ihm sogar dabei. »Ist es so richtig?« fragte sie ihn dann. Charlie nickte, aber sobald er sich abwandte, eilte Sophia zu ihrem Frisiertisch und bürstete ihr Haar wieder so, wie sie es am liebsten hatte — perfekt.

Sophia war der Überzeugung, daß die rechte Hälfte ihrer Nase weniger attraktiv sei als die linke. Sie behauptete, ihr linkes Profil passe besser zu Komödien, das rechte zu Dramen. Also müsse sie für diesen Film entweder frontal oder von links gefilmt werden.

Im fertigen Film gab es nur eine winzige Szene, in der Sophias rechte Gesichtshälfte einen kurzen Augenblick zu sehen war. Trotzdem regte sich Sophia furchtbar auf und wollte unbedingt, daß diese Sequenz neu gedreht würde. Charlie hätte es wohl getan, wären für diese Szene nicht zeitraubende Rückprojektionen notwendig gewesen. Damit wollte er sich nicht aufhalten — nur um ihrer Nase willen. Ich glaube, Sophia ärgert sich noch heute darüber.

Jetzt konnten wir die Szene mit Margaret Rutherford drehen. Es war Charlie fast ein wenig peinlich, daß ihre Rolle als seekranke Passagierin so klein war; deshalb improvisierte er ein wenig drum herum. Auf ihrem Bett ließ er eine Fülle bunter Bänder anbringen und jedesmal, wenn ihr Blick auf die gelben oder grünen Dinger fiel, mußte sie zu würgen beginnen. Sie war unbeschreiblich komisch — das ganze Team lachte Tränen. Die Gute war damals tatsächlich krank und heilfroh, daß sie für ihre Szene im Bett bleiben mußte.

Melanie Griffith, Tippi Hedrens Tochter, beim Lesen während der Dreharbeiten. Wer hätte gedacht, daß dieses stille kleine Mädchen einmal ein aufreizendes Pin-up-Girl werden würde?

Oona war immer dabei, wenn wir uns die Muster von Margaret Rutherford ansahen. Sie brach jedesmal in helles Gelächter aus. Auch später im Kino war diese Szene ein großer Lacherfolg. Und Charlie war höchst zufrieden.

Tippi Hedren spielte eine winzige Rolle als Marlons Frau. Wir bedauerten alle, daß ihr Part nicht größer war. Sie und ihr Mann, Noel Marshall, baten Charlie, die Rolle ein wenig auszubauen. Er dachte darüber nach, aber die Handlung erlaubte es nicht.

Tippi hielt sich zurück und machte bei keinem der üblichen Mätzchen des Teams mit. Sie brachte ihr stilles Töchterchen, Melanie Griffith, mit ins Studio. Tippi war äußerst professionell — ausgeglichen und voll echter Liebenswürdigkeit. Ich liebte vor allem ihre rauhe, sinnliche und melodiöse Stimme. Charlie fand, daß sie leicht zu führen war. Sie besaß eine Qualität, die er an amerikanischen Schauspielerinnen schätzte: Sie war ungeheuer »relaxed«.

Jetzt drehten wir die erste Kuß-Szene zwischen Marlon und Sophia. Küsse sind oft schwer zu filmen. Die Schauspieler fühlen sich oft unsicher und gehemmt, am schlimmsten aber ist es, wenn die Stars miteinander auf Kriegsfuß stehen. Sophia hatte Marlon die *billing*-Geschichte noch nicht verziehen. In unserer Szene mußte Marlon Sophia beleidigen und kränken. Plötzlich aber schlägt seine Wut in Leidenschaft um, er packt sie und küßt sie.

TAKE 1: Wir drehten die Szene. Sophia stürmte vom Set und verkündete lauthals: »Wißt ihr, was er mir eben zugeflüstert hat? Daß aus meiner Nase lange Haare wachsen!« Sie gestikulierte wild — ganz Italienerin! »Wie soll man da eine Liebesszene spielen?«

TAKE 2: Charlie war unzufrieden. Er verlangte von Marlon mehr Leidenschaft.

TAKE 3: Marlon packte sie zu grob an. Wieder stürmte sie vom Set. »Er hat mich in die Lippe gebissen. Schaut her, sie blutet. Hat dieser ›Method‹-Mensch nicht gelernt, wie man Leidenschaft spielt?« Wir behandelten die blutende Lippe.

TAKE 4: Perfekt. Als es vorbei war, zogen die beiden »Turteltauben« in entgegengesetzte Richtungen ab.

Abends pflegte sich Sophia mit ihrer Sekretärin Inez die Muster des vergangenen Tages privat anzuschauen. Sie wollte wissen, wie sie im Film herauskam. Eines Morgens sagte sie zu mir: »Marlons Großaufnahmen sind größer als meine!« »Unmöglich, Sophia«, antwortete ich, »der Abstand der Kamera ist der gleiche, das ist exakt ausgemessen.« Sie darauf: »Kann sein, aber sein Kopf ist größer als meiner, deshalb muß die Kamera dichter bei mir stehen!« Jemand murmelte im Hintergrund: »Dafür ist dein Haaraufbau höher als seiner — das gleicht alles wieder aus.«

Zu unserer Überraschung war Sean Connery unser Nachbar. Im Pinewood gab es einen langen Korridor, an dessen Enden die Suiten für die Stars lagen. Oona und Charlie hatten eine; mein Büro lag gleich gegenüber. Und 30 Meter weiter hatte Sean Connery seine Garderobe.

Wir hatten ihn einmal für die Rolle von Ogden Mears in Betracht gezogen. Er hatte sich mit Chaplin im Savoy getroffen — erholt und braungebrannt nach einem längeren Südfrankreich-Urlaub. Doch da hatten wir uns bereits für Brando entschieden. Jetzt drehte er in der Halle nebenan *Du lebst nur zweimal.* Charlie, Oona und ich freundeten uns mit ihm an — eine Freundschaft, die weit über die Zeit der Dreharbeiten hinausreichte.

Josie und Victoria, die beiden reizenden Teenager, kamen manchmal ins Pinewood, und Josie verknallte sich sofort in Sean. Sean sah, was mit ihr los war. Auch er mochte sie sehr gern. Jedesmal, wenn die Mädchen nach London kamen, war ihr erster Wunsch: »Gehen wir ins White Elephant. Vielleicht ist Sean Connery da!« So richtig schwärmerische Backfische.

Josie verehrte auch Maria Callas. Sie schrieb ihr Fan-Briefe, und wo immer die Callas in London auftauchte, war Josie nicht weit. Sie beschloß sogar, Opernsängerin zu werden, und nahm Gesangsunterricht; schließlich wurden die Callas und sie enge Freunde. Jetzt aber geriet Josie in einen Zwiespalt — sie verliebte sich auch in Marlon Brando.

Rechts: *Charlie und Tippi Hedren.*

Ganz rechts: *Sophia — im Begriff, von unserem Ozeandampfer zu springen.*

Unten: *Charlie übernimmt Sophias Part, um Marlon die Liebesszene zu erläutern.*

Unten rechts: *Charlie versucht, mehr Leidenschaft in die Liebesszene zu bringen.*

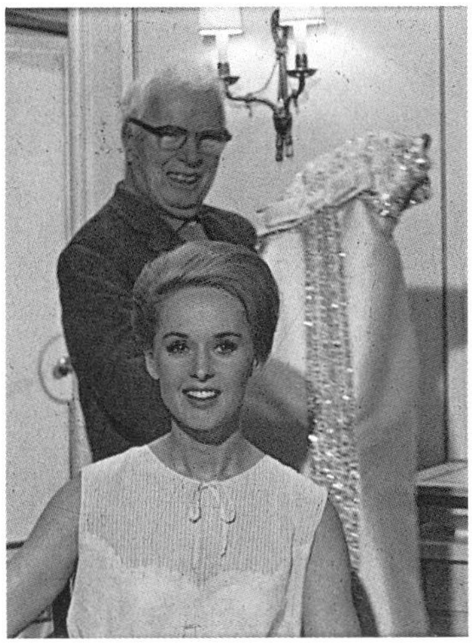

Sophia bekommt vom jüngsten Chaplin-Sprößling Christopher einen Kuß; Tochter Jane und Kay-Kay schauen zu. Damals wünschte sich Sophia sehnlichst Kinder.

Ich hatte die Angewohnheit, bei den Dreharbeiten Äpfel zu essen. Sophia entdeckte einen in meiner Hand, als wir eben eine neue Szene drehen wollten. Sie kam zu mir herüber und fragte neugierig: »Was haben die Äpfel zu bedeuten?« »Sophia, Sie müssen auf den Set«, erwiderte ich nervös. »Charlie ist drehbereit. Ich erzähl's Ihnen nachher.« Kaum war die Szene abgedreht, kam Sophia wieder herüber. »Also, was ist mit den Äpfeln?« »Angeblich sind sie ein Brustersatz.« »Mit Äpfeln ist das nicht zu ersetzen!« meinte Sophia lachend und schaute auf ihren üppigen Busen herunter.

Wie schon im Circle, hatte Charlie mit allen Schauspielern viel Geduld — außer mit Sydney. Wenn Sydney nicht sofort auf seine Anweisungen reagierte, wurde Charlie wütend. »Was ist bloß los mit dir? Hast du Blei in den Adern? Du sollst Sophia trösten — also verdammt noch mal, zeig mehr Gefühl!«

Marlon war empört, daß Charlie so auf Sydney herumhackte. Er nahm mich zur Seite: »Wie kann er seinen Sohn vor aller Augen derart demütigen!« »Marlon«, antwortete ich, »Sydney weiß genau, daß Charlie nur sein Bestes will. Er betet seinen Vater an. Also halte dich da raus — das ist eine Sache zwischen Vater und Sohn.«

Doch er konnte sich nicht beruhigen. Von diesem Augenblick an sah sich Marlon als Fürsprecher der Underdogs und weigerte sich, Charlies Anweisungen länger zu befolgen. Noch vor zwei Wochen hatte er laut getönt, dies sei der einfachste Film, bei dem er je mitgewirkt hätte. Und jetzt mußte Charlie alles, was er ihm sagen wollte, über mich vermitteln lassen. Charlie aber ließ sich von Marlons Benehmen nicht einschüchtern. Nichts konnte seinen Elan beeinträchtigen.

Charlie hatte nun zusammen mit Marlon seine kurze Szene als seekranker Steward zu spielen. Marlon war immer noch nicht gut auf Charlie zu sprechen, doch kaum schlüpfte Charlie in seine Rolle, schmolz Marlon dahin. Er war fasziniert, wie sich Charlie von einer Sekunde zur anderen in einen seekranken Menschen verwandeln konnte. Er strahlte Charlie bewundernd an; alle Feindseligkeit war vergessen. Triumph des Talents. Sie waren wieder Freunde.

Am nächsten Tag bekam Charlie Fieber. Er bat mich, eine angefangene Szene mit Sophia und Marlon zu Ende zu drehen. Aber kaum hatte Charlie das Studio verlassen, war auch schon die Hölle los. Für Marlon und Sophia war ich der Aushilfslehrer. Jedesmal wenn ich »Action!« rief, traten sie durch verschiedene Türen auf und lachten und kicherten wie Teenager. Alle amüsierten sich köstlich — nur ich nicht. Ich hatte panische Angst. Was, wenn Charlie plötzlich zurückkommen und das Chaos sehen würde. Irgendwann hatte ich die Szene dann doch im Kasten und schickte die »Stars« nach Hause.

Links: *Charlie, Sophia und ich beim Warten auf das nächste Bühnenbild.*

Unten: *Vater und Sohn bei den Proben.*

Für Patrick Cargill war es eine große Chance, daß ihn Charlie für die wichtigste Rolle an der Seite von Sophia und Marlon verpflichtete. Er spielte Marlons Kammerdiener — die Rolle, die ursprünglich Noel Coward zugedacht war. In einer Szene sollte Cargill Sophia verführerische Blicke zuwerfen und gleichzeitig die Augenbrauen hochziehen. Cargill wandte sich an Charlie und sagte: »Das verstehe ich nicht. Warum soll ich die Brauen hochziehen?« Charlie war sprachlos. Ich versuchte Cargill zu erklären, daß dies der Betonung dienen sollte. Aber Cargill wollte es mir nicht abkaufen — er wollte weiter wissen, was ihn innerlich dazu »antrieb«. Marlons Beispiel machte Schule. Bald würden auch die Statisten fragen, was sie »motivierte«, im Hintergrund zu tanzen.

Ich selbst habe nie Spaß daran gehabt, vor der Kamera zu stehen. Ich fand es viel zu nervenaufreibend. Allerdings habe ich seit *Limelight* Charlies Drehbücher immer laut gelesen und versucht, mich in die verschiedenen Charaktere hineinzuversetzen. Charlie pflegte mir aufmerksam zuzuhören. Später bat er mich, die Rolle des TV-Ansagers in *A King in New York* zu spielen; ihm gefiel meine abgehackte Sprechweise so sehr. Doch ich lehnte ab. Vor der Kamera zu agieren, war etwas ganz anderes, als nur vorzulesen. Und es gab genügend Schauspieler, die sich um die Rolle reißen würden.

Marlon und Sophia saßen an der Schiffsbar und wollten mit ihrer Szene beginnen. Ich sagte zu Charlie: »Wir haben den Barkeeper noch nicht besetzt.« »Doch, haben wir«, antwortete Charlie. »Den spielst du.« Ich wollte mich drücken, doch er ließ mich erst gar nicht zu Wort kommen. »Wir haben keine Zeit für solchen Unsinn. Zieh das hier an.« Ich verlor jegliche Orientierung und begann mich im Kreis zu drehen. Charlie erklärte mir, ich sollte von rechts auftreten und links abgehen. Aber ich war zu nervös und tat genau das Gegenteil. Dabei zitterte ich wie Espenlaub.

Da nahm mich Marlon zur Seite, legte den Arm um meine Schulter und flüsterte mir ins Ohr: »Was ist deine Motivation, wenn du die Drinks servierst? Weißt du, wer deine Eltern waren? Was für Probleme hattest du heute morgen auf dem Weg zur Arbeit?« Ich brüllte: »Schluß mit diesem *Method*-Quatsch! Laß mich in Ruhe.«

Charlie war fertig zur Aufnahme. Ich trat auf und wollte Marlon und Sophia fragen, was sie zu trinken wünschten, doch ich brachte meinen Text durcheinander. Marlon und Sophia brachen in Lachen aus, dann Charlie und schließlich das gesamte Team. Wer den Schaden hat! »Wir versuchen's noch einmal«, sagte Charlie. Als Marlon mir noch ein paar Ratschläge mit auf den Weg geben wollte, schob ich ihn zur Seite. Ich schaffte meine Szene schließlich; Charlie, Marlon und

Links: *Charlie, kurz bevor er Marlon mit seiner kleinen Rolle als seekranker Steward beeindruckte.* Unten links: *Charlie führt Sophia, Patrick Cargill und Syd vor, wie eine bestimmte Szene zu spielen ist.*

Unten rechts: *Kurz vor meiner großen Szene als Barkeeper. An der Bar sitzend: Marlon und Sophia, mit dem Rücken zur Kamera: Charlie.*

Sophia wischten sich noch immer die Tränen aus den Augen, als ich wütend abging. Seitdem habe ich mich nie mehr als Schauspieler versucht. Immerhin bin ich mit Brando, Loren und Chaplin aufgetreten, bevor ich mich von der Leinwand zurückzog.

Die *Gräfin* ging jetzt ihrem Ende zu, und es wurde ruhiger im Studio. Vorher war täglich Prominenz zu den Dreharbeiten erschienen: John Huston, Ruth und Milton Berle, Truffaut, Tom Wolfe, Maximilian Schell, Patricia Neal, Sammy Davis Jr. und auch Harold Clurman, Regisseur und Begründer des berühmten Group Theater und langjähriger Freund von Charlie. Er bat mich, Charlie zu überreden, ihm ein Interview für den *Playboy* zu geben. »Die publizieren mit die intelligentesten Gespräche«, meinte er.

Charlie war empört. Er verabscheute das Magazin, das einerseits nackte Teenager abbildete und dann schrieb, sie seien aus gutem Hause und Hochschulabsolventinnen. Charlie hatte selbst Töchter in dem Alter, und er weigerte sich, die Frage überhaupt zu erörtern.

Auch Gloria Swanson kreuzte eines Tages in Begleitung des Filmhistorikers Kevin Brownlow auf. Aber es war nicht wie in der Szene in *Sunset Boulevard;* niemand hielt in der Arbeit inne. Charlie begrüßte sie sehr herzlich, doch von alten Zeiten war nicht die Rede. Nach einem kurzen Gespräch entschuldigte er sich und ging zurück auf den Set.

Links: *Sophia wartet auf meinen Auftritt als Barkeeper.*

Rechts: *Charlie und Arthur Ibbetson, unser Kameramann, lachen über meinen Auftritt. Nie wieder!*

Unten: *Eine Straße in den Pinewood Studios muß für Hawaii herhalten. Zum Glück schien die Sonne an diesem Tag! Sophia, in Pose auf einem Lastwagen, während Charlie ihr Regieanweisungen erteilt. Im Hintergrund Jane Chaplin und Syd.*

Oben: *John Huston zu Besuch im Studio.*
Unten: *Dies sollte eigentlich die letzte Einstellung des Filmes werden, doch wir schnitten sie heraus.*

Die Dreharbeiten waren beendet. Die Schauspieler wurden nicht länger gebraucht. Marlon reiste als erster ab. Ich war traurig, ihn gehen zu sehen. Er war ein unglaublich netter Kerl, ganz ohne Allüren. Auch Sophias Fröhlichkeit und ihr ansteckendes Lachen sollte ich sehr vermissen. Sie wird immer schön bleiben — ganz gleich, wie alt sie ist.

Oona war jeden Tag ins Studio gekommen und hatte für Charlies Wohl gesorgt. Und Charlie hatte sie nach jeder Einstellung nach ihrer Meinung gefragt. Oona war der Fels, auf den diese Produktion gebaut war. Auch Sophia hatte sie ins Herz geschlossen. Es war traurig, sie alle ihre Koffer packen zu sehen.

Oona und Charlie machten eine Woche Urlaub in Paul Louis Weillers Villa. Ich hängte inzwischen die Muster in der richtigen Reihenfolge zusammen, damit Charlie bei seiner Rückkehr mit dem Schnitt beginnen konnte. Der Schnitt verlief reibungslos und wir waren fasziniert, wie eine Szene nach der anderen vor unseren Augen Gestalt annahm. Charlie begann, die Filmmusik zu komponieren.

An einem heißen Sommerabend fand das Endspiel der Fußball-Weltmeisterschaft — England gegen Deutschland — statt. Oona, Charlie und ich fuhren in meinem Wagen durch London und hörten das Spiel im Autoradio. Nach der Verlängerung schoß England das Siegestor. Auf den Straßen war die Hölle los. Ganz London stand kopf.

Wir vergossen Freudentränen. England hatte Deutschland siegreich geschlagen. Es schien wie das Ende des Zweiten Weltkriegs! Für Charlie war Fußball der Sport des kleinen Mannes. Er war stets beeindruckt von den riesigen Zuschauermengen. »Ein Publikum wie das gibt es sonst nirgends auf der Welt«, sagte er. Es gefiel ihm, wie sie sangen, jubelten und ihre Fahnen schwenkten. Dieser Abend — der 30. Juli 1966 — blieb uns noch lange in Erinnerung!

An einem Oktober-Nachmittag, als Charlie und ich außerhalb des Studio-Geländes spazierengingen, stolperte Charlie über einen Pflasterstein und brach sich den Fußknöchel. Ich brachte ihn eiligst ins Slough Hospital. Während sein Bein in Gips gelegt wurde, schlug ich vor, Oona anzurufen, doch Charlie winkte ab — er wollte sie nicht beunruhigen.

Als wir ins Savoy zurückkamen, lauerten draußen schon die Fotoreporter. Da hatte Charlie nun fünfzig Jahre lang vor der Kamera und auf der Musical-Bühne die kompliziertesten Saltos, Purzelbäume und Überschläge gemacht, ohne sich je zu verletzen, und jetzt brach er sich den Fuß — wegen eines holprigen Straßenpflasters.

Oona war völlig aufgelöst. »Warum habt ihr mir nicht Bescheid gesagt!« rief sie, als wir schließlich in ihrer Suite eintrafen. Die Presse hatte pausenlos angerufen, und sie hatte schon das Schlimmste befürchtet. Charlie war ihr ganzer Lebensinhalt. Ich glaube, der Unfall war für sie letzten Endes gravierender als für Charlie.

Sieben lange Wochen, während wir den Film synchronisierten, blieb sein Bein in Gips. Er mußte mit Krücken gehen. Die Sache begann ihn zu deprimieren. Doch er versäumte trotzdem nicht einen einzigen Studio-Termin. Der Film mußte fertig werden, und er stand zu seiner Verantwortung.

Von einer Rentnerin erhielt Charlie folgenden Brief:

Lieber Mr. Chaplin,

als ich Ihr Foto im *Daily Express* sah, dachte ich mir, daß Sie vielleicht diese Zehenwärmer brauchen könnten. Sollten sie zu klein sein, stricke ich Ihnen gern größere ... auch im Juni kann es sehr kalt sein.

Ende November wurde der Gips entfernt. Ein schöneres Geschenk hätte man ihm nicht machen können. Charlie war wieder auf den Beinen, flott wie eh und je und einfach nicht zu bremsen. Jetzt fehlten nur noch der Titelvorspann und die Lichtbestimmung.

Die Titelleute bereiteten Muster mit verschiedenen Größen und Beschriftungstypen vor. Als Vorlage wurden die Namen von Charlie, Sophia, Marlon und mir verwendet. Dummerweise hatte ich die Muster vorher nicht überprüft und sah sie zum erstenmal zusammen mit Charlie in Pinewoods riesigem neuen Projektionsraum. Marlon und Sophias Namen waren winzig klein, der von Charlie fiel etwas größer aus und meiner schließlich prangte in gewaltigen Lettern auf der Leinwand. Kein Name in der Geschichte des Films ist jemals in dieser Größe im Vorspann erschienen — der meine überspannte die Panavision-Leinwand wie die Golden Gate Bridge.

Ich versank in meinem Sitz. Charlie schäumte vor Wut. Ich versuchte, ihm zu erklären, daß es doch nur Schrifttests wären und man zufällig meinen Namen für die größten Buchstaben gewählt hätte. Ich hatte damit nichts zu tun gehabt! Aber Charlie nahm mir das nicht ab. Er glaubte, der Film wäre mir zu Kopf gestiegen.

Am Abend vor Oonas und Charlies Rückreise nach Vevey gingen wir mit Edie und Lew Wasserman und Vicky und Josie

Mit seinem gebrochenen Fuß kam Charlie auf die Titelseiten aller Zeitungen.

ins Annabel's, einen sehr eleganten Club. Auf der Straße hielt uns ein junges Mädchen an; es war die Sängerin Alma Cogan, in Begleitung eines jungen Mannes. Charlie, der immer zuvorkommend war, dachte, sie wollten ein Autogramm. »Mr. Chaplin«, sagte sie, »ich möchte Sie jemandem vorstellen, der darauf brennt, Sie kennenzulernen.« Es war Ringo Starr! Charlie und Oona waren hingerissen von seinem ausgeprägten Liverpool-Akzent, und die Mädchen bekamen vor Aufregung ganz große Augen. Ringo sagte: »Mr. Chaplin, hätten Sie Lust, bei einem Film von uns Regie zu führen?« »Tut mir leid«, erwiderte Charlie, »aber ich habe noch keinen Ihrer Filme gesehen.« »Dasselbe kann ich von Ihnen nicht behaupten«, sagte Ringo. Charlie lachte. Dann erzählte er, wie stolz er auf seine *Gräfin* sei. »Na, wenn's kein Hit wird«, meinte Ringo, »können Sie ihn ja immer noch als *home movie* laufen lassen.«

Die offizielle Premiere der *Countess of Hong Kong* sollte am 5. Januar 1967 im Londoner Carlton Theatre stattfinden. In den Wochen vorher flog ich alle paar Tage nach Vevey, um mit Charlie Lichtbestimmung und Farbgebung zu besprechen. Hier war er besonders penibel. Gelegentlich mußten die Farben gedämpft, dann wieder heller werden.

Als der Premierentag näher rückte, geriet ich in einen Zustand nervöser Euphorie. Deshalb freute ich mich auf ein geruhsames Weihnachtsfest. Für den Fall, daß doch jemand aufkreuzen sollte, kaufte ich einen großen vorgebratenen Truthahn und ein paar andere Dinge. Als ich vor dem Fenster saß, läutete es plötzlich. Und nach und nach füllte sich meine Wohnung mit einsamen Amerikanern, die ich zum Teil gar nicht kannte. In den Staaten bedeutet Weihnachten High Life, in England ist alles wie ausgestorben.

Zuerst erschien eine Gruppe, die sich Limelighters nannte. Kurz danach kam Adam West (Batman) mit dem Produzenten Allan Carr und Roger Smith (Ann-Margrets Ehemann). Dann läutete es wieder, und herein kam Bobby Darin, gefolgt von Liza Minnelli und Michael Medwin mit ein paar Freunden. Am Boden hockend, begann Liza Minnelli zu singen, am Klavier begleitet von Bobby Darin. Dann sang auch er, und schließlich wir alle. London erlebte ein amerikanisches Weihnachstfest.

Lizas Gesang war umwerfend. Sie hatte gerade ihren ersten Film *Charlie Bubbles* mit Albert Finney abgedreht und war noch nicht allgemein bekannt. Ich fand sie hinreißend und beschloß, ihre Karriere zu fördern. Nach der Premiere sollte im Savoy eine Gala-Party stattfinden; ich schlug Liza vor, ein Potpourri aus Charlies Songs vorzutragen. Das könnte ihrer Karriere helfen, dachte ich. Liza war von der Idee begeistert, doch Universal lehnte ab. Liza war noch zu unbekannt.

Marlon wollte zur Premiere kommen, Sophia hatte abgesagt. Vor seiner Ankunft fragte Marlon aus Kalifornien telefonisch bei Jay Kanter an, ob ich an dem Film prozentual beteiligt sei. Als Jay das verneinte, sagte er, er wisse, wie groß mein Einsatz bei der Arbeit gewesen sei, deshalb stände mir eine Beteiligung zu. Er wollte sich mit Universal und Charlie in Verbindung setzen. Ich bat Jay, keinen Wirbel zu machen; ich wäre mit meinen Bedingungen zufrieden. Marlon wollte mir daraufhin einen Teil seiner Beteiligung überlassen. Natürlich hätte ich das nie angenommen. Aber es zeigt, wie großzügig und fürsorglich Marlon war.

Am Morgen des 5. Januar sollte der Film im Empire Theatre der Presse vorgeführt werden. Nachmittags lief dort *Dr. Schiwago*. Am Vortag hatte ich mir den Film noch einmal abspielen lassen und Lautstärke, Projektion und Qualität der Kopie überprüft. Alles war in bester Ordnung.

Am nächsten Vormittag um 10 Uhr war das Empire voll mit prominenten Kritikern, Filmproduzenten und Agenten. Es war die erste öffentliche Vorführung des Films. Charlie und ich standen im Mittelgang des 1. Ranges. Kaum hatte die Vorführung begonnen, stellten wir fest, daß die Farben irgendwie anders waren. Wir schauten einander entsetzt an. Die Kopie wirkte blaß, wie ausgewaschen. Plötzlich begann der Ton zu krachen. Dann flackerte der Film, stockte und kam zum Stillstand. Charlie und ich gerieten in Panik. Ich wollte gerade die hundert Stufen zur Projektionskabine hinaufstürmen, als der Film wieder anlief. Und wieder dieses verschwommene, verwaschene Bild. Der Film stoppte, lief an, stoppte wieder.

Es war ein Alptraum. Ich rannte in die Vorführkabine. Dort sah ich einen neuen Filmvorführer am Werk. »Was zum Teufel ist hier los?« schrie ich. Das beeindruckte den Mann aber nicht sonderlich. Er wirkte völlig cool und gelassen. Er wurde bezahlt, um einen Film vorzuführen — was immer der Fehler war, er hatte nichts damit zu tun. Und inzwischen wurde unser Kind verstümmelt.

Schließlich entdeckten wir, daß der Projektor mit einer Speziallinse für die Nachmittagsvorstellung des *Doktor Schiwago* versehen war. Und dieser Trottel wußte nicht einmal, wie sie entfernt werden konnte. So lief unser Film mit all dem Geflimmer, den Sprüngen und gelegentlichen Stops — bis zum bitteren Ende.

Charlie und ich konnten nicht mehr hinsehen. Wir liefen im Foyer auf und ab. Kein Gelächter war zu hören, Unbehagen lag in der Luft. Der erste, der den Zuschauerraum verließ, war der Kritiker Ken Tynan. Er warf uns einen bösen Blick zu. Unser Schicksal war besiegelt. Jetzt konnten die Kritiker unbarmherzig zuschlagen.

Oben: *Liza Minnelli und ich auf der feudalen Party für die* Gräfin *im Savoy.*

Unten: *Auf derselben Party — Kit und Jay Kanter. Jay hatte mit Charlie eine Engelsgeduld.*

Als wir ins Savoy zurückgingen, sahen wir ein Plakat an einem Zeitungskiosk. Es war von den *Evening News:* »CHAPLINS NEUER FILM — EIN FIASKO!«

Die Leiche war noch warm, und schon tanzten sie auf ihrem Grab. Ganz benommen betraten wir das Hotel. Oona kam uns aufgeregt entgegen. »Wie war's?« fragte sie lächelnd. »Eine Katastrophe«, antwortete ich. Sie traute ihren Ohren nicht. Wir hatten so große Hoffnungen in den Film gesetzt, doch angesichts der grauenerregenden Projektion hatten wir keine Chance gehabt. Und wenn erst einmal ein wichtiger Kritiker einen Film vernichtend verrissen hat, erfordert es großen Mut, gegen den Strom anzuschwimmen. Und so war es auch in diesem Fall: Alle Rezensionen ähnelten einander, viele benutzten sogar die gleichen Worte.

Oona, Charlie und ich gingen zum Mittagessen in den Savoy Grill. Dort schwiegen wir uns an. Trotz allem mußten wir uns auf die Premiere am Abend vorbereiten.

Die Auffahrt der Gäste wurde im Fernsehen übertragen. Menschenmengen drängten sich vor dem Filmtheater, um einen Blick auf Prinzessin Alexandra, Marlon Brando, Lord Mountbatten, Noel Coward, Douglas Fairbanks Jr., Liza Minnelli und Zero Mostel zu erhaschen. Dann erschienen Oona und Charlie mit ihren sechs Kindern. Ich werde nie begreifen, wie Charlie es fertigbrachte, den strahlenden Helden zu spielen und der Menge zuzuwinken. Da war keine Spur von gedrückter Stimmung.

Die Premiere verlief reibungslos; die Zuschauer reagierten ausgezeichnet. Später bei der Gala-Party im Savoy schlenderte Charlie plaudernd von Tisch zu Tisch. Er und Marlon umarmten sich. Als die Band gegangen war, setzte sich mein Freund Jeff Davis ans Piano und spielte Evergreens. Charlie und Marlon standen hinter ihm und sangen mit.

Um 2 Uhr morgens zogen Marlon, Noel Coward, Syd und ich weiter in den Pair of Shoes Club an der Curzon Street. Marlon hatte plötzlich das dringende Bedürfnis, mit Sophia zu telefonieren. Er weckte sie mitten in der Nacht, um ihr mitzuteilen, wie großartig sie in dem Film war. Sophia war ganz gerührt.

Die Zeitungsberichte am nächsten Tag waren vernichtend. Manche Kritiker hatten sogar die Stirn, zu behaupten, die technische Qualität des Films sei so miserabel, daß er dauernd stehengeblieben wäre. Diese Kretins — hatten sie nicht begriffen, daß wir nichts damit zu tun hatten?

Charlie war außer sich. Nie wieder würde er eine Premiere in London veranstalten. Die Kritiker nannten seinen Film altmodisch. »Was ist modisch?« fragte er. »Nur dieses simple Zeug, das jeder abkupfert.« Er hatte Teile eines Beatles-Films mit dem alten Schaumbad-Gag gesehen. »Mätzchen, die wir schon 1914 gemacht haben«, erklärte er dem Kritiker Francis Wyndham. »Das war schon damals fad und ist's heute erst recht.«

Am meisten aber verletzte ihn, daß sich viele Rezensionen wie persönliche Angriffe gegen ihn lasen. Die Kritiker schienen sich zu freuen, daß Charlie einen Flop gelandet hatte. Offensichtlich, sagte er, fürchteten *sie,* für altmodisch gehalten zu werden. In zehn Jahren würden die Beatles-Filme als unmodern gelten, dann würde die *Gräfin* schließlich anerkannt werden.

So war es ihm mit vielen seiner Filme ergangen. Bei den Premieren hieß es fast immer, der neue Film sei weniger gut als der vorangegangene. Bei *The Great Dictator* hieß es, er sei nicht so gut wie *Modern Times.* Als *Modern Times* anlief, hieß es, er sei nicht so amüsant wie *City Lights.* Keiner dieser Filme wurde beim Start gelobt.

Am Abend nach der Premiere gingen Charlie und ich ins Carlton, um uns den Film mit einem normalen Publikum anzuschauen. Nachdem Charlie die Kritiken gelesen hatte, waren ihm plötzlich Zweifel an seiner eigenen Arbeit gekommen. Doch als er den Film mit Publikum sah, kehrte sein Selbstvertrauen zurück. Das Publikum nahm ihn begeistert auf. Dennoch beschloß er, für die Premiere in Paris ein paar Kürzungen vorzunehmen.

Protestbriefe gegen die Rezensionen erreichten uns von überallher. Einer kam von dem Dichter John Betjeman:

Lieber Mr. Chaplin,

ich habe Ihre *Gräfin* gesehen und einen höchst vergnüglichen Kino-Nachmittag verbracht ... jede Minute war ein Hochgenuß ... und die hübschen Mädchen ... Ich denke, die Kritiker müßten einmal eine Kreuzfahrt auf Ihrem Schiff machen, um ihr Hirn ordentlich durchlüften zu lassen ... Machen Sie bald einen neuen Film.

Hier ein weiterer:

Lieber Mr. Chaplin,

ich wünschte, ich wäre noch Film-Kritiker, wie ich es in den dreißiger Jahren für den *Evening Standard* war. Ich würde Ihrer *Gräfin* meinen Beifall zollen.

Der folgende Brief wurde im *Punch*-Magazin abgedruckt:

Sir,

Ihr Filmkritiker folgt brav der Parteilinie, indem er *Die Gräfin von Hongkong* derart niedermacht. Er war offensichtlich unempfänglich für seine überwältigende Schönheit und Ernsthaftigkeit ... Nur Ingmar Bergman und Peter Brook haben in dieser Beziehung etwas Vergleichbares zustande gebracht ... ungeachtet aller Kritik.

Wegen des Fiaskos wurde ich bei Universal in ein winziges Büro gesteckt, in dem kaum ein Schreibtisch Platz hatte. Mein Status hatte sich blitzartig verändert. Eines Tages schaute Albert Finney bei mir vorbei. Er hatte den Film zusammen mit seinem Sohn gesehen und wollte mir nur sagen, wie sehr er ihm gefallen hätte. Solche Meinungsäußerungen und Briefe richteten uns wieder auf.

Sophia und Carlo standen weiterhin zu unserem Film. Es gibt viele Schauspieler, die während der Dreharbeiten ein ausgezeichnetes Verhältnis zu ihrem Regisseur haben; wenn der Film dann aber kein Erfolg ist, sind die Flitterwochen schnell vorbei. Nicht so bei Sophia. Trotz der schlechten Kritiken war ihre Verehrung für Charlie unerschütterlich.

»Ich würde jederzeit wieder mit Mr. Chaplin arbeiten, ganz gleich wann und wo.«

Charlie mußte wegen der englischen Steuergesetze nach Vevey zurückkehren. Deshalb beauftragte er mich, den Film für die französische Premiere vorzubereiten. Weil wir sechs Minuten herausschneiden wollten, mußten Teile des Films neu synchronisiert und gemischt werden. Uns standen jetzt in Pinewood keine Schneideräume mehr zur Verfügung. Also saß ich mitten im Winter in einem Wohnwagen auf freiem Feld und besprach mit Charlie per Ferngespräch die Schnitte.

Die Pariser Premiere fand fünf Tage nach der englischen in der Oper statt. Auf der großen Treppe hatte sich eine Spezialeinheit der französischen Armee postiert, als Charlie und Oona eintrafen. Die Eröffnung war glanzvoll: ganz Paris war erschienen. Mein Problem war es, rechtzeitig mit den französischen Untertiteln fertig zu werden. Noch am Gala-Abend arbeiteten wir in einem kleinen Raum am Montmartre fieberhaft daran, sie auf den Film zu übertragen. Die Armee salutierte bereits und die Trompeten ertönten, als ich vom Montmartre mit dem ersten mit Untertiteln versehenen Akt zur Oper raste. Dann ging's zurück zum Montmartre, um den zweiten und den dritten Akt zu holen; ich drückte sie dem Vorführer in letzter Sekunde in die Hand und fuhr wieder hoch zum Montmartre, um das restliche Material herbeizuschaffen. Ich war so erschöpft, daß ich die anschließende Party kaum genießen konnte.

Wir bekamen fünf begeisterte Kritiken und zwei negative. Es ging wieder bergauf. Unsere Kürzungen erwiesen sich als vorteilhaft. Die französischen Kritiker fielen über ihre englischen Kollegen her. Charlie beschloß, für die New Yorker Premiere weitere Schnitte vorzunehmen. Er wollte nicht aufgeben.

Ich flog nach New York, um für den 15. März die Premiere im Sutton Theater vorzubereiten. Lew Wasserman, der Leiter von MCA-Universal, veranlaßte, daß alle New Yorker Kritiker den Film erst bei der Premiere sahen. Sondervorführungen waren nicht angesetzt. Universal hatte eine Menge Geld in den Film investiert, die Kritiker sollten ihn mit Publikum sehen und die Lacher selbst erleben.

Einen Tag vor der Premiere erhielt ich einen anonymen Anruf in meinem Hotel. Es war jemand von der *New York Times*. Er wollte mir seinen Namen nicht nennen, sagte aber, wir wären uns vor Jahren mal begegnet. Er riefe an, um mir einen Tip zu geben ... Bosley Crowther, der allmächtige Kritiker der *Times*, ausschlaggebend für Erfolg oder Mißerfolg eines Filmes, hätte unseren Film im Visier. Crowther sei wütend, daß er den Film nicht vorab sehen könne; falls wir ihm das nicht ermöglichten, hätten wir die Folgen zu tragen. Der Anrufer riet mir, alles zu versuchen.

Ich rief Lew an und erzählte ihm die Geschichte. Doch er blieb standhaft. »Wir machen keine Ausnahme — für niemanden!« Crowther solle sich den Film mit Publikum ansehen.

Während der Arbeit an der *Gräfin* hatte Crowther Charlie um ein Interview in seinem Hause ersucht. Crowther hatte nur an einem einzigen Tag Zeit, an einem Sonntag, Charlies einzigem Ruhetag. Charlie ließ sich entschuldigen: er sei mitten in der Arbeit, brauche Ruhe und könne ihn deshalb nicht empfangen. Charlie hatte Crowther vor Jahren schon einmal ein Exklusiv-Interview gegeben, diesmal aber ging es wirklich nicht. Crowther war es nicht gewohnt, eine Absage zu erhalten. Nun war er also aus zweierlei Gründen gegen den Film: kein privates Interview, keine private Vorführung.

Am Abend des 15. März fegte ein Schneesturm über New York. Der Verkehr brach zusammen. Ich stand vor dem Sutton Theater an der East 57th Street und sah die Limousinen vorfahren. Die High Society von New York erschien. Dann sah ich Bosley Crowther nebst Gattin in der Ferne auftauchen. Schneeflocken trieben ihm ins Gesicht. Er sah aus wie ein Schneemensch. Seine Lippen waren zusammengepreßt, sein Gesicht blaugefroren und erbittert. Ach, warum mußten wir die Premiere für unseren Film an den »Iden des März« haben? Ich war Crowther vor Jahren begegnet, als sein Sohn in einem meiner Stücke auftrat. Ich versuchte mein Glück und begrüßte ihn lächelnd, doch er schaute durch mich hindurch. Uns blieb wohl nichts anderes übrig, als gute Miene zum bösen Spiel zu machen.

Während der Vorstellung ging ich im Foyer auf und ab. Lew Wasserman kam herüber und klopfte mir auf die Schulter. »Kopf hoch, Jerry«, sagte er. »Wird schon gutgehen.« Wasserman wird immer für kühl und reserviert gehalten, ich aber werde seine Wärme in dieser kalten Nacht nie vergessen.

In der *New York Times* des nächsten Tages und zehn Tage später in der Sonntagsausgabe metzelte Bosley Crowther den Film nieder. Er schrieb die verletzendste und giftigste Kritik, die wohl je ein großer Künstler bekommen hat. Und wieder schien es ein persönlicher Angriff gegen Charlie zu sein. Alle und alles wurde durch den Fleischwolf gedreht — die Schauspieler, die Musik, sogar die Farbe.

Crowthers erste Kritik war schon böse genug, aber die in der Sonntagsausgabe war das Grausamste, was ich je gelesen habe. Selbst wenn er den Film wirklich ablehnte, er hätte bei aller Kritik nicht die Regeln des Anstands verletzen müssen. Aus gekränkter Eitelkeit wollte er den Mann fertigmachen, der die amerikanische Filmindustrie mit aufgebaut hatte. Und wie sie es genießen, Riesen stürzen zu sehen! Unter anderem schrieb Crowther, daß Chaplin in seinem Alter keinen Film mehr hätte machen sollen. Wenn Bach, Haydn, Verdi, Graham Greene oder Shaw sich im Alter zurückgezogen hätten — welche Meisterwerke wären der Welt vorenthalten geblieben.

Nach der Los Angeles-Premiere flog ich in die Schweiz. Charlie war begierig zu erfahren, wie seine Kritiken in den Staaten ausgefallen waren. Ich verschwieg ihm, was Crowther geschrieben hatte. Ich war nie gern der Überbringer von Hiobsbotschaften. Aber er bestand darauf, daß ich ihm Crowthers Kritik *laut* vorlas. Er hatte schon davon gehört.

Er saß mir gegenüber auf dem Sofa. Ich bekam kaum ein Wort heraus. Er hörte stoisch zu, die Arme über der Brust verschränkt. Sein Gesicht zeigte keine Regung, er sagte kein Wort. Als ich zu Ende gelesen hatte, verließ er das Zimmer.

Nach den Kritiken von Crowther war ich nicht mehr ich selbst. Ich wollte mich rächen. Ich schickte einen Brief an den Herausgeber der *Times*, in dem ich ihn darauf hinwies, auf welche Weise Mr. Crowther 1947 Chaplins Meisterwerk *Monsieur Verdoux* verrissen hatte.

»Leider«, schrieb Crowther damals, »ließ Chaplins Film viel zu wünschen übrig. Er ist langatmig, weitschweifig ... und tritt auf der Stelle. Das Bemühen um Komik läuft dem düsteren Stoff zuwider, und die philosophische Aussage wird erst am Ende ersichtlich. Bis dahin hat sich Mr. Chaplin — fast zwei Stunden lang — permanent wiederholt und seine Zuschauer vermutlich an den Rand der Erschöpfung getrieben.«

Als aber *Monsieur Verdoux* 1964 neu herauskam, sah Crowther den Film plötzlich in einem neuen Licht. Er schrieb:

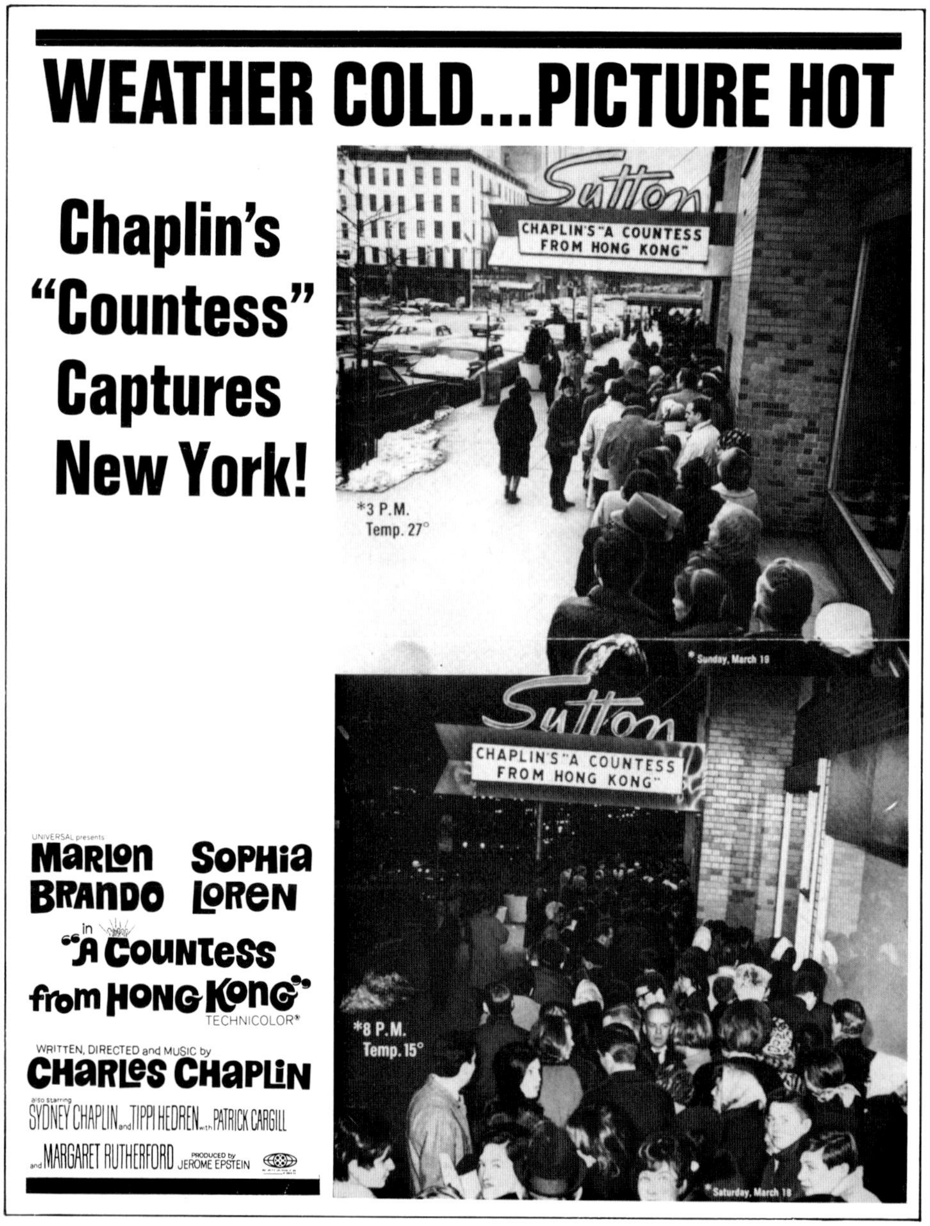

Oben: *Charlie hatte in New York noch immer eine treue Anhängerschaft.*

Gegenüber: *Charlie an seinem 77. Geburtstag — beim Feiern mit Melanie Griffith und Sophia.*

»Nur wenige Menschen hatten die Möglichkeit oder das Vergnügen diesen Film zu sehen, als er vor siebzehn Jahren für nur kurze Zeit (wohl auf Grund Ihrer Kritik, Mr. Crowther!) in diesem Lande gezeigt wurde ... Niemand sollte ihn versäumen ... Es ist ein herausragender, ein herrlicher Film.«

»In zehn oder fünfzehn Jahren«, schrieb ich in meinem Brief, wenn die *Gräfin* wieder läuft, wird Ihr Kritiker sagen: »Niemand sollte ihn versäumen ... Es ist ein herausragender, ein herrlicher Film.«

Der Herausgeber der *New York Times* nahm Verbindung zu Universal auf und ließ mitteilen, daß er meinen Brief veröffentlichen würde. Crowther, außer sich, ließ sowohl Universal als auch mich wissen, daß noch weit schärfere Attacken folgen würden, wenn der Brief erschiene.

Mir war das gleichgültig. Ich wollte den Brief gedruckt sehen. Aber die nervösen PR-Leute von Universal bedrängten mich, von der Veröffentlichung abzusehen. Crowther sei *der* Kritiker, und sie könnten es sich nicht leisten, ihn vor den Kopf zu stoßen. Sie hätten demnächst einige große Filme am Start. Ich wollte nicht klein beigeben. Aber sie gaben mir das Gefühl, ein Verräter zu sein.

Nach langem Hin und Her, nächtlichen Anrufen und Schuldzuweisungen ließ ich mich breitschlagen; sie sollten dem Herausgeber mitteilen, er könne meinen Brief vergessen. Sechs Monate später trat Crowther in den Ruhestand. Er hinterließ so manchen Scherbenhaufen.

Charlie sagte oft: »Zu meiner Zeit konnten einen auch schlechte Kritiken zum Lachen bringen. Sie waren nicht rachsüchtig. Sie waren amüsant zu lesen, selbst dann, wenn sie deinen Film heruntermachten.« Zum Glück haben sich heute die Praktiken bei der *New York Times* geändert.

Aber ich werde nie im Leben vergessen, welche Qual es für mich war, Charlie diese Kritiken vorzulesen.

THE 8 FREAK

Es war nun Zeit für mich, ein neues Projekt in Angriff zu nehmen, und auch Charlie wälzte Pläne für einen neuen Film. Unter anderem erwog er, eine Doppelrolle zu spielen — einen wahnsinnigen römischen Kaiser (an *Caligula* angelehnt?) und gleichzeitig seinen Sklaven.

Dann wollte er die Frühgeschichte des Films auf die Leinwand bringen. Er entwarf eine wunderbare Eröffnungsszene über den Patente-Krieg — als konkurrierende Unternehmer einander die Schädel einschlugen und sich dann mit den Filmbüchsen des anderen aus dem Staub machten. Das Projekt kam aber nicht über diese Eingangsszene hinaus.

Ein anderer Plan bestand darin, Sydney einen sympathischen Sträfling spielen zu lassen. Der Film sollte damit beginnen, daß der Sträfling seine Zelle aufräumt — kurz bevor er zur Hinrichtung abgeführt wird. Während er hinter Gittern saß, wurde er von seinem Partner, der seine Frau heiratete, hereingelegt. Gerade als er hingerichtet werden soll, brüllt jemand »FEUER!«, und er kann fliehen. Auch dieses Projekt ließ Charlie aber wieder fallen.

Nach monatelangen Verhandlungen mit Universal gab man schließlich grünes Licht für die Verfilmung von *The Adding Machine.* Nun mußte ich den Herren aus den oberen Etagen eine attraktive Besetzung präsentieren. Walter Matthau — er war meine erste Wahl — hätte gern den Mr. Zero dargestellt, aber er stand erst in einem Jahr zur Verfügung (er hatte soeben einen Vertrag für eine Hauptrolle in *Hello Dolly* abgeschlossen). Zero Mostel, den ich statt dessen engagieren wollte, wurde von Universal abgelehnt. Dann setzte ich auf Art Carney: Er sagte zu und wurde auch akzeptiert. Die nächste Frage war, wer sollte Mrs. Zero spielen?

Universal hatte die Komikerin Phyllis Diller unter Vertrag und mußte innerhalb einer bestimmten Frist eine Rolle für sie finden — oder sie auszahlen. Also übertrug ich ihr diese außerordentlich schwere Rolle. Ich hatte die Erfahrung gemacht, daß Music-Hall-Artisten über ein exzellentes Timing verfügen und, wenn man ihnen die Möglichkeit gibt, auch gute Schauspieler sein konnten. Mein Instinkt täuschte mich nicht. Phyllis spielte überragend.

Jetzt begann erneut der Kampf um das *Billing.* Der Agent von Phyllis bestand darauf, daß ihr Name als erster genannt würde. Das wollte Carneys Agent nicht zulassen, und so stieg er aus. Nachdem ich ihn in Joseph Stricks *Ulysses* gesehen hatte, engagierte ich schließlich Milo O'Shea. Was für ein Schauspieler!

Während der Vorbereitungen für den Film besuchte ich Oona und Charlie. Ich las Charlie mein Drehbuch vor. In der zweiten Hälfte des Films stirbt Mr. Zero und wird ins Jenseits befördert. Charlie erläuterte mir seine Vorstellung vom Himmel. »Warum sollen die Menschen dort harfespielend auf Wolken herumschweben? Wie langweilig — wenn der Himmel so ist, möchte ich lieber in die Hölle. Zeig ihn doch als riesigen Rummelplatz mit Vergnügungen aller Art, Glücksspielen, Eis- und Würstchenbuden. So stell ich mir den Himmel vor!«

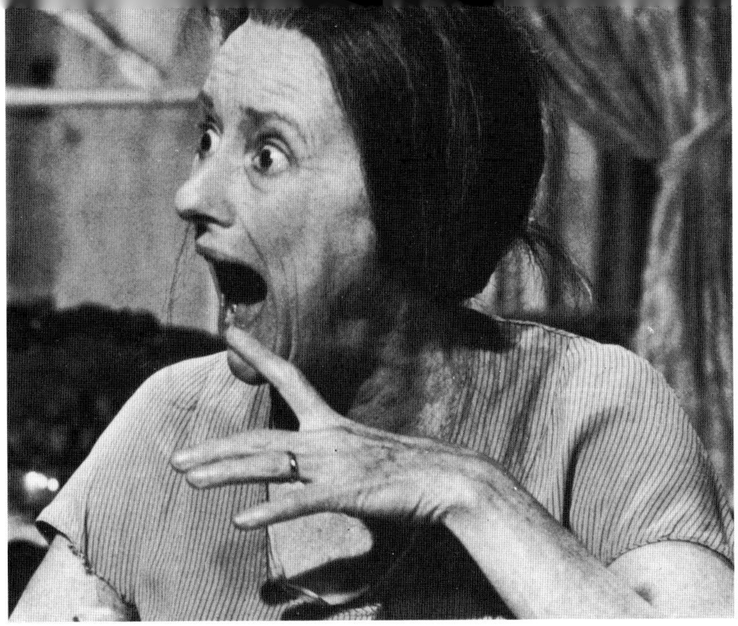

Links: *Die gutmütige Phyllis Diller als Mrs. Zero in* The Adding Machine.

Oben rechts: *Sydney Chaplin als Leutnant Charles in* The Adding Machine.

Unten rechts: *Charlies Vorstellung vom Himmel — als einem Vergnügungspark. Milo O'Shea beim Eintritt durch das Himmelstor.*

Gegenüber: *Die Weihnachtskarte der Familie: Charlie, Oona und alle acht Kinder.*

Nun schlug Charlie mir einige herrliche Gags vor. »Wenn du zeigst, wie die Toten am Himmelstor ankommen, laß einen im Badeanzug erscheinen, Wasser spucken und fragen, wo zum Teufel er ist.« Ganz offensichtlich ist er eben ertrunken. »Dann kommt ein anderer, der den Feuertod gestorben ist und versucht, die Flammen zu ersticken. Einem anderen steckt ein Pfeil in der Brust ...« So improvisierte Charlie die Ankunft der Toten und hatte einen Mordsspaß dabei.

Die Dreharbeiten zu *The Adding Machine* gingen reibungslos vonstatten. Walter Lassally, der Kameramann, der auch *Alexis Sorbas* gedreht hatte, übertraf sich selbst. Sydney Chaplin spielte seine alte Circle-Rolle, den Himmelswächter Leutnant Charles — wohl eine seiner besten Leistungen in einem Film. Sean Connery und ich waren inzwischen gute Freunde geworden, und er bat mich, die ersten Muster sehen zu dürfen. Zu den Himmelsszenen meinte er: »Du kopierst Ingmar Bergman.« Ich empfand das als großes Kompliment.

Charlie war wieder einmal in London. Bei einer unserer üblichen Rundfahrten gingen wir in die Cafeteria der Royal Festival Hall. Der Film war fertig, mir fehlte nur noch die Titelmusik. Während wir auf die Themse blickten, begann Charlie zu improvisieren.

»Ich würde mit Gershwin anfangen, um die Atmosphäre von New York einzufangen.« — Und er summte die Eingangstakte der *Rhapsody in Blue*, wobei er den Klang der Posaune pantomimisch untermalte. »Dann, wenn du die Menschen an den Rechenmaschinen zeigst, bring das Gefühl der Automatisierung und Reglementierung rüber.« Er begann, mit den Fingern auf den Tisch zu trommeln und intonisierte dabei »Da da da da/da da da da«, immer lauter trommelnd. Ich merkte mir alles haargenau und gab es unserem Musik-Arrangeur weiter. Die Anfangsmusik der *Adding Machine* war allein Charlies Werk.

Als Charlie den Film zum erstenmal sah, saß ich hinter ihm. Er hatte ein Taschentuch in der Hand und wischte sich die Tränen ab, so ergriffen war er. Als er Wochen später wieder in London war, wollte er ihn noch einmal vorgeführt bekommen. Wenn Charlie etwas mochte, konnte er sich ungeheuer begeistern! Und ich kannte ihn gut genug, um zu wissen, daß er mir nichts vormachte. Wenn ihm etwas nicht gefiel, konnte man es ihm sofort vom Gesicht ablesen.

Neue Probleme tauchten auf. Die Universal wußte nicht, wie sie den Film verkaufen sollten. Brachte man ihnen damals Doris Day und Rock Hudson, war man ein gemachter Mann, aber alles, was anders und anspruchsvoller war, stieß auf

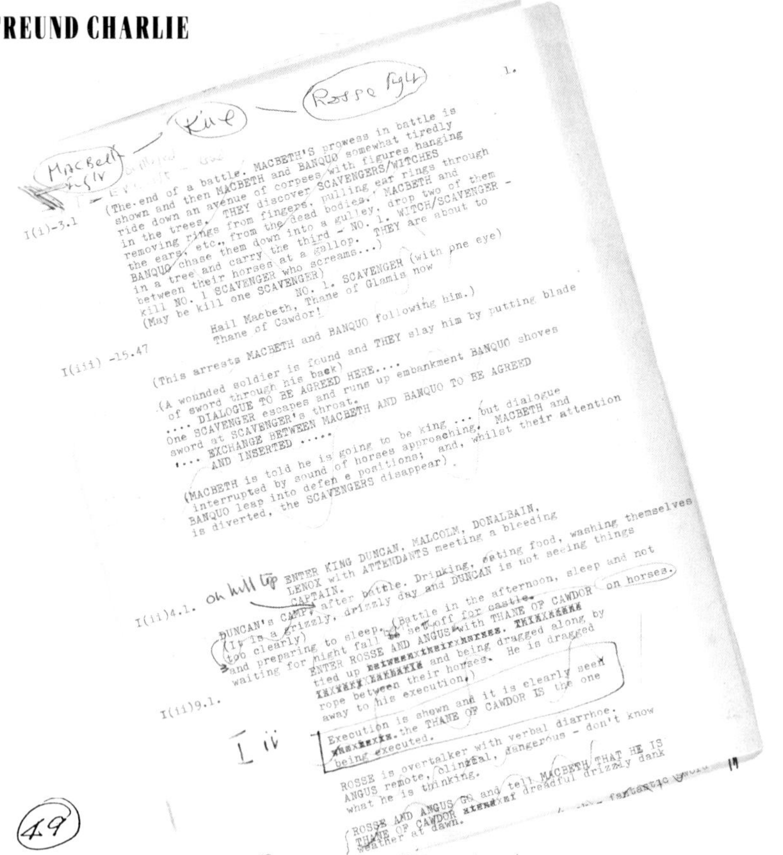

1.

(The end of a battle. MACBETH'S prowess in battle is shown and then MACBETH and BANQUO somewhat tiredly ride down an avenue of corpses with figures hanging in the trees. THEY discover SCAVENGERS/WITCHES removing rings from fingers, pulling ear rings through the ears, etc., from the dead bodies. MACBETH and BANQUO chase them down into a gulley, drop two of them in a tree and carry the third – NO. 1. WITCH/SCAVENGER – between their horses at a gallop. THEY are about to kill NO. 1 SCAVENGER who screams...)
(May be kill one SCAVENGER)

I(i)-3.1

NO. 1. SCAVENGER (with one eye)
Hail Macbeth, Thane of Glamis now
Thane of Cawdor!

I(iii) -15.47

(This arrests MACBETH and BANQUO following him.)

(A wounded soldier is found and THEY slay him by putting blade of sword through his back)
.... DIALOGUE TO BE AGREED HERE....
One SCAVENGER escapes and runs up embankment BANQUO shoves sword at SCAVENGER's throat.
.... EXCHANGE BETWEEN MACBETH AND BANQUO TO BE AGREED AND INSERTED ....

(MACBETH is told he is going to be king ... but dialogue interrupted by sound of horses approaching. MACBETH and BANQUO leap into defen e positions; and, whilst their attention is diverted, the SCAVENGERS disappear).

I(ii)4.1. ENTER KING DUNCAN, MALCOLM, DONALBAIN, LENOX with ATTENDANTS meeting a bleeding CAPTAIN.

DUNCAN's CAMP, after battle. Drinking, eating food, washing themselves (It is a grizzly, drizzly day and DUNCAN is not seeing things too clearly) and preparing to sleep. (Battle in the afternoon, sleep and not waiting for night fall set off for castle on horses.

I(ii)9.1. ENTER ROSSE AND ANGUS with THANE OF CAWDOR tied up and being dragged along by rope between their horses. He is dragged away to his execution.)

Execution is shown and it is clearly seen the THANE OF CAWDOR IS the one being executed.

ROSSE is overtalker with verbal diarrhoe. ANGUS remote, clinical, dangerous - don't know what he is thinking.

I(iii)11.69.

(ROSSE AND ANGUS GO and tell MACBETH THAT HE IS THANE OF CAWDOR dreadful drizzly dank weather at dawn.

Macbeth fight
Kill
Rosse fight
on hill top
I ii

49

CLOSE SHOT SCAVENGERS – RAPID PAN LEFT TO THEIR P.O.V.
AS BANQUO & MACBETH CHARGE UPON THEM

50

Eine Seite aus Sean Connerys Version von Macbeth *mit Skizzen unserer drei Hexen und der ersten Kampfszene.*

Unverständnis. Einen Verbündeten hatte ich allerdings bei der Universal — Art Murphy. Er war ursprünglich Filmkritiker bei *Variety* gewesen; dann holte ihn sich Universal vorübergehend, damit er sie beriet, wie man einen Film am besten auf den Markt brachte und seine Chancen am besten nutzte. Er schätzte und verstand *The Adding Machine* und glaubte, den Film mit entsprechender Sorgfalt erfolgreich auf den Markt bringen zu können.

Auch Lew Wasserman unterstützte mich — gegen den Rat seiner Geschäftsführer. Lew war ein außergewöhnlicher Mann und dazu ein guter Zuhörer. Er hatte die täglichen Einnahmezahlen aller Universal-Filme buchstäblich in den Fingern, und wenn er sie herunterrasselte, wurden seine Finger zu Tabulatoren auf einer Rechenmaschine. (Ein gutes Omen?)

Doch Art Murphys Rat stieß auf taube Ohren, und der Film wurde nahezu ohne Ankündigung auf den Markt geworfen. Er startete und verschwand in einem winzigen New Yorker Kino, von dem noch nie jemand gehört hatte. Trotzdem erhielt der Film ein paar ausgezeichnete Kritiken, sowohl in New York als auch in London.

»Poetisch, komisch, bedeutsam, intelligent angelegt ... Faktoren, die den Film über gegenwärtige Trends hinaus interessant machen. Ich fand ihn recht fesselnd.«

(William Wolf, *Cue.*)

Während Charlie noch nach neuen Filmideen suchte, beschloß er, seinen Stummfilm *The Circus* musikalisch zu untermalen. In kürzester Zeit schrieb er eine siebzigminütige Filmmusik. Am großartigsten war die Titelsequenz, in der Charlie sein eigenes Lied »Swing Little Girl« mit fast brechender Stimme sang. Es klang traurig und zu Herzen gehend.

Sean Connery bat mich, mir ein Band seines *Macbeth* anzuschauen. Er hatte in dieser Produktion des kanadischen Fernsehens die Titelrolle gespielt, bevor er als Filmstar berühmt wurde. Sean besaß die Kraft und die Statur, die diese Rolle erfordert, aber spielte sie mit einer Mischung aus Sensibilität und Verletzlichkeit. Er war der einzige Macbeth, der mich jemals bewegt hat. Das brachte uns und seinen Agenten Richard Hatton auf die Idee, einen Kinofilm aus *Macbeth* zu machen. Sean kam täglich zu mir, um am Drehbuch zu arbeiten. Sein Konzept war brillant, besonders für die Eröffnungsszene. Nur die Hexen waren ein Problem.

Unterdessen grübelte Charlie in Vevey über neue Filmprojekte nach. Jeder andere hätte sich nach dem, was ihm mit der *Gräfin* widerfahren war, tief enttäuscht zurückgezogen. Nicht so Charlie. Obwohl er jetzt fast achtzig war, wollte er es »ihnen«

immer noch zeigen. In vielerlei Hinsicht glich er seinem Tramp: Auch der wollte sich nie geschlagen geben und hoffte stets auf bessere Zeiten. Außerdem brauchte Charlie die kreative Arbeit, um sich geistig fit zu halten.

Auf seiner Veranda sitzend, beobachtete er den Flug der Vögel und war fasziniert von der Bewegung ihrer Flügel. Das war die Geburtsstunde seines letzten Films, *The Freak*. Schon bald verfaßte er ein komplettes Drehbuch: die Geschichte eines kleinen Mädchens, das am äußersten Zipfel von Chile gefunden wird, mit Flügeln geboren ist und fliegen kann. Noch heute bin ich gerührt, wenn ich an die Geschichte denke.

Die Eingeborenen machen Wallfahrten, um dieses Wunder anzubeten. Sie sehen in dem Mädchen einen Engel des Himmels. Zwei englische Gauner erfahren von der Geschichte, entführen das Mädchen und bringen es nach London. Dort fällt sie in die Hände eines Evangelisten, der den »Engel« für seine Erweckungsszenen ausnutzt.

Aber sie kann entfliehen, fliegt über London und landet vor dem Opernhaus Covent Garden, wo gerade *Schwanensee* aufgeführt wird. Um ihren Verfolgern zu entkommen, schlüpft sie durch den Bühneneingang und mischt sich unter die tanzenden Schwäne. Plötzlich erhebt sie sich in die Lüfte und kreist über den sprachlosen Zuschauern.

Für sich selbst schrieb Charlie die kleine Rolle eines Trunkenboldes in Covent Garden, der durch die Straßen torkelt und glaubt, Gespenster zu sehen, als das Mädchen über ihn hinwegfliegt. Charlie entwarf die komischsten Verfolgungsjagden; die ganze britische Armee begibt sich auf die Suche, weil befürchtet wird, das Mädchen könnte die Tollwut unter der Bevölkerung verbreiten. Schließlich landet es in einem Landhaus, in dem gerade ein Kostümfest stattfindet.

Jetzt schlägt die Stimmung um. Das Mädchen wird eingefangen und in einen Käfig gesperrt, bis die englischen Gerichte geklärt haben, ob es sich um ein Tier oder ein menschliches Wesen handelt. Immer, wenn ich das Ende der Geschichte las, kamen mir die Tränen. Und ich war fest davon überzeugt, daß die Wirkung auf das Publikum ähnlich sein würde. Für mich war es Charlies bestes Drehbuch seit *City Lights*. Als ich zusammen mit Oona *E.T.* sah, sagte ich zu ihr, der *Freak* sei eine Mischung aus *E.T.* und *The Elephant Man*. Sie stimmte mir zu.

Ich glaubte, *The Freak* könnte Charlies größter Triumph werden. Würde man wieder zu behaupten wagen, er sei altmodisch? Irving Berlin meinte, nachdem man *Annie Get Your Gun* als altmodisch bezeichnet hatte: »Sicher ist es altmodisch — ein altmodischer *Superhit*.« Das Mädchen mit den Flügeln sollte Charlies Tochter Victoria spielen. »Die Kleine hat Talent«, sagte er immer, entschlossen, einen Star aus ihr zu machen. Für seine Tochter Josie hatte er eine Nebenrolle vorgesehen.

In den Shepperton Studios begannen wir, die Flügel zu entwerfen, und machten Probeaufnahmen mit Vicky. Die Flügel hielten uns Monate auf. Oona, Charlie und ich sahen uns Stanley Kubricks *2001 — Odyssee im Weltraum* an. Oona und Charlie waren begeistert. Charlie wollte vor allem die Flugsequenzen studieren.

Nun ging es an die Frage der Finanzierung. Charlie wollte sein eigenes Geld hineinstecken, ich aber war strikt dagegen. In seinem Alter, fand ich, sollte er sich keine solche Bürde mehr auferlegen. Wenn wir früher über Kosten und Finanzierungspläne sprachen, war er immer bei der Sache gewesen, jetzt aber fielen ihm dabei oft die Augen zu. Ich wollte mich nicht damit abfinden, daß er älter wurde.

Wenn wir spazierengingen, sagte er gelegentlich: »Langsam, Junge, ich bin ein alter Mann.« Ich aber sah in ihm noch immer den Charlie aus den Circle-Tagen, der vor Leben und Vitalität strotzte und alle zwei Minuten von seinem Sitz hochsprang, um den Schauspielern Anweisungen zu geben. Ich verdrängte den Gedanken, daß er älter geworden war. Ich würde das Geld auftreiben, und Charlie würde einen neuen Film machen. So war es, und so sollte es sein.

In Vevey feilte Charlie weiter an seinem Drehbuch zu *The Freak*. Eines Tages zeigte Oona ihm einen Artikel im *New Yorker* über Twiggy und ihren Manager Justin de Villeneuve, die gerade in New York angekommen waren. Charlie war ganz gerührt, wie diese beiden Cockneys von Amerika schwärmten. Er fand Twiggy ausgesprochen hübsch.

Auch Vicky war ganz begeistert von ihr. Sie fand sich plötzlich viel zu dick und wollte nicht mehr essen. Als sie bald nur noch aus Haut und Knochen bestand, griffen Oona und Charlie ein.

Unser *Macbeth* mußte abgeblasen werden, da Roman Polanski uns mit seinem Film zuvorkam. Inzwischen waren Sean und ich dicke Freunde geworden. Er bot mir eine Partnerschaft an, und ich war Feuer und Flamme; mit niemandem, außer mit Charlie natürlich, hätte ich lieber zusammengearbeitet. Sean ist zurückhaltend, gewissenhaft und frei von allen Starallüren. Er mußte allerdings vorher noch andere Filme machen, einen in Rußland, einen mit Irvin Kershner und einen mit Marty Ritt. Doch wir schmiedeten eifrig weiter an unseren Plänen.

In Vevey entwarf Charlie ein Storyboard, um zu verdeutlichen, wie die Flugszenen für *The Freak* mit einfachen Mitteln zu verwirklichen waren. »Die machen viel zu viel Aufhebens«, meinte er. »Das sind doch alte Kamellen, solche Trickaufnah-

Oben: *Storyboard-Skizzen für* The Freak. *Der »Freak« beweist seine Flugfähigkeit und fliegt in ein Haus.* Gegenüber links: *Weitere Storyboard-Skizzen für* The Freak. *Der »Freak« entkommt und fliegt über London.*

Gegenüber rechts: *Charlie paßt Vicky in den Shepperton Studios die Flügel an.*

men haben wir schon vor Jahren gemacht — mit Spiegeln, die Drähte sieht man nicht.« Er führte mich zu seinem Spiegelschrank, einen Bleistift in der Hand (der das Mädchen darstellen sollte). Wenn er den Bleistift senkrecht vor den Spiegel hielt und einen der Seitenflügel drehte, entstand der Eindruck, nicht der Spiegel, sondern der Bleistift würde sich bewegen. Die Illusion war vollkommen.

EMI bot uns an, bei Abtretung bestimmter Länderrechte die Hälfte des Geldes zur Verfügung zu stellen; Charlie wollte die andere Hälfte investieren. Ich war noch immer dagegen. Dann trafen zwei Geschäftsführer von United Artists in Vevey ein, um mit ihm über den Film zu sprechen, da Charlie das Drehbuch nicht aus der Hand geben wollte. Die beiden (ihre Namen sollen hier unerwähnt bleiben) kamen in Begleitung ihrer Frauen.

Wie immer war Charlie der perfekte Gastgeber. Die Besucher wurden durch Haus und Garten geführt. Es gab ein köstliches Mittagessen. Später saßen wir auf der Veranda, und ich las ihnen das Drehbuch vor. Meine Stimme war belegt, wie die eines Schauspielers bei seinem ersten Auftritt. Charlie begann, mir Anweisungen zu geben. »Nein, nein, nein, du liest es nicht richtig«, sagte er. »Ich bin kein Schauspieler«, erwiderte ich. »Lies du es.« »Nein, nein, mach weiter.«

Allmählich wurde ich etwas lockerer, und das Skript erwachte zum Leben. Charlie erklärte sich schließlich einverstanden, den Leuten von United Artists das Drehbuch zur weiteren Überprüfung mit nach New York zu geben. Die Entscheidung sollte in Kürze fallen.

Woche um Woche verging. Wir hörten nichts. Dann, eines Tages, wurde ein Päckchen bei mir abgeliefert — das Drehbuch. Kein Begleitbrief, nur ein Zettel — »Mit Empfehlungen von ...«

Ich kochte vor Wut. Wenn sie nicht interessiert waren, hätten sie wenigstens den Anstand besitzen müssen, ein paar Worte des Bedauerns an den Mann zu richten, der United Artists mit aufgebaut hatte. Und zu den guten Manieren hätte es auch gehört, sich für den freundlichen Empfang im Hause der Chaplins zu bedanken. Beide Manager wechseln heute von einem Studio zum nächsten.

Sean wollte, daß wir sofort Partner wurden. Doch Charlie war jetzt auf mich angewiesen, und ich konnte ihn nicht einfach sitzenlassen. »Laß mich zuerst diesen Film zu Ende bringen, dann bin ich frei«, erklärte ich. Sean aber wollte eine sofortige Entscheidung. »Du arbeitest jetzt für mich«, sagte er. »Meine Zukunft liegt noch vor mir. Charlie ist achtzig — ich bin noch jung.« Ich steckte wieder mal in der Klemme.

Ich brauchte Zeit zum Nachdenken, mußte allein sein. Ich verließ London und zog mich in ein kleines Hotel auf dem

Lande zurück. Niemand wußte, wo ich war. Zwei Tage später kam ein Anruf von Sean; mir ist bis heute schleierhaft, wie er mich aufgespürt hat. »Komm sofort zurück«, sagte er energisch. »Du mußt eine Entscheidung treffen.« Und das tat ich. Ich erklärte Sean, daß ich Charlie nicht im Stich lassen könne. Er war fassungslos. Jetzt gab es kein Zurück mehr, für keinen von uns.

Weihnachten kam näher. Ich fuhr nach Vevey. Ich hatte eine Finanzierungsmöglichkeit gefunden — mit einem Storyboard des *Freak* — und konnte es kaum abwarten, mit Charlie darüber zu reden. Doch Oona fing mich in der Eingangshalle ab. »Es wird keinen Film geben«, sagte sie. Ich fiel aus allen Wolken. »Ich mußte so entscheiden; diese Arbeit würde er nicht überleben. Wenn der *Freak* ein einfacher Film wäre, hätte ich nichts dagegen. Doch du weißt, wie ungeduldig Charlie bei den Dreharbeiten sein kann, wie er sich aufregen würde, wenn die Spezialeffekte mit dem Fliegen nicht gleich klappten. Wenn es eine einfache Komödie wäre, würde ich nichts sagen. Doch dieser Film würde ihn umbringen.« Das war es also — kein *Freak*.

Kein Sean und nun auch kein Charlie mehr. Erst später erfuhr ich, daß es Charlie sehr recht gewesen wäre, wenn ich Seans Angebot angenommen hätte. Oona hatte Gewissensbisse. *C'est la vie,* dachte ich. Wenn sich Sean nur ein paar Wochen hätte gedulden können, wäre alles anders gekommen. Wir sehen uns noch gelegentlich und sind Freunde geblieben. Ich freute mich riesig über seinen Oscar, denn ich war immer schon der Meinung, daß er als Schauspieler weit unterschätzt wurde.

Vicky war tief enttäuscht, als unser Projekt ins Wasser fiel. Sie ging nach Paris und lernte dort einen jungen französischen Schauspieler kennen, Jean-Baptiste Thierrée. Bald darauf heirateten sie und erfüllten sich den Traum ihres Lebens — sie gründeten einen Zirkus, Le Cirque Imaginaire. Natürlich gab es Anfangsschwierigkeiten, inzwischen aber ist der Zirkus weltberühmt.

Charlie wußte zunächst nicht, daß Oona den Film abgeblasen hatte, und er sprach noch immer davon, ihn zu realisieren. Ich aber mußte mich jetzt um ein neues Projekt bemühen. Sydney und ich begannen, an einem Drehbuch über Nazi-Deutschland zu arbeiten. Als Charlie davon erfuhr, geriet er außer sich. Er behauptete, er hätte mir die Geschichte vor Jahren erzählt. Es sei seine Story.

Ich konnte mich, ehrlich gesagt, nicht mehr erinnern, von wem ich sie hatte; es war mir auch ganz gleichgültig. Ich bin selbst mit Ideen und Vorschlägen stets großzügig gewesen, vor allem später, als es darum ging, Charlies Lebensgeister in Schwung zu halten. Wenn er die Story wollte, konnte er sie haben.

Aber Charlie war schon zu sehr in Rage; er akzeptierte keine Erklärungen. Und nicht nur das; er entzog Sydney und mir wichtige Filmrechte, die er uns vorher überlassen hatte.

Jetzt war *ich* aufgebracht. Ich war für ihn durch dick und dünn gegangen, war ihm stets treu ergeben gewesen, und nun wollte er — wegen eines albernen Mißverständnisses — nichts mehr mit mir zu tun haben. Es war, als hätte mich der Papst exkommuniziert.

Freunde sagten mir, das sei Altersstarrsinn, aber ich wollte mich trotzdem nicht damit abfinden. Charlie hatte seine Ideen stets eifersüchtig gehütet, und ich hatte mich seines Vertrauens immer und immer wieder würdig erwiesen. Das wahre Problem bestand wohl darin, daß Charlie einfach arbeiten *mußte* — daß er einen neuen Film machen wollte, körperlich aber nicht mehr dazu in der Lage war. Oona tat ihr Bestes, um uns wieder zu versöhnen, doch sie erreichte nichts.

In dieser Zeit lernte ich Berniece, eine junge Waliserin, kennen. Ich hatte eine katastrophale Ehe hinter mir und war nicht interessiert an neuen Verstrickungen; ich mußte mich zunächst um meine Karriere kümmern. Aber Berniece war ein Engergiebündel und tat alles, um mir wieder auf die Beine zu helfen. Sie ermutigte mich, an verschiedenen Filmprojekten zu arbeiten: an Brian Clemens' Drehbuch zu *Hot Cold War Man*, bei dem Ken Russell Regie führen sollte, John Keanes *Big Maggie* und einem Originalstoff, *Two Blue Dots*.

Am 18. Juni 1970 fanden in England Wahlen statt. Am 19. rief mich das Maklerbüro Harrods Estate Offices an. Man habe erfahren, daß mein Haus nahe beim Parlament läge, und ließ anfragen, ob es zu besichtigen und eventuell zu mieten sei. Das kam uns gelegen, da Berniece und ich nach Kalifornien ziehen und das Haus nicht leerstehen lassen wollten.

Während meiner Abwesenheit führte meine Sekretärin eine gewisse Dame namens Marcia Williams und ihre Schwester durch mein Haus. Dann erhielt ich einen zweiten Anruf von Harrods; die beiden Frauen seien im Auftrag eines Interessenten aufgetreten. »In wessen Auftrag?« fragte ich. Der Makler wollte keine Namen nennen. »Ich vermiete mein Haus nicht an irgend jemanden, dessen Name geheim bleiben muß. Außerdem bestehe ich auf einer Monatsmiete im voraus, einer Kaution und Referenzen.« Sie wollten sich wieder melden.

Zehn Minuten später kam ein weiterer Anruf von Harrods. Eine aufgeregte Stimme bat mich um äußerste Diskretion. Das verwirrte mich noch mehr. Der Interessent war kein Geringerer als Harold Wilson! Gestern noch war er Premierminister gewesen, heute stand er auf der Straße. Als ich Berniece berichtete, wer sich für unser Haus interessierte, rief sie: »Wir müssen es ihm vermieten!« Harrods fragte an, ob Lord Goodman als Referenz genüge. Ich bat sie lachend, die Referenzen zu vergessen — Ex-Premier genüge mir.

Wilson war so sicher gewesen, daß seine Labour Partei die Wahl wiedergewinnen würde, daß er sein Haus bei Hampstead verkauft hatte; seine Familie und er hatten also kein Dach mehr über dem Kopf. Ich hatte es schon immer sonderbar gefunden, daß der englische Premierminister am Tag nach einer verlorenen Wahl aus der Downing Street ausziehen muß.

Innerhalb von zwei Wochen zogen Harold und Mary Wilson, ihr Sohn Giles und die Haushälterin Mrs. Pollard ein. Jetzt hätten Berniece und ich auf der Straße gestanden, doch mit Wilsons Erlaubnis quartierten wir uns vorübergehend in unserem Tiefparterre ein. Vor dem Haus ging es zu wie im Zirkus, mit Fernsehkameras und Reportern. Die Titelseite des *Daily Mail* nannte es, Charlie zitierend, »das schönste Haus Londons«.

Wir freundeten uns bald mit den Wilsons an. Wenn Mrs. Pollard kochte, bekamen wir immer etwas von ihrem köstlichen Roastbeef oder Lammbraten ab. Sie hatten gar nichts Prätentiöses an sich. Wilsons Papiere aus der Downing Street lagerten in großen Cornflakes-Kartons in meiner Garage. Jeden Tag stöberte er darin herum, um seine Memoiren vorzubereiten.

Einmal half ich ihm dabei. Zwischen den Akten entdeckte ich Fotos von Wilson mit Richard Nixon. »Ich hatte ihn im Weißen Haus aufgesucht«, erklärte er. »Dabei versprach mir Nixon hoch und heilig, Kambodscha nicht zu bombardieren. Auf dem Heimflug nach London fielen bereits die ersten Bomben auf Kambodscha. Bei meiner Rückkehr machte man mir die Hölle heiß.«

Mr. Wilson lud mich zur Parlaments-Eröffnung ein. Als er sich umkleiden wollte, konnte er seinen schwarzen Nadelstreifenanzug nicht finden. Dann sah er mich, fertig zum Aufbruch, in meinem eigenen »Nadelstreif«, und behauptete, das sei der seine. Ich zeigte ihm mein Namensschildchen im Innern meines Jacketts. Er war noch immer skeptisch und suchte weiter in allen Koffern und Schränken. Ich war erst entlastet, als Mary das Streitobjekt endlich gefunden hatte.

Wilson, der von meiner Verbindung zu Charlie wußte, erzählte mir eines Tages: »Ich habe versucht, Chaplin den Adelstitel zu verschaffen, doch sie stimmten dagegen.« Ich habe nie gefragt, wer »sie« waren. Doch Wilson schien entschlossen, sein Vorhaben durchzusetzen, sollte er je wieder Premierminister werden. Die Wilsons wohnten acht Monate in meinem Haus, dann fanden sie ein anderes Heim.

Vor allem dank Oonas Bemühungen haben Charlie und ich uns schließlich wieder versöhnt. In Vevey erzählte ich ihm von Wilsons früherem Vorhaben und daß »sie« dagegen gestimmt hätten. Charlie hörte aufmerksam zu und bat mich mehrmals, das Gespräch wortwörtlich zu wiederholen. Ich glaube, auch er hätte gern gewußt, wer »sie« waren.

Charlie war nun zweiundachtzig. Vor etwa sechzig Jahren

hatte ihm eine Wahrsagerin, als er mit der Karno-Truppe in San Francisco war, prophezeit, er würde bald den Beruf wechseln, weltweiten Erfolg erringen, dreimal heiraten und mit zweiundachtzig sterben. Obwohl sich die Wahrsagerin in der Zahl seiner Ehen geirrt hatte, war Charlie fest überzeugt, daß er dieses Jahr nicht überleben werde. Zwölf Monate lang mußte ihn Oona immer wieder aufrichten.

Charlie hatte gerade einen Vertrag über den Neustart seiner alten Filme abgeschlossen und arbeitete an einer neuen Begleitmusik für *The Kid,* als er nach Hollywood eingeladen wurde, um einen »Sonder-Oscar« in Empfang zu nehmen. Charlie lehnte zunächst ab; er würde nicht nach Amerika zurückkehren. Als Anreiz versprach ihm die Academy, eine 20minütige Zusammenstellung mit Szenen aus seinen wichtigsten Filmen im Fernsehen zu zeigen.

Ich war der Meinung, er solle ablehnen. Wo waren die hohen Herren der Academy gewesen, als man Charlie die Wiedereinreise in die Staaten verweigerte? Während all der Jahre hatte keiner von ihnen dagegen protestiert. William Wyler und Samuel Goldwyn waren in Amerika die einzigen, die den Mut gehabt hatten, den Mund aufzutun; das gleiche galt für Graham Greene und David Lean in England. Andere Stimmen waren nicht laut geworden. Nicht daß Charlie jemals erwartet hätte, daß jemand seine Partei ergreift. Dann entschloß er sich, einer Ehrung im New Yorker Lincoln Center beizuwohnen, gab allerdings noch keine definitive Antwort, ob er zur Oscar-Verleihung auch nach Kalifornien zurückkehren würde.

In New York wurde ihm ein begeisterter Empfang bereitet. Es war wie die Heimkehr eines Helden. Im Lincoln Center war die Hölle los. Alles drängte sich, um einen Blick auf Charlie zu erhaschen. Wo immer er auftauchte, wurde er mit großer Herzlichkeit begrüßt. Einer kam aus der Menge auf ihn zu und sagte: »Charlie, we love you!« Er antwortete nachdenklich: »Kennedy haben sie auch geliebt ...«

In letzter Minute entschloß sich Charlie, doch an der Oscar-Verleihung teilzunehmen. Bei seiner Ankunft in Kalifornien gaben Carol und Walter Matthau eine große Garten-Party für ihn. Cary Grant, Rosalind Russell, Groucho Marx und Martha Raye — alle waren sie da, um Oona und Charlie willkommen zu heißen.

Am nächsten Abend nahm Charlie unter tosendem Applaus den Oscar entgegen. Die Academy-Mitglieder brachten ihm stehende Ovationen. Sydney und ich verfolgten das Ereignis im Fernsehen.

Die Oscar-Verleihung fand am 16. April, an Charlies Geburtstag, statt. Er war jetzt dreiundachtzig. Die Wahrsagerin hatte sich geirrt. Oona und Charlie konnten aufatmen.

Zwei Wochen, bevor in London mit den Dreharbeiten zu *The Hot Cold War Man* begonnen werden sollte, gab Ken Russell das Projekt auf, und ich war wieder der Dumme. Ich arbeitete eine Zeitlang fürs Fernsehen und versuchte gleichzeitig, verschiedene Filmprojekte auf die Beine zu stellen.

PRICE 6d.

Wilson gets 'the most beautiful house in London'

By GORDON GREIG

Mr Wilson's new house in Vincent Square

MR HAROLD WILSON is moving into what has been described as 'the most beautiful house in London.'

It is No. 14 Vincent Square, Westminster, near the Houses of Parliament.

Among Mr Wilson's neighbours: Mr Richard Crossman, his former Cabinet colleague and new editor of the New Statesman, who has a flat at No. 9; and Mr Duncan Sandys, former Tory Minister who lives at No. 86.

Mr Wilson and his wife will make No. 14 their temporary home. They have taken a lease on the house, with its basic furniture and fittings, ... move in during the

Oben: *Vicky, inzwischen verheiratet, mit ihrer Tochter Aurelia — und einem entzückten Charlie.*

Unten: *Eines Tages holten wir die Flügel aus dem Keller und probten auf Charlies Rasen. Vicky mit ihren Flügeln, im Hintergrund Charlie und ich.*

Oona rief mich aus Vevey an und bat mich, ihr einen großen Gefallen zu tun. Könnte Eugene, ihr zweiter Sohn, zu mir nach London kommen? Seine ewige Popmusik ginge Charlie auf die Nerven, und Berufspläne habe er keine. Eugene blieb zwei Jahre bei Berniece und mir, und ich vermittelte ihm verschiedene Jobs. Schließlich wurde er zur Royal Academy of Dramatic Art zugelassen und schrieb sich in einen Kurs für Theater-Management ein. Charlie und Oona waren zufrieden. Er schien dabei seinen Weg zu finden.

Dann kam Charlies 85. Geburtstag, und ich gab in meinem Haus eine kleine Party für ihn. Oona fürchtete zunächst, das könnte Charlies Kräfte überfordern, doch dann änderte sie ihre Meinung. Ich besorgte Geschenke für jeden — John Cleese und seine Frau, Don und Ella Stewart, John Daly von Hemdale, John Terry von der National Film Finance Corporation und Peter Nobel von Screen International und seine Frau Marianne. Alle Geschenke hatten etwas mit Charlie zu tun: Posters von seinen Filmen oder Exemplare seiner Autobiographie. Charlie signierte alles ganz eifrig. John Cleese freute sich besonders über das Poster seines Lieblingsfilms *The Great Dictator.*

Richard Hatton, Michael Crawfords Agent, rief an. Crawford, der im Westend in dem Musical *Billy* auftrat, wünschte sich so sehr, daß Charlie die Aufführung sähe. Man würde ihm einen Platz in der königlichen Loge reservieren, während der Pause sollte ihm sogar ein Abendessen gereicht werden. Trotz aller Überredungsversuche von Crawford und mir lehnte Charlie mit Bedauern ab; Theaterbesuche waren ihm zu beschwerlich geworden.

Seine Begeisterung für *The Freak* aber ließ nicht nach, und er bestand darauf, den Film zu machen. Die Flügel waren jetzt in seinem Keller verstaut und wurden bei einem Wochenendbesuch von Vicky und Jean-Baptiste hervorgeholt. Um ihrem Vater eine Freude zu machen, legte Vicky die Flügel an; Charlie begann sofort mit Proben auf dem Rasen. Jean-Baptiste fotografierte die Szene. Später lasen Charlie, Josie, Vicky und ich das Drehbuch laut vor. Charlie war ganz aus dem Häuschen. Er wollte gleich die Ärmel hochkrempeln und mit der Arbeit beginnen. »Wir ziehen den Film durch«, sagte er zu mir. Dann wandte er sich an Oona. »Wir müssen noch über Jerrys Vertrag sprechen.« Oona und ich lächelten uns bedeutungsvoll zu.

Am 4. März 1974 wurde Harold Wilson erneut Premierminister. Er lud Berniece und mich in die Downing Street 10 ein und stellte mich seinen Gästen als seinen Hauswirt vor.

Später im Jahr teilte mir Oona unter dem Siegel der Verschwiegenheit mit, daß der britische Gesandte in der Schweiz

Charlie soeben angerufen habe. Wilson wollte ihm jetzt den Adelstitel verleihen. »Sie« hätten jetzt nicht mehr dagegen gestimmt. Zunächst habe Charlie abgelehnt: »Wie kann sich der Tramp plötzlich Sir Charlie nennen?« Dann kam ein zweiter Anruf, diesmal aus der Downing Street. Der Premierminister und alle Mitglieder seines Kabinetts wären zutiefst enttäuscht, wenn Charlie die Ehrung nicht annehmen würde. Charlie bat um vierundzwanzig Stunden Bedenkzeit.

Am nächsten Tag stimmte er zu. Ich habe Oona nie erzählt, daß ich längst Bescheid wußte. Ich hatte Verschwiegenheit zugesichert.

Angesichts der Krise in der britischen Filmindustrie überredete mich Berniece, nach Los Angeles zu übersiedeln. Im Savoy verabschiedeten wir uns von Oona und Charlie.

In Kalifornien organisierte uns unser Freund Reed Sherman eine vorläufige Bleibe. Es war ein typisches Hollywood-Apartment-Haus im spanischen Stil mit einem Swimming-pool in der Mitte. Alle Bewohner waren im Showbusineß tätig: Man sah sie rund um den Pool sitzen und *Variety* oder den *Hollywood Reporter* lesen. Agenten, Schauspieler, Sänger, Discjockeys, Drehbuchautoren, Regisseure; hier war man nie allein.

Als ich am ersten Morgen aufstand, sah ich von meinem Balkon aus einen dunkelhaarigen Bodybuilder aus dem angrenzenden Apartment treten. »Dem möchte ich nicht im Dunkeln begegnen«, dachte ich bei mir. Ich hielt ihn zunächst für einen Stuntman, erfuhr aber später, daß er Schauspieler war und gerade ein Drehbuch geschrieben hatte, das er verfilmen lassen wollte.

Schließlich wurden wir miteinander bekannt gemacht. Er hieß Sylvester Stallone und war sanft wie ein Lamm. Wir freundeten uns an, und er erzählte mir von seinem Drehbuch, einer Boxergeschichte namens *Rocky*. Die Hauptrolle wollte er selbst spielen; obwohl er völlig abgebrannt war und die Filmgesellschaften ihm Riesensummen dafür boten, weigerte er sich, das Script zu verkaufen.

Reed Sherman und ich mieteten uns Büros in den Goldwyn Studios, wo Mary Pickford und Douglas Fairbanks einst ihre Filme für United Artists gemacht hatten. Reed und ich begannen, an einem Western zu arbeiten — *The Day the Sun Died*. Und Reed sprudelte nur so von Ideen.

Gleich nebenan lagen die Produktionsbüros von Mae Wests neuem Film *Sextette*. Als Mae erfuhr, daß ich mit Charlie zusammengearbeitet hatte, ließ sie mir durch einen der Muskelprotze, die sie beschäftigte, eine Nachricht überbringen: Sie verehre Charlie sehr und sei ein »Fan« von ihm. Ich dankte dem Muskelprotz.

Am 4. März 1975 wurde Charlie von der englischen Königin im Buckingham Palace in den Adelsstand erhoben. Oona nahm an der Zeremonie teil. Als er auf die Königin zuschritt, spielte das Orchester das Thema aus *Limelight*. Am Ende der Zeremonie winkte und lächelte die Queen Oona zu. Oona war hingerissen. Später gab Charlie einen Empfang im Savoy, an dem u.a. Premierminister Wilson, Marcia Falkender, Ella und Don Stewart und mehrere Chaplin-Kinder teilnahmen. Die Karikaturisten der großen Zeitungen hatten einen großen Tag: »Der Tramp geadelt!« Ich glaube, Charlie genoß jede Minute dieses Tages.

Sylvester gab mir einige seiner Originalscripts zu lesen. Eines handelte vom Leben Edgar Allan Poes, bei einem anderen ging es um politische Korruption in Tammany Hall; wieder ein anderes — meiner Meinung nach das beste — war die Story eines Leibwächters. Stallone hatte originelle, spannende Einfälle, und seine Dialoge waren geistreich und fesselnd. Ich machte ihm einige Vorschläge, und Sylvester hatte immer ein offenes Ohr. Manchmal ging die Begeisterung mit ihm durch: »Vor dir habe ich mehr Respekt als vor jedem anderen in der Stadt.« Ich glaube, er kannte noch nicht viele Leute in Hollywood.

Ich gab ihm ein Original-Script von Andrew Bergman (dem Autor von *Blazing Saddles* und *Fletch*) und Richard Walter. Es gefiel ihm, und er hätte gern die Hauptrolle gespielt. Es war die Geschichte eines jüdischen Komikers: Ich konnte mir zwar Sylvester nicht als jüdischen Komiker vorstellen, doch als er mir einmal erzählte, er äße nur koschere Hähnchen, mußte ich umdenken.

Charlie sollte als Ehrenmitglied in die British Academy of Film and Television Arts aufgenommen werden und deren neue Zentrale am Piccadilly 195 eröffnen. Das Reisen fiel Charlie immer schwerer, doch schließlich ließ er sich durch einen enthusiastischen und warmherzigen Brief von Richard Attenborough dazu überreden.

Am 10. März 1976 wurde Charlie, der jetzt im Rollstuhl saß, Mitglied der Akademie. Die Königin, Prinz Philip und Prinzessin Anne waren zugegen; der Abend ging mit Ausschnitten aus *The Gold Rush* zu Ende.

Sylvesters Hartnäckigkeit machte sich bezahlt. Irwin Winkler und Robert Chartoff willigten schließlich ein, *Rocky* mit Stallone in der Hauptrolle zu produzieren. Die Dreharbeiten liefen wie ein Uhrwerk ab. Sylvester hielt mich auf dem laufenden und berichtete mir, wie er die meisten Szenen doch nach seinen Vorstellungen gestaltet habe.

Berniece und ich waren zur ersten Preview bei MGM eingeladen. Ich traute meinen Augen nicht. Das Publikum tobte.

Ich schrieb Oona und Charlie, daß für mich *Rocky* der beste amerikanische Film seit *Limelight* sei.

Nach der Vorstellung war Sylvester erschöpft und berauscht zugleich. »Du wirst der größte Star in der Stadt«, sagte ich. Er war noch völlig benommen und konnte es nicht fassen, wie begeistert das Publikum seinen Film aufgenommen hatte. Tatsächlich wurde *Rocky* das Gesprächsthemna Nr. 1 in Hollywood. Eine Woche später wurde *Rocky* im Academy Theater noch einmal gezeigt. Es gefiel mir beim zweitenmal noch besser, und ich berichtete Oona und Charlie, daß Sylvester aus ärmsten Verhältnissen komme und fassungslos vor seinem Erfolg stehe.

Oona schrieb zurück. Sie wollte alles über Sylvester erfahren: wie alt er sei und was er früher gemacht habe. Meine Begeisterung wirkte ansteckend. Sie erzählte mir, daß Charlie Musik zu einigen seiner älteren Filme komponiere; sie sei sehr glücklich darüber, denn Arbeit bedeute ihm alles. Und sie berichtete, daß er vor einigen Tagen um vier Uhr früh mit den Worten aufgewacht sei: »... und sie sind *herrlich* ... so etwas werde ich nie wieder machen ...« Er habe von seinen Filmen gesprochen.

In dieser Zeit habe ich Oona lange Briefe voller Nichtigkeiten geschrieben. Ich wußte, sie war ans Haus gebunden und wollte sich über das, was in der Welt geschah, auf dem laufenden halten.

Rocky wurde ein Kassenschlager. Von allen Seiten wurden

Am 4. März 1975 wurde Charlie von der Königin in den Adelsstand erhoben. Er war jetzt Sir Charles Chaplin. Hier ein Familienbild nach dem Empfang im Savoy. Von links nach rechts: Annie, Josie, Charlie, Oona, Christopher, Geraldine und Jane.

Oben und unten: *Alle 25 Jahre findet in der Schweiz das Weinfest* Fête des Vignerons *statt. Auf beiden Fotos: Oona, Vicky und ihr Sohn James im Festgetümmel (1977).*

Sylvester die begehrtesten Rollen angeboten. Er hätte am liebsten *Superman* gespielt, aber Richard Donner, der Regisseur, lehnte ihn ab. Er wollte einen typischen, waschechten Amerikaner. Und Sylvester hatte geglaubt, diese Rolle sei ihm auf den Leib geschrieben.

Berniece und ich trennten uns nach sieben Jahren. Ich kehrte nach London zurück. Sylvester bat mich, ein Treffen mit Charlie zu arrangieren. Ich versprach, mein Bestes zu tun; er ließ inzwischen eine 16-mm-Kopie von *Rocky* anfertigen, die Oona und Charlie geschickt werden sollte. Ich machte mich sogleich auf den Weg in die Schweiz. Michael Chaplin holte mich vom Genfer Flughafen ab. Auf dem Weg nach Vevey sagte er mir, daß sein Vater sich sehr verändert habe. Oona wollte mich vorbereiten.

Er hatte sich tatsächlich sehr verändert, doch für mich war er immer noch der alte. Ich fragte Oona, ob ein Besuch von Sylvester möglich sei; er wünsche sich so sehr eine »Audienz beim großen Maestro«. Sie sagte: »Das mußt du selbst entscheiden.« Ich beschloß, Sylvesters Besuch aufzuschieben, bis sich Charlie besser fühlen würde.

Die Kopie von *Rocky* traf in Vevey ein. Charlie, Oona und die Kinder schauten sie sich im Wohnzimmer an. Charlie, der stets ein Faible fürs Boxen gehabt hatte, war begeistert: »Großartig«, murmelte er dauernd, »einfach großartig.« Ich wünschte, daß Sylvester Charlies Reaktionen miterlebt hätte.

Der Zirkus Knie gastierte wieder in Vevey. Oona, Charlie und ich fuhren tagsüber in die Stadt, um uns die Tiere anzusehen. Oona wich nie von Charlies Seite. Sie tat immer so, als sei er noch ganz der alte. Am nächsten Abend gingen wir alle gemeinsam in den Zirkus. Es war Charlies 24. Besuch — und es sollte sein letzter sein. Da wir die *Rocky*-Kopie noch immer besaßen, zeigte Eugene sie gegen Mitternacht den Knie-Kindern. *Rocky* wurde zum Stadtgespräch von Vevey.

Seither habe ich nichts mehr von Sylvester gehört. Seine Erfolge waren phänomenal. Sicher ist es nicht leicht, über Nacht zum Multimillionär zu werden, ohne daß einem Geld und Ruhm zu Kopf steigen. Als ich *Rocky* zum erstenmal sah, fand ich, wie auch einige Kritiker, daß Sylvester eine gewisse Chaplin-Qualität eingebracht hatte. Was ich heute rückblickend (ungeachtet *Rambo*) am meisten an Sylvester schätze, ist nicht nur sein Enthusiasmus, sondern auch seine echte Bewunderung für Charlie.

Um sein Interesse und seine Begeisterungsfähigkeit wach zu halten, verschaffte ich Charlie über Stanley Kubrick selbst die Möglichkeit, sich dessen neuesten Film *Barry Lyndon* anzusehen. Oona sagte mir, daß er immer wieder »herrlich ... herrlich« ausgerufen habe. *Rocky* und *Barry Lyndon* waren die letzten beiden Filme, die Charlie sah.

Oona bat mich, Weihnachten in Vevey zu verbringen. Mitten in den Weihnachtseinkäufen erhielt ich einen Anruf von meiner Schwester. Mein Vater sei todkrank. Ich flog sofort nach Los Angeles, doch ich kam zu spät. Meine Schwester erzählte mir, seine letzten Worte hätten mir gegolten; er wolle noch nicht sterben, habe er gesagt, denn »Was soll aus Jerry werden?« Für meinen Vater war ich immer noch der kleine Junge.

Nach der Beerdigung blieb ich zunächst in Los Angeles, um meiner Mutter und Schwester Trost zu spenden. Drei Tage später, am Weihnachtstag 1977, weckte mich meine Mutter mit der Nachricht, ein Nachbar habe im Radio gehört, daß Charlie Chaplin gestorben sei. Ich konnte es nicht glauben. Ich wollte es nicht glauben.

Ich versuchte, Oona anzurufen. Wegen Weihnachten war es unmöglich, eine Verbindung zu bekommen. »Oh, Jerry«,

sagte Oona, als ich endlich durchgekommen war. »Ich habe versucht, dich anzurufen. Du solltest es nicht aus dem Radio erfahren. Du hast ihn am besten gekannt.« Dann begann sie zu weinen. Die Beerdigung sollte in zwei Tagen sein. Ich mußte sofort abreisen. Meine Mutter hatte Verständnis dafür.

Der Tod von Charlie und meinem Vater innerhalb weniger Tage war ein schwerer Schlag für mich, und ich fühlte mich einsam und verlassen. Wegen der Feiertage brauchte ich zwei Tage, um nach Vevey zu gelangen. Ich traf genau eine Stunde vor der Beerdigung ein, die in einem kleinen Dorf bei Corsier stattfand. Ich sah, wie Charlie zur letzte Ruhe gebettet wurde.

Aus aller Welt trafen Telegramme bei Oona ein:

»Liebe Oona, wir werden diesen großen und edlen Mann stets in Erinnerung behalten. Er wird bis ans Ende Ihres Lebens in Liebe bei Ihnen sein.«
Sophia und Carlo Ponti

Charlie, im Rollstuhl, am Genfer See — eines der letzten Fotos von ihm.

»Wir möchten Sie wissen lassen, daß die gestrige Vorstellung der San Francisco Ballet Company im War Memorial House dem Gedenken an Charles Chaplin gewidmet war. Die mehr als 3000 Zuschauer ehrten ihn mit zweiminütigem Schweigen.«
Der Direktor des San Francisco Ballet

»Gebrochenen Herzens.«
Truman Capote

»Wir alle weinen mit Ihnen. Wir alle liebten ihn.«
Artur Rubinstein

»Aufrichtige Anteilnahme Ihnen und Ihrer Familie.«
François Mitterand

»Liebe Oona, obwohl unsere Zusammenarbeit mit Charlie nur von kurzer Dauer war, hat sie unser Leben unglaublich bereichert. In tiefstem Mitgefühl.«
Kit und Jay Kanter

»Die Lichter der Großstadt sind trüber geworden.«
Der amerikanische Botschafter in Bern

»Herzliches Beileid, liebe Oona. Sie haben Charlie das schönste Leben auf dieser Welt bereitet. Ich denke mit tiefem Mitgefühl an Sie und Ihre Familie.«
Georges Simenon

»Er wird in ganz Frankreich unvergessen bleiben.«
Valéry Giscard d'Estaing

»Ihr Gatte hat allen Filmfreunden ein bleibendes Vermächtnis hinterlassen ... Wir verstehen, welch großen Verlust Sie erlitten haben, und teilen Ihren Schmerz.«
Museum of Modern Art

»Der Tod von Charlie Chaplin ist ein unermeßlicher Verlust.«
Adolfo Suarez, Präsident von Spanien

Bevor ich nach London aufbrach, suchte ich Oona in ihrem Arbeitszimmer auf. Ich sah sie zum erstenmal in Tränen aufgelöst. Sonst hatte sie sich immer unter Kontrolle. Ich fragte, ob ich meine Mutter anrufen dürfe. »Ja«, sagte sie, »und ich würde auch gern mit ihr sprechen.« So war Oona — in ihrer tiefsten Trauer dachte sie auch an das Leid meiner Mutter. Die beiden Witwen sprachen sich Trost zu.

Drei Monate lang hat Oona ihr Haus in Vevey nicht verlassen. In dieser Zeit wurde Charlies Leiche gestohlen. Die Kidnapper verlangten ein Lösegeld, aber Oona ließ sich nicht erpressen. Sie wußte, das war in Charlies Sinn. Als in den dreißiger Jahren das Lindbergh-Baby gekidnappt worden war, hatte Charlie Anweisung gegeben, kein Lösegeld zu zahlen, wenn er je entführt werden sollte. Und darauf hatte er immer wieder bestanden.

Als Oona schließlich ihr Einsiedlerdasein aufgab, reiste sie nach London. Wir aßen gerade zu Mittag, als sie die Nachricht erhielt, daß Charlies Leiche in einem Getreidefeld, etwa 30 Kilometer von Vevey entfernt, gefunden worden war. Die Kidnapper waren festgenommen und ins Gefängnis gesteckt worden. Oona machte sich selbst über sie Gedanken: »Sie sind doch noch so jung ...«

Der Bauer, dem das Feld gehörte, ließ ein Kreuz mit Stock und Melone errichten, zum Gedenken daran, daß hier Charlies Leiche gelegen hatte.

Oben und links: *Das Feld, auf dem Charlies Leiche gefunden wurde. Der Bauer stellte ein Kreuz auf, um die Stelle zu markieren.*

NACH 9 GEDANKEN

CHARLIE

Die Jahre, in denen ich mit Charlie zusammengearbeitet habe, waren die aufregendste Zeit meines Lebens. Sicher, es gab Spannungen, aber auch sie waren bereichernd. Nie verlor er die Kontenance. Er verlangte sich selbst alles ab, forderte es aber auch von den anderen. Nichts war ihm gleichgültig. Ich liebte das.

Er sagte oft: »Jerry, du darfst nie deine Begeisterungsfähigkeit verlieren.« Er hatte es immer geliebt, wie begeistert ich seine komischen Einfälle aufnahm. Und als ich noch das Circle leitete, teilte er stets meine Euphorie, wenn ich einen neuen Dramatiker entdeckte.

Charlie war immer neugierig, nie blasiert. Das war das Geheimnis seiner ewigen Jugend. Wenn wir in London Pantomimen und Music-Halls besuchten, benahmen wir uns wie Kinder. Er spähte durch die Fenster von Restaurants und zählte die Gäste. »Wenn's voll ist, muß es auch gut sein«, meinte er dann.

Manchmal führte Charlie Oona und mich auch in ärmliche Lokale, die er entdeckt hatte. Eines lag am Leicester Square — ein grelles, neonbeleuchtetes »Loch«. Doch das Essen war köstlich, vor allem die saftigen T-bone-Steaks. Eines seiner Londoner Lieblingsrestaurants war Blooms im East End. Manchmal besorgte ich auch einfach ein paar Corned-Beef-Sandwiches, gehackte Leber und andere Spezialitäten, die wir dann in ihrem Hotel oder in meinem Haus am Vincent Square verzehrten.

Charlie hat nie seine Herkunft verleugnet. In London gab es für ihn nichts Schöneres, als sich unter das Volk zu mischen — etwa auf einen Bus zu springen und durch das Fenster die bun-

te Menge vorbeiziehen zu sehen. Natürlich genoß er auch die andere Seite des Lebens — die Limousinen, den Luxus —, doch sein Ruhm ist ihm nicht zu Kopf gestiegen. Er glaubte nie, er müsse bevorzugt behandelt werden.

In Los Angeles zeigte er im Rahmen einer Benefiz-Veranstaltung *The Great Dictator.* Als ich am Wilshire Boulevard eintraf, hatte sich bereits eine lange Menschenschlange vor dem Kino gebildet, und mittendrin sah ich Oona und Charlie geduldig warten. »Warum stehst du für deinen eigenen Film an?« fragte ich ihn und führte ihn schnell zur Kasse nach vorne, wo wir sofort in Empfang genommen wurden. Charlie wollte nie einen Vorteil aus seiner Position ziehen.

Einmal wollte Oona in London ein neues Restaurant ausprobieren. Als sie telefonisch einen Tisch reservieren wollte, hieß es, es sei schon alles besetzt. Ich nahm ihr den Hörer ab und erklärte, der Tisch sei für Mr. und Mrs. Chaplin bestimmt. Charlie stand heftig gestikulierend neben mir; es war ihm peinlich, daß ich seinen Namen genannt hatte. »Was nützt es dir, Charlie Chaplin zu sein«, meinte ich, »wenn du nicht mal einen Tisch in einem Restaurant bekommen kannst?« Natürlich war auf der Stelle ein Tisch frei.

Trotz seines immensen Reichtums hat Charlie nie mit seinem Geld geprotzt. Seine Kindheitsjahre hatten zu tiefe Spuren hinterlassen. Außerdem hatte er viel zu hart arbeiten müssen, um sein Geld sinnlos zu verschwenden. Sein Sohn Sydney war da anders. Er meinte, Geld sei zum Ausgeben da. Charlie war entsetzt. »Wie gewonnen, so zeronnen«, meinte er kopfschüttelnd. »Ich kann nicht anders«, antwortete Sydney. »Ich bin nun mal mit einem silbernen Löffel im Mund geboren. Du an meiner Stelle wärest vielleicht genauso geworden!« Ohne Aufhebens davon zu machen, kümmerte sich Charlie um viele ehemalige Mitarbeiter und ältere Schauspieler; einige unterstützte er bis an ihr Lebensende.

Zu besonderen Anlässen gönnten sich Oona und Charlie eine Flasche Champagner und eine Dose besten Kaviar. »Alle Tage wäre das kein Genuß mehr«, pflegte er dann zu sagen. Er war ein Mann des Maßhaltens.

Charlie vor seiner Fan-Post.

Ben Turpin

Was Schauspieler und Entertainer anbetraf, hatte Charlie immer bestimmte Vorlieben und Abneigungen. Nie jedoch verlor er seine Begeisterung für Al Jolson. Ihn auf der Bühne gesehen zu haben, empfand er als sein größtes Theatererlebnis. »Es war unglaublich, wie er sein Publikum mitzureißen vermochte«, sagte Charlie. »Wenn er an die Rampe trat, niederkniete und ›My Mammy‹ sang, liefen einem Schauer über den Rücken.« Auch Lucille Ball fand er äußerst witzig und talentiert.

Auf andere Stummfilmkomiker ist Charlie nie neidisch gewesen. Trotz aller Bescheidenheit hielt er sich auf diesem Gebiet für einen der Größten. Nur einer, so fand er, hätte ihm das Wasser reichen können. Und das war Ben Turpin, der schielende Komiker.

In den zwanziger Jahren gab es einen Comicstrip, den Charlie genial fand — *Krazy Kat.* Der besaß die gleiche anarchistische Haltung dem Leben gegenüber wie der Tramp.

Charlie schätzte auch einen der unbeliebtesten Männer in Hollywood — Harry Cohn, den Präsidenten von Columbia Picture. Er hatte eine Abneigung gegen die Prätentionen gewisser Produzenten, die angeblich nur »Kunstwerke« kreierten, und gegen Emporkömmlinge, die genau wußten, was faul sei an Hollywood. Cohn machte keinen Hehl daraus, daß er in der Unterhaltungsbranche arbeitete, um Geld zu machen, und fertig. Charlie schätzte diese Ehrlichkeit.

Charlie besaß eine Jacht, die *Panacea.* An Wochenenden fuhr er oft mit Oona nach Catalina Island hinaus, schwamm im Pazifik und kehrte gut erholt zurück. Manchmal, so erzählte er mir, sei ein junges Mädchen zu seiner Jacht geschwommen und hätte gerufen: »Charlie, warum gibst du mir keine Rolle in deinen Filmen?« Es war Carole Lombard.

Charlie wußte immer im voraus, welche Schauspieler ihren neuerworbenen Reichtum nicht verkraften würden. »Sie fangen jetzt an, wie Versicherungs-Vertreter zu spielen!« pflegte er zu sagen. Alle Vitalität, aller Elan, die sie zunächst ins Rampenlicht gerückt hatten, waren dahin — und das hatte nichts mit Alter zu tun. Charlie wurde nie so.

Wenn gewisse Schauspielerinnen den Oscar erhielten und jedermann von ihrem Talent schwärmte, blieb Charlie kühl und sagte: »Selbst wenn sie gut wären — ich mag sie nicht!« Irgend etwas an ihnen ging ihm gegen den Strich.

Für Charlie war die Reaktion des Publikums mit das Wichtigste. 1954 brachte ihm ein Freund die Platte eines neuen Sängers namens Elvis Presley mit. Charlie hatte noch nie von ihm gehört. »Dieser Mann macht Furore in den Staaten«, sagte der Freund. »Mir ist das völlig unverständlich. Er wackelt beim Singen mit den Hüften, und die Leute toben.« »Wenn die Leute so verrückt nach ihm sind«, erwiderte Charlie, »dann *muß* was an ihm dran sein. Das Publikum läßt sich nicht zum Narren halten.«

In New York sahen Oona und Charlie Arthur Millers *Tod eines Handlungsreisenden* und waren sehr bewegt. In London gefiel ihnen vor allem Irene Worth in *Waters of the Moon,* Lionel Barts *Oliver,* Oliviers *Othello,* Vanessa Redgrave in *Wie es euch gefällt* (und in ihrem Film *Isadora*), und Harold Pinters *Hausmeister.* Ich schickte sie in *Trelawny of the Wells* im National Theatre, doch sie konnten nichts damit anfangen. Danach habe ich ihnen nie wieder ein Theaterstück empfohlen.

Als ihre Kinder noch klein waren, nahmen Oona und Charlie sie oft nach Weihnachten mit nach London. Das wurde immer eine Woche der Pantomimen: Tommy Steele, Ken Dodd, Danny La Rue, die Crazy Gang — wir sahen sie alle. Nach ein paar Tagen wurde es Oona und schließlich auch den Kindern zuviel. Sie blieben lieber im Hotel und sahen fern. Dann machten Charlie und ich uns allein auf den Weg, denn wir konnten uns nie an den Shows sattsehen.

Wenn Charlie heute noch lebte, würden ihm, glaube ich, folgende Filme gefallen: Spielbergs *E.T.,* Hanif Kureshis *Mein wunderbarer Waschsalon* und Dennis Potters *The Singing Detective,* außerdem große Talente wie Eddie Murphy, Daniel Day Lewis, Robin Williams, Jessica Lange, William Hurt, Debra Winger, Jeff Bridges, Holly Hunter, Jeff Daniels, Steve Martin und Michael Gambon. In der englischen Music-Hall-

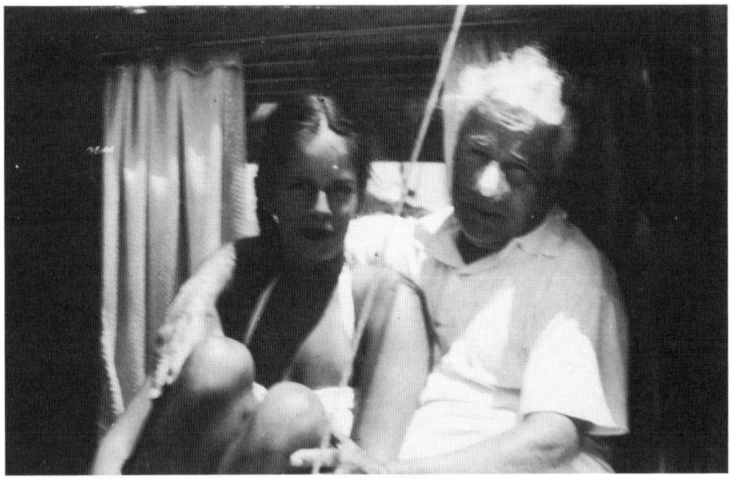

Oben: *Oona und Charlie (mit Sonnenschutz für die Nase) auf ihrer Jacht, der* Panacea.
Unten: *Charlie und Oona.*

Szene hätte er wohl den neuen Komiker Michael Barrymore geschätzt.

Deprimiert habe ich Charlie nie erlebt. Wohl besorgt oder angespannt, aber nie völlig niedergeschlagen. Es hat mich immer wieder erstaunt, wie schnell er sich, auch in Zeiten der Anfeindung, wieder fangen und weiterleben konnte. Für ihn war jeder neue Tag voller Herausforderungen und Hoffnungen. Wenn Oona oder ich großen Dingen entgegensahen, die da kommen sollten, sagte Charlie: »Verspielt euer Leben nicht, genießt den Augenblick!«

Von seiner Statur her war Charlie eher klein, aber wenn er einen Raum betrat, schien er jeden anderen zu überragen. Selbst wenn man nicht wußte, wer er war, spürte man bei seinem Anblick, daß er eine große Persönlichkeit war.

Ich wurde oft gefragt, was für ein Mensch Charlie im wirklichen Leben war. »Schauen Sie sich seine Filme an, dann wissen Sie's«, antwortete ich. Was immer er auf der Leinwand tat, war eine Facette seiner Persönlichkeit. Darum, so glaube ich, konnten sich Menschen auf der ganzen Welt mit ihm identifizieren.

Obwohl Charlie stolz auf seine Kinder war, hat er nie mit ihnen geprahlt. Auch als sie älter wurden, konnte keines ihm Sand in die Augen streuen. Er ermutigte sie immer, der Stimme ihres Herzens zu folgen. Als Josie sechzehn war, beschloß sie, Opernsängerin zu werden. Charlie unterstützte sie voll.

Jane wollte Schauspielerin werden und sollte für eine Rolle vorsprechen. Charlie fragte sie, warum sie so nervös sei. Sie erzählte von ihrem Vorsprechtermin. »Alle guten Schauspieler haben Lampenfieber«, sagte er. »Aber wenn ich nun versage?« jammerte Jane. »Das spielt keine Rolle«, antwortete Charlie. »Es erfordert Mut, sich zu blamieren. Du mußt es immer wieder versuchen, bis dein Selbstvertrauen wächst. Man muß etwas im Leben riskieren, dann stellt sich auch der Erfolg ein.«

Charlie war ein cleverer und umsichtiger Geschäftsmann, aber wenn er schöpferisch tätig war, zählte für ihn nichts anderes mehr, das Geschäftliche war vergessen. Wenn er jedoch seine Bankiers aufsuchte, konnte er blitzschnell in eine andere Rolle schlüpfen. Da verwandelte er sich vor meinen Augen in einen sachlichen, humorlosen, mißtrauischen Businessman. Keine Spur mehr von dem munteren Charlie, mit dem ich eben noch zusammengearbeitet hatte.

Charlie war wie ein Schauspieler/Manager der Jahrhundertwende — Drehbuchautor, Regisseur, Hauptdarsteller und Unternehmer in einer Person. Er übertrug nur auf den Film, was im Theater üblich war.

Nach einer Begegnung mit Ingmar Bergman in Schweden gab Charlie dem *Herald Tribune* ein Interview und erklärte, er habe nie einen Ingmar-Bergman-Film versäumt. Die Zeitung druckte aus Versehen »*Ingrid*-Bergman-Film«. Entzückt erwähnte die Bergman in späteren Interviews, daß Charlie sich keinen ihrer Filme entgehen lasse. Charlie war Gentleman genug, diesen Irrtum nie zu berichtigen.

Als Charlie und ich über die Titelmusik für *The Adding Machine* sprachen, schlug er vor, ich solle sie selbst schreiben. »Du kennst doch die Stimmung deines Films besser als jeder andere«, meinte er. »Drück die Stimmung in Musik aus und schreib sie.« Für ihn war nichts im Leben unmöglich, wenn man es nur wirklich wollte.

Rechts: *Charlie ermutigt Josie beim Klavierspiel.*
Unten rechts: *Charlie fährt seinen letzten Sprößling spazieren.*

Charlie widersprach sich manchmal. Als er erfuhr, daß Tommy Steele seine Kindheit ohne seine Erlaubnis fürs Fernsehen verfilmt hatte, war er außer sich und wollte ihn verklagen. Dann wurde ihm in Vevey eine Kopie vorgeführt, und Oona ertappte ihn dabei, daß er Tränen in den Augen hatte. Er war hingerissen — und ließ die Klage fallen.

Ein weiteres Beispiel: Charlie behauptete immer, er glaube nicht an die Psychoanalyse. Er meinte, die Persönlichkeit des Menschen — das, was ihn einzigartig macht — würde durch sie zerstört. In *Limelight* jedoch versucht er zu ergründen, was hinter Terrys Lähmung steckt, und beginnt, sie zu analysieren.

Und noch ein Beispiel. Obwohl sich Charlie stets für die neueste Mode interessierte, behauptete er immer, die bestgekleideten Frauen der Welt seien die von Butte, Montana — einer kleinen Bergarbeiterstadt. Er hatte sie als junger Mann auf seiner Tournee mit der Karno-Truppe gesehen. Oona und ich waren amüsiert. »Das müssen Freudenmädchen gewesen sein«, sagte ich. Charlie wurde wütend. »Na und. Für mich sind es trotzdem die bestgekleideten Frauen der Welt.« Die Mädchen von Butte, Montana, sollten sich geschmeichelt fühlen.

Charlie war fest davon überzeugt, daß er niemals weltweiten Ruhm erlangt hätte, wenn er in England geblieben wäre. Dort hätte er gegen gesellschaftliche Barrieren ankämpfen müssen, die einer Karriere hinderlich sind. Amerikaner fragen nie: »Woher stammen Sie? Haben Sie das Gymnasium besucht?« Sie interessiert nur, was man kann und wie gut man es kann.

In den vierziger und fünfziger Jahren war Charlie empört, daß die amerikanische Filmindustrie nicht gemeinsam Front gegen die politische Hexenjagd machte. »Sie hatten die mächtigste Waffe in der Hand, den Film«, sagte er. »Sie hätten diese Mistkerle bloßstellen sollen! Statt dessen waren sie feige und haben sich ducken lassen.«

»Was dieses Land jetzt braucht, ist ein Will Rogers«, sagte er einmal zu mir. Rogers, der 1935 bei einem Flugzeugunglück ums Leben kam, war ein bekannter amerikanischer Humorist und Philosoph, der, sein Lasso schwingend, die Politiker auf die Schippe nahm und die ganze Nation zum Lachen brachte. »Er nahm ihnen den Wind aus den Segeln«, meinte Charlie. Und genau das tat er dann selbst in seinem *A King in New York*.

Und obwohl ihm während der Hexenjagden so übel mitgespielt worden war, hat Charlie seine Liebe zu Amerika nie verloren. »Denn schließlich«, pflegte er zu sagen, »habe ich dort Oona gefunden.«

Charlie albert herum…

Einmal trug sich Charlie mit dem Gedanken, einen Napoleon-Film zu machen — ein Projekt, das nie zustande kam.

Rechts: *Charlie als Napoleon vor dem George Inn, London.*

Ganz rechts: *Charlie als Napoleon im San Simeon mit Prinzessin Bibesco.*

Unten links: *Charlie als Napoleon in Afrika.*

Unten rechts: *Charlie — in Begleitung Michaels — als Napoleon bei der Besichtigung römischer Ruinen in der Schweiz.*

Charlie improvisiert in der Sauna einen Horror-Film.

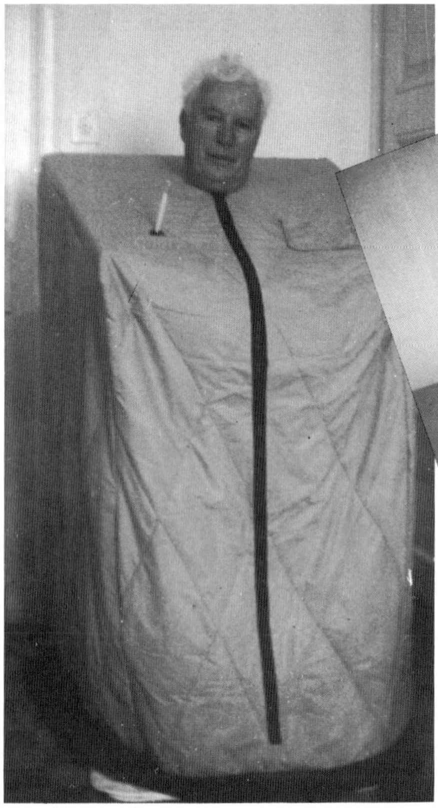

Glücklich und entspannt…

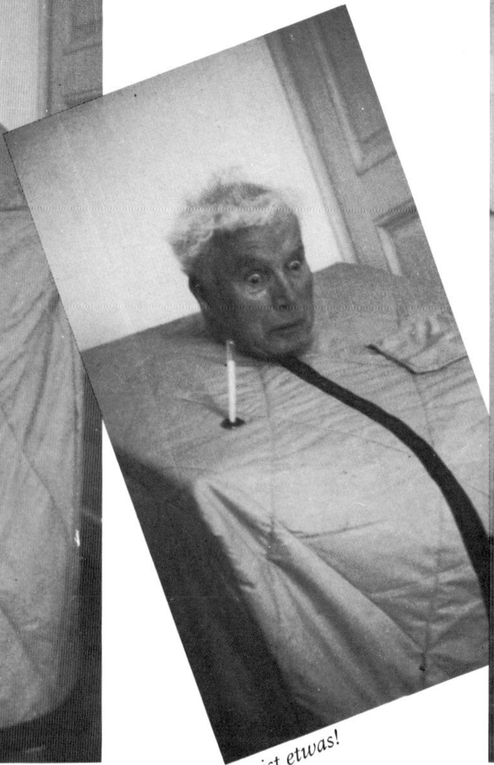

Da ist etwas!

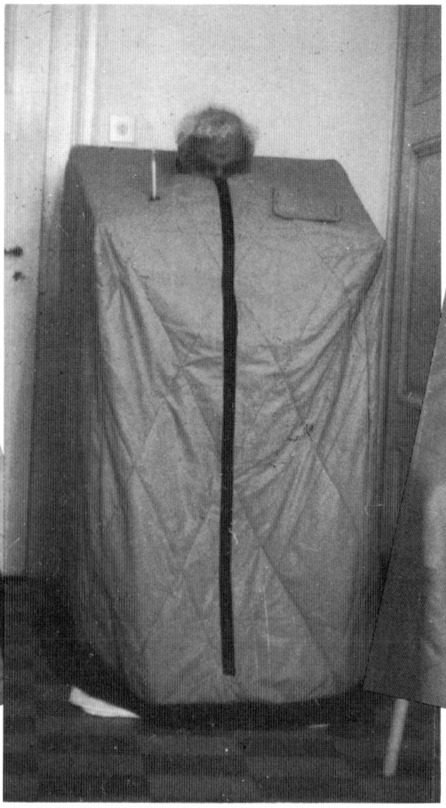

Es zieht ihn nach unten…

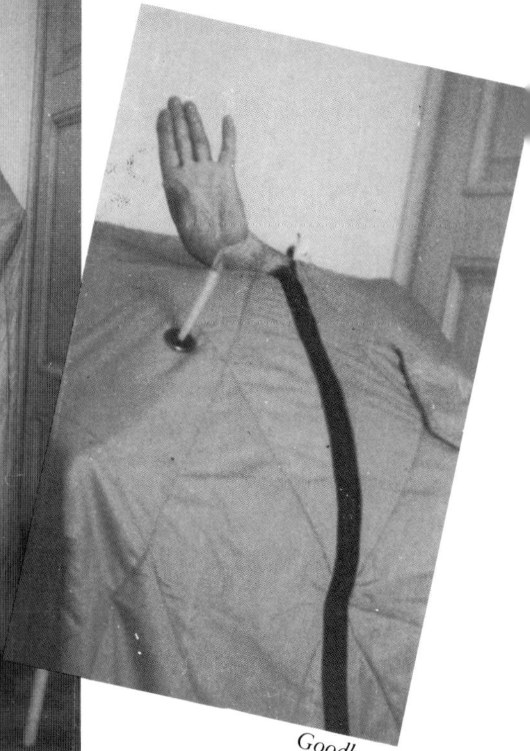

Goodbye!

Ach, die Freuden des Frühlings…

Alles in Blüte…

Ach, zum Teufel damit!

OONA

Für mich waren Oona und Charlie eine Einheit. Sie waren ein unzertrennliches Paar — so verehrte ich sie, so liebte ich sie.

Charlie sagte mir eines Tages im Circle: »Weißt du, Oona mag dich sehr gern. Sie ist sehr zurückhaltend und hat wenig Freunde. Du solltest das als Kompliment auffassen.« Das tat ich auch.

Ich war Anfang zwanzig, als ich die beiden in unserem Wohnzimmer-Theater kennenlernte, wo wir gerade *The Adding Machine* aufführten. Nach der Vorstellung drängten sich die Schauspieler um den großen Charlie; ich aber war genauso von Oona fasziniert — von ihrem Lächeln, ihrer Wärme, ihrer Bescheidenheit.

In den langen Jahren unserer Freundschaft habe ich Oona nie nach ihrem Leben vor ihrer Begegnung mit Charlie gefragt. Ich wollte nicht in ihre Privatsphäre eindringen. Aus Gesprächen und Andeutungen von Freunden aber konnte ich mir ein vages Bild von ihrer Kindheit und Jugend machen. Sie hatte einen älteren Bruder, Shane, den sie sehr liebte. Ihr Vater, der Dramatiker Eugene O'Neill, hatte nach seiner Scheidung von Oonas Mutter, der Schriftstellerin Agnes Boulton, eine Schauspielerin namens Carlotta Monterey geheiratet. Wenn Oona an ihren Vater schrieb, vernichtete die eifersüchtige Carlotta ihre Briefe. Sie isolierte O'Neill und verhinderte, daß sich Vater und Tochter sahen.

In meiner Brooklyn-Zeit las ich einmal in den Zeitungen, daß Oona zur Debütantin des Jahres gewählt worden war. Ich erfuhr auch, daß sie einmal in einer Repertoireproduktion von Rogers' and Harts *Pal Joey* auftrat.

Als Oona und ihre enge Freundin Carol Marcus (heute Matthau) noch Teenager waren, gingen sie nach Los Angeles. Dort muß Oona schwere Zeiten durchgemacht und mit wenig Geld in einem winzigen Zimmer gelebt haben. Die Agentin Minna Wallis schlug sie Charlie für die Rolle eines jungen irischen Mädchens in seinem Filmprojekt *Shadow and Substance* vor. Sie verliebten sich ineinander und heirateten. Mehr weiß ich bis heute nicht über Oonas Vorgeschichte.

»I only have eyes for you« — »Ich habe nur Augen für dich.« Charlie spiegelt sich in Oonas Sonnenbrille.

Rechts: *Oona und Geraldine beim Yoga.*

Wann immer Charlie und ich zusammen waren — ob bei der Arbeit oder auf unseren langen Spaziergängen — freuten wir uns, wenn Oona sich zu uns gesellte. Sie war so fröhlich, so voller Leben und sorgte stets für gute Laune.

Niemand kann besser Geschichten erzählen als sie, und Briefe von ihr sind wie ein Geschenk; sie sind voller Humor und Esprit. Alle ihre Freunde haben versucht, sie zum Schreiben zu ermutigen, sie aber lehnt es ab.

Es gab Höhen und Tiefen in meiner Verbindung mit Charlie, und Oona sorgte gewöhnlich dafür, daß unsere Schwierigkeiten schnell überwunden wurden. Sie versuchte stets, den Standpunkt beider Seiten zu verstehen.

Während einer gemeinsamen Fahrt durch Los Angeles sprachen Oona und Charlie über ihre Kinder. Ich erzählte, daß ich in meiner Kindheit meine Mutter oft gefragt habe, wen sie mehr liebe — meinen Vater oder mich — und daß sie jedesmal geantwortet habe: »Dein Vater steht für mich immer an erster Stelle.« Charlie nickte und sah Oona lächelnd an. »So muß es auch sein.«

Das aber brauchte man Oona gar nicht zu sagen. Charlie war ihr ein und alles. Auch als er älter wurde, wich sie nie von seiner Seite; das verstand sich für sie von selbst. »Als ich jung war, hat er für mich gesorgt. Heute sorge ich für ihn.«

Oona überschüttete all ihre Kinder mit zärtlicher Liebe. Selbst wenn sie einmal nur wenig Zeit für sie hatte, widmete sie ihnen ihre ganze Aufmerksamkeit. Und darauf kam es an. Als Michael acht war, stellte Oona eines Tages fest, daß er sehr niedergeschlagen war. Sie fragte, was ihn so bedrücke, doch er konnte seine Gefühle nicht artikulieren. Nie werde ich vergessen, wie sie ihn in die Arme nahm und sagte: »Ach, mein Liebling.« Und bald war sein Kummer vergessen.

Anfang der 70er Jahre schrieb Charlie eine neue Musik zu seinem Klassiker *The Kid.* Als wir uns den 1921 gedrehten Film noch einmal anschauten, begann Charlie von dem Talent des Kinderstars Jackie Coogan zu schwärmen. Sofort unterbrach ihn Oona: »Michael war ein viel besserer Schauspieler als Coogan.« Sie spielte auf Michaels Rolle in *A King in New York* an. »Natürlich war er sehr gut«, sagte Charlie, »aber nicht so gut wie Coogan.« Doch Oona ließ sich nicht beirren. »Coogan hätte den ganzen Text nie so gesprochen wie Michael!« Sie verteidigte ihren Sohn bis zum Ende. Das Thema wurde fallengelassen. Es gab keinen Sieger.

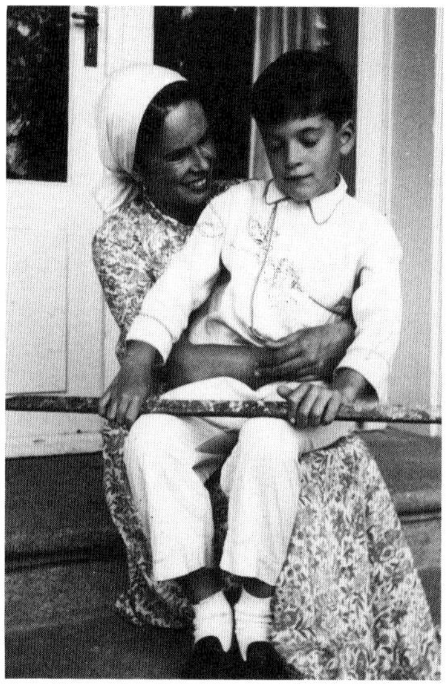

Links: *Oona und Michael.*
Unten: *Oona und Josephine.*

Charlie und Oona strahlten Glück aus. Es war eine Freude, mit ihnen zusammenzusein. Nach einem langen Arbeitstag — ich war mit dem Schnitt von *The Adding Machine* beschäftigt — ging ich ins Trader Vic's, weil ich sicher war, sie dort anzutreffen. Nach längerem Suchen entdeckte ich sie in einer schummerigen Ecke — sie schauten sich tief in die Augen, wie ein junges Liebespaar. Es war rührend anzusehen.

Charlie nannte Oona gerne »the missus« oder »die alte Dame«. Für ihn waren das Koseworte. Und obwohl Oona 35 Jahre jünger war als er, sagte er oft im Scherz: »Diese Frau hat mir die schönsten Jahre meines Lebens gestohlen!«

Als wir noch in Brooklyn lebten, kaufte meine Mutter meine ganze Kleidung bei Kleins, einem Billigkaufhaus in Manhattan. Die Kleins-Kunden waren vornehmlich Immigranten, und an den Wänden warnten riesige Schilder in allen Sprachen — spanisch, italienisch, deutsch, jiddisch, griechisch und chinesisch — vor Ladendiebstahl. Ich erzählte Oona davon, und sie sagte zu meiner Überraschung: »Bevor ich Charlie kennenlernte, hab' ich mich auch dort eingekleidet. Sogar mein Hochzeitskleid ist von Kleins!«

Oona wäre eine gute Verlagslektorin gewesen, denn sie hat einen ausgezeichneten literarischen Geschmack. Ihre Lieblingsautoren sind Philip Roth, Graham Greene, V. S. Pritchett, Saul Bellow, Bernard Malamud, Norman Mailer, Anita Brookner, Philip Larkin und, unter den Klassikern, vor allem Jane Austen.

Charlie bewunderte das jüdische Volk, obwohl er selbst kein Jude war. Anfänglich lehnte er den Zionismus ab, doch als er von den Greueln des Holocaust erfuhr, trat er für einen Staat Israel ein — als Heimatland für die Juden.

Kürzlich erzählte mir Oona von einer Reise nach New York. Am Kennedy Airport sprach sie der Flugkapitän an: »Lady Chaplin, darf ich Ihnen eine Frage stellen?« »Natürlich«, antwortete Oona. »War Ihr Mann Jude?« Einen Augenblick war sie ganz perplex, dann sagte sie: »Ja.«

»Aber Charlie hat mir gesagt, er sei keiner gewesen«, warf ich ein. »Auf diese Frage muß man immer mit ›Ja‹ antworten«, erklärte Oona. »Sie zu verneinen, hieße, den Antisemiten in die Hände zu spielen.« Das war auch Charlies Meinung. »Und schließlich«, fuhr sie fort, »war er's ja auch zum Teil, oder?« Dann lachte sie. »Ach, ich weiß nicht ... und außerdem, was spielt's schon für eine Rolle?«

In all den Jahren, die ich Oona nun kenne, hat sie sich nicht verändert. Und wen sie einmal ins Herz geschlossen hat, dem ist sie treu. (Auch ich darf mich zu diesen Glücklichen zählen.) Ihre beste Freundin ist Carol Matthau (Walters Frau). Sie kennen sich seit Kindertagen, und beide würden alles stehen und liegen lassen, wenn die andere Hilfe bräuchte.

Oona hat etwas Geheimnisvolles und Zurückhaltendes an sich, das sie so faszinierend macht. Das empfinden auch ihre Kinder so.

Unglaublich viele Menschen fühlen sich von ihr angezogen. Auf seiner Europa-Tournee soll Michael Jackson gesagt haben, daß Oona Chaplin die Person sei, die er am liebsten kennenlernen würde.

Hin und wieder werde ich von Leuten, die sie nur von Fotos in Zeitungen her kennen, nach ihrem Wesen gefragt. »Sie sieht so nett aus«, sagen sie. Und ich kann darauf nur antworten: »Sie ist auch so nett, wie sie aussieht.«

Um es mit Charlies Worten zu sagen: »Das Publikum läßt sich nicht zum Narren halten.«

Für Oona sind heute die acht Kinder ihr ganzes Glück. Sie helfen ihr, die Lücke in ihrem Leben wieder zu füllen. Sie sind auch ein Teil meiner Familie. Wenn sie nach London kommen, wohnen sie oft in meinem Haus.

Geraldine, die älteste Tochter, besitzt das strahlende Chaplin-Lächeln. Sie ist längst eine etablierte Schauspielerin; man denke nur an ihre Rollen in *Dr. Schiwago* und *Nashville.* Sie ist voller Lebensfreude und Phantasie. Heute lebt sie mit Sohn und Tochter in Madrid.

Michael, der älteste Sohn, hat mit mir bei *The Adding Machine* zusammengearbeitet. Er ist intelligent, intuitiv und ein guter Autor. Er ähnelt seinem Großvater, dem jungen Eugene O'Neill, auf verblüffende Weise. Heute lebt er mit seiner Frau Patricia und seinen sieben Kindern in Südfrankreich. Inzwischen weiß er, was es heißt, Vater von vielen Kindern zu sein.

Josephine Chaplin wurde in Santa Monica geboren, als Charlie bei *Caligula* Regie führte. Sie hat ein überschäumendes Temperament, ist einfallsreich, und sie ist eine vielseitige Schauspielerin; kürzlich spielte sie in einer Fernseh-Serie Ernest Hemingways erste Frau. Sie ist aber auch eine gute Hausfrau und eine hervorragende Köchin. Sie lebt in Südfrankreich und hat drei Söhne.

Victoria Chaplin hat die größten blauen Augen, die man sich vorstellen kann. Charlie hatte ihr die Hauptrolle in seinem letzten Film *The Freak* zugedacht, aber als das Projekt platzte, gab sie ihren Wunsch, Schauspielerin zu werden, trotz zahlreicher Angebote auf. Statt dessen folgte sie der Stimme ihres Herzens und gründete mit ihrem vielseitig begabten Mann, Jean Baptiste Thierrée, einen Zirkus.

Le Cirque Imaginaire hat in England, Italien, Frankreich,

Rechts: *Jane mit ihrem Baby.*
Ganz rechts: *Michael und Josephine.*
Unten: *Geraldine.*
Mitte rechts: *Josephine und ihr Baby.*

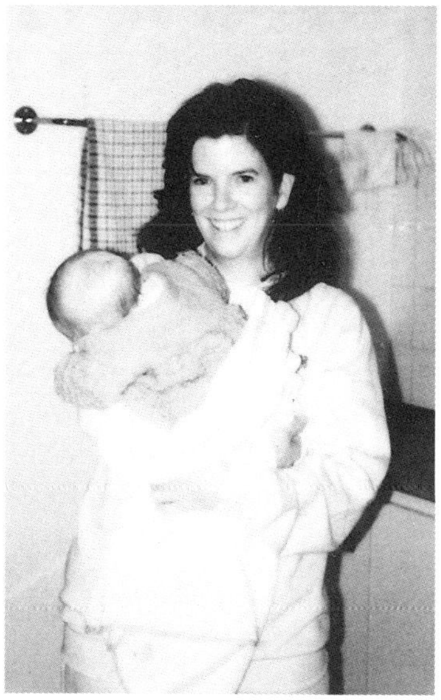

Unten links: *Christopher, das jüngste Chaplin-Talent.*
Unten Mitte: *Eugene.*
Unten rechts: *Annie.*

Belgien und den Vereinigten Staaten große Erfolge gefeiert. Um den *Boston Globe* zu zitieren: »... *c'est magnifique* — charmant, witzig, gescheit, zauberhaft ... ein Vergnügen ohne Ende.« Die beiden haben zwei Kinder, Aurelia, 16, und James, 14. James schlägt im Zirkus Purzelbäume und Räder wie einst sein Großvater in der Karno-Truppe. Wie stolz wäre Charlie auf Vicky, Jean-Baptiste und ihren Cirque Imaginaire gewesen.

Eugene lebt mit seiner Frau Bernadette und seinen drei Kindern ganz in der Nähe des Manoir de Ban. Er studierte an der Royal Academie of Dramatic Art, arbeitete in den Aufnahme-Studios von Montreux und ist heute Besitzer eines Videogeschäftes in Vevey.

Jane ist unberechenbar und feurig. Sie hat zwei Drehbücher geschrieben und Regie bei einem Kurzfilm geführt, der auf dem London Film Festival gezeigt wurde. Sie lebt mit dem Filmproduzenten Ilya Salkind zusammen und hat einen Sohn.

Annie Chaplin ist bezaubernd. Sie ist immer auf Achse und hat so manches Männerherz in manchem Land gebrochen. Wichtiger als alles andere aber ist ihr die Karriere; sie hat bereits in drei Filmen mitgewirkt und bekam kürzlich glänzende Kritiken für ihren Pariser Bühnenauftritt in Sam Shepherds *Buried Child.*

Christopher, der jüngste, gleicht dem jungen Charlie aufs Haar. Er studierte zunächst Philosophie, wollte dann Konzertpianist werden und entdeckte schließlich seine Liebe zur Schauspielerei. Bisher hat er in einem Film — *Where is Parsival?* — und, neben kleineren Bühnenrollen, in Dostojewskijs *Aufzeichnungen aus einem Totenhaus* mitgespielt. Wenn er auf der Bühne steht, wird dieser schüchterne Junge plötzlich ein ganz anderer Mensch — energisch, witzig, faszinierend — genau wie Charlie.

Charlie hat noch zwei weitere Kinder aus einer früheren Ehe, Charlie Chaplin Jr. und Sydney Earl Chaplin. Es muß eine schwere Bürde gewesen sein, als Charlie Chaplin Jr. zu leben. Charlie Jr. aber war ein reizender, liebenswürdiger Mann, der seinen Vater sehr verehrte. Er spielte in zwei Circle-Inszenierungen mit, *The Adding Machine* und *The Time of Your Life.* Er starb 1968 an einer Kopfverletzung und hinterließ eine Frau, Susan, und Charlies erstes Enkelkind.

Sydney wurde von seiner Mutter immer Tommy genannt, denn so sollte er ursprünglich heißen. Er arbeitete fünf Jahre am Circle mit und spielte dann sehr erfolgreich am Broadway. Nach den internen Machtkämpfen um *Funny Girl* aber schwor er sich, nie wieder in New York aufzutreten. Er war mir immer ein guter und treuer Freund. Heute ist er Besitzer des florierenden Restaurants »Chaplin's« in Palm Springs und hat einen Sohn, Stephan.

Ich selbst arbeite augenblicklich, zusammen mit Simon Callow, an einer Verfilmung von Penelope Fitzgeralds Roman *At Freddie's.* Simon ist der großartige englische Regisseur, Autor und Schauspieler, der als erster die Rolle des Mozart in Peter Shaffers *Amadeus* am National Theatre spielte.

Unten rechts: *Jean-Baptiste und Victoria im Cirque Imaginaire.*

Links: *Christopher in seinem neuen Apartment in Pimlico.*

Oben: *Sydney.*
Unten: *Charles Chaplin Jr. mit seinem Baby, Charlie und Oona.*

Unten rechts: *Oona, wie sie heute ist, zusammen mit Michaels beiden Töchtern Dolly (oben links) und Carmen (unten rechts) und Victorias Tochter Aurelia (unten links).*

Oona in Charlies Armen. Oh, seine wundervollen Augen…

Wenn ich zurückblicke, sehe ich viele glückliche Phasen in meiner Laufbahn — meine Zusammenarbeit mit den reizenden Andrews Sisters, Maxene, Patti und LaVerne, mit den Universal Studios und dem Circle Theatre. Ich war hocherfreut, in der Juni-Ausgabe 1961 des Magazins *Theatre Arts* einen Artikel von Patterson Greene, dem berühmten Theater-Kritiker von Los Angeles, zu lesen. Er schrieb, die ganze Theater-Bewegung von Los Angeles hätte in einem Wohnzimmer von Hollywood begonnen. Erst das Circle hätte Los Angeles zu einer Theaterstadt gemacht.

Als ich vor Jahren einmal André Previn traf, sagte er mir: »Das Circle war damals eine Oase für uns alle — damals konnte man in Los Angeles nirgendwo anders hingehen.«

Die größte Erfüllung aber verdanke ich meiner Verbindung mit Charlie Chaplin. Wir arbeiteten als Team. Beim Drehen wußte ich instinktiv, was er wollte. Die Schriftstellerin Penelope Gilliatt, die uns einmal bei den Dreharbeiten zur *Gräfin* besuchte, schrieb im *Observer:* »Wenn man die beiden zusammen sieht, ist es, als schaute man einem Chirurgen bei einer Operation zu — ohne daß er ein Wort sagen muß, reicht ihm sein Assistent die richtigen Instrumente.«

Maler, Schriftsteller, Schauspieler, Komponisten, Tänzer und Politiker in der ganzen Welt sind von Chaplin beeinflußt worden. Der Filmindustrie hat er durch sein Schaffen wie kein anderer neue Wege gewiesen.

Vor Charlie besaß die Filmkomödie keine wirkliche Struktur. Sie war nichts als eine Aneinanderreihung von Verfolgungsjagden und Gags. Erst Charlie gab ihr Form, Gestalt und vor allem Charakter. Er war der erste, der komische Sequenzen zu einem logischen Ganzen fügte. Die Filmindustrie hat ihm unsagbar viel zu verdanken.

Die Jugend von heute kennt wohl die Figur des Tramp, nicht aber seine Filme. Das müßte anders werden! Chaplin-Filme sollten in den Schulen gezeigt werden — als Teil der Beschäftigung mit Kunst und Kultur.

Charlies Filme erheben den Geist und bereichern die Seele. Das Fernsehen wird ihnen nicht gerecht; nur auf der Kinoleinwand kann der Zuschauer Charlies Ausstrahlung, seine unglaublichen Augen, jede Nuance seiner Gesten wahrnehmen.

Charlies Leinwand-Präsenz hat den Menschen auf der ganzen Welt Hoffnung, Optimismus und Glück geschenkt.

Ich bin stolz darauf, sein Mitarbeiter und Freund gewesen zu sein.

Er fehlt mir.

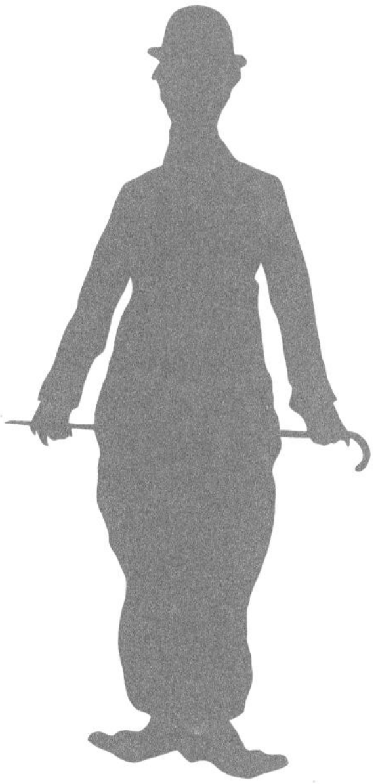

REGISTER

Die *kursiv* gedruckten Seitenzahlen beziehen sich auf Abbildungen.

DANKSAGUNG

Als kleiner Junge lief ich einmal weinend zu meiner Mutter und sagte: »Ich habe keine Freunde.« Und sie antwortete: »Um Freunde zu haben, mußt du ein Freund *sein.*« Diese Worte habe ich nie vergessen.

An dieser Stelle möchte ich all denen meinen Dank aussprechen, die durch ihre Freundschaft zur Entstehung dieses Buches beigetragen haben.

Besondere Dankbarkeit schulde ich Oona Chaplin, hat sie mir doch alle gewünschten Standfotos zur Verfügung gestellt. Ohne dieses wunderschöne Bildmaterial wäre das Buch nie zustande gekommen. Danken möchte ich auch Oonas Tochter Victoria Chaplin, die, während ihr »Cirque Imaginaire« in London gastierte, meinem Gedächtnis nachgeholfen hat, und deren Tochter Aurelia, die mich auf viele wichtige Einzelheiten hingewiesen hat; ferner Jane Chaplin, die ausführlich mit mir über ihren Vater und ihre Mutter gesprochen hat; und Christopher Chaplin, Oonas und Charlies jüngstem Sohn, an dem ich viele meiner Anekdoten über seinen Vater »getestet« habe. Er sagte oft anschließend: »Ach, wenn ich nur damals schon gelebt hätte. Du hast all den Spaß gehabt.«

Auch alle meine Freunde haben mit ihrer Herzlichkeit, Zuneigung und Unterstützung auf irgendeine Weise zur Entstehung dieses Buches beigetragen:

Carol und Walter Matthau. Wann immer ich sie brauche, sind sie zur Stelle. Carol ist außergewöhnlich begabt und schön (eine großartige Blanche Dubois). Kein Wunder, daß sie seit Kindertagen Oonas engste Freundin ist. Und Walter, auch wenn er seine Liebenswürdigkeit unterspielt, ist so gutmütig, wie man es nur sein kann. Und Norma und Larry Storch. Norma war eine liebenswerte Schauspielerin am Circle und ist seit vielen Jahren mit dem unnachahmlichen Komiker Larry Storch verheiratet. In schlechten wie in guten Zeiten haben sie immer zu mir gehalten. Und dann Philip und Marilyn Langner. Ich habe sie zusammengebracht, und seither sind sie ein glückliches Paar.

Die auf Band aufgenommenen Anekdoten der früheren Circle-Schauspieler waren von unschätzbarem Wert. Und wie oft wir gelacht haben in Erinnerung an die guten alten Zeiten ... Bill Schallert, Leah Waggner, Bob Burns, Naomi Stevens, Robert Sherman, Earle Herdan, Julian Ludwig, Ruth Conte und Sydney Chaplin — sie alle frischten meine Erinnerungen an die Circle-Ereignisse auf. Dafür möchte ich ihnen danken. Ein besonderer Dank gilt Lillian Ross, die mir gestattete, ihren *New Yorker* Artikel von 1978 über Charlies Proben am Circle zu zitieren.

Geoff Brown hat all meine Anekdoten karteimäßig erfaßt, so daß jede Geschichte leicht zu finden war. Außerdem hat er vieles recherchiert und alle Fotos geordnet (was für eine Arbeit!). Ich kann ihn nur in den höchsten Tönen loben.

Auch von vielen anderen habe ich freundlichste Unterstützung erfahren. David Robinson, Filmkritiker der Londoner *Times* und Autor der Biographie *Chaplin — His Life and Art,* hat viele Stunden geopfert, um mir zu helfen, dem Buch Form zu geben; er ging alle Fotos mit mir durch und bestand darauf, daß ich Anekdoten über Ella Stewart und Constance Collier einfügte. Dann Christopher Maclehose, der Collins/Harvill Verleger und seine Frau Kookla. Sie berieten mich bei der Formgebung des Buches und bei der Wahl des Verlags. Petra und Jeremy Lewis. Jeremy ist Lektor bei Chatto & Windus, doch es war vor allem seine Frau, die mich überredete, das erste Kapitel mit einer Zusammenfassung von Chaplins Leben und Karriere zu beginnen: »Viele junge Leute wissen so wenig von seiner schweren Kindheit.« Ich möchte auch Charles Walker von Peters, Fraser & Dunlop — meinem Agenten — danken, den besten, den man sich wünschen kann; der Schriftstellerin Diana Farr, die mir während der ganzen Schreibarbeit mit Rat und Tat zur Seite stand; und Cathy Brown — Geoffs Fau —, die sich nie beklagt hat, daß Geoff so manches Wochenende diesem Buch geopfert hat.

Das Manuskript wurde von dem Schriftsteller Charles Webb gegengelesen, als er und seine Frau Gretchen bei mir wohnten. Charles lehrt kreatives Schreiben in Kalifornien. Seine Sachkenntnis war mir eine große Hilfe.

Was meinen Verlag, Bloomsbury, angeht, so hätte ich wohl keinen besseren finden können. Diese relativ neue Gruppe hat sich über Nacht einen Namen im englischen Verlagswesen gemacht. Es war immer ein Vergnügen, mit den Mitarbeitern zu verhandeln, selbst als ich kurz vor Erscheinen des Buches noch einige Textstellen veränderte. Bei der Fotoauswahl allerdings hätten wir beinahe die Nerven verloren, denn nicht alle der 1500 von mir vorgelegten Fotos konnten in das Buch aufgenommen werden. David Reynolds aber mit seinem verlegerischen Sachverstand und Geschmack bekam das Problem schließlich in den Griff. Als ich dem cleveren und enthusiastischen Verlagsleiter Nigel Newton und der charmanten Liz Calder zum erstenmal begegnete, wußte ich, daß ich in guten Händen war; das gilt auch für die Lektorin Miren Lopategui und die Lektoratsassistentin Penny Phillips; beide waren ungemein tüchtig und blieben immer am Ball. Roger Yelland, der Herstellungsleiter, sorgte dafür, daß viele der besten Fotos »gerettet« wurden, und Simon Jennings, Roy Williams und Laurence Bradbury machten sich um die künstlerische Gestaltung verdient.

Mein besonderer Dank gilt auch Pam Paumier, Oona Chaplins Managerin, die viele Stunden mit mir in ihrem Pariser Büro verbrachte, während ich die Standfotos auswählte, sowie Markku Salmi vom British Film Institute, der zahlreiche Fotos zur Verfügung stellte, und Gene Young von Little Brown in New York, der mich in vielen Fragen beriet.

Und natürlich den geduldigen Sekretärinnen, die bis spät in die Nacht hinein mein Manuskript tippten und noch mal tippten: Brenda Watkinson — die eine Stelle am British Museum zum Entziffern von Hieroglyphen verdient hätte; Rachel Wyndham, die mich mit ihrem Textverarbeitungssystem dem Computerzeitalter nähergebracht hat; und Sue Brice, die ihr erstes Baby zur Welt brachte, als ich eben das Buch fertigstellte.

Auch ohne die moralische Unterstützung von John und Ellen Ann Hopkins hätte ich wohl kaum überlebt; John ist ein herausragender amerikanischer Schriftsteller. Die beiden haben mich mit vielen ihrer Freunde bekannt gemacht, die ich heute auch zu meinen zähle: Clare und David Astor, Clare und »Kipper« Asquith. Sie lockten mich an Wochenenden von meinem Schreibtisch fort, um das englische Landleben zu genießen. (Ich bin ein Stadtkind: »Ein Baum. Was ist das?«) Keith Allison und Charles Humphreys, enge Freunde von mir und meine Anwälte, haben stets dafür gesorgt, daß ich nicht vom Pfad der Tugend abwich.

Auch dem Filmproduzenten Sandy Lieberson bin ich zu großem Dank verpflichtet. Wir haben vieles zusammen durchgemacht, und er hat immer treu zu mir gestanden. Danken möchte ich auch den Filmhistorikern Kevin Brownlow und David Gill; Leslie Hardcastle, dem Leiter des National Film Theatre und Berater des neuen Museum of the Moving Image. Ihm ist es zu verdanken, daß an Londons South Bank ein neuer frischer Wind weht. Ferner Faisal Kasim, auch vom National Film Theatre, der mir Mut gab, »bei der Stange zu bleiben«. David Gothand, dem englischen Impresario, der den Riverside Studios zu einem Namen verhalf; Hanif Kureishi, dem Drehbuchautor von *My Beautiful Laundrette,* Barbara und David Stone, Otto Plaschkes, Wilt Melnick und dem Schriftsteller William Watson; den Drehbuchautoren Andrew Bergman, Richard Walter und Brian Clemens; Richard Heft, meinem Mitarbeiter bei *Hung Jury;* und Pierre (»Superman«) Spengler und seiner Frau Agnes. Und schließlich John Kohn und Arthur Cohn, dem großen europäischen Filmproduzenten aus Basel.

Dank gilt auch unzähligen anderen Freunden: Denis Betro, einem vorzüglichen Musiker und zuverlässigen, vertrauenswürdigen und loyalen Arbeitskollegen; Michael und Carol Tolan; der Autorin Anna Kythreotis; dem Schriftsteller James Thackera und seiner Frau Davina; Mary und Bruce Lansbury, Rose und Edgar Lansbury, Yvonne und Gordon Hessler; Baronin Nora David, Sandra Marsh und John Heyman; und Chas. Green, John Baldwin, Jean und Eric Mahoney, Brian Pordage und Julian Bailey — alles Arbeitskollegen. Außerdem John B. Keane, dem irischen Dramatiker *(Big Maggie),* der Schriftstellerin Penelope Fitzgerald, Kendall Duesbury, Carlos und Rosemary Tufnell, Sarah Harrison, Cas Narizanno, Maureen Stapleton, Steve Linnett, Gil Kane, Bill und Jane McClure, Robert und Linda Vaughn, Barbara Eden, Stu Whitman, John Hunter, Robert Hussong, Rosemary Anne Sisson, Sy Litvinoff, Andrew Sinclair, Rhoda und Bernard Bergman, Claire und Al Sachs, Marlon Brando, Alan und Tracy Sussman, Sir John Terry, David Tringham, Dr. H. S. Klein und Harry Fine. Lady Margaret Colston, Dorothy und Sam Henry, Sally und Pascal Ricketts, Peter und Jenny Mitchell und Geraldine und Charlie Burt — alles gute Nachbarn. Gary McCloy, Michel und Luki Rossier, Pepi und Herbert Luft, die all die Jahre hindurch nie ihre Begeisterung für Chaplin, mich und das Circle verloren haben. David Knight, Jerry Pam, Des O'Connor, John und Peggy Schuster, Liz und Michael Pemberton, Vanessa und Jay Benedict, Howard Brandy, George und Marios Leondiou, den vorzüglichen Londoner Gastronomen (»Seafresh«) und Barbara Steele.

Ich wohne in der Nähe des Westminster Hospital in London und habe viele gute Freunde dort, die mir alle sehr geholfen haben. Die Ärzte Peter Emerson, Timothy Evans, Andrew Morgan, Richard Hartley, Mark Johnson und Albert Feranti. Außerdem Barbara Copland, Selina Essiedu und Pat Andrews.

Und *last but not least* meine Familie. Meine Schwester Helen und mein Schwager Dave, die mir stets mit Liebe und Zuneigung zur Seite standen und immer alte Circle-Fotos gesammelt haben.

Und mein Neffe Dr. Robert Weinstein, den ich in seiner Praxis in Santa Monica mit Anrufen aus London bombardierte, um noch mehr Fotomaterial zu bekommen. (Als wir *Limelight* drehten, wohnte ich im Hause meiner Schwester. Jeden Morgen gegen 7 Uhr holte mich Charlie mit seinem Wagen ab, um mit mir zum Studio zu fahren. Robert, der damals acht war, wartete vor dem Haus, um Charlie Chaplin zu sehen. Und jedesmal winkten sie sich zu.)

Meine Verwandten mütterlicherseits sind alle Akademiker, Ärzte, Anwälte und Lehrer. Auch ihnen allen möchte ich danken: Susan und Jeff Brand, Carol und John Karp, Debbie und Dr. Arthur Bakal, Ziva Weinstein, Sally, Raymond und Mac Allex, Leah London, Dr. David und Dr. Arnold London, meinen Vettern Harold und Norman London und Normans Söhnen Rik (Billy Joels Manager), Ronnie und Mark und meinen Kusinen Shirley, Kitty, Rose und Marsha.

Und an der Ostküste, auf meines Vaters Seite, von Brooklyn über Long Island bis New Hampshire — Irving, Elaine, Karen, Howard, Alan, Leonard, Bea, Aaron, Jackie, Keith, Esther, meiner lieben Tante Rose und Donald — alle Epsteins! Außerdem meiner anderen Tante Rose und Joe Ginsberg. Gott segne sie alle. Und wenn ich einen ausgelassen habe, möge er es mir verzeihen.

Und schließlich danke ich meiner geliebten zerstreuten Mutter, daß sie mir und meiner Schwester ihren Sinn für Humor geschenkt hat.